普通高等教育新工科汽车类系列教材（智能汽车·新能源汽车方向）

新能源汽车
功率电子基础

第  版

程夕明　张承宁　编著

机械工业出版社

本书以汽车电动化技术应用为背景，层层递进地引入新能源汽车功率电子技术发展的技术背景、关键技术及其发展趋势。具体来说，本书介绍了汽车电子技术的概念、发展历程和动力系统构型，阐述了车用电力电子技术的基本概念、基础理论、设计方法和工程知识。本书沿着汽车电动化总成开发的技术路线，重点阐述了电路波形与功率半导体器件、开关过程、PWM 原理、闭环控制、直流变换、交流逆变、PWM 整流和电驱动控制等内容。本书以案例方式解释了上述专业知识的仿真电路，帮助读者进行实践、掌握知识。

本书适合于对汽车电动化技术和新能源汽车技术感兴趣的读者，无论是大学生、科研工作者还是刚入门的人员均可从本书中受益。本书还适合有相关知识背景的从业人员对汽车功率电子技术进行深入学习。

需要配套资源的教师可登录机械工业出版社教育服务网 www.cmpedu.com 免费注册后下载，或联系机工小编索取（微信：13683016884/电话：010-88379674）

图书在版编目（CIP）数据

新能源汽车功率电子基础/程夕明，张承宁编著. —2 版. —北京：机械工业出版社，2023.9（2024.7 重印）
普通高等教育新工科汽车类系列教材. 智能汽车·新能源汽车方向
ISBN 978-7-111-73695-0

Ⅰ.①新… Ⅱ.①程… ②张… Ⅲ.①新能源–汽车–电子系统–高等学校–教材 Ⅳ.①U469.703

中国国家版本馆 CIP 数据核字（2023）第 154397 号

机械工业出版社（北京市百万庄大街 22 号 邮政编码 100037）
策划编辑：何士娟　　　　　　　责任编辑：何士娟　赵晓峰
责任校对：贾海霞　牟丽英　韩雪清　责任印制：郜　敏
中煤（北京）印务有限公司印刷
2024 年 7 月第 2 版第 2 次印刷
184mm×260mm · 17 印张 · 420 千字
标准书号：ISBN 978-7-111-73695-0
定价：75.00 元

电话服务　　　　　　　　　　网络服务
客服电话：010-88361066　　机 工 官 网：www.cmpbook.com
　　　　　010-88379833　　机 工 官 博：weibo.com/cmp1952
　　　　　010-68326294　　金 书 网：www.golden-book.com
封底无防伪标均为盗版　　机工教育服务网：www.cmpedu.com

党的二十大报告指出，推动经济社会发展绿色化、低碳化是实现高质量发展的关键环节。新能源汽车是新质生产力的代表之一，启动了汽车能源革命，开辟了汽车工业新赛道，形成了绿色消费新动能，带动了人们绿色低碳出行方式，推进了交通领域清洁低碳转型。

电动化是当前汽车低碳化技术发展的基础性方向，全面革新了汽车的能源供给、动力驱动与行驶控制技术，构建了新能源汽车的核心技术，为汽车网联化和智能化发展提供了灵活的线控技术车辆平台。近年来，政府政策、市场价格下降和整车性能突出推动了新能源汽车市场的爆发式增长，亟须为本领域人才培养提供专业、系统的学习材料。然而，现有电气工程专业的电力电子技术教材的内容广泛，缺少与新能源汽车知识联系的紧密性和匹配性，难以满足车辆工程学生的课程学习需求。本书第 1 版受到了读者欢迎，为适应新能源汽车技术的快速迭代更新，需增强概念形象化方法，更新面向工程应用的行业技术和专业知识。

本书围绕汽车电动化技术发展历程、动力系统构型、低压电源、交流驱动和车载充电等论述功率电子学的基础理论和专业技术，修订内容主要体现在面向工程应用的知识融合，依次建立 30 多个工程软件应用训练的教学仿真案例，涵盖了功率半导体开关工作原理、开关过程、PWM 调制方法、系统控制方法、DC/DC 变换器、DC/AC 逆变器、有源功率因数校正、PWM 整流器，以及交流电驱动控制等基本教学内容，旨在为读者提供学习汽车电动化技术的基础性、系统化知识，力图帮助读者紧跟并超越汽车电动化技术发展步伐，开展系统学习、理解运用与自主创新。

本书主要特点如下：

1. 本书内容体系完整，由浅入深，沿着汽车电动化总成开发的技术路线介绍，从电路波形、器件特性、开关负载行为、脉宽调制、状态平均、系统控制等基本概念延伸至 DC/DC、DC/AC 和 AC/DC 等电力电子技术专业知识。不仅紧扣汽车电动化技术的基本原理，而且面向新能源汽车工程应用。

2. 区别于电气工程学科的电力电子技术书籍，本书的内容聚焦于新能源汽车电动化技术的基础知识，设计案例化的理论、方法和技术，借此帮助读者快速入门和培养持久学习专业知识的兴趣。

3. 本书采用案例式教学，先阐述基本概念和专业理论，后举例说明。这些案例取自编者亲手实践的仿真电路，有助于学生掌握。另外，本书配套了例题讲解视频

（通过微信扫描二维码即可观看），便于学生准确、快速掌握分析方法和建模能力。

4. 本教材以新能源汽车的快速发展为背景，致力于落实普通高等教育立德树人的根本任务。通过"拓展阅读"版块，弘扬中国制造与中国创造，培养学生的大国情怀、爱国情怀和工匠精神；通过"综合实践项目"，让学生深入思考国家相关政策，了解技术发展方向，培养学生将理论应用于工程实践的能力。

本书在第 1 版的基础上，更新了集成于新能源汽车的电动化技术，重新组织了章节安排，主要是调整并融合本书第 1 版的第 2、3 章，拓展为第 2~4 章。本书的分章节内容如下：

第 1 章　绪论。介绍汽车电子化和电动化的发展进程，更新了新能源汽车的发展现状、动力系统构型和功率电子技术作用。

第 2 章　电路波形与功率半导体器件。阐述功率电路的常用波形、功率半导体器件和直流开关，新增了器件的负载电路模型、器件热阻抗分析模型和电源反接保护开关电路模型的分析。

第 3 章　开关过程。阐述功率电路的理想开关的负载过程，以及续流、换流、硬开关和软开关的工作原理，增添了硬开关、ZVS 和 ZCS 的电路分析案例。

第 4 章　脉宽调制与闭环控制。阐述功率电路的直流斩波、SPWM 调制、电路状态平均和闭环控制系统，举例说明伏秒平衡、荷电平衡、功率电子电路的典型控制结构和控制方法。

第 5 章　直流变换技术。在本书第 1 版第 4 章内容基础上，新增了非隔离式和隔离式 DC/DC 电路系统闭环控制案例，特别介绍了车载 DC/DC 变换电路的控制方法。

第 6 章　逆变技术。在本书第 1 版第 5 章内容基础上，新增了单相和三相电压源逆变器的电路模型仿真案例，其中包括 SPWM 调制电路模型。

第 7 章　整流技术。在本书第 1 版书第 6 章内容基础上，重新梳理了车载整流技术，不仅增加了功率因数校正电路，而且新增了包括单相 PWM 整流器电路的模型分析案例。

第 8 章　交流电驱动控制。在本书第 1 版第 7 章内容基础上，增添了三相交流正弦波永磁同步电机弱磁调速 MTPV 策略和矢量控制电流轨迹分析。

在本书修订完稿之际，对书末所附参考文献的作者等致以衷心的感谢！书中的引用不周之处，恳请同行学者海涵，帮助作者提出改正意见。由于作者学识有限，书中难免有疏漏和错误，殷切希望研读本书的读者批评、指正。

程夕明　张承宁

2023 年 1 月 28 日于北京理工大学

当前，汽车的能源供给体系正处于转变过程，传统燃油汽车正向适应人类可持续发展的新能源汽车过渡。这一转变的技术基础是车载电气化技术的迅猛发展。即使在传统汽车上，比如 LED 车灯和电动助力转向等已经得到普遍应用，电动水泵、电动空调和起停系统等正在推广应用中，汽车的低压直流电源系统也在趋向统一的 DC48V 电压体制。区别于传统汽车，新能源汽车能够以纯电动方式行驶。此功能的实现离不开车载驱动电机及其控制系统，由车载动力蓄电池组供给高电压直流电源。

在一个与路面相对封闭而运动的汽车系统中，无论是几十瓦的车灯，还是上百千瓦的驱动电机及其控制器，这些电气系统的功率远大于信息与控制的电子系统。在各自不同的直流母线电压作用下，车载电气系统的电流较大，从几安培到几百安培。相应地，车载电气系统的功率半导体器件承载大电流，快速通断，系统的发热量、电磁干扰和电应力大幅增加，使车载电源系统的载荷十分复杂，给汽车的安全性、可靠性和耐久性带来了新的高度，形成了汽车设计、开发和制造技术的新课题。各个电气系统，比如电机及其控制器的逆变装置、高低压 DC/DC 变换器的直流转换装置、动力蓄电池组的车载充电装置等，它们的电路拓扑及其控制方法对新能源汽车的动力性、经济性和舒适性起到了关键的作用。

本书以新能源汽车的动力系统结构为切入点，指出功率电子电路的逆变（DC/AC）、直流-直流变换（DC/DC）、整流（AC/DC）三大技术与新能源汽车节能减排的密切关系，集中梳理功率电子学的一些基本概念，介绍包括宽禁带器件在内的功率电子半导体器件的应用特性，阐述以化学电池为直流电源的 DC/DC、DC/AC 和 AC/DC 电路的组成、结构、原理，以及车载应用。本书的分章节内容如下：

第 1 章　绪论。介绍汽车电子化和电气化的发展进程，描述新能源汽车的动力系统结构，阐述功率电子学的作用和地位，及其研究内容。

第 2 章　基本概念。阐述功率电路的常用波形、半导体基础、开关过程、续流、换流、硬开关、软开关、脉宽调制、直流开关、电路的平均状态和热阻抗，将功率电子学的常用概念和基本方法集中介绍，提高学习的通顺性。

第 3 章　功率半导体器件。阐述功率半导体器件的基本原理、工作特性和应用技术，器件包括功率二极管、双极结型功率晶体管、晶闸管、功率金属氧化物场效应晶体管、绝缘栅双极型晶体管和宽禁带器件。

第4章　直流变换技术。阐述 DC/DC 降压、升压和升降压电路，它们是新能源汽车中两个高电压母线之间的电能转换的技术基础。同时详细描述了隔离 DC/DC 和同步整流技术的电路原理。并且，以举例或结构图方式指明 DC/DC 变换器在新能源汽车中的车载应用。

第5章　逆变技术。阐述了单相和三相电压源逆变器的电路工作原理，以及 SPWM 产生方法，它是目前流行的交流电机控制器技术的电路及控制基础。

第6章　整流技术。阐述不控整流电路、直流滤波电路、相控整流电路和 PWM 整流电路，并且简要叙述了车载动力蓄电池组的充电设施和方法。

第7章　交流电驱动控制。针对新能源汽车的纯电驱动功能，介绍了纯电驱动交流电动机控制系统结构，总结了纯电动汽车对驱动电机及其控制器的机械特性要求，叙述了交流电动机的工作原理和数学模型，阐述了交流电动机的矢量控制方法和直接转矩控制方法。并且，通过仿真模型及其结果说明交流电动机的变频变压控制和矢量控制系统。

现有的电力电子学或电力电子技术书籍较多，涉及范围广泛，但对汽车的直流电源系统和电驱动系统几乎没有阐述。电力系统习惯指工业电网的电子电气系统，以区别于"电力电子"，本书将阐述与汽车技术相关的"电力电子"，研究车载电源之间电能变换的功率半导体器件、电路拓扑、控制理论与方法。

本书面向从事新能源汽车（特别是电动汽车）技术学习的学生和工程技术人员，着重描述了功率电子学在新能源汽车电源系统中的应用，尤其是电动汽车的驱动电机及其控制器、DC/DC 变换器和车载充电机技术的功能组成、电路拓扑和工作原理；力图用图、表和仿真模型帮助读者理解功率电子学的基本概念、电路拓扑及其工作原理，采用 PSIM 软件仿真功率电子电路波形；集中阐述功率电子学发展中形成的一些基本概念，这些概念往往包含了专业词汇，希望能够帮助初学者进一步理解专业文献。

在本书完稿之际，对书末所附参考文献的作者等致以衷心的感谢！书中的引用不周之处，恳请同行学者海涵，帮助作者提出改正意见。由于作者学识有限，书中难免有疏漏和错误，殷切希望研读本书的读者批评指正和谅解。

程夕明　张承宁

2017 年 11 月 30 日于北京理工大学

仿真案例及二维码说明

序号	案例	视频及模型	视频二维码	目的	内容	序号	案例	视频及模型	视频二维码	目的	内容
1	例 2-10	例 2-10-1 Exp2-10-1		解释半控型开关工作原理	电阻负载	9	例 3-2	例 3-2-1 Exp3-2-1		解释容性负载理想开关过程	多只电阻
2		例 2-10-2 Exp2-10-2			感性负载	10	例 3-4	例 3-4-1 Exp3-4-1		解释理想开关续流过程	二极管准理想模型
3		例 2-10-3 Exp2-10-3			容性负载	11	例 3-5	例 3-5-1 Exp3-5-1		解释理想开关换流过程	感性负载
4	例 2-12	例 2-12-1 Exp2-12-1		解释全控型开关工作原理	电阻负载	12	例 4-2	例 4-2-1 Exp4-2-1		解释伏秒平衡原理	感性负载斩波电路
5		例 2-12-2 Exp2-12-2			感性负载	13	例 4-3	例 4-3-1 Exp4-3-1		解释荷电平衡原理	容性负载充放电电路
6		例 2-12-3 Exp2-12-3			容性负载	14	例 4-4	例 4-4-1 Exp4-4-1		解释功率电子电路单闭环控制	感性负载电流调节
7	例 3-1	例 3-1-1 Exp3-1-1		解释感性负载理想开关过程	一只电阻	15	例 4-5	例 5-5-1 Exp4-5-1		解释功率电子电路双闭环控制	电热膜温度调节
8		例 3-1-2 Exp3-1-2			多只电阻	16	图 4-9	图 4-9-1 Fig4-9-1		解释 SPWM 生成原理	感性负载

注意：

1. 软件版本：PSIM 64-bit Professional Version 11.1.2。

2. 安装不低于说明软件版本的 PSIM，才能运行所提供的模型。

3. 安装低版本的 PSIM，按照视频讲解，读者能够建立正确的模型。

案例对应
模型压缩包

目 录

第**1**章

绪　论

　　电子技术的发展，推动汽车向高效节能和安全可靠的技术方向进步。电气技术则是实现汽车能源革命性转变的基础，它使车用能源由一次能源——化石燃料向二次能源——电转型。环保节能和可持续发展是汽车能源变革中的主旋律，因此，基于电路理论和电子学基础的功率电子学，以及与汽车相关的基本功率电子电路，成为汽车技术的重要的基础内容。

1.1　汽车电子技术发展历程

　　1886 年，德国人戴姆勒发明了世界首辆汽油四轮汽车。1908 年，美国人福特用生产线的方式推出了惠及大众的福特 T 型车。汽车在工业发展史上意义重大，它促进了产业革命——由外燃机向内燃机转型的能源革命。从福特 T 型车时代至 20 世纪 60 年代，机械制造技术支撑了汽车的技术进步，汽车产业通过机械加工及内燃机技术，实现了发动机性能的提升，实现了汽车的基本功能，即"行驶、转弯和停车"。

　　1947 年，美国贝尔实验室的肖克利等发明了晶体管，开创了电子技术的新纪元。从晶体管到集成电路，再经过微处理器，促进了软件技术的发展。电子技术的应用遍及所有产业，在汽车电子技术领域的推广应用也毫不逊色于其他领域。20 世纪 70 年代，为应对尾气排放法规，发动机燃料电子喷射装置进入实用化阶段，它的性能大大超越了机械式燃料喷射装置，不但能够净化发动机排放的气体，而且相同排量的发动机的功率和燃油经济性还可提高。汽车电子技术促进了机械技术的新发展，汽车借助电子技术与机械技术的相乘效应，实现了跨越式发展。电子技术不仅限于发动机控制和传动控制，还向车身系统、安全系统以及信息系统等领域不断扩展，使汽车的低排放性、动力性、经济性、安全性和舒适性越来越好。

　　汽车的电子控制单元（Electronic Control Unit，ECU）发展速度很快，1973 年，发动机 ECU 采用分立元器件实现的模拟电路，而后发展为由模拟集成电路（Integrated Circuit，IC）构成的 ECU。1978 年，以微控制器为主体构成的数字 ECU 成功应用于发动机控制，这开启了"程序决定汽车功能"的时代。从此，ECU 规模、定制 IC、封装形式以及软件编写语言等都在与电子技术同步发展。其中，微控制器、传感器、执行器和软件等是汽车 ECU 的基本组成，电磁干扰（Electromagnetic Interference，EMI）抑制/电磁兼容性（Electromagnetic Compatibility，EMC）能力、散热及抗振能力、三防密封性、控制算法、高速实时通信和功能可靠性是汽车 ECU 的关键技术。

为了满足智能汽车自动驾驶系统大规模数据高速实时传输和智能计算的需求，车载电子系统正在发生革命性的变化，比如从单核 ECU 分布式架构逐步向区域多核处理平台集中式架构过渡，以太网技术的车载应用，以及异构、开放互联、可重构的软件架构等。2016 年 10 月，特斯拉电动汽车配置了基于英伟达人工智能计算平台的自动驾驶系统。该系统硬件平台中配置了多个 ARM 微处理器和至少两个图像处理器，采用了支持并行计算的统一计算设备架构。2022 年 8 月，长安阿维塔智能电动汽车搭载了华为 ADS 高阶智能驾驶辅助系统，集成了 3 颗激光雷达、6 颗毫米波雷达、13 颗高清摄像头和 12 个超声波传感器，以 400 万亿次/s 的运算力（400 Tera Operations per Second，400TOPS）感知环境、规划路径和自动决策，适应复杂道路交通场景，安全行驶。

1.2 纯电动汽车

自 2012 年以来，我国政府规模化推广并运行以纯电动汽车为主的新能源汽车。经过多年的政策扶持，我国新能源汽车市场快速发展，自 2015 年起，我国新能源汽车产销量保持全球领先；2016 年，我国新能源汽车销量超过 50 万辆，其中纯电动汽车占比大于 80%。2020 年 9 月，我国"双碳"目标提出，进一步加快了新能源汽车发展步伐。2022 年，我国新能源汽车销量 688.7 万辆，市场占有率达 25.6%，世界销量占比超过 60%。其中，纯电动汽车销量占比 77.9%。国际上，2022 年 6 月底，欧盟各成员国通过 2035 年禁止纯燃油汽车的市场销售决议。

相对于传统燃油汽车，纯电动汽车的等效燃油经济性可提高 200%，行驶零排放，充电比加油的费用能便宜 50%，零部件制造减少能达 80%。目前，纯电动汽车还存在一些不足，集中表现为与动力电池技术相关的问题，比如充电时间长、电池价格高和电池热失控等。

纯电动汽车是依赖动力电池和驱动电机行驶的一种汽车，对传统汽车的能源供应发生了革命性的变革。它的一种动力系统结构如图 1-1 所示，主要由驱动电机及其控制器、动力电池组及其管理器或电池管理系统（Battery Management System，BMS）、变速装置、低压 DC/DC 变换器和整车控制器等组成。驾驶人的加速踏板和制动踏板等经整车控制器处理后，输出相应的控制信号，通过整车网络如 CAN 总线，传输给电机控制器、BMS 等电控单元，控制驱动电机，实现动力电池的直流电能与汽车的机械能之间双向流动，满足驾驶人的即时操作要求，提高驾驶乐趣。纯电动汽车没有发动机，因而取消了发动机专用的起动机和发电机，低压 DC/DC 变换器代替了发动机随带的低压发电机及其电压调节器功能。汽车的辅助动力系统，如转向系统、制动系统和空调系统等都需要由电能驱动来完成其功能。

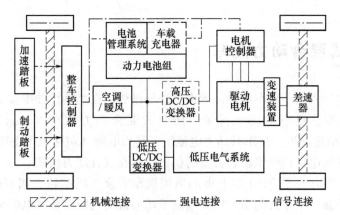

图 1-1 纯电动汽车的动力系统结构

虽然 19 世纪末诞生了电动四轮车，但是近百年来燃油汽车成为私人交通工具的主角。进入 21 世纪，各大汽车厂商再次制造出可与传统燃油汽车性能匹敌的纯电动汽车，2021 年世界纯电动汽车销量达到 650 万辆，占全部乘用车市场销量的 9%。在我国，纯电动汽车已经在某些细分市场的销量处于领先地位，比如，2021 年微型乘用车五菱 MiniEV 销量近 40 万辆；2022 年 1—6 月，大中型乘用车比亚迪汉 EV 的月平均销量超过 1 万辆。汉 EV 采用前驱或四驱电驱动结构，前后驱分别配备最大功率 180kW 和 200kW 的三相交流永磁同步电机，最大转矩达 350N·m，最高转速达 16000r/min。锂离子动力电池包由磷酸铁锂刀片电池一体集成于底盘，采用液体冷却，能量为 85.4kW·h，能量密度 150W·h/kg，高电压平台等级为 600V。其一次充电的中国轻型车测试工况（China Light Vehicle Test Cycle，CLTC）最大行驶里程可达 715km（前驱）或 610km（四驱），百公里电耗 13.5kW·h（前驱）或 14.9kW·h（四驱）。锂离子电池能够通过专用的快速充电器在 30min 以内充电 80%。整车百公里加速时间 7.9s（前驱）或 3.9s（四驱），百公里制动距离 32.8m。

目前，纯电动轿车具有可靠的电安全性。为了防止触电，高电压部件采用封闭性的保护壳进行绝缘处理。车辆发生碰撞时，高电压切断。将高电压部件的保护壳与车身电连接起来，确保乘客安全。锂离子动力电池组不仅被密封，而且安装牢固可靠，保证汽车行驶过程中电池电极及隔膜不发生移动，电池性能稳定，安全耐久。动力电池的车载集成方法正从单体-包（Cell to Package，CTP）的独立式过渡到单体-底盘（Cell to Chasis，CTC）的一体式技术，使纯电动轿车具有超过同级别传统燃油发动机汽车的性能：

- 优秀的加速性能。CLTC 700km 的比亚迪海豹或长安深蓝 SL03 的百公里加速时间比同等级燃油车能够减少 15% 以上。
- 出色的操纵稳定性。锂离子动力电池组大多配置在车体中央的地板下方，车辆质心低，且位于车辆中心附近，提高了转弯时的操纵稳定性。
- 宽大的内部空间。驱动电机及其控制器、DC/DC 变换器和车载充电器等电子电气部件的一体化集成，尽可能扩大车内空间和行李舱容量。
- 良好的舒适性，低噪声、振动小。
- 分布式驱动全时四驱。
- 快速向智能化和网联化发展。

1.3 插电式混合动力汽车

为了提高混合动力电动汽车的燃油效率、降低排放，在车辆行驶中多使用电力驱动，增加电机的驱动功率，减小发动机排量，插电式混合动力汽车（Plug-in Hybrid Electric Vehicle，PHEV）应运而生。其车载动力电池组可利用电网（包括家用电源插座）进行补充电能，具有较长的纯电动行驶里程，必要时仍可工作在混合动力模式。

最早的 PHEV 乘用车是 2010 年上市的通用汽车雪佛兰沃尔特，当行驶里程小于 60km 时，它能够完全依靠一个车载的 16kW·h 锂离子动力蓄电池所储备的电能来驱动车辆，实现"零油耗、零排放"。当车载锂离子动力电池电量消耗至最低阈值时，车载发电机将自动起动并为驱动电机继续提供电能，使整车的续驶里程高达 500km 以上。随着动力电池的高比能量和高安全技术进步，满足日益严格的环保要求，PHEV 能行驶更远的纯电距离。2021 年上市的比亚迪宋 Plus DM-i 超级混动 PHEV，搭载了 18.3kW·h 磷酸铁锂锂离子动力蓄电池，纯电里程达到 110km，整车的续驶里程超过 1000km，最低荷电状态的百公里油耗为 4.5L。由于 PHEV 乘用车受到消费者欢迎，各大汽车公司竞相上市各种 PHEV 乘用车，市场竞争激烈。

插电式混合动力汽车源于常规混合动力电动汽车，它们具有相同的分类形式。按驱动车辆的能量流分类，混合动力电动汽车可分为串联、并联以及混联三种类型车辆，它们的动力系统结构形式分别如图 1-2、图 1-3 和图 1-4 所示。按发动机和电机驱动车辆的功率比分类，混合动力电动汽车可分为轻度混合、中度混合以及重度混合三种类型车辆。根据车载驱动电机 P_x 的布置，业内将混合动力电动汽车的机电混合动力形式简称为 P_x 结构，如图 1-5 所示。通常，P_0 结构称为发动机皮带轮起动发电一体系统（Belt Starter & Generator，BSG），P_1 结构称为发动机飞轮盘起动发电一体系统（Integrated Starter & Generator，ISG），P_2、P_3 和 P_4 结构的驱动电机分别布置于离合器-变速器、变速器后端和差速器前端，P_5 结构称为轮边电机或轮毂电机驱动系统。一台 PHEV 可以是两种或多种 P_x 结构的组合，动力系统设计需要权衡多个车辆性能指标，例如系统成本、经济性、动力性、稳定性和耐久性等。

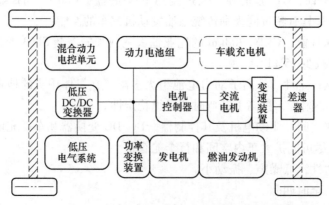

图 1-2　（插电式）混合动力汽车串联式动力系统结构

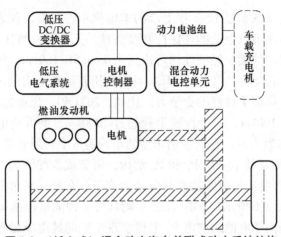

图 1-3　（插电式）混合动力汽车并联式动力系统结构

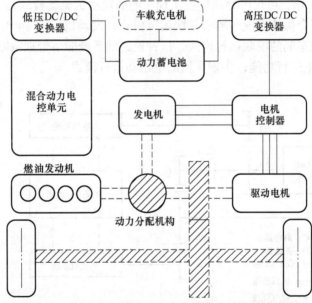

图 1-4　（插电式）混合动力汽车混联式动力系统结构

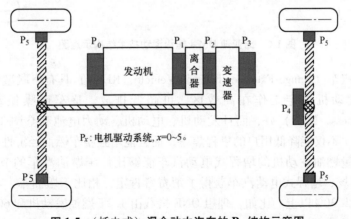

图 1-5　（插电式）混合动力汽车的 P_x 结构示意图

最早的混合动力电动汽车是 1997 年上市的丰田汽车普锐斯，代表汽车进入了电气化时代，表现了传统燃油汽车难以企及的环保性和经济性。无论是标准工况还是实车路况运行，普锐斯混合动力电动汽车的燃油经济性均可达到 4.0~4.5L/100km，尾气中 CO_2 排放量下降 45% 以上。相比于传统混合动力汽车，PHEV 具有利用新能源电力的纯电驱动功能，纯电里程更长，更绿色环保，展现了良好的竞争力。比如，2021 年，比亚迪秦 Plus DM-i 超级混动 PHEV 的纯电里程超过 100km，综合行驶里程超过 1000km，最低荷电状态的百公里油耗为 3.8L，百公里加速时间为 7.3s，在同级别车型的市场销量中名列前茅。

　　比亚迪 DM-i 超级混动技术采用 P_1 和 P_3 结构，可集成为前驱构型的混合动力汽车；如果再匹配 P_4 结构，则可集成为四驱构型混合动力汽车。在此，简单介绍 P_1 和 P_3 结构的超级混动技术 DM-i，如图 1-6 所示。DM-i 能使车辆具有 6 种能量流的运行模式，离合器 C 处于分离状态，可仅由锂离子电池组供电 P_3 电机实现车辆的纯电驱动模式；当汽油发动机与 P_1 电机组成一台增程器时，车辆可实现油电混合增程的串联运行模式。离合器 C 处于接合状态，P_3 电机停止工作，可仅由燃油供能实现车辆的发动机驱动模式；发动机和 P_3 电机同时运行，可由油电混合供能实现车辆的并联运行模式；发动机、P_1 和 P_3 电机都工作时，可由油电混合供能实现车辆的混联运行模式，这种模式的系统能量管理策略复杂。理论上，P_1 和 P_3 电机都具有发电运行功能，实现车辆的电制动运行模式。

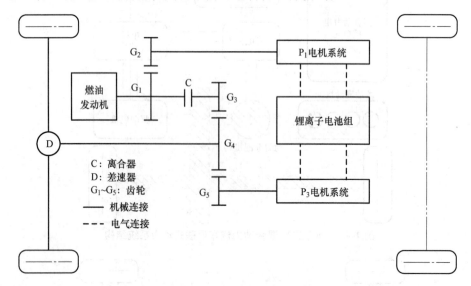

图 1-6　比亚迪 DM-i 超级混动技术结构示意图

　　增程式电动汽车（Range Extender Electric Vehicle，REEV）具有串联型的混合动力系统结构，其燃油发动机稳定工作在高效区，可超低排放，整车声噪振动感受（Noise，Vibration，Harshness，NVH）好，而且发动机、电动机、动力电池和空调/暖风系统可实现一体化的热管理，不仅能降低用户的里程焦虑，而且能增强整车燃油经济性。对于同级别的汽车，采用小排量燃油发动机的增程式电动汽车能够比传统燃油汽车的节油率超过 40%。在中大型 SUV 市场，增程式电动汽车获得了消费者肯定，相比于燃油车，不仅加速时间更短，而且油耗能少 30% 以上。比如，理想 ONE 搭载由 1.2T 燃油发动机和 60kW 发电机集成的一台增程器，以及 40.5kW·h 的三元材料锂离子蓄电池容量，前/后驱配备永磁同步电机的最大功率达 100kW/145kW，轻型车测试（World Light Vehicle Test Cycle，WLTC）工况纯电里程达 155km，百公里加速时间达 6.5s，最低荷电状态的百公里油耗达 8.8L，与实际车辆行驶的燃油经济性吻合。

　　无论是插电式混合动力汽车，还是增程式电动汽车，它们集成了传统汽车和纯电动汽车的驱动技术要素，是传统汽车向纯电动汽车或燃料电池汽车过渡的一种新能源汽车类型。各大汽车公司正为汽车的新能源、电气化转型开发适用纯电、油电混合和氢电混合的统一车辆平台，比如，2022 年 7 月，长安新能源汽车公司上市深蓝 SL03 新能源乘用车，推出了纯电动、增程式和燃料电池汽车三种车型。

1.4　燃料电池电动汽车

　　燃料电池电动汽车（Fuel Cell Electric Vehicle，FCEV）采用纯电驱动模式，驱动电机及其控制器的电能来自车载发电系统和动力电池，其动力系统结构如图 1-7 所示。比较图 1-2 和图 1-7，可以发现燃料电池电动汽车采用串联型动力系统结构。

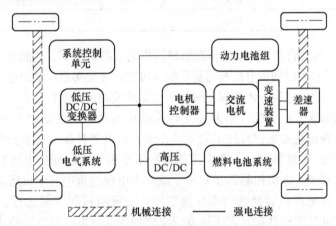

图 1-7　燃料电池电动汽车动力系统结构

　　燃料电池汽车用基于氢氧反应发电原理的燃料电池作为车载发电系统，2015 年，丰田汽车发布了量产燃料电池汽车米来（Mirai），续驶里程可达 700km，加氢时间为 3s，氢燃料的转化效率为 40%~60%，排放为水蒸气。随着氢燃料电池技术、氢制备与储存、加氢设施建设以及成本削减方面的持续进步，我国燃料电池汽车的技术研发已经兴起，市场推广正在加速开展。至 2021 年，我国已经推广燃料电池商用车和专用车近 9000 辆。2022 年 7 月，长安深蓝燃料电池汽车乘用车上市，后轮驱动，CLTC 综合工况续驶里程达 730km。

1.5　功率电子学在新能源汽车中的核心作用

　　纯电动汽车、插电式混合动力汽车、燃料电池汽车和混合动力电动汽车的动力系统，与传统汽车有本质上的差别，驱动电机及其控制器和动力电池系统是新能源汽车的关键核心部件，它们支配于功率半导体开关的高频脉冲宽度调制（Pulse Width Modulation，PWM）自动控制，对新能源汽车卓越的整车性能（如动力性、经济性、安全性、环保性和舒适性等）发挥了极其重要的作用。

1.5.1 汽车能源转型的支柱

最早批量上市的混合动力电动汽车的动力性、安全性和舒适性与燃油汽车相比毫不逊色，而且其经济性和环保性两个方面极其优秀，它们离不开混合动力系统的动力电池和永磁同步电机。以普锐斯混合动力电动乘用车为例，在 FTP、ECE 和 JP10-15 三种工况下，发动机效率提高、发动机停止和电制动能量回收三部分对混合动力电动汽车燃油经济性提高所做的贡献比例不同，见表 1-1。

表 1-1 三种工况下某混合动力电动汽车燃油经济性提高的贡献比例

工作特点	三种工况的效率提升		
	FTP	ECE	JP10-15
发动机效率提高	59%	56%	53%
发动机停止	13%	20%	27%
电制动能量回收	28%	24%	20%

由表 1-1 可知，该混合动力电动汽车在永磁同步电机的驱动下，才能实现纯电动和发动机的即时起停功能；只有永磁同步电机参与整车制动过程，才能实现车辆的电制动能量回收；只有永磁同步电机参与驱动过程，才能保证阿特金森循环发动机在混合动力模式的高效工作。

电机是一种机械能、电磁能、电能相互转换的机电装置，无论是直流电机还是交流电机，电机调速是一种普遍需求，其技术的关键在于实现电能转换的功率变换装置的功率电路拓扑及其电流电压的 PWM 控制。三相交流笼型异步电机和永磁同步电机被广泛用于新能源汽车的动力驱动装置中，电机控制器是实现车载动力电池直流电与电机所需的电流矢量相位幅值可调的三相交流电双向转换的功率变换装置。交流电机四象限运行，纯电动汽车前行时，驱动电机处于电动工作状态，需要将直流电转换为交流电，该方法称为逆变技术。纯电动汽车制动时，驱动电机可处于发电工作状态，需要将汽车的机械动能转化为电能存储在动力电池中。交流电机再生制动，需要将交流电转换为直流电，该方法称为整流技术。

新能源汽车停车充电时，车载充电机将公用电网的单相或三相 50Hz/60Hz 交流电转换为电流电压幅值可控的直流电，对动力电池充电，这也需要整流技术。其中，谐波控制、功率因数调节等控制技术对改善电能的质量发挥了重要的作用。

新能源汽车至少有两种直流母线电压：一种是继承了传统汽车的低压电气系统的直流电压 12V/24V；另一种是动力电池形成的上百伏的直流母线电压，可分为 400V、600V 和 800V 三个等级，应从车辆的使用场景、全生命周期成本、功率半导体器件可获得性、电力技术复杂性等方面合理选用，比如，800V 高电压直流母线能够提高电驱动系统效率、增强电池快速充电能力，但也带来电池组一致性、功率半导体器件电应力、材料绝缘疲劳等方面的负面效应。两种直流母线电压体制之间需要转换，往往需要一种直流/直流（DC/DC）变换器，将动力电池的高电压转换为如车灯、刮水器、音响等低压电器使用的低电压 12V/24V，这是一种直流变换技术，常称为 DC/DC 变换技术。

整流技术、逆变技术和直流变换技术是功率电子学的三大电源变换方法，已经完全集成在新能源汽车技术中，如图 1-8 所示。与之相关的技术涉及电子电路、嵌入式计算机系统、开关控制策略、电磁干扰/电磁兼容性（EMI/EMC）、材料绝缘和系统热管理等，旨在实现高效率、高功率密度、可靠安全和经久耐用的符合汽车复杂环境要求的功率变换装置。就学科而言，新能源汽车是机械工程、电气工程、信息工程和化学工程等知识的融合、集成，新能源汽车技术与功率电子学密不可分，目标是优化车载能源能量流的分配。

功率电子学研究电路中功率半导体器件的开关过程，尽量降低器件的功率损耗，减小 EMI，提高 EMC 能力。运用电子电路理论和计算机控制理论，将一种电能高效率转换成另一种满足系统需求的电能，是功率电子技术的基本要求。

总而言之，功率电子学理论、方法与技术对汽车能源转型提供了关键支撑，拓宽了汽车一次能源供给的多元化和绿色化，例如光伏太阳能、风能、水能、氢能和核能等。

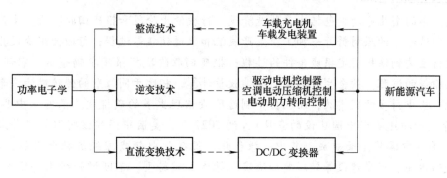

图 1-8 新能源汽车技术与功率电子学的密切关系

1.5.2 乘用车动力技术的创新

高功率密度的功率电子技术促使汽车电驱动系统总成向多合一方向演进，模块化新能源汽车高电压供电、用电系统总成，适应乘用车的空间有限、质量从轻、动力强劲、安全高效、构型多变、布置灵活等方面的需求。而且，新型功率电子技术解放了汽车动力系统的传统设计理念，集中式、分布式驱动可兼而有之，车桥式、轮边式、轮毂式驱动可融会贯通，各种形式的动力机器亦能优化组合。若发挥电机四象限运行的功能，赋予汽车横摆动力学稳定性控制的效能，则蕴含多种在传统乘用车难以实现的行车功能，例如啮合地面附着力的车轮独立驱动与制动的无缝切换。

创新源于实践与坚持。瞄准汽车电动化发展趋势，中国比亚迪公司和美国特斯拉公司于 2003 年进入了汽车整车制造行业，经过 20 年持之以恒的发展，推出了多种汽车颠覆式创新技术，帮助他们的新能源汽车销量遥遥领先。例如，比亚迪公司分别于 2020 年 3 月和 2022 年 1 月推出了两种电动汽车颠覆式创新技术，即刀片电池技术和易四方动力技术。基于磷酸铁锂锂离子电池的刀片电池技术不仅提高了车载动力电池系统的安全性、耐久性和能量密度，而且加速了电池与底盘一体化集成技术的创新，均衡电动汽车的前后桥载荷，有利于车辆操控性能的提升。集成永磁同步电机运动控制和锁止差速控制一体的易四方技术，首次搭载于比亚迪汽车高端品牌"仰望"电动汽车 U8 上，真正实现了深度融合环境感知、车辆横摆稳定控制的四个电机独立驱动与制动，全面革新了汽车动力系统架构。"仰望"U8 能够毫秒级精准、独立调节四个车辆驱动电机的转矩，实现了低附着路面的原地掉头、高速爆胎稳定控制，而且具有 IP68 的浮水行驶功能。

新发展的智能辅助驾驶技术，将超强芯片、操作系统和环境感知智能算法集成于电动汽车，引领了汽车智能化技术的发展方向。鉴于电动汽车较传统燃油汽车具有更简洁的零部件总成，业界于 2020 年 9 月推出了电动汽车车身和底盘的一体式压铸技术，彻底颠覆以冲压、焊装为主导的传统整车制造工艺模式，不仅能降低生产成本，而且能够提高车身强度。

拓展阅读与综合实践项目

　　　纯电动汽车制造绿色转型

一辆汽车的全生命周期包括生产制造阶段、行驶使用阶段和报废回收阶段。生产制造阶段指每年制造新车的原材料开采加工、生产装配和配送销售等过程；行驶使用阶段指车辆补充燃料运行至达到法规规定报废条件的过程；报废回收阶段指报废车辆整车、零部件拆分、存放和运输等的过程。按全生命周期的碳排放量计算，相比于同级别的传统燃油汽车，新能源汽车能产生少得多的碳排放，而在生产制造阶段出现更多的碳排放。根据《中共中央 国务院 关于全面推进美丽中国建设的意见》，到 2027 年，美丽中国建设将取得显著成效；到 2035 年，美丽中国将全面建成。其中，绿色化、低碳化引领我国经济社会发展，在能源、工业、交通运输、城乡建设等领域要加快实现绿色低碳转型，不断增强绿色科技创新能力。《中国制造 2025》明确指出"全面推行绿色制造"，全面推行清洁生产；发展循环经济，构建绿色制造体系，走生态文明的发展道路。因此，新能源汽车生产制造绿色转型是汽车行业全域低碳化运行的必然要求。

请至少通过两种调研方式分析问题 1：2015 年后，举例说明我国纯电动汽车充电的电力生产情况与其生产制造阶段碳排放的关系。

请至少通过两种调研方式分析问题 2：举例说明纯电动汽车生产制造绿色转型的科技创新途径。

请至少通过两种调研方式分析问题 3：举例说明功率电子技术在新能源汽车绿色制造中的作用。

　习题 1

1.1　举例说明电子电气技术对汽车技术发展的促进作用。

1.2　根据图 1-5，简要叙述新能源汽车的动力系统结构形式及其节能减排潜力。

1.3　根据图 1-6，简要叙述插电式混合动力系统的动力驱动模式。

1.4　根据图 1-2 和图 1-7，比较增程式电动汽车与燃料电池汽车的动力系统构型。

1.5　试描述功率电子学与新能源汽车技术的关系。

第 **2** 章

电路波形与功率半导体器件

(2.1) 电路的波形及其参数

简单的电路由电源、负载、导线和开关等元件组成。电源可分为电压源和电流源，电压源最常用，例如干电池、汽车蓄电池、动力电池组和公用电网电源。导线以线径截面积（单位：mm^2）区分较为常用，有 $0.5mm^2$、$0.75mm^2$、$1mm^2$、$1.5mm^2$、$2.5mm^2$、$4mm^2$、$6mm^2$、$10mm^2$、$16mm^2$、$25mm^2$ 等规格。负载是电能转换成其他形式的能的装置，常用的负载有电灯泡、电炉、扬声器、电动机等。开关担负通断电路电流的功能，日常生活中的照明电路开关通常采用手动机械式开关，而汽车的照明电路开关常用继电器。继电器是一种应用电磁原理控制的机械式开关。

【例 2-1】 照明电路

一个白炽灯的照明线路如图 2-1 所示，相线 L 和中性线 N 提供正弦交流电源，电压为 220V（有效值），地线 PE 为保护地，白炽灯将电能转化为热能和光能，开关 S_1 手动控制白炽灯的点亮和熄灭。这样一个电灯的电路如图 2-2 所示，A 端与相线 L 连接，B 端与中性线 N 连接，A_1 和 B_1 分别与白炽灯 EL 的两端连接。显然，AB 两端的正弦交流电压的有效值为 220V，频率为 50Hz。如果已知白炽灯 EL 的电阻，就可以计算出开关 S_1 导通后白炽灯 EL 的功率。

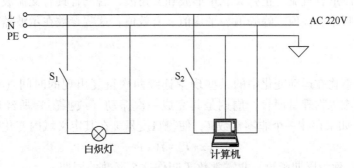

图 2-1 照明和计算机的线路图

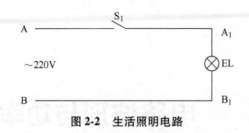

图 2-2　生活照明电路

【例 2-2】　汽车远光灯电气电路

汽车远光灯的照明线路如图 2-3 所示。B+与 12V 蓄电池的正极连接，车身与蓄电池的负极连接，俗称"搭铁"，继电器 R_Q 控制左右两侧的远光灯 EL_L 和 EL_R 的点亮和熄灭。汽车远光灯的电路如图 2-4 所示，A 端与蓄电池正极连接，B 端搭铁，开关 S_Q 表示电控的继电器开关，A_1 和 B_1 分别与远光灯 EL_L 和 EL_R 的两端连接。电路中，AB 两端施加的电压为直流 12V。如果已知 AB 两端的电流波形及其参数，就可以计算开关 S_Q 导通后远光灯 EL_L 和 EL_R 的总功率。

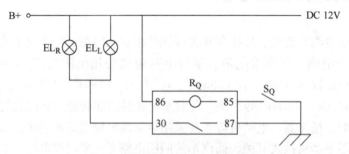

图 2-3　汽车远光灯的照明线路

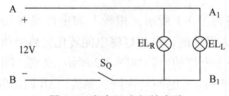

图 2-4　汽车远光灯的电路

常见电路的波形有直流、正弦波、矩形波和三角波，后三者具有交流波形。而电路波形的参数有周期、频率、幅值、峰峰值、平均值、有效值，这些参数在示波器上很常用。

2.1.1　参数

周期一般指事物在运动变化中的某些现象连续两次重复出现的时间（单位：s）。对于如交流电压、电流等物理量而言，周期是其完成一次振动（或振荡）所经历的时间。对于一个函数 $f(x)$，如果存在一个非零常数 T，使得自变量 x 在其定义域内变化时都有

$$f(x+T)=f(x) \qquad (2-1)$$

那么，函数 $f(x)$ 称为周期函数。非零常数 T 叫作这个函数的周期。

1）频率：指物体在单位时间内完成振动的次数，是描述振动物体往复运动频繁程度的

量（单位：Hz）。物理量在 1s 内完成周期性变化的次数称为频率，常用符号 f 表示。例如交流电压在单位时间内完成周期性变化的次数，称为电压的频率。

频率 f 是周期 T 的倒数，即

$$f = \frac{1}{T} \tag{2-2}$$

例 2-1 所示的生活用照明线路的 220V 电源是一种正弦交流电，电源电压的频率为 50Hz，即电压在 1s 内做了 50 次的周期性变化，电压的周期为 0.02s 或 20ms。

2）幅值：指物理量在一个周期内瞬时出现的最大绝对值，也叫振幅、峰值。

3）峰峰值：指物理量在一个周期内瞬时出现的最大值和最小值之间的绝对差值。

4）平均值：常指物理量的算术平均值。对于一个周期为 T 的函数 $f(t)$，函数 $f(t)$ 在一个周期 T 内的算术平均值 F_{ave} 为

$$F_{ave} = \frac{1}{T} \int_{t}^{t+T} f(t)\,\mathrm{d}t \tag{2-3}$$

5）有效值：指物理量的方均根值。对于一个周期为 T 的函数 $f(t)$，函数 $f(t)$ 在一个周期 T 内的方均根值 F_{rms} 为

$$F_{rms} = \sqrt{\frac{1}{T} \int_{t}^{t+T} f^2(t)\,\mathrm{d}t} \tag{2-4}$$

2.1.2　直流

在汽车上，低压电器设备的标称电压通常为直流 12V、24V 或 48V，铅蓄电池是常用的低压供电电源之一。在新能源汽车上，动力电池组为驱动电机控制器提供的标称电压有多种，如 288V、312V、336V、384V、600V 等；锂离子电池是主要的动力供电电源。理想的直流电的波形不发生周期性变化，是一条直线，如图 2-5 所示。直流电的平均值恒等于峰值，频率等于 0，有效值等于平均值。

数学表达式为

$$u(t) = U_p \tag{2-5}$$

平均值为

$$U_{ave} = U_p \tag{2-6}$$

有效值为

$$U_{rms} = U_p \tag{2-7}$$

图 2-5　直流电波形

2.1.3　正弦波

公用电网传送交流电，不仅为家庭照明提供电源，而且为新能源汽车动力电池充电机输入交流电源，是正弦波信号。作为新能源汽车驱动装置的三相交流异步电机，其输入电源电流也是正弦波信号，如图 2-6 所示。显然，正弦波信号发生周而复始的周期性变化。

数学表达式为

$$u(t) = U_p \sin\omega t \tag{2-8}$$

式中，U_p 为幅值；ω 为角频率。

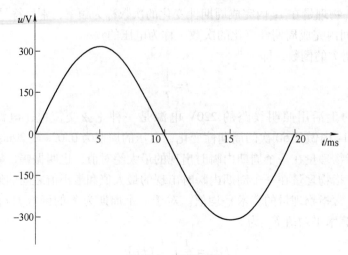

图 2-6　正弦波形

周期为

$$T = \frac{2\pi}{\omega}$$

频率为

$$f = \frac{\omega}{2\pi}$$

峰峰值为

$$U_{pp} = 2U_p \tag{2-9}$$

平均值为

$$U_{ave} = \int_0^{2\pi} U_p \sin\omega t \mathrm{d}t = 0 \tag{2-10}$$

有效值为

$$U_{rms} = \sqrt{\frac{1}{T}\int_t^{t+T} (U_p \sin\omega t)^2 \mathrm{d}t} = \frac{\sqrt{2}}{2}U_p \tag{2-11}$$

【例 2-3】　当 $U_p = 311\mathrm{V}$ 时，计算图 2-6 中的正弦电压的周期、频率、角频率、峰峰值和有效值。

解　由图 2-6 可知正弦电压的参数如下。

周期为

$$T = 0.02\mathrm{s}$$

频率为

$$f = \frac{1}{T} = \frac{1}{0.02}\mathrm{Hz} = 50\mathrm{Hz}$$

角频率为

$$\omega = 2\pi f = 2\pi \times 50\mathrm{rad/s} \approx 314\mathrm{rad/s}$$

峰峰值为

$$U_{pp} = 2U_p = 2 \times 311\mathrm{V} = 622\mathrm{V}$$

有效值为

$$U_{\mathrm{rms}} = \frac{U_{\mathrm{p}}}{\sqrt{2}} = \frac{311}{1.414}\mathrm{V} \approx 220\mathrm{V}$$

【例 2-4】　如果将正弦信号取绝对值，生成的信号波形（实线部分）如图 2-7 所示，其中 $U_{\mathrm{p}} = 537\mathrm{V}$。

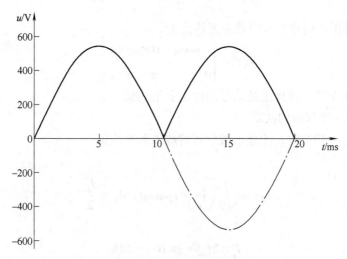

图 2-7　例 2-4 的信号波形

1）写出图 2-7 波形的数学表达式。

2）计算图 2-7 波形的周期和频率。

3）计算图 2-7 波形的平均值和有效值。

　　解　1）由图 2-7 可知，在 $0.01 \sim 0.02\mathrm{s}$，所示实线部分的波形是虚线部分波形的正弦波负半波沿 t 轴的对称波形，数学表达式为

$$u(t) = U_{\mathrm{p}}|\sin\omega t| = \begin{cases} U_{\mathrm{p}}\sin\omega t & 0 \leqslant \omega t < \pi \\ -U_{\mathrm{p}}\sin\omega t & \pi \leqslant \omega t < 2\pi \end{cases}$$

其中，

幅值为

$$U_{\mathrm{p}} = 537\mathrm{V}$$

周期为

$$T = 0.01\mathrm{s}$$

频率为

$$f = \frac{1}{T} = \frac{1}{0.01}\mathrm{Hz} = 100\mathrm{Hz}$$

角频率为

$$\omega = \pi f = 100\pi\mathrm{rad/s} \approx 314\mathrm{rad/s}$$

2）图 2-7 的波形的周期是 $0.01\mathrm{s}$，频率是 $100\mathrm{Hz}$。

3）计算图 2-7 的波形的平均值和有效值。

平均值为

$$U_{ave} = \frac{-U_p}{\omega T} \int_0^{\omega T} d\cos\omega t = \frac{2}{\pi}U_p = \frac{2}{\pi} \times 537 \text{ V} \approx 342\text{V}$$

有效值为

$$U_{rms} = \frac{\sqrt{2}}{2}U_p = \frac{\sqrt{2}}{2} \times 537\text{V} \approx 380\text{V}$$

【例 2-5】 由正弦信号生成的数学表达式为

$$i(t) = \begin{cases} I_p\sin\omega t & 0 \leq \omega t < \pi \\ 0 & \pi \leq \omega t < 2\pi \end{cases}$$

1）当 $I_{rms} = 10\text{A}$ 时，计算正弦信号的峰值和平均值。

2）请绘制其一个周期的波形。

解 1）当 $I_{rms} = 10\text{A}$ 时，计算正弦信号的峰值和平均值。

因为

$$I_{rms} = \sqrt{\frac{\omega}{2\pi}\int_0^{\pi/\omega}(I_p\sin\omega t)^2 dt} = \frac{I_p}{2}$$

所以峰值为

$$I_p = 2I_{rms} = 2 \times 10\text{A} = 20\text{A}$$

平均值为

$$I_{ave} = \frac{\omega}{2\pi}\int_0^{\pi/2}I_p\sin\omega t dt = \frac{I_p}{\pi} = \frac{20}{\pi}\text{A} \approx 6.37\text{A}$$

2）数学表达式在一个周期内的波形如图 2-8 所示。

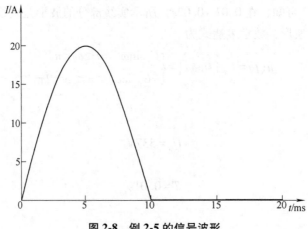

图 2-8 例 2-5 的信号波形

2.1.4 矩形波

在直流系统中，矩形波是常用的电路波形信号。在例 2-2 的汽车远光灯照明电路中，假设蓄电池的电压维持在 12V。如果将开关 S_Q 导通一段时间后，再将开关关断，则将在远光灯上产生一个矩形波的电压信号，如图 2-9 所示。

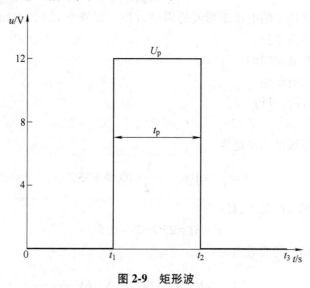

图 2-9　矩形波

图 2-9 中，如果从开关导通时刻计算，那么电压矩形波的数学表达式为

$$u(t) = \begin{cases} U_p & t_1 \leqslant t < t_2 \\ 0 & t_2 \leqslant t < t_3 \end{cases} \tag{2-12}$$

如果图 2-9 中的电压矩形波周期性地发生重复，那么它的参数计算如下：

周期为

$$T = t_3 - t_1 \tag{2-13}$$

脉宽为

$$t_p = t_2 - t_1 \tag{2-14}$$

频率为

$$f = \frac{1}{T} = \frac{1}{t_3 - t_1}$$

平均值为

$$U_{ave} = \frac{1}{T} \int_0^{t_p} U_p \mathrm{d}t = \frac{t_p}{T} U_p$$

有效值为

$$U_{rms} = \sqrt{\frac{1}{T} \int_0^{t_p} U_p^2 \mathrm{d}t} = U_p \sqrt{\frac{t_p}{T}}$$

如果将占空比 δ 定义为脉宽时间与周期之比，即

$$\delta = \frac{t_p}{T} \times 100\% \tag{2-15}$$

那么，矩形电压波的平均值为

$$U_{ave} = \delta U_p \tag{2-16}$$

矩形电压波的有效值为

$$U_{\mathrm{rms}} = U_{\mathrm{p}} \sqrt{\delta} \qquad\qquad (2\text{-}17)$$

【例 2-6】　图 2-9 所示的电压矩形波的周期为 2s，幅值为 12V，平均电压为 3V。求：

1）电压矩形波的占空比。

2）电压矩形波的脉宽时间。

3）电压矩形波的有效值。

解　根据已知条件，可得

$$T = 2\mathrm{s}, \qquad U_{\mathrm{p}} = 12\mathrm{V}, \qquad U_{\mathrm{ave}} = 3\mathrm{V}$$

1）计算矩形电压波的占空比为

$$\delta = \frac{U_{\mathrm{ave}}}{U_{\mathrm{p}}} \times 100\% = \frac{3}{12} \times 100\% = 25\%$$

2）计算电压矩形波的脉宽时间为

$$t_{\mathrm{p}} = \delta T = 25\% \times 2\mathrm{s} = 0.5\mathrm{s}$$

3）计算电压矩形波的有效值为

$$U_{\mathrm{rms}} = U_{\mathrm{p}} \sqrt{\delta} = 12 \times \sqrt{\frac{1}{4}} \mathrm{V} = 6\mathrm{V}$$

2.1.5　三角波

在产生脉宽调制 PWM 波时，常用的载波有三角锯齿波和等腰三角波。锯齿波的数学表达式为

$$u(t) = \frac{U_{\mathrm{p}}}{T}(t - kT) \quad kT \leqslant t < (k+1)T \quad k = 0,1,2,3,\cdots$$

锯齿波从零线性增长至最大值 U_{p}，周而复始发展，当 $T = 0.02\mathrm{s}$ 时，如图 2-10 所示。锯齿波的平均值等于幅值的 1/2，即

$$U_{\mathrm{ave}} = \frac{1}{T} \int_{0}^{T} \frac{U_{\mathrm{p}}}{T} t \mathrm{d}t = \frac{1}{2} U_{\mathrm{p}}$$

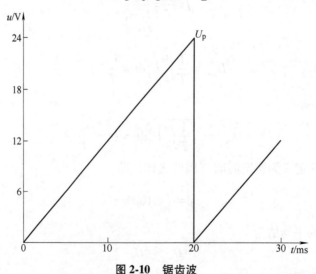

图 2-10　锯齿波

锯齿波的有效值计算为

$$U_{rms} = \sqrt{\frac{1}{T}\int_0^T \left(\frac{U_p}{T}t\right)^2 dt} = \frac{U_p}{\sqrt{3}}$$

因此，锯齿波的平均值和有效值与它的幅值呈比例关系，而与它的周期无关。

【例 2-7】　证明周期和幅值相同的等腰三角波与锯齿波的平均值和有效值相等。

证明：图 2-11 的等腰三角波的数学表达式为

$$u(t) = \begin{cases} \dfrac{2U_p}{T}(t-kT) & kT \leqslant t < \left(k+\dfrac{1}{2}\right)T \\ \dfrac{2U_p}{T}(T-t-kT) & \left(k+\dfrac{1}{2}\right)T \leqslant t < (k+1)T \end{cases} \qquad k=0,1,2,3,\cdots \qquad (2\text{-}18)$$

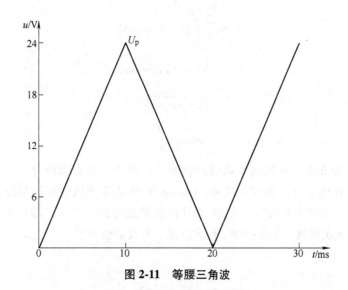

图 2-11　等腰三角波

周期性的等腰三角波重复第一个周期的波形，因此它的平均值计算为

$$U_{ave} = \frac{1}{T}\int_0^{T/2} \frac{2U_p}{T}t\,dt + \frac{1}{T}\int_{T/2}^T \frac{2U_p}{T}(T-t)\,dt$$

经简化，得

$$U_{ave} = \frac{1}{2}U_p \qquad (2\text{-}19)$$

同样，等腰三角波的有效值计算为

$$U_{rms} = \sqrt{\frac{1}{T}\int_0^{T/2} \frac{4U_p^2}{T}t^2 dt + \frac{1}{T}\int_{T/2}^T \frac{4U_p^2}{T}(T-t)^2 dt}$$

经简化，得

$$U_{rms} = \frac{U_p}{\sqrt{3}} \qquad (2\text{-}20)$$

据以上证明，可知周期和幅值相同的等腰三角波与锯齿波的平均值和有效值相等。

2.1.6　谐波

由于功率半导体器件的高速导通与关断，功率变换电路能产生非正弦电流，这种畸变电流能够发生周期性变化。根据傅里叶分析原理，在数学上任何重复的波形都可以用傅里叶级数来表达。

如果一个周期为 T 的非正弦波形以时间函数 $f(t)$ 表示，则有

$$f(t) = A_0 + \sum_{n=1}^{\infty} (a_n \cos n\omega t + b_n \sin n\omega t) = A_0 + \sum_{n=1}^{\infty} A_n \sin(n\omega t + \varphi_n) \qquad (2\text{-}21)$$

式中，

$$A_0 = \frac{1}{T} \int_0^T f(t)\, \mathrm{d}t$$

$$a_n = \frac{2}{T} \int_0^T f(t) \cos n\omega t \mathrm{d}t$$

$$b_n = \frac{2}{T} \int_0^T f(t) \sin n\omega t \mathrm{d}t$$

$$A_n = \sqrt{a_n^2 + b_n^2}$$

$$\tan\varphi_n = \frac{a_n}{b_n}$$

1）直流：A_0 为非正弦函数的平均值，表示非正弦波形的直流成分。

2）基波：具有频率为 ω 的成分 $A_1 \sin(\omega t + \varphi_1)$ 称为非正弦波形的基波。

3）谐波：具有频率为基波频率整数（>1）倍的成分称为非正弦波形的谐波，比如 2 次谐波、3 次谐波、4 次谐波、5 次谐波、6 次谐波、7 次谐波等。

4）有效值：

$$F_{\mathrm{rms}} = \sqrt{A_0^2 + \frac{1}{2} \sum_{n=1}^{\infty} A_n^2} \qquad (2\text{-}22)$$

5）谐波总有效值：

$$F_{\mathrm{hrms}} = \sqrt{\frac{1}{2} \sum_{n=2}^{\infty} A_n^2} = \sqrt{F_{\mathrm{rms}}^2 - A_0^2 - \frac{1}{2} A_1^2} \qquad (2\text{-}23)$$

6）总畸变率（Total Harmonic Distortion，THD）：将谐波的有效值与基波的有效值之比定义为非正弦波的总畸变率，即

$$\mathrm{THD} = \frac{F_{\mathrm{hrms}}}{A_1/\sqrt{2}} \times 100\% = \frac{\sqrt{\sum_{n=2}^{\infty} A_n^2}}{A_1} \times 100\% \qquad (2\text{-}24)$$

对于一个周期性的、简单的非正弦函数，为了计算相应的总畸变率，先通过式（2-22）计算函数的有效值 F_{rms}；然后，运用式（2-21）求得函数基波的有效值 A_1；并且，通过式（2-23）计算函数谐波的总有效值 F_{hrms}；最后，通过式（2-24）计算函数的 THD。

【例 2-8】　频率为 50Hz、幅值为 10A 的方波电流的波形如图 2-12a 所示，求：

1）方波电流的基波和谐波的数学表达式。

2）方波电流的总畸变率。

解 由题意可知，方波电流的幅值和频率分别为

$$I_{\mathrm{p}} = 10\mathrm{A}, \qquad f = 50\mathrm{Hz}$$

1）图 2-12a 所示的方波电流波形的数学表达式为

$$i(t) = \begin{cases} 10 & 0 \leq t < 0.01 \\ -10 & -0.01 \leq t < 0 \end{cases}$$

这样，方波电流波形的其他参数计算如下：

周期为

$$T = \frac{1}{f} = 0.02\mathrm{s}$$

角频率为

$$\omega = 2\pi f \approx 314\mathrm{rad/s}$$

峰峰值为

$$I_{\mathrm{pp}} = 20\mathrm{A}$$

平均值为

$$I_{\mathrm{ave}} = 0$$

有效值为

$$I_{\mathrm{rms}} = \sqrt{\frac{1}{T}\left[\int_{-T/2}^{0}(-I_{\mathrm{p}})^2\mathrm{d}t + \int_{0}^{T/2}I_{\mathrm{p}}^2\mathrm{d}t\right]} = I_{\mathrm{p}} = 10\mathrm{A}$$

可以证明该方波电流函数是一个奇函数，即

$$i(-t) = -i(t)$$

这样

$$a_n = 0$$

$$b_n = \frac{4}{T}\int_{0}^{T/2}I_{\mathrm{p}}\sin n\omega t\,\mathrm{d}t = \frac{-4I_{\mathrm{p}}}{n\omega T}\int_{0}^{T/2}\mathrm{d}\cos n\omega t = \frac{2I_{\mathrm{p}}}{n\pi}(1 - \cos n\pi)$$

$$= \begin{cases} \dfrac{4I_{\mathrm{p}}}{n\pi} & n = 1,3,5,7,\cdots \\ 0 & n = 2,4,6,8,\cdots \end{cases}$$

因此，方波电流的傅里叶级数为

$$f(t) = \frac{4I_{\mathrm{p}}}{\pi}\sum_{k=1}^{\infty}\frac{\sin(2k-1)\omega t}{2k-1} = \frac{40}{\pi}\sum_{k=1}^{\infty}\frac{\sin 314(2k-1)t}{2k-1}$$

由此，方波电流的基波数学表达式为

$$f_1(t) = \frac{40}{\pi}\sin 314t$$

方波电流的谐波数学表达式为

$$f_{2k-1}(t) = \frac{40\sin 314(2k-1)t}{(2k-1)\pi}$$

方波电流的基波以及 3、5 和 7 次谐波的幅值如图 2-12a 所示，基波与谐波合成的波形如图 2-12b 所示。

2）根据方波电流基波的数学表达式，得到基波的有效值为

$$I_{1rms} = \frac{I_{1p}}{\sqrt{2}} = \frac{20\sqrt{2}}{\pi}A \approx 9A$$

而方波电流的谐波有效值为

$$I_{hrms} = \sqrt{I_{rms}^2 - I_0^2 - I_{1rms}^2} = \sqrt{10^2 - 0^2 - \left(\frac{20\sqrt{2}}{\pi}\right)^2}A \approx 4.35A$$

这样，方波的总畸变率为

$$THD = \frac{I_{hrms}}{I_{1rms}} \times 100\% = \frac{4.35}{9} \times 100\% \approx 48.33\%$$

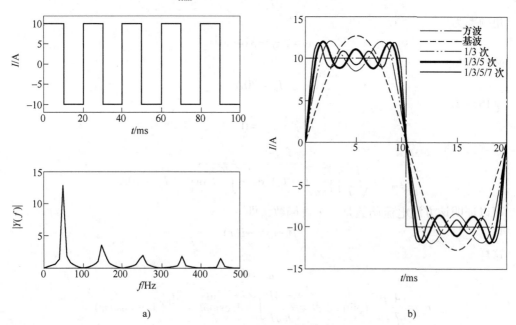

图 2-12　方波电流

a）基波与谐波的波形　b）基波与谐波合成的波形

2.2 功率半导体器件

　　功率二极管、功率金属-氧化物-半导体场效应晶体管（Metal Oxide Solid Field Effect Transistor，MOSFET）和绝缘栅双极晶体管（Insulated Gate Bipolar Transistor，IGBT）是常用的车规级功率半导体器件。新能源汽车的发展高度依赖高性能功率半导体器件，目前的功率半导体器件正从硅基材料向宽禁带材料过渡。

2.2.1　器件发展与分类

　　功率电子技术（电力电子技术）是以功率半导体器件技术及其应用为纲发展的，目前

工业界常用的功率半导体器件有工作原理不同的四种类型，它们分别是功率二极管、功率晶体管晶闸管、功率 MOSFET 和 IGBT。20 世纪 40 年代发展起来的晶体管技术奠定了功率半导体器件发展的知识基础，20 世纪 60 年代创新开发的晶闸管推动了电力电子技术发展的突飞猛进，20 世纪 70 年代和 20 世纪 80 年代分别革新推出了功率 MOSFET 和 IGBT。典型硅基材料的功率 MOSFET 具有高开关频率、耐压低、大电流和通态电阻大的性能，IGBT 表现出开关频率较低、耐压高和通态压降小的特点。因此，前者更多面向诸如汽车低压电气系统等低电压领域应用，IGBT 则在工业电机调速和电动汽车等中高电压的电驱动领域应用多。

从控制的角度，功率半导体器件是一种通过弱电信号触发器件强电信号导通或截止的电力转换器件。就弱电信号控制强电的可控性而言，功率半导体器件可分为不可控型器件、半控型器件和全控型器件。其中，功率二极管是不可控型器件，它没有弱电控制信号，导通或截止由其端电压决定。晶闸管是半控型器件，它的门极信号可使其触发导通，但不能使其截止。功率 MOSFET 和 IGBT 是全控型器件，它们的栅极信号能够触发器件导通，也能使它们截止。

根据器件基极、门极或栅极的载流子工作机理，功率半导体器件又可分为电流型和电压型触发导通器件。其中，晶闸管属于电流型触发导通器件，功率 MOSFET 是电压型触发导通器件，而 IGBT 则是混合型触发导通器件。电流型器件的基极或门极需要流过一定宽度和强度的电流触发脉冲，才能使器件触发导通。它的驱动电路较为复杂，功耗较大。而电压型器件的栅极仅需电压信号驱动而使其导通或截止，器件的驱动电路简单、功率小。

从半导体材料角度，功率半导体器件又可分为硅基材料器件和宽禁带材料器件。21 世纪开发了宽禁带材料如碳化硅（Silicon Carbide，SiC）和氮化镓（Gallium Nitride，GaN）的器件，诸如 SiC 功率 MOSFET 和 IGBT 等。相比于硅基材料器件，宽禁带材料器件有更高的开关速度、更少的反向恢复电荷和更宽的工作温度范围，功率半导体器件向高开关频率、低开关损耗、耐高温度、高功率密度等技术方向发展。

2.2.2　不可控器件——功率二极管

功率二极管是一种不可控型功率半导体器件，在整流、续流和钳位等电子电气电路中广泛应用，反向恢复时间短的宽禁带材料功率二极管如碳化硅二极管已批量使用。功率二极管是一种以 PN 结为基础的两端器件，可分为整流二极管、快恢复二极管和肖特基二极管等类型，图 2-13 为功率二极管的电气符号和伏安特性曲线。

功率二极管的基本特性是单向导电性，与 PN 结有相似的伏安特性曲线。功率二极管有一个阈值电压 U_{TO}，当 $u_{AK} \geqslant U_{TO}$ 时，正向偏置导通，电流从 A 端流向 K 端；反之，会截止。当 $u_{AK} < 0$ 时，功率二极管反向偏置。当功率二极管处于反向偏置状态时，有一个微弱的反向饱和电流从 K 端流向 A 端，

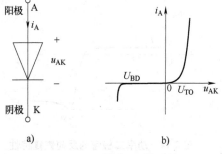

图 2-13　功率二极管
a）电气符号　b）伏安特性曲线

称为功率二极管的漏电流。如果反向偏置电压继续增大，功率二极管就会被击穿。因此，功率二极管的反向偏置电压不能超过其反向击穿电压 U_{BD}，否则会被击穿而受到损害。

当功率二极管从正向偏置状态过渡到反向偏置状态时，会经历一个反向恢复过程，电流和电压特性如图2-14所示。由于正向导通时功率二极管存储的大量过剩载流子需要从N区迁出，从而产生了反向恢复电流。在功率二极管从正向导通到反向截止的任何情况下，这个反向恢复现象都会发生。

当功率二极管的电流 i_A 减小到0后，会出现一个最大值 I_{RM}。这个反向恢复电流过程主要由所存储的电荷维持，功率二极管的反向恢复特性表现出电容特性。在反向电流恢复的过程中，功率二极管相当于短路状态，直到内部载流子复合了大部分存储电荷后，电荷的反向抽取过程完成，才恢复其反向阻断能力。功率二极管反向阻断能力恢复后，反向电流是其漏电流，端电压恢复至反向偏置电压。

在图2-14中，功率二极管电荷存储效应引起的存储电荷 Q_{rr} 迁出存在一个过程。Q_{rr} 的反向恢复时间指一个功率二极管从零电流下降至反向峰值电流 I_{RM} 后恢复至 $25\%I_{RM}$ 的时间间隔 t_{rr}。t_{rr} 越小，功率二极管的开关速度越快。为了评估一个功率二极管在高频开关电路中的适用性，工程上经常要计算其反向恢复时间，并且需要估计 I_{RM}。

相比于硅基半导体材料功率开关器件，宽禁带材料器件的反向恢复电荷小得多，反向恢复时间短得多，因此SiC材料的功率二极管具有高开关频率和低开关功耗的特点。

环境温度会影响功率二极管的伏安特性曲线，如图2-15所示。在第I象限中，$-40℃$ 和 $125℃$ 的两条曲线分别位于 $25℃$ 的曲线两侧，后者比前者离纵坐标正半轴更近。因此，随着环境温度的升高，功率二极管的正向偏置特性曲线会趋向纵坐标正半轴，阈值电压会减小。在第III象限中，随着环境温度的升高，功率二极管的反向偏置特性曲线会远离横坐标负半轴，反向饱和电流会增大。相关研究表明了功率二极管的伏安特性曲线有多种复杂数学表达式，运用理想化条件，可简化其伏安特性曲线，用简单的数学模型表达。

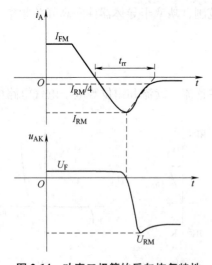

图2-14 功率二极管的反向恢复特性

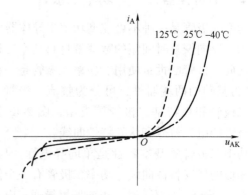

图2-15 温度依赖的功率二极管伏安特性

图2-16为功率二极管的理想、饱和和线性的伏安特性曲线。假设 $U_{TO} = 0$，$Q_{rr} = 0$，$U_{BD} = \infty$，$i_A = +\infty$，那么功率二极管可虚拟为一个理想二极管，在工作时不产生功率损耗，相应的伏安特性曲线如图2-16a所示。实际的功率二极管在导通时有一个通态压降 U_F，假设 $U_F = U_{TO}$，$Q_{rr} = 0$，$U_{BD} = \infty$，那么功率二极管有一个通态压降饱和的电流特性，相应的伏安特性

曲线如图 2-16b 所示。如果功率二极管的通态压降随着 i_A 增大而线性增长，那么此时的功率二极管表现为一个线性的伏安特性，它更接近于实际二极管的工作特性，相应的伏安特性曲线如图 2-16c 所示。

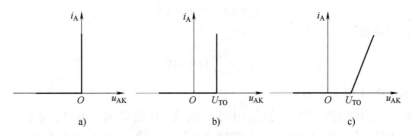

图 2-16　功率二极管的伏安特性
a）理想模型　b）饱和模型　c）线性模型

选择功率二极管的主要依据是正向电流 $I_{F(AV)}$ 和反向峰值电压 U_{RM}。在高速开关的应用场合，不仅需要关注功率二极管的反向恢复电荷 Q_{rr}，而且应查看其寄生电容量。这些参数可以从厂商提供的数据表或典型试验曲线中查找。

1）正向电流 $I_{F(AV)}$：在管壳温度 T_c 一定的条件下，通过功率二极管的正弦半波电流的平均值。

2）反向峰值电压 U_{RM}：在功率二极管两端所能施加的反向最大直流电压。

3）结温 T_j：指功率二极管的晶元的工作温度范围，比如−40～175℃。

4）阈值电压 U_{TO}：在 T_j 一定的条件下，功率二极管正向导通的阈值电压值。

5）通态压降 U_F：在结温和正向通态电流一定的条件下，功率二极管的正向压降。

6）反向饱和电流 I_{RM}：当 T_j 和 U_{RM} 一定时，流经功率二极管的反向电流。

【例 2-9】　二极管 VD 与电阻 R 串联的电路如图 2-17 所示，二极管的型号为 1N4001。

1）当电源 u_s 为直流 12V 时，估算电阻 R 的阻值。

2）采用 1）中的电阻，当电源 u_s 为幅值 12V 和频率 50Hz 的正弦波时，估算二极管 VD 的电流平均值、电流有效值和最大功耗。

3）绘制 2）中的二极管 VD 的电压波形。

解　首先查阅相关型号二极管的基本参数：I_F、U_F、U_R 和 I_R。经查阅，型号 1N4001 的二极管的基本参数为

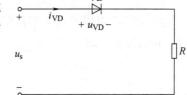

图 2-17　例 2-9 的电路

$$I_F = 1A,\quad U_F = 1V,\quad U_R = 50V,\quad I_R = 5\mu A$$

1）估算电阻 R 的阻值。二极管 VD 的正向最大电流 I_F 为 1A，显然流过电阻 R 的电流不能超过 1A，即

$$\frac{u_s - u_{VD}}{R} \leqslant I_F$$

整理上式，可得

$$R \geqslant \frac{u_s - u_{VD}}{I_F}$$

如果将 VD 视为理想二极管，那么 VD 的管压降 u_{VD} 为 0，即有

$$R \geqslant \frac{u_{\mathrm{s}}}{I_{\mathrm{F}}}$$

根据题意，有

$$u_{\mathrm{s}} = 12\mathrm{V}, \quad I_{\mathrm{F}} = 1\mathrm{A}$$

代入计算式，可求得

$$R \geqslant \frac{12}{1}\Omega = 12\Omega$$

这样，估算的电阻 R 值为 12Ω。

2）计算二极管的电流与最大功耗。由于二极管 VD 的单向导电性，正弦电压源的正半波可以通过二极管 VD。假设 VD 是一个理想二极管，估算二极管 VD 的电流 i_{VD}。

根据题意，有

$$u_{\mathrm{s}} = 12\sin 314t$$
$$R = 12\Omega$$

因此

$$i_{\mathrm{VD}} = \begin{cases} \dfrac{u_{\mathrm{s}} - u_{\mathrm{VD}}}{R} & u_{\mathrm{s}} \geqslant U_{\mathrm{TO}} \\ 0 & u_{\mathrm{s}} < U_{\mathrm{TO}} \end{cases}$$

假设 VD 是理想二极管，二极管的阈值 U_{TO} 和管压降 u_{VD} 都为零，即有

$$i_{\mathrm{VD}} = \begin{cases} \dfrac{u_{\mathrm{s}}}{R} & u_{\mathrm{s}} \geqslant 0 \\ 0 & u_{\mathrm{s}} < 0 \end{cases}$$

这样，二极管 VD 的电流表达式为

$$i_{\mathrm{VD}} = \begin{cases} \sin 314t & u_{\mathrm{s}} \geqslant 0 \\ 0 & u_{\mathrm{s}} < 0 \end{cases}$$

运用例 2-5 求得的正弦半波的平均值和有效值，可得二极管 VD 的电流平均值 I_{ave} 和有效值 I_{rms} 的估算值，即

$$I_{\mathrm{ave}} = \frac{1}{\pi} \approx 0.32\mathrm{A}$$

$$I_{\mathrm{rms}} = \frac{1}{2} = 0.5\mathrm{A}$$

估算二极管 VD 的功耗，必须考虑二极管的管压降 u_{VD}，那么 VD 的功耗 p_{VD} 表达式为

$$p_{\mathrm{VD}} = u_{\mathrm{VD}} i_{\mathrm{VD}} \leqslant U_{\mathrm{F}} i_{\mathrm{VD}}$$

即有

$$P_{\mathrm{VD}} = \begin{cases} \sin 314t & u_{\mathrm{s}} \geqslant 0 \\ 0 & u_{\mathrm{s}} < 0 \end{cases}$$

显然，二极管 VD 的最大功耗为 1W。

3）第一种方法，采用二极管 VD 的理想伏安特性。假设二极管 VD 的阈值电压和导通压降为 0，反向完全截止。这样，二极管 VD 的正向电压为 0，反向电压等于电源电压，如

图 2-18a 所示。它的数学表达式为

$$u_{VD} = \begin{cases} 0 & u_s \geq 0 \\ 12\sin314t & u_s < 0 \end{cases}$$

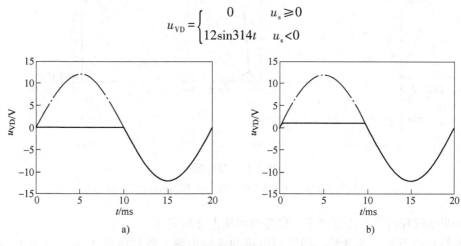

a)　　　　　　　　　　　　b)

图 2-18　例 2-9 中的二极管 VD 的电压波形

a）理想二极管　b）准理想二极管

第二种方法，采用二极管 VD 的准理想伏安特性。

假设二极管 VD 的阈值电压和导通压降等于 1V，反向完全截止。这样，二极管 VD 的正向电压为 1V，反向电压等于电源电压，如图 2-18b 所示。它的数学表达式为

$$u_{VD} = \begin{cases} 1 & u_s \geq 1V \\ 12\sin314t & u_s < 1V \end{cases}$$

2.2.3　半控型器件——晶闸管

晶闸管（Thyristor）的发明开创了电力电子技术的新纪元。它是一个耐高压、通态电压降低、工作频率通常在 1kHz 以下的电流型功率半导体开关器件。晶闸管属于半控型的功率半导体器件，一旦被触发导通，即进入擎住状态。导通后，晶闸管能有一个很低的正向阻抗；截止后，它又有很高的正、反向阻抗。

图 2-19 为晶闸管的电气符号和伏安特性曲线。在图 2-19a 中，与功率二极管相比，晶闸管多了一个门极 G，为导通提供电流触发脉冲输入端。在图 2-19b 中，晶闸管与二极管有相似形状的伏安特性曲线，区别在于晶闸管的导通受控于门极触发电流 I_G 的强度和正向偏置电压 $u_{AK}(>0)$ 的大小。图 2-19c 为晶闸管理想伏安特性曲线。

1）如果 $I_G = 0$，晶闸管阳阴极的正向偏置电压 u_{AK} 小于正向转折电压 U_{FBD}，即 $0 < u_{AK} < U_{FBD}$，那么晶闸管处于正向阻断的截止状态，仅有微小的漏电流流过。

2）如果 $I_G = 0$，且 $u_{AK} > U_{FBD}$，那么晶闸管的正向漏电流骤增，晶闸管正向击穿而完全导通，类似功率二极管的工作特性，导通压降在 1V 左右。

3）如果 $I_G > 0$，那么所要求的 U_{FBD} 随着 I_G 的增加而减小，也就是正向的门极触发电流能够降低晶闸管开通所需的正向转折电压。

如果 $u_{AK} < 0$，且其幅值不超过反向击穿电压 U_{RBD}，无论 I_G 是否存在，器件工作在反向阻断状态，只有微弱的反向漏电流流过。当 u_{AK} 幅值达到 U_{RBD} 时，晶闸管的反向漏电流急剧

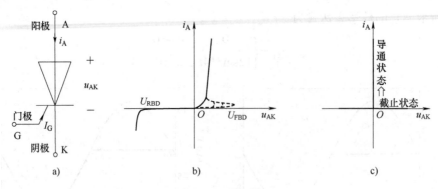

图 2-19　晶闸管

a）电气符号　b）伏安特性曲线　c）理想伏安特性曲线

增大，如果继续保持这种击穿状态，器件会因热击穿而损坏。

晶闸管有两个重要的参数，即擎住电流和维持电流。擎住电流 I_L 是指晶闸管触发后，器件从断态到通态，门极触发电流撤销，能保持晶闸管通态的最小阳极电流。维持电流 I_H 是指晶闸管最小的导通电流，小于维持电流将使晶闸管停止导通而进入截止状态。晶闸管的维持电流小于擎住电流，即 $I_H < I_L$。

由晶闸管的工作原理和伏安特性曲线，可抽象图 2-19c 的理想工作特性曲线。横坐标表示零电流的晶闸管截止状态，纵坐标表示零电压的晶闸管导通状态。①晶闸管承受反向电压时，不论门极是否有触发电流，都不会导通。②晶闸管承受正向电压时，仅在门极有触发电流的情况下才能导通。③晶闸管一旦导通，门极就失去控制作用，无论门极触发电流是否存在，都保持通态。④要使已导通的晶闸管截止，只能减小晶闸管的电流接近于零的某一数值以下，采取减小阳阴极电流或反向电压的方法可加速晶闸管截止。

在应用晶闸管时，触发延迟角和导通角是两个重要的概念。触发延迟角是指从晶闸管承受正向电压时刻起到使其导通的触发脉冲前沿时刻间的时间所对应的电角度。晶闸管的导通角与触发延迟角互补，即晶闸管在一个周期内导通的时间所对应的电角度。所允许的触发延迟角的最大变化范围，称为晶闸管的移相范围。

晶闸管已广泛应用在高压大电流的大功率领域，理解和掌握制造商给出的数据和图表尤其重要。除了擎住电流、维持电流、开通时间和关断时间外，其他重要的参数如下：

1）反向非重复峰值电压 U_{RSM}：晶闸管的反向短时瞬变电压不允许超过的最大值。

2）正向重复断态峰值电压 U_{DRM}：重复施加在晶闸管的正向电压的短时峰值不允许超过的极限值。

3）通态平均电流 I_{TAV}：在晶闸管管壳温度 T_c 一定的条件下，比如 $T_c = 85℃$，通过晶闸管的正弦半波电流的平均值。

4）通态浪涌电流 I_{TSM}：在结温 T_{Vj} 一定的条件下，比如 $T_{Vj} = 25℃$，在一定时间内（10ms）晶闸管所能承受的最大的过电流。

5）通态压降 U_T：在结温和正向导通电流一定的条件下，比如 $T_{Vj} = 25℃$ 和 $I_{TAV} = 300A$，晶闸管的正向压降。

6）通态电阻 r_T：在结温和正向导通电流一定的条件下，比如 $T_{Vj} = 125℃$ 和 $I_{TAV} = 300A$，晶闸管的导通电阻。

7）正向峰值漏电流 I_{DRM}：在最大额定结温条件下，规定正向电压时通过晶闸管的断态电流的峰值。

8）反向峰值漏电流 I_{RRM}：在最大额定结温条件下，规定反向电压时通过晶闸管的反向电流的峰值。

9）断态电压临界上升率（du/dt）：在最大额定结温范围内，当门极开路时，不使晶闸管从断态转入通态的最大电压上升率。

10）通态电流临界上升率（di/dt）：在规定的晶闸管壳温度下，规定门极的工作条件，由阻断状态转入导通状态的晶闸管所承受的最大通态电流上升率。

11）门极触发电压 U_{GT}：在结温和负载一定的条件下，晶闸管从断态转为通态时所需的最小门极直流电压。

12）门极触发电流 I_{GT}：在结温和负载一定的条件下，晶闸管从断态转为通态时所需的最小门极直流电流。

【例 2-10】　在正弦交流电压源供电下，3 只晶闸管分别与阻性负载、感性负载和容性负载串联的电路如图 2-20 所示。其中，$u_s = 311\sin314t$ V，u_{g1}、u_{g2}、u_{g3} 分别为晶闸管 VT$_1$、VT$_2$ 和 VT$_3$ 的归一化理想触发脉冲信号，

例 2-10-1 模型仿真　　例 2-10-2 模型仿真　　例 2-10-3 模型仿真

$R_1 = R_2 = R_3 = 3.11\Omega$，$L = 20\text{mH}$，$C = 1350\mu\text{F}$。假设 3 只晶闸管的通态压降为 0，它们的触发延时角 α 为 30°，试概略绘制各负载的电压和电流波形。

解　根据晶闸管的导通条件和截止条件，首先分析图 2-20 在 0°～360°之间晶闸管的工作情况。

1）对于阻性负载电路，当触发延时角 $\alpha = 30°$ 时，VT$_1$ 端电压为正，此时 VT$_1$ 应能被 u_{g1} 门极信号触发导通。当 VT$_1$ 进入通态时，电阻 R_1 的端电压 u_R 与电压源 u_s 相等，即 $u_R = u_s$。而流经 R_1 的电流 $i_R = u_s/R_1$。

当 u_s 减小为 0 时，$t = 0.01\text{s}$，u_s 的相位为 180°，$i_R = 0$，则流经 VT$_1$ 的电流为 0，且此时晶闸管的端电压正处于由正转负的过零点，因此 VT$_1$ 截止。

2）对于感性负载电路，L 处于零状态，当触发延迟角 $\alpha = 30°$ 时，VT$_2$ 端电压为正，此时 VT$_2$ 应能被 u_{g2} 门极信号触发导通。当 VT$_2$ 进入通态时，感性负载 R_2L 的端电压 u_{RL} 与电压源 u_s 相等，即 $u_{RL} = u_s$。而流经 R_2L 的电流 i_L 滞后于电压 u_{RL}，从 0 上升至其峰值而后下降至 0；期间，当 $t = 0.01\text{s}$ 时，

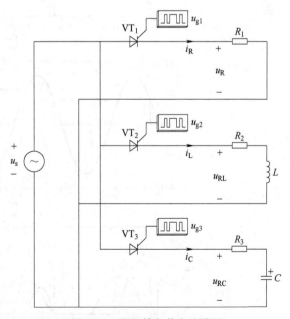

图 2-20　晶闸管负载电路模型

尽管 u_s 减小为 0，但是 i_L 远大于 0，也就使流经 VT_2 的电流远大于 0，此时 VT_2 保持通态。可以想象，当 0.01s<t<0.02s 时，VT_2 因电流衰减至 0 而截止，VT_2 导通的负载电压 u_{RL} 小于 0。

3）对于容性负载电路，C 处于零状态，当触发延迟角 $\alpha = 30°$ 时，VT_3 端电压为正，此时 VT_3 应能被 u_{g3} 门极信号触发导通。当 VT_3 进入通态时，容性负载 R_3C 的端电压 u_{RC} 与电压源 u_s 相等，即 $u_{RC} = u_s$；C 充电，当充电电容的端电压等于 u_s 时，流经 R_3C 的电流 i_C 下降至 0；而后，VT_3 的电流为 0，端电压为负，该晶闸管进入截止状态。可以想象，VT_3 导通后进入截止状态的时刻在 $t = 0.01s$ 之前。

综上，在第一个周期内，VT_1、VT_2 和 VT_3 的导通时刻相同，但它们的截止时刻不同；与阻性负载的 VT_1 比较，感性负载的 VT_2 的截止时刻滞后，而容性负载的 VT_3 的截止时刻提前。

图 2-21 为前 3 个周期的阻性负载、感性负载和容性负载的电压、电流波形，图 2-21a、b 和 c 分别为晶闸管的触发脉冲序列、负载电压和负载电流的波形，它们与预期设想的波形具有相似性。其中，阻性负载和感性负载的波形呈现周期性波动特征，而容性负载的电压 u_{RC} 和电流 i_C 没有出现周期行为。在第一和第二个周期内，当 VT_3 处于通态时，u_{RC} 跟随 u_s 波动；当 VT_3 处于截止时，u_{RC} 保持恒值；相比于第一个周期，第二个周期内的 i_C 的幅值和宽度都缩小了，而充电后的 u_{RC} 增大了。在第三个周期内，VT_3 始终截止，i_C 为 0，u_{RC} 不发生变化，原因在于前两个周期内电容 C 充电后的电压已经大于触发时刻的 u_s。在第三个触发脉冲 u_g 宽度期间，$u_{RC} > u_s$，VT_3 端电压为负，不满足晶闸管的触发条件，即使 u_s 为正和 VT_3 有触发脉冲，但是 VT_3 不能被触发导通。

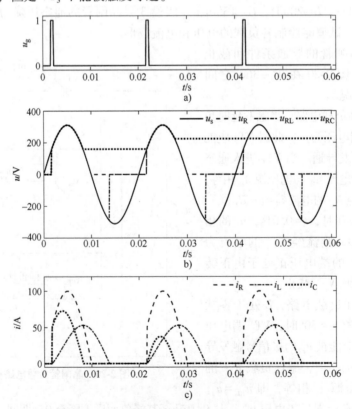

图 2-21 晶闸管电路的负载电压和电流波形

a）触发脉冲序列 b）负载电压波形 c）负载电流波形

2.2.4　全控型器件

功率 MOSFET 和 IGBT 是典型的全控型功率半导体开关，它们是新能源汽车电机控制器、充电装置和 DC/DC 变换器三大电子电气部件的常用功率半导体器件。

功率 MOSFET 是一个高输入阻抗和可达 1MHz 工作频率的电压控制型功率半导体开关器件，它的工作原理与逻辑 MOSFET 相同。该器件在栅极驱动和高频开关性能方面具有突出的优点，例如电压型驱动、功耗小、电路简单、开关速度快。IGBT 兼有功率晶体管和功率 MOSFET 的两种载流子通道，具有高耐压、大电流、低通态压降和低功耗驱动等特性，典型应用的工作频率为 10~20kHz，耐电压等级覆盖了从 600~6500V，目前已成为工业领域中应用最广泛的全控型功率半导体器件。相比于硅基功率 MOSFET，硅基 IGBT 的耐压更高、通态压降更低、可控功率更大。

图 2-22 为功率 MOSFET 和 IGBT 的电气符号。常用的功率 MOSFET 器件分为 N 沟道增强型和 P 沟道增强型，如图 2-22a 和 b 所示。IGBT 的电气符号如图 2-22c 所示。为了绘图简便，自定义全控型开关的一种电气符号，如图 2-22d 所示。其中，1 端表示器件的电流输入端，2 端表示器件的电流输出端，3 端表示器件的门极端。对于 N 沟道增强型 MOSFET 和 IGBT，当自定义符号的 3、2 端偏压 u_g 为高电平时，器件导通，否则截止；对于 P 沟道增强型功率 MOSFET，当自定义符号的 3、2 端偏压 u_g 为低电平时，器件导通，否则截止。

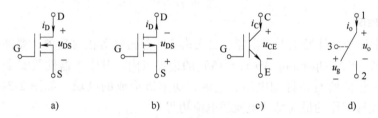

a)　　　　　　　b)　　　　　　　c)　　　　　　　d)

图 2-22　全控型功率半导体器件电气符号

a）N 沟道增强型 MOSFET　b）P 沟道增强型 MOSFET　c）IGBT　d）自定义符号

1. 静态工作特性

将全控型功率半导体开关的基极、门极或栅极统称为门极，u_g、u_o 和 i_o 分别表示器件的门极控制信号、输出电压和输出电流。u_g 控制下，器件的输出电流 i_o 只允许单向流动，虽然实际的功率 MOSFET 有双向可控的导电特性。例如，对于 N 沟道增强型功率 MOSFET，u_g 表示施加在门极 G 和源极 S 之间的电压 u_{GS}，u_o 表示施加在漏极 D 和源极 S 之间的电压 u_{DS}，i_o 表示从漏极流向源极的电流 i_D。对于 IGBT，u_g 表示施加在门极 G 和发射极 E 之间的电压 u_{CE}，u_o 表示施加在集电极 C 和发射极 E 之间的电压 u_{CE}，i_o 表示从集电极流向发射极的电流 i_C。

全控型器件的输出电流 i_o、输出电压 u_o、门极信号 u_g 三者之间的关系称为器件的静态工作特性，其抽象的特性曲线如图 2-23 所示。当 u_g 保持恒定时，i_o 与 u_o 之间的函数关系，称为器件的输出特性，对应的曲线如图 2-23a 的粗实线所示。当 u_o 保持恒定时，i_o 与 u_g 之间的函数关系，称为器件的转移特性，对应的曲线如图 2-23a 的点画线所示。将全控型开关的静态特性曲线分为 Ⅰ、Ⅱ、Ⅲ和Ⅳ四个区，分别对应器件的截止区、准线性区、饱和区和击穿区。这里规定，在截止区Ⅰ工作时，器件仅有正向漏电流；当器件进入准线性区Ⅱ工作时，u_o 与 i_o 之间存在近似的线性关系；当器件进入饱和区Ⅲ工作时，在 u_g 一定时，i_o 几乎保持恒定，不随 u_o 发生较大的变化；当 u_o 大于正向击穿电压 U_{FBD} 时，器件进入击穿区Ⅳ，发生雪崩击穿，i_o 急剧增大，并能够演化为热击穿。图 2-23b 为器件的理想输出特性曲线，器件在Ⅰ区工作时，$i_o = 0$，$u_o = \infty$；器件在Ⅱ区工作时，$u_o = 0$，$i_o = \infty$。这样，理想的全控型器件只在截止和导通两个理想开关状态工作。

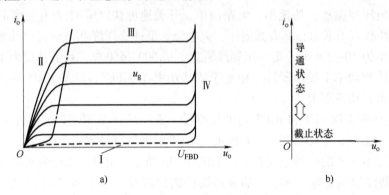

图 2-23　全控型功率半导体器件的静态工作特性曲线

a）工作区　b）理想输出特性

2. 安全工作区

为了避免全控型器件发生雪崩击穿、二次击穿、热击穿等击穿现象，器件的开关轨迹应在其安全工作区（Safe Operating Area，SOA）的边界以内。其中，器件的安全工作区指能够保证器件可靠工作的所有条件如电压、电流、功率等形成的区域，如图 2-24 所示。其中，$I_{o,max}$ 表示器件允许工作的最大脉冲电流的电流边界线，R_{on} 表示器件通态的 i_o 与 u_o 的欧姆约束线，U_{os} 表示器件门极短路的 u_o 的最大允许电压的电压边界线，P_t 表示器件直流或脉冲电流工作的允许最大功率消耗的功率边界线。DC 表示器件直流电流工作的边界线，1ms、100μs 和 10μs 等表示器件脉冲电流工作的边界线。

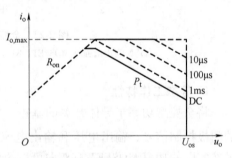

器件的安全工作区通常在 25℃ 壳温和最大允许结温，例如 150℃ 条件测试提取，是由电流边界线、电压边界线、功耗边界线和欧姆约束线围成的

图 2-24　全控型功率半导体器件的安全工作区

工作区域。正向偏置安全工作区（Forward Bias Safe Operation Area，FBSOA）和反向偏置安全工作区（Reverse Bias Safe Operation Area，RBSOA）是常用的两个安全工作区，前者是指全控型器件由截止状态切换到导通状态的开通过程的安全工作区，而 RBSOA 则对应器件由导通状态切换到截止状态的关断过程的安全工作区。

3. 寄生参数

功率 MOSFET 和 IGBT 等全控型器件存在载流子在 P、N 层等做扩散和漂移运动形成的寄生元件，包括通态电阻、体二极管和极间电容等。其中，通态电阻具有估计导通器件的功耗的作用。例如，功率 MOSFET 的通态电阻决定器件的正向压降和总的功率损耗，具有正温度系数的特点，使得器件易于并联。与全控型器件反并联结构的体二极管具有一定的电流和开关速度能力，但是高频应用还需要外接快恢复二极管，例如碳化硅材料快恢复二极管。一些寄生元件还会缩小器件的安全工作区，例如功率 MOSFET 的寄生晶体管、IGBT 的寄生 PNPN 结双晶体管。

全控型开关的 3 个外接端子之间存在极间电容 C_{12}、C_{31} 和 C_{32}，C_{12} 几乎保持恒定，而与门极端相关的 C_{31} 和 C_{32} 具有非线性变化的特征，严重影响器件的开关输出波形。寄生电容在参数表中表示为门极控制端短路的输入电容 C_{ixs}、输出电容 C_{oxs} 和反转电容 C_{rxs}，各全控型器件的下标 x 有差异，功率 MOSFET 和 IGBT 的下标 x 分别采用 s 和 e 替代。极间电容与它们的关系可表示为

$$\begin{cases} C_{31} = C_{rxs} \\ C_{32} = C_{ixs} - C_{rxs} \\ C_{12} = C_{oxs} - C_{rxs} \end{cases} \tag{2-25}$$

4. 开关特性

全控型器件的开关特性包括开通过程和关断过程，与极间电容等寄生参数的充放电过程相关。N 沟道增强型的功率 MOSFET 或 IGBT 的测试电路和开关特性的示意曲线如图 2-25 所示。载流子的扩散、漂移运动过程，使得器件的输出电流 i_o 和输出电压 u_o 与其门极控制信号 u_g 的波形出现了不同步现象，分别存在过渡过程。对应图 2-25b，器件的开关过程总结为 3 个阶段，如下所述：

1）$t_0 \sim t_1$。随着门极控制信号 u_g 在 t_0 时刻接通，i_o、u_o 分别缓慢上升和下降，而后它们分别快速上升和下降，到达它们各自的目标工作电流 I_{DC} 和目标通态电压 U_F，器件完全开通。期间，i_o 与 u_o 的曲线交越，器件存在一个时变的开通功耗。

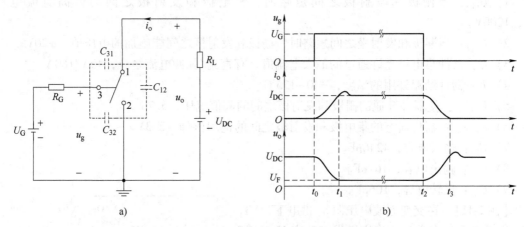

图 2-25　全控型器件的测试电路和开关特性

a）测试电路　b）开关特性

2）$t_1 \sim t_2$。在 t_1 时刻后，u_g 稳定，i_o 会以超调振荡收敛至 I_{DC}，u_o 稳定在 U_F，器件进入通态，此时的通态功耗较为稳定。

3）$t_2 \sim t_3$。随着 u_g 在 t_2 时刻切换为低电平信号，i_o、u_o 分别缓慢下降和上升，而后它们

分别快速下降和上升，达到它们各自的漏电流和工作电压 U_{DC}，器件完全关断。期间，i_o 与 u_o 的曲线交越，器件存在一个时变的关断功耗。在 t_3 时刻后，u_o 会以超调振荡收敛至 U_{DC}。

对于实际的功率电子电路，在快速开通和关断过程中，全控型器件的 i_o 和 u_o 会出现类似欠阻尼二阶线性系统的阶跃响应的超调振荡收敛过程，其原因在于器件的极间电容和寄生电感的能量存储、转换和释放的谐振行为。器件的电流、电压的振荡行为增加了其电应力和热应力风险，会使器件超出安全工作区工作。因此，选择合适的功率半导体器件及其开关频率，尽可能减小功率回路的寄生参数，设计降低寄生参数的负面作用的电路，有利于全控型器件工作在安全工作区。

5. 主要参数

在设计功率电子电路时，有必要查阅全控型开关的数据手册，功率 MOSFET 和 IGBT 都有各自的常用参数。例如，型号为 CRTD360N10L、封装为 TO-252 的 N 沟道增强型功率 MOSFET 的一些常用参数如下：

1）U_{DSS}：当栅极和源极之间短路时，器件漏源之间能施加的最大电压值，100V。

2）U_{GSS}：当漏极和源极之间短路时，器件栅源极之间能施加的电压值，±20V。

3）I_D：器件漏极允许通过的最大电流值，有直流/脉冲电流之分，36A/144A。

4）T_j：器件结温许用的温度，−40~150℃。

5）$U_{GS(th)}$：使器件开通的漏源极之间的阈值电压，1.7V。

6）$R_{DS(on)}$：器件导通的漏极和源极之间的通态电阻，40mΩ（150℃）。

7）C_{iss}：输入电容，2512pF。

8）C_{oss}：输出电容，96pF。

9）C_{rss}：反转电容，55pF。

例如，型号为 CRG40T120AK3LD、封装为 TO-247 的 IGBT 的一些常用参数如下：

1）U_{CES}：当栅极和发射极之间短路时，集电极和发射极之间的最高直流电压值，1200V。

2）U_{GES}：当漏极和发射极之间短路时，栅极和发射极之间能施加的电压值，±20V。

3）I_C：器件集电极允许通过的最大电流值，有直流/脉冲电流之分，40A/160A。

4）T_j：器件结温许用的温度，−40~175℃。

5）$U_{GE(th)}$：使器件开通的栅极和发射极之间的阈值电压，5.7V。

6）$U_{CE(sat)}$：器件通态的集电极和发射极之间的饱和压降，2.3V。

7）C_{ies}：输入电容，4246pF。

8）C_{oes}：输出电容，167pF。

9）C_{res}：反转电容，106pF。

【例 2-11】 在交变方波电压源 u_s 供电下，VT_1、VT_2 分别表示 N 沟道和 P 沟道增强型功率 MOSFET，VD_1、VD_2 分别是它们的反并联二极管，OP_1 为比较器，R_1 为电阻负载，O_1、O_2 为门极驱动器，功率二极管、阻性负载、功率 MOSFET 和电压源串联的电路如图 2-26 所示。其中，u_s 的幅值为 5V、频率为 10Hz，u_{g1}、u_{g2} 分别为 VT_1 和 VT_2 的归一化理想

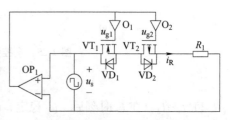

图 2-26 N 沟道和 P 沟道增强型功率 MOSFET 负载电路模型

触发脉冲信号，$R_1 = 2.5\Omega$。假设功率 MOSFET 和功率二极管的通态压降为 0，试分析电路的工作原理。

解　根据 N 沟道和 P 沟道增强型功率 MOSFET 的导通条件和截止条件，首先分析第一周期 0~0.1s 之间的器件工作情况，如图 2-27 所示。

u_s 是一个幅值为 5V、频率为 10Hz 的交变方波电压源，如图 2-27a 所示。经由比较器 OP_1 和驱动器作用而输出功率 MOSFET 的门极驱动信号 u_g，它与 u_s 同步，如图 2-27b 所示。

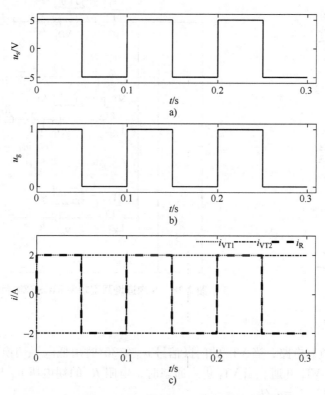

图 2-27　功率 MOSFET 电路的负载电压和电流波形
a）交变方波　b）门极驱动信号　c）器件与负载电流

1）0~0.05s。u_s 等于 5V，u_g 高电平，VD_1 截止，VT_1 导通，VT_2 截止，VD_2 导通，负载 R_1 的端电压为正。因此，VT_1 的电流 i_{VT1} 与 R_1 的电流 i_R 都大于 0，VT_2 的电流 i_{VT2} 小于 0，如图 2-27c 所示。

2）0.05~1s。u_s 等于 -5V，u_g 低电平，VT_2 导通，VD_2 截止，VT_1 截止，VD_1 导通，负载 R_1 的端电压为负。因此，VT_1 的电流 i_{VT1} 与 R_1 的电流 i_R 都小于 0，VT_2 的电流 i_{VT2} 大于 0，如图 2-27c 所示。

由图 2-26 可知，图 2-27c 中，VT_1 的电流 i_{VT1} 与 R_1 的电流 i_R 的方向一致，VT_2 的电流 i_{VT2} 与 i_R 的方向相反。

【例 2-12】 在正弦交流电压源供电下，3 只 N 沟道增强型功率 MOSFET 分别与功率二极管、阻性负载、感性负载和容性负载串联的电路如图 2-28 所示。其中，$u_s = 311\sin 314t$ V，

u_{g1}、u_{g2}、u_{g3} 分别为功率 MOSFET 器件的 VT$_1$、VT$_2$ 和 VT$_3$ 的归一化理想触发脉冲信号，$R_1 =$ $R_2 = R_3 = 3.11\Omega$，$L = 10\text{mH}$，$C = 1350\mu\text{F}$，$R = 15.55\Omega$。假设功率 MOSFET 和功率二极管的通态压降为 0，功率 MOSFET 的门极信号的起始角和终止角分别为 30° 和 60°，试概略绘制各负载的电压和电流波形。

解 根据 N 沟道增强型功率 MOSFET 的导通条件和截止条件，首先分析图 2-28 在 0° ~ 360° 之间的器件工作情况。

例 2-12-1 模型仿真

例 2-12-2 模型仿真

例 2-12-3 模型仿真

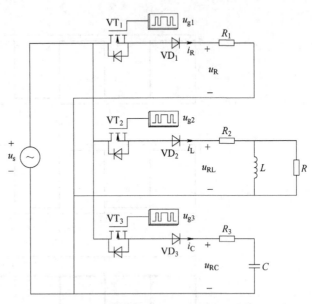

图 2-28　N 沟道增强型功率 MOSFET 负载电路模型

1）对于阻性负载电路，当 VT$_1$ 的门极信号 u_{g1} 在 30° 时由低电平切换至高电平时，电压源 u_s 处于正半周，VT$_1$ 开通。当 VT$_1$ 进入通态时，电阻 R_1 的端电压 u_R 与 u_s 相等，即 $u_R = u_s$。而流经 R_1 的电流 $i_R = u_s/R_1$。

可以想象，当 VT$_1$ 的门极信号 u_{g1} 在 60° 时由高电平切换至低电平时，VT$_1$ 关断，u_R 与 i_R 突变为 0。此后，VT$_1$ 进入截止状态，u_R 与 i_R 保持为 0。

2）对于感性负载电路，电感 L 处于零状态，当 VT$_2$ 的门极信号 u_{g2} 在 30° 时由低电平切换至高电平时，电压源 u_s 处于正半周，VT$_2$ 开通，电流 i_L 从 0 开始增大。当 VT$_2$ 进入通态时，感性负载 R_2LR 的端电压 u_{RL} 与 u_s 相等，即 $u_{RL} = u_s$。而流经感性负载 R_2LR 的电流 i_L 滞后于电压 u_{RL}，突变后逐渐上升。

可以想象，当 VT$_2$ 的门极信号 u_{g2} 在 60° 时由高电平切换至低电平时，VT$_2$ 关断，电阻 R_2 的电流突变为 0，电感 L 的磁能会通过电阻 R 释放。此后，VT$_2$ 进入截止状态，电感电流以指数曲线下降至 0，i_L 保持为 0，而 u_{RL} 会呈现为负值并逐渐上升至 0。

3）对于容性负载电路，电容 C 处于零状态，当 VT$_3$ 的门极信号 u_{g3} 在 30° 时由低电平切换至高电平时，电压源 u_s 处于正半周，VT$_3$ 开通，电流 i_C 突变至 u_s/R_3。当 VT$_3$ 进入通态时，容性负载 R_3C 的端电压 u_{RC} 与 u_s 相等，即 $u_{RC} = u_s$；C 充电，流经 R_3C 的 i_C 逐渐上升，C 的端电压同步上升。可以想象，当 VT$_3$ 的门极信号 u_{g3} 在 60° 时由高电平切换至低电平时，VT$_3$ 关断，

i_C 变为 0；u_{RC} 会与 C 的端电压保持一致。此后，VT_3 进入截止状态，电容电压保持不变。

综上，在第一个周期内，VT_1、VT_2 和 VT_3 具有相同的导通时刻和截止时刻。图 2-29 为前 3 个周期的阻性负载、感性负载和容性负载的电压、电流波形，图 2-29a、b 和 c 分别为 N 沟道增强型功率 MOSFET 的门极信号触发脉冲序列、负载电压和负载电流的波形，它们与预期设想的波形具有相似性。其中，阻性负载和感性负载的波形呈现周期性波动特征，但是感性负载的 u_{RL} 出现了负值尖脉冲，这是由于电感电流在 VT_2 的截止时刻发生突变引起电感磁通量瞬时变化导致的电感电压脉冲。对于容性负载，它的电压 u_{RC} 和电流 i_C 没有出现周期行为。电容 C 在每个周期充电后的端电压增大，这样，当 VT_3 处于截止状态时，u_{RC} 的幅值保持稳定，且周期性增大。当 VT_3 处于通态时，i_C 的幅值周期性减小。

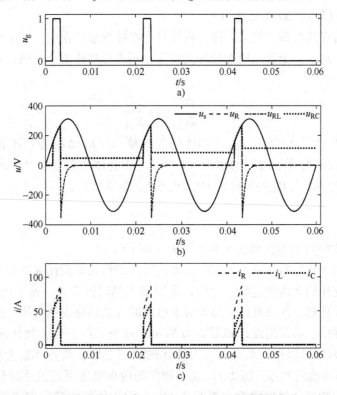

图 2-29　N 沟道增强型功率 MOSFET 电路的负载电压和电流波形
a）触发脉冲序列波形　b）负载电压波形　c）负载电流波形

2.2.5　器件热阻

功率半导体器件的数据手册中，除了器件的电气特性参数，还有热特性参数。功率半导体器件工作时，器件晶元的功率损耗使器件产生热量，常用热阻评价器件的散热能力。具有高热导率的物体是很好的导热体，比如铜、铝或铅，它们的热阻小。具有低热导率的物体是热的不良导体，比如塑料或石英的热阻很大。功率半导体系统的总热阻决定一个功率半导体器件从导通开始消耗功率时结温的上升程度。

热阻就好比电工电子领域的电阻。物体的热阻与其传热方向的距离成正比，如果一个物体的传热距离增加，则在同样的温差作用下，流过物体的热功率将下降。反之亦然。

热阻公式为

$$R_{th} = \frac{d}{A\lambda_{th}} \tag{2-26}$$

式中，R_{th} 为热阻（K/W）；d 为物体传热方向的距离（m）；A 为物体传热方向的面积（m^2）；λ_{th} 为物体的热导率 [W/(m·K)]。

热从物体温度高的地方向温度低的地方流动，也就是热功率从高温物体流向低温物体，用于热计算的热功率流就像电流，温度差就像电势差（电压）。这样，类似于电路中的欧姆定律，热路中也有一个温差计算公式，即

$$\Delta T = P_D R_{th} \tag{2-27}$$

式中，P_D 为功率（W）；ΔT 为温差（K）。

像电容器具有存储电荷的能力一样，物体具有存储热量的作用，采用热容表示。根据傅里叶热分析理论，对于一个各向同性的等温物体，不考虑物体的辐射热，它满足下面的热量平衡方程，即

$$C_{th}\frac{dT}{dt} = Q_{th} + \frac{\Delta T_s}{R_{tha}} \tag{2-28}$$

式中，C_{th} 为物体的热容（J/K）；Q_{th} 为物体的生热量（W）；ΔT_s 为物体表面与环境的温差（K）；R_{tha} 为物体表面与环境之间的热阻（K/W）。当物体放置在空气中时，假设物体的表面积 A 不发生变化，那么 R_{tha} 与物体的对流热交换系数成反比，即

$$R_{tha} = \frac{1}{h_a A} \tag{2-29}$$

式中，h_a 为空气中物体的对流热交换系数 [W/(m²·K)]。

实际上，功率半导体器件开关工作时，即使器件的热功率损耗保持不变，但是器件的温升是一个随时间变化的非线性过程。为此，采用引入热阻抗概念，通常用 Z_{th} 表示。假设物体以各向同性方式传热，那么可以应用类似于电路的等效热路表达物体的热传导行为，由热阻抗和热功率源并联、串联组成，如图 2-30 所示。其中，T_{i1}、T_{i2} 为物体内部温度；T_s 为物体表面温度；T_a 为环境温度；R_{th1}、R_{th2} 为物体的内部热阻；C_{th1}、C_{th2} 为物体的内部热容；ΔT_s 指物体表面与环境的温差。图 2-30a 表示物体的内部温度可通过热容与环境温度直接计算，可称为一种并联等效热路模型；而图 2-30b 表示物体的内部温度需要通过逐级传导计算，可称为一种串联等效热阻抗模型。当物体进入热平衡状态时，图 2-30a 和图 2-30b 可简化为同一个热阻模型。

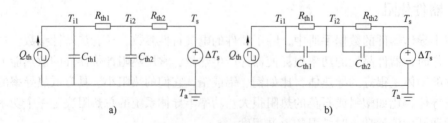

图 2-30　等效热路模型

a）并联　b）串联

【例 2-13】　假设一个功率半导体开关（比如功率 MOSFET）的最大操作温度 $T_{jmax}=$ 150℃，通态电阻 $R_{on}=36\text{m}\Omega$，耐压 $U_{DS}=100\text{V}$，连续的工作电流 $I_D=35\text{A}$，晶元到环境的热阻 $R_{thJA}=1.61\text{K/W}$。试估计 45℃ 环境温度条件的工作器件是否满足其温度工作范围？

解　根据已知条件，计算的功率半导体开关的功耗为

$$P_D=I_D^2R_{on}=35^2\times0.036\text{W}=44.1\text{W}$$

由式（2-27），计算的功率半导体开关晶元的最大温升为

$$\Delta T=P_D R_{thJA}=44.1\times1.61\text{℃}\approx71.0\text{℃}$$

45℃ 环境条件下，功率半导体开关的结温为

$$T_j=T_a+\Delta T=(45+71.0)\text{℃}=116.0\text{℃}$$

此时，功率半导体开关在 35A 的工作电流下，其结温达到 115.1℃，远小于器件的允许最高结温 150℃。因此，该器件在 45℃ 环境温度下满足其温度工作范围，应能安全工作。

【例 2-14】　如果例 2-13 的功率 MOSFET 的热容为 1.0J/K，那么按图 2-30a 建立了一阶和二阶等效热路模型，如图 2-31 所示。其中，Q_{th} 表示热功率方波信号，幅值为 88.2W，频率为 100Hz；$C_{th1}=1.0\text{J/K}$，$R_{th1}=1.61\text{K/W}$；$C_{th21}=0.25\text{J/K}$，$C_{th22}=0.75\text{J/K}$；$R_{th21}=0.4\text{K/W}$；$R_{th22}=1.21\text{K/W}$；T_a 表示环境温度，25℃。T_{j1} 和 T_{j2} 分别表示一阶和二阶等效热路模型的功率器件结温。试绘制两种模型表示的功率器件结温 T_{j1} 和 T_{j2} 的温升曲线。

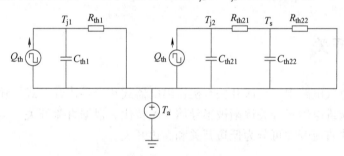

图 2-31　一阶和二阶等效热路模型

解　根据已知条件，通过专业软件或数值仿真方法，可得到形如图 2-32 的功率器件结温 T_{j1} 和 T_{j2} 的温升曲线。

在图 2-32a 的热功率 Q_{th} 作用下，两个等效热路保持相同的总热容 1.0J/K 和总热阻 1.61K/W，功率器件结温的变化过程表现为单调上升且无超调进入稳态的曲线，如图 2-32b 所示。明显地，二阶模型比一阶模型的温升曲线能更快达到器件的温度稳态值，前者有更短的上升时间。无论是一阶模型还是二阶模型，由于总的串联热阻都是 1.61K/W，因此它们模拟的功率器件的结温的稳态值应相同，逼近其理论计算值 116.0℃。然而，功率器件的开关频率影响其结温曲线的光滑程度，对于相同的等效热路，100Hz 比 10Hz 的热功率方波作用能产生更光滑的器件结温温升曲线，例如虚线 T_{j2}（100Hz）比点线 T_{j2}（10Hz）的温升曲线更平滑。在相同的热功率作用下，Q_{th} 的频率越高，器件结温的温升曲线越光滑，例如虚线 T_{j2}（100Hz）与实现 T_{j1}（100Hz）的温升曲线的光滑程度好且相当。Q_{th} 的频率较低时，高阶模型较低阶模型能产生波动幅度更大的器件结温的温升曲线。例如，在 10Hz 热功率方波作用下，因二阶模型的热容 C_{th21} 仅是 C_{th1} 的 1/4，T_{j2} 比 T_{j1} 波动明显。

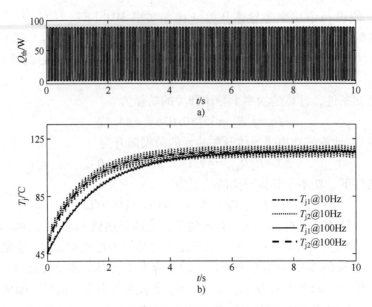

图 2-32　功率器件等效热路模型模拟结温的温升曲线

a）功耗　b）温升

（2.3）直流开关

在汽车电子电气电路中，直流开关有机械继电器式和半导体开关式。随着半导体开关性价比的增强，机械继电器式开关逐渐被半导体开关替代。根据直流开关、负载和电源的电路位置关系，半导体直流开关可分为低边开关和高边开关。

2.3.1　低边开关

将图 2-33a 所示的 N 沟道增强型功率 MOSFET 的直流开关 VT 定义为低边开关，低边开关 VT 串联在负载 R_3 下端，从电源 U_b 的负端隔离负载。低边开关 VT 由晶体管互补对 VT_1 和 VT_2 驱动而实现开关工作，当按钮 S_0 关断时，互补对的 VT_1 截止、VT_2 导通，低边开关 VT 处于截止状态，负载 R_3 不工作。当按钮 S_0 接通电源时，互补对的 VT_1 导通、VT_2 截止，低边开关 VT 处于导通状态，负载 R_3 工作。

2.3.2　高边开关

将图 2-33b 所示的 P 沟道增强型功率 MOSFET 的直流开关 VT 定义为高边开关，高边开关 VT 串联在负载 R_3 的上端，从电源 U_b 的正端隔离负载。高边开关 VT 由 NPN 晶体管 VT_1 驱动而实现开关工作，当按钮开关 S_0 关断时，VT_1 截止，高边开关 VT 处于截止状态，负载 R_3 不工作。当按钮开关 S_0 接通电源时，VT_1 导通，高边开关 VT 处于导通状态，负载 R_3 工作。高边开关与低边开关在汽车低压电气中的应用各有特点，它们的性能比较见表 2-1。

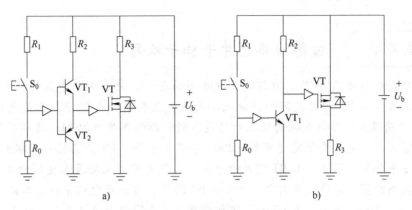

图 2-33 半导体直流开关电路

a) N 沟道增强型功率 MOSFET 低边开关 b) P 沟道增强型功率 MOSFET 高边开关

表 2-1 低边开关与高边开关的性能比较

性能比较	低边开关	高边开关
优点	电路板地线布置简单，鲁棒性好 驱动器设计简单，价格低	高边开关与地短接不损坏负载 负载不工作时，不受电源腐蚀
缺点	与地线短接能损坏负载 负载与电源常连易受腐蚀	驱动器地线分散，鲁棒性差 驱动器设计复杂，价格高

2.3.3 反接保护开关

反接保护开关是一种特殊的高边开关。为了防止汽车电子控制单元的输入电源的正负极反接，采用 P 沟道增强型功率 MOSFET 串接在电源与负载之间，实现电路的电源正负极反接保护，如图 2-34 所示。图 2-34a 中，电源 U_b 的负极作为参考地，U_b 的正极与开关 VT 的漏极连接，而 VT 的门极驱动端直接接地。在电路刚接电源瞬间，开关 VT 的反并联二极管导通，电源对负载 R_1 供电；此时，相对于其门极驱动端，开关 VT 的源极端电位更高，因此，开关 VT 的 MOSFET 导通；由于功率 MOSFET 的内阻低于反并联二极管，因此，功率 MOSFET 对负载供电。

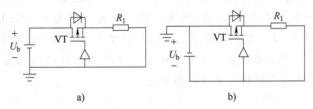

图 2-34 汽车电控单元的电源反接保护电路

a) P 沟道增强型功率 MOSFET 的电源正接电路 b) P 沟道增强型功率 MOSFET 的电源反接电路

图 2-34b 中，电源 U_b 的负极作为参考地，并与开关 VT 的漏极连接，而 VT 的门极驱动端直接与电源正极连接。这样，开关 VT 的反并联二极管处于截止状态；而且，由于开关 VT 的源极端低于门极驱动端的电位，因此开关 VT 的 MOSFET 也处于截止状态。这样，P 沟道增强型功率 MOSFET 的直流开关 VT 实现了电路的电源正负极反接保护功能。

🔓 拓展阅读　破解功率芯片卡脖子难题

电控是中国新能源汽车"三横三纵"战略布局之一，是多年来中国的一个薄弱环节，其中的功率芯片如IGBT成为我国新能源汽车高质量发展的一个瓶颈，它是电机控制器的"心脏"，用来精准控制驱动电机的转矩和转速。新能源汽车发展初期，功率半导体产品由一些发达国家企业如英飞凌等完全掌控，2004年英飞凌的IGBT产品已经升级到了第六代，当时国内还没有任何一家生产IGBT芯片的企业，更没有可供电动汽车使用的车规级IGBT。目前，一辆较高配置新能源汽车需要几十个IGBT芯片，占驱动电机系统成本的50%，约占整车成本的7%~10%。因此，IGBT自主可控程度决定我国新能源汽车行稳致远。

2006年起，在国家政策支持和市场驱动下，国内企业开始进军功率半导体芯片产业，其中有两家成绩突出的企业，一家是专注于高铁设备研究的国企——中车株洲，另一家是新能源汽车头部企业——比亚迪。比亚迪于2005年成立IGBT部门，因缺乏功率半导体技术基础，从代工生产起步，熟悉行业。2008年，收购宁波中纬，开始专业研发车规级IGBT产品，次年推出了自研第一代芯片"IGBT 1.0"，突破了发达国家于车规级IGBT芯片领域的技术垄断。尽管一代产品只能作为技术储备，但是比亚迪仍然执着研发IGBT芯片技术，不断迭代更新产品，等待时机。2014年，新能源汽车成为我国重点推广普及应用的汽车产品，比亚迪自主研发多年的IGBT芯片技术无缝衔接了新能源汽车垂直供应链的企业战略。随着比亚迪新能源汽车销量的急剧提升，自主IGBT技术不断迭代，2018年推出了达到同期国外主流性能水平的"IGBT 4.0"产品，2023年迭代到"IGBT 6.0"，其主要性能达到国际领先水平。相较市场其他主流品牌，自主IGBT产品的电流密度提升了25%，综合损耗降低了20%。

IGBT芯片的自主创新技术不仅极大促进了比亚迪新能源汽车技术水平提高，而且成本比其他同行更低。2020—2022年爆发的全球缺芯浪潮中，多家汽车行业巨头因汽车芯片供应链问题被迫减产，而比亚迪新能源汽车年销量却逆势大幅增长。2023年1—6月，比亚迪的IGBT芯片在新能源汽车电驱动系统上功率模块搭载占比达34%，超过了英飞凌，成为国内第一。目前，国内功率半导体IGBT已建立了一条从材料研发、芯片设计、晶圆制造、模块化生产到整车应用的IGBT自主可控产业链，解决了卡脖子的问题。但是，高性能电动汽车加速快和效率高的要求呼唤耐烧蚀的高性能功率半导体技术产品，比如碳化硅SiC器件。2020年，比亚迪第一个使用了自主SiC集成模块，使电动汽车0→100km的加速时间达到3s。2023年，SiC器件规模化生产已建立，从材料到整个工艺制造过程的创新，形成了我国新能源汽车产业链自主可控的优势。我国的功率半导体产业虽然相比国外还存在一些差距，但是市场需求和行业协作已经踏上了赶超的赛道。

✏️ 习题2

2.1　在某电气系统中，开关的电流波形如图2-35所示。其中，阴影部分表示流过开关的电流波形，其最大值为100A，试计算：①各波形的电流平均值和有效值；②在各电流波形下，开关内阻为$10m\Omega$时的开关电压降平均值和功率损耗峰值。

2.2　额定电流为300mA的发光二极管VL与电阻R_f串联的电路如图2-36所示，发光二极管的正向电压降为 2V。当蓄电池电源 U_s 为 11~14V 时，若使发光二极管正常发光，试确定 R_f 的阻值和 VL 的功率。

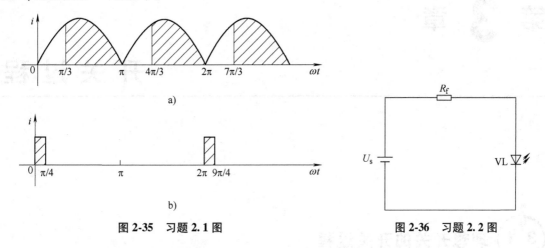

图 2-35　习题 2.1 图　　　　　　　　　　　图 2-36　习题 2.2 图

2.3　功率二极管在恢复阻断能力时为什么会形成反向电流和反向电压过冲？这与它们的单向导电性能是否矛盾？这种反向电流在电路使用中会带来什么问题？

2.4　MOSFET 有哪几种类型？

2.5　图 2-20 中，如果 3 只晶闸管 VT1、VT2 和 VT3 的触发延时角 α 为 90°，试概略绘制各负载的电压和电流波形。

2.6　图 2-28 中，功率 MOSFET 的门极信号的起始角和终止角分别为 60° 和 120°，试概略绘制各负载的电压和电流波形。

2.7　某一功率变换电路如图 2-37 所示，施加有效值 220V、50Hz 的正弦电压源 u_s，负载电阻 $R = 11\Omega$，试问不同功率半导体开关 VT 作用下的负载电流的平均值和有效值，u_G 为门极端触发信号。假设 u_s 和 u_G 的初始相位为 0，试绘制 VT 的控制电压信号与负载电阻电压信号的波形。

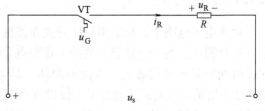

图 2-37　习题 2.7 图

1）VT 为功率二极管。

2）VT 为晶闸管，u_G 的触发延时角为 90°。

3）VT 为功率 MOSFET，器件两端并联一个反向功率二极管，u_G 的占空比为 50%。

2.8　假设某功率半导体开关晶元的最大操作温度 T_{jmax} 为 175℃，通态电阻 R_{on} 为 10mΩ，耐压 U_{DS} 为 100V，从晶元到外壳（包括散热器）的热阻 R_{thJA} 为 45K/W，环境温度为 25℃，试求该半导体开关允许的连续工作电流 I_D。

2.9　图 2-31 中，$C_{th1} = 2.0J/K$，$R_{th1} = 0.61K/W$，T_a 表示环境温度 15℃，其他参数保持不变，试绘制一阶等效热路模型表示的功率器件结温 T_{j1} 的温升曲线。

2.10　图 2-33 的直流开关 VT 是否可以采用 IGBT 替代，以保证电路功能正常？为什么？

第 **3** 章

开关过程

3.1 理想开关的开关过程

实际应用中，全控型功率半导体器件在导通、截止及其相互切换的过程中产生功率消耗，这些功耗能够引起器件的发热，乃至高温而热击穿。其中，高频振荡的开关电压和电流会造成器件的强电应力和电磁干扰（Electromagnetic Interference，EMI）问题。如果将功率半导体器件抽象为无损耗的理想开关，分析理想开关电路的电压-电流特性，有助于理解电力电子电路的复杂行为。

3.1.1 理想开关

功率电子电路中，功率半导体开关在器件的开通过程、关断过程、导通状态、截止状态存在功率损耗。而一个理想开关的工作特点是零开关时间、零通态电压降和零截止电流，高速长时间反复导通与截止，开关不损坏，其电压-电流特性如图 3-1 所示。因此，理想开关不仅没有开关损耗，也没有器件的通态损耗，图 2-22d 表示它的电气符号。不考虑开关频率和温度的工作条件，器件的电压和电流特性有如下表达。

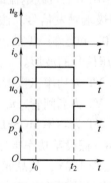

图 3-1 理想开关的电压-电流特性

导通状态：$\begin{cases} u_o = 0 \\ -\infty < i_o < +\infty \end{cases}$

截止状态：$\begin{cases} i_o = 0 \\ -\infty < u_o < +\infty \end{cases}$

开关过程：$p_o = 0$

3.1.2 感性负载的理想开关过程

一个由理想开关 S、电感 L、电阻 R 和直流恒压源 U_{dc} 组成的电路如图 3-2 所示，图中标示了理想开关、电感的端电压和电流的方向。应用基尔霍夫电压定律于主回路，得到

$$u_o = U_{dc} - u_L$$

应用基尔霍夫电流定律于电路节点，
得到

$$i_o = i_R + i_L$$

假设电感不发生磁饱和现象，即 L 恒定，
那么

$$u_L = L \frac{di_L}{dt} \qquad (3\text{-}1)$$

应用欧姆定律于电阻 R，得到

$$i_R = \frac{u_L}{R} = \tau_L \frac{di_L}{dt}$$

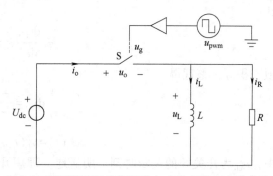

图 3-2　恒压源下的理想开关与感性负载串联的电路

式中，τ_L 为电感 L 和电阻 R 组成的串联回路的时间常数（s）。

$$\tau_L = \frac{L}{R} \qquad (3\text{-}2)$$

因此，能够形成以电感电流 i_L 为自变量的开关电压 u_o 和电流 i_o 的方程，即

$$\begin{cases} u_o = U_{dc} - L \dfrac{di_L}{dt} \\[2mm] i_o = \tau_L \dfrac{di_L}{dt} + i_L \end{cases} \qquad (3\text{-}3)$$

1. 理想开关由截止到导通的开通过程

图 3-2 中，当理想开关 S 由截止状态切换到导通状态后，理想开关的通态压降为 0，即有

$$u_o = 0$$

因此

$$U_{dc} - L \frac{di_L}{dt} = 0$$

移项、积分，整理得

$$\int_{t_{son}}^{t} di_L = \frac{U_{dc}}{L} \int_{t_{son}}^{t} dt$$

$$i_L(t) = i_L(t_{son}) + \frac{U_{dc}}{L}(t - t_{son}) \qquad (3\text{-}4)$$

式中，t_{son} 为开关 S 的开通时刻。明显地，理想开关 S 导通后，恒压源的电压 U_{dc} 施加在电感 L 上，电感的电流 i_L 随时间 t 线性增大；U_{dc} 越大，或 L 越小，i_L 线性增长越快。相应地，理想开关 S 的通态电流为电感电流和电阻电流之和，即

$$i_o(t) = i_L(t_{son}) + \frac{U_{dc}}{L}(t - t_{son}) + \frac{U_{dc}}{R} \qquad (3\text{-}5)$$

2. 理想开关由导通到截止的关断过程

图 3-2 中，当理想开关 S 由导通状态切换到截止状态后，流经理想开关的电流为 0，即有

$$i_o = 0$$

因此

$$\tau_L \frac{di_L}{dt} + i_L = 0$$

移项、积分，整理得

$$\int_{t_{soff}}^{t} \frac{1}{i_L} di_L = \frac{-1}{\tau_L} \int_{t_{soff}}^{t} dt$$

$$i_L(t) = i_L(t_{soff}) e^{-\frac{t-t_{soff}}{\tau_L}} \tag{3-6}$$

式中，t_{soff} 为开关 S 的关断时刻。明显地，理想开关 S 截止后，电感 L 与电阻 R 组成了一个供 i_L 连续流动的回路，i_L 随时间 t 指数下降；τ_L 越大，i_L 下降越慢。

由开关导通期间的电感电流 i_L 的计算公式，得到开关由导通状态切换为截止状态的关断时刻 t_{soff} 的电感电流，即

$$i_L(t_{soff}) = i_L(t_{son}) + \frac{U_{dc}}{L}(t_{soff} - t_{son})$$

因此，理想开关 S 截止后，电感 L 的电流为

$$i_L(t) = i_L(t_{son}) e^{-\frac{t-t_{soff}}{\tau_L}} + \frac{U_{dc}}{L}(t_{soff} - t_{son}) e^{-\frac{t-t_{soff}}{\tau_L}} \tag{3-7}$$

借助电感特性方程，相应地计算的电感 L 的端电压为

$$u_L(t) = -R i_L(t_{son}) e^{-\frac{t-t_{soff}}{\tau_L}} - \frac{U_{dc}}{\tau_L}(t_{soff} - t_{son}) e^{-\frac{t-t_{soff}}{\tau_L}}$$

$$u_L(t) = -R \left[i_L(t_{son}) e^{-\frac{t-t_{soff}}{\tau_L}} + \frac{U_{dc}}{L}(t_{soff} - t_{son}) e^{-\frac{t-t_{soff}}{\tau_L}} \right] \tag{3-8}$$

现在分析 S 关断时刻的电感 L 的端电压变化情况。当 t 逼近开关的关断时刻 t_{soff} 时，有

$$u_L(t_{soff}) = \lim_{t \to t_{soff}} u_L(t) = -R \left[i_L(t_{son}) + \frac{U_{dc}}{L}(t_{soff} - t_{son}) \right]$$

电感电压 u_L 的负号表明它与图 3-2 标明的电压方向相反，说明关断时刻的电感电压发生了突变，它的方向由正变为负，电感从磁能充电状态瞬间切换为磁能放电状态。此时，u_L 与恒压源的电压 U_{dc} 共同作用于开关 S。明显地，t_{soff} 时刻的 u_L 的绝对值与开关导通时间、电阻 R 值、电感 L 值和初始电感电流相关。若开关导通时间、L、U_{dc} 和初始电感电流保持一定，u_L 的绝对值随着 R 值增大而增大。若电阻端开路，电阻 R 为 ∞，即有

$$\lim_{R \to \infty} u_L(t_{soff}) = -\infty$$

开路的电阻 R 端不能为开关关断时刻的电感 L 提供电流连续的回路，它的电流 i_L 突变为 0，那么电感的端电压 u_L 理论上趋向 ∞。下面基于电磁感应定律分析电感电流突变造成的串联开关的端电压瞬时无穷大问题。

假设在时刻 t_{soff}，电感电流 i_L 不等于 0。此时，若开关 S 从导通状态关断，电感电流 i_L 突变为 0。假设电感电流的突变时间为 Δt，根据电磁感应定律，在规定的电流方向下，假设电感不发生变化，那么电感的感应电压为

$$u_L = L \frac{di_L}{dt} = L \frac{\Delta i_L}{\Delta t}$$

在 Δt 短时间内，开关关断使电感 L 的电流 i_L 从 $I_L = i_L(t_{soff})(>0)$ 陡降为 0，因此

$$\Delta i_L = 0 - I_L = -I_L$$

为此

$$u_o = U_{dc} - L\frac{-I_L}{\Delta t} = U_{dc} + L\frac{I_L}{\Delta t}$$

当 Δt 无限小时，理想开关的端电压是一个极限值，即

$$\lim_{\Delta t \to 0} u_o = U_{dc} + \lim_{\Delta t \to 0} \frac{LI_L}{\Delta t} \to \infty$$

这说明理想开关端电压存在突变。在实际电路中，只有确保电感电流回路畅通，才能安全切断开关，否则关断的开关能够因感性负载电流的中断而产生电弧，容易被烧毁。

【例 3-1】 图 3-2 中，S 为理想开关，u_g 为门极信号，恒压源 U_{dc} 的电压值为 12V，电感 L 为 0.1mH。若开关频率为 100Hz，开关 S 的导通时间为 0.1ms，L 为零初始状态，功率电阻 R 可分别取 3 个不同的值 1.2Ω、12Ω 和 120Ω，试绘制开关 S 的电压 u_o 和电流 i_o 曲线。

例 3-1-1 模型仿真   例 3-1-2 模型仿真

解 根据已知条件，得到

$$i_L(t_{son}) = 0$$

$$t_{soff} - t_{son} = 0.1\text{ms}$$

这样，在开关 S 的导通期间，开关的端电压为 0，电感 L 的电流为

$$i_L(t) = 120000(t - t_{son})$$

相应地，开关 S 的电流为

$$i_o(t) = 120000(t - t_{son}) + \frac{12}{R} = \begin{cases} 10 + 120000(t - t_{son}) & R = 1.2\Omega \\ 1 + 120000(t - t_{son}) & R = 12\Omega \\ 0.1 + 120000(t - t_{son}) & R = 120\Omega \end{cases}$$

在开关 S 的截止期间，流经开关 S 的电流为 0，而电感 L 的电流为

$$i_L(t) = 12e^{-\frac{t - t_{soff}}{\tau_L}} = \begin{cases} 12e^{-12000(t - t_{soff})} & R = 1.2\Omega \\ 12e^{-120000(t - t_{soff})} & R = 12\Omega \\ 12e^{-1200000(t - t_{soff})} & R = 120\Omega \end{cases}$$

这样，电感 L 的电压为

$$u_L(t) = -12Re^{-\frac{t - t_{soff}}{\tau_L}} = \begin{cases} -14.4e^{-12000(t - t_{soff})} & R = 1.2\Omega \\ -144e^{-120000(t - t_{soff})} & R = 12\Omega \\ -1440e^{-1200000(t - t_{soff})} & R = 120\Omega \end{cases}$$

为此，得到开关 S 的端电压为

$$u_o(t) = 12 + 12Re^{-\frac{t - t_{soff}}{\tau_L}} = \begin{cases} 12 + 14.4e^{-12000(t - t_{soff})} & R = 1.2\Omega \\ 12 + 144e^{-120000(t - t_{soff})} & R = 12\Omega \\ 12 + 1440e^{-1200000(t - t_{soff})} & R = 120\Omega \end{cases}$$

若设定理想开关 S 的开通时刻 t_{son} 为 0.1ms，那么开关的关断时刻 t_{soff} 为 0.2ms，由此绘制的开关电流、开关电压、电感电流等曲线如图 3-3 所示。

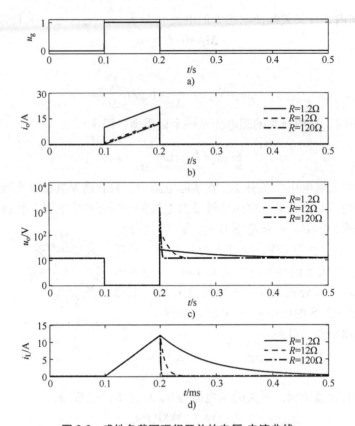

图 3-3　感性负载下理想开关的电压-电流曲线

a) 门极信号　b) 开关电流　c) 开关电压　d) 电感电流

1) 0~0.1ms。图 3-3a 的门极信号 u_g 低电平，电感 L 为零状态，开关 S 处于截止状态，流经开关的电流 i_o、电感的电流 i_L 和电阻 R 的电流 i_R 均为 0，开关的端电压 u_o 与电感的电压 u_L 分别为 12V 和 0V。

2) 0.1ms。门极信号 u_g 由低电平切换为高电平，开关 S 开通而进入导通状态，电压 u_o 和 u_L 分别跳变为 0V 和 12V；图 3-3b 的电流 i_o 开始线性增长，i_L 的初始值为 0，i_o 比 i_L 叠加了恒流值 i_R。对应于开通时刻，3 个电阻值 1.2Ω、12Ω 和 120Ω 的电流 i_o 分别为 10A、1A 和 0.1A。

3) 0.1~0.2ms。门极信号 u_g 高电平，开关 S 处于导通状态，电压 u_o 和 u_L 分别保持为 0V 和 12V；电流 i_L 和 i_o 保持同步线性上升，它们的增长率为 120000A/s。

4) 0.2ms。门极信号 u_g 由高电平切换为低电平，开关 S 关断而进入截止状态，电流 i_o 跳变为 0，电流 i_L 为 12A；电压 u_L 和 u_o 也都发生了跳变，对应 3 个电阻值 1.2Ω、12Ω 和 120Ω 的电压 u_o 分别为 26.4V、126V 和 1452V，它们对应的实线、虚线和点画线的电压值分别落在图 3-3c 的对数坐标上。

5) 0.2~0.5ms。门极信号 u_g 低电平，开关 S 处于截止状态，电流 i_L 从 12A 开始指数下降，它们的下降速率随着电阻增大而明显加快，如图 3-3d 所示。例如，120Ω 点画线下降最快，12Ω 虚线下降次之，1.2Ω 实线下降最慢，因为它们的时间常数 τ_L 依次增大，分别为 0.833μs、8.33μs 和 83.3μs。相应地，电压 u_o 也从各自的峰值开始指数下降，它的峰值和下降速率都随着电阻增大而增大，如图 3-3c 所示。

3.1.3 容性负载的理想开关过程

假设一个理想开关 S 与容性负载 RC 并联，由一个恒流源 I_{dc} 供电，相应的电路如图 3-4 所示。图中规定了理想开关的电压和电流的方向。应用基尔霍夫电流定律于电路节点，得到

$$i_o = I_{dc} - i_C$$

应用基尔霍夫电压定律于理想开关与容性负载组成的回路，得到

$$u_o = u_R + u_C$$

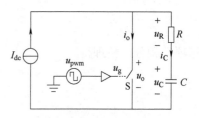

图 3-4 恒流源下的理想开关与容性负载并联的电路

假设电容的容量保持不变，即 C 恒定，那么

$$i_C = C \frac{\mathrm{d}u_C}{\mathrm{d}t} \tag{3-9}$$

应用欧姆定律于电阻 R，得到

$$u_R = \tau_C \frac{\mathrm{d}u_C}{\mathrm{d}t}$$

式中，τ_C 为电容 C 和电阻 R 组成的串联回路的时间常数（s）。

$$\tau_C = RC \tag{3-10}$$

因此，能够形成以电容电压 u_C 为自变量的开关电流 i_o 和电压 u_o 的方程，即

$$\begin{cases} i_o = I_{dc} - C \dfrac{\mathrm{d}u_C}{\mathrm{d}t} \\ u_o = \tau_C \dfrac{\mathrm{d}u_C}{\mathrm{d}t} + u_C \end{cases} \tag{3-11}$$

1. 理想开关由导通到截止的关断过程

图 3-4 中，当理想开关 S 由导通状态切换到截止状态后，流经理想开关的电流为 0，即有

$$i_o = 0$$

因此

$$I_{dc} - C \frac{\mathrm{d}u_C}{\mathrm{d}t} = 0$$

移项、积分，整理得

$$\int_{t_{soff}}^{t} \mathrm{d}u_C = \frac{I_{dc}}{C} \int_{t_{soff}}^{t} \mathrm{d}t$$

$$u_C(t) = u_C(t_{soff}) + \frac{I_{dc}}{C}(t - t_{soff}) \tag{3-12}$$

明显地，理想开关 S 截止后，恒流源的电流 I_{dc} 流经电阻 R 和电容 C，电容充电，电容的电压 u_C 随时间 t 线性增大；I_{dc} 越大，或 C 越小，u_C 线性增长越快。相应地，截止状态的理想开关 S 的端电压为电容电压和电阻电压之和，即

$$u_o(t) = u_C(t_{soff}) + \frac{I_{dc}}{C}(t - t_{soff}) + I_{dc}R \tag{3-13}$$

2. 理想开关由截止到导通的开通过程

图 3-4 中，当理想开关 S 由截止状态切换到导通状态后，理想开关的端电压为 0，即有

$$u_o = 0$$

因此

$$\tau_C \frac{du_C}{dt} + u_C = 0$$

移项、积分，整理得

$$\int_{t_{son}}^{t} \frac{1}{u_C} du_C = \frac{-1}{\tau_C} \int_{t_{son}}^{t} dt$$

$$u_C(t) = u_C(t_{son}) e^{-\frac{t-t_{son}}{\tau_C}} \tag{3-14}$$

明显地，理想开关 S 导通后，电容 C 与电阻 R 组成了一个连续放电的回路，u_C 随时间 t 指数下降；τ_C 越大，u_C 下降越慢。

由开关截止期间的电容电压 u_C 的计算公式，得到开关由截止状态切换为导通状态的开通时刻 t_{son} 的电容电压，即

$$u_C(t_{son}) = u_C(t_{soff}) + \frac{I_{dc}}{C}(t_{son} - t_{soff})$$

因此，理想开关 S 导通后，电容 C 的电压为

$$u_C(t) = u_C(t_{soff}) e^{-\frac{t-t_{son}}{\tau_C}} + \frac{I_{dc}}{C}(t_{son} - t_{soff}) e^{-\frac{t-t_{son}}{\tau_C}} \tag{3-15}$$

借助电容特性方程，相应地计算的电容 C 的电流为

$$i_C(t) = -\frac{u_C(t_{son})}{R} e^{-\frac{t-t_{son}}{\tau_C}} - \frac{U_{dc}}{\tau_C}(t_{son} - t_{soff}) e^{-\frac{t-t_{son}}{\tau_C}}$$

$$i_C(t) = -\frac{1}{R} \left[u_C(t_{soff}) e^{-\frac{t-t_{son}}{\tau_C}} + \frac{I_{dc}}{C}(t_{son} - t_{soff}) e^{-\frac{t-t_{son}}{\tau_C}} \right] \tag{3-16}$$

下面分析 S 开通时刻的电容 C 的电流变化情况。当 t 逼近开关的开通时刻 t_{son} 时，有

$$i_C(t_{son}) = \lim_{t \to t_{son}} i_C(t) = -\frac{1}{R} \left[u_C(t_{soff}) + \frac{I_{dc}}{C}(t_{son} - t_{soff}) \right]$$

电容电流 i_C 的负号表明它与图 3-4 标明的电流方向相反，说明开通时刻的电容电流发生了突变，它的方向由正变为负，电容从充电状态瞬间切换为放电状态。此时，i_C 与恒流源的电流 I_{dc} 共同作用于开关 S。明显地，t_{son} 时刻的 i_C 的绝对值与开关截止时间、电阻 R 值、电容 C 值和初始电容电压相关。若开关截止时间、C、I_{dc} 和初始电容电压保持一定，i_C 的绝对值随着 R 值减小而增大。若电阻端短路，电阻 R 为 0，即有

$$\lim_{R \to 0} i_C(t_{son}) = -\infty$$

电阻 R 端的短路使开关开通时刻的电容 C 的电压 u_C 突变为 0，那么电容的放电电流 i_C 理论上趋向∞。下面基于电容特性方程分析电容电压突变造成的并联开关的电流瞬时无穷大问题。

假设在时刻 t_{son}，电容电压 u_C 不等于 0。此时，若开关 S 从截止状态开通，电容电压 u_C

突变为 0。假设电容电压的突变时间为 Δt，根据电位移定律，在规定的电流方向下，假设电容不发生变化，那么电容的电流为

$$i_C = C\frac{\mathrm{d}u_C}{\mathrm{d}t} = C\frac{\Delta u_C}{\Delta t}$$

在 Δt 短时间内，开关开通使电容 C 的电压 u_C 从 $U_C = u_C(t_{son})(>0)$ 陡降为 0，因此

$$\Delta u_C = 0 - U_C = -U_C$$

为此

$$i_o = I_{dc} - C\frac{-U_C}{\Delta t} = I_{dc} + C\frac{U_C}{\Delta t}$$

当 Δt 无限小时，流经理想开关的电流是一个极限值，即

$$\lim_{\Delta t\to 0} i_o = I_{dc} + \lim_{\Delta t\to 0}\frac{CU_C}{\Delta t} \to \infty$$

由此可知，理想开关 S 从截止状态开通瞬间，并联电容发生短路，电容的端电压发生突变，导致开关电流急剧增大，容易使开关过热被烧毁。

【例 3-2】 图 3-4 中，S 为理想开关，u_g 为门极信号，恒流源 I_{dc} 的电流值为 10A，电容 C 为 1100μF。若开关频率为 10Hz，开关 S 的截止时间为 0.05s，C 为零初始状态，功率电阻 R 可分别取 3 个不同的值 0.4Ω、2Ω 和 10Ω，试绘制开关 S 的电压 u_o 和电流 i_o 曲线。

解 根据已知条件，得到

$$u_C(t_{soff}) = 0$$
$$t_{son} - t_{soff} = 0.05s$$

这样，在开关 S 的截止期间，流经开关的电流为 0，电容 C 的端电压为

$$u_C(t) = 9091(t - t_{soff})$$

相应地，开关 S 的端电压为

例 3-2-1 模型仿真

$$u_o(t) = 9091(t-t_{soff}) + 10R = \begin{cases} 4+9091(t-t_{soff}) & R=0.4\Omega \\ 20+9091(t-t_{soff}) & R=2\Omega \\ 100+9091(t-t_{soff}) & R=10\Omega \end{cases}$$

在开关 S 的导通期间，开关 S 的端电压为 0，而电容 C 的端电压为

$$u_C(t) = 455e^{-\frac{t-t_{son}}{\tau_C}} = \begin{cases} 455e^{-2273(t-t_{son})} & R=0.4\Omega \\ 455e^{-455(t-t_{son})} & R=2\Omega \\ 455e^{-91(t-t_{son})} & R=10\Omega \end{cases}$$

这样，电容 C 的电流为

$$i_C(t) = -\frac{455}{R}e^{-\frac{t-t_{son}}{\tau_C}} = \begin{cases} -1138e^{-2273(t-t_{son})} & R=0.4\Omega \\ -228e^{-455(t-t_{son})} & R=2\Omega \\ -46e^{-91(t-t_{son})} & R=10\Omega \end{cases}$$

为此，流经开关 S 的电流为

$$i_o(t) = 10 + \frac{455}{R}e^{-\frac{t-t_{son}}{\tau_C}} = \begin{cases} 10+1138e^{-2273(t-t_{son})} & R=0.4\Omega \\ 10+228e^{-455(t-t_{son})} & R=2\Omega \\ 10+46e^{-91(t-t_{son})} & R=10\Omega \end{cases}$$

若设定理想开关 S 的关断时刻 t_{soff} 为 0.05s，那么开关的开通时刻 t_{son} 为 0.1s，由此绘制的开关电压、开关电流、电容电压等曲线如图 3-5 所示。

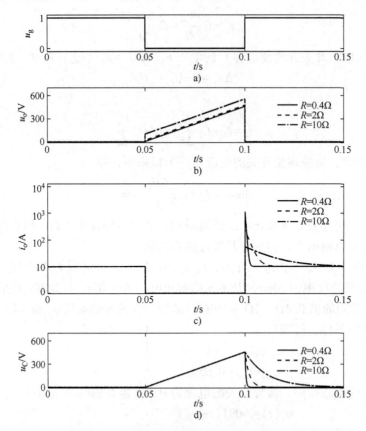

图 3-5　容性负载下理想开关的电压-电流曲线
a）门极信号　b）开关电压　c）开关电流　d）电容电压

1）0~0.05s。图 3-5a 的门极信号 u_{g} 高电平，电容 C 为零状态，开关 S 处于导通状态，图 3-5b 的开关端电压 u_{o} 与电容的电压 u_{C} 均为 0。流经开关的电流 i_{o}、电容的电流 i_{C} 分别为 10A 和 0A。

2）0.05s。门极信号 u_{g} 由高电平切换为低电平，开关 S 关断而进入截止状态，电流 i_{o} 和 i_{C} 分别跳变为 0A 和 10A；电压 u_{C} 和 u_{o} 开始线性增长，u_{C} 的初始值为 0，u_{o} 比 u_{C} 叠加了恒压值 u_{R}。对应于关断时刻，3 个电阻值 1.2Ω、12Ω 和 120Ω 的电压 u_{o} 分别为 4V、20V 和 100V。

3）0.05~0.1s。门极信号 u_{g} 低电平，开关 S 处于截止状态，电流 i_{o} 和 i_{C} 分别保持为 0 和 10A；电压 u_{C} 和 u_{o} 保持同步线性上升，它们的增长率为 9091V/s。

4）0.1s。门极信号 u_{g} 由低电平切换为高电平，开关 S 开通而进入导通状态，电压 u_{o} 跳变为 0，电压 u_{C} 为 455V；电流 i_{C} 和 i_{o} 也都发生了跳变，图 3-5c 的对应 3 个电阻值 0.4Ω、2Ω 和 10Ω 的电流 i_{o} 分别为 1148A、238A 和 56A，它们对应的实线、虚线和点画线的电流值分别落在对数纵坐标上。

5）0.1~0.15s。门极信号 u_{g} 高电平，开关 S 处于导通状态，电压 u_{C} 从 455V 开始指数

下降，它们的下降速率随着电阻减小而明显加快，如图 3-5d 所示。例如，0.4Ω 点实线下降最快，2Ω 虚线下降次之，10Ω 点画线下降最慢，因为它们的时间常数 τ_C 依次增大，分别为 0.44ms、2.2ms 和 11ms。相应地，电流 i_c 也从各自的峰值开始指数下降，它的峰值和下降速率都随着电阻减小而增大，如图 3-5c 所示。

3.1.4 *RLC* 负载的理想开关过程

电阻（*R*）、电感（*L*）和电容（*C*）是电路的最基本元件，导线将它们连接在一起构成电路。高频电路中，导线也可以看作一只电阻，而且寄生电感和电容元件；电感器会寄生电阻和电容元件，而电容器则能寄生电阻和电感元件。寄生元件的数值很小，在直流或低频电源激励下，它们的电压或电流响应在电路系统分析中忽略不计。但在电力电子电路中，功率半导体开关快速开通或关断，电路的寄生电感和寄生电容能引起开关电流或电压的振荡。

为此，设计一个由理想开关控制的 *RLC* 负载电路，如图 3-6 所示。u_{pwm} 为高电平时，理想开关 S_1 导通，理想开关 S_2 截止，恒压源 U_{dc}、R_1、L 和 C 组成一个电源供电回路。u_{pwm} 为低电平时，开关 S_1 截止，开关 S_2 导通，C、L、R_1 和 R_2 组成一个能量释放回路。下面分析开关控制的 *RLC* 负载的电压-电流行为。

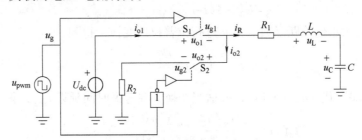

图 3-6　理想开关与 *RLC* 负载的串联电路模型

1. 电源供电电路电流

此时，开关 S_1 导通、开关 S_2 截止。由各元件的理想特性和基尔霍夫电路定律，可写出图 3-6 的电路方程，即

$$\begin{cases} u_{o1} + Ri_R + u_L + u_C = U_{dc} \\ u_C = \dfrac{1}{C}\displaystyle\int i_R dt \\ u_L = L\dfrac{di_R}{dt} \\ R = R_1 \end{cases}$$

整理，得

$$\begin{cases} Ri_R + L\dfrac{di_R}{dt} + \dfrac{1}{C}\displaystyle\int i_R dt = u \\ u = U_{dc} - u_{o1} \end{cases} \tag{3-17}$$

式中，u 为 *RLC* 负载的输入电压变量。应用拉普拉斯变换方法，得到

$$RI_R(s) + sLI_R(s) - Li_R(t_{s1on}) + \frac{1}{sC}I_R(s) + \frac{1}{sC}\int_{t_{s1on}} i_R dt = U(s)$$

式中，t_{s1on} 为开关 S_1 导通的时刻。移项、整理，得到

$$I_R(s) = K\frac{s}{s^2+2\zeta\omega_n s+\omega_n^2}U(s) + \frac{s}{s^2+2\zeta\omega_n s+\omega_n^2}i_R(t_{s1on}) - \frac{K}{s^2+2\zeta\omega_n s+\omega_n^2}u_C(t_{s1on}) \quad (3\text{-}18)$$

这是一个二阶系统，其中，增益 K、无阻尼频率 ω_n 和阻尼比 ζ 分别为

$$K = \frac{1}{L}, \quad \omega_n = \frac{1}{\sqrt{LC}}, \quad \zeta = \frac{1}{2\tau_L\omega_n}$$

$$Q_n = 0.5\zeta = \tau_L\omega_n = \sqrt{\frac{\tau_L}{\tau_C}}$$

式中，Q_n 为电路的品质因子，是系统阻尼比倒数的 $1/2$。当 $\zeta<1$ 时，系统欠阻尼；当 $\zeta=1$ 时，系统临界阻尼；当 $\zeta>1$ 时，系统过阻尼。因此，L 越大，或 C 越小，或 R 越小，系统越容易欠阻尼而使其电流、电感电压、电容电压发生振荡。Q_n 越大，电路系统越容易发生振荡。当 $Q_n<0.5$ 时，RLC 串联电路处于过阻尼状态。因此，实际电路的电阻、寄生电感和寄生电容比较小，电路容易处于欠阻尼状态而使开关电流或电压发生振荡。

开关 S_1 由截止状态切换到导通状态时，RLC 负载的电压 u 是一个阶跃输入，即

$$u = U_{dc} \cdot 1(t-t_{s1on}), \quad t \geq t_{s1on} \quad (3\text{-}19)$$

式中，$1(t-t_{s1on})$ 为单位阶跃函数。对 u 进行拉普拉斯变换，得到

$$U(s) = \frac{U_{dc}}{s} \quad (3\text{-}20)$$

这样，将式（3-20）代入式（3-18），并适当变换，并考虑时间延迟 t_{s1on}，得

$$I_R(s) = \frac{K[U_{dc}-u_C(t_{s1on})]+si_R(t_{s1on})}{(s+\zeta\omega_n)^2+(1-\zeta^2)\omega_n^2}e^{-st_{s1on}} \quad (3\text{-}21)$$

由于电流 $i_R(t_{s1on})$ 和电压 $u_C(t_{s1on})$ 为常数，并假设系统欠阻尼，运用拉普拉斯逆变换方法，得

$$i_R(t) = \frac{e^{-\zeta\omega_n(t-t_{s1on})}}{\omega_d}\left\{\begin{array}{l}K[U_{dc}-u_C(t_{s1on})]\sin[\omega_d(t-t_{s1on})]+\\ i_R(t_{s1on})\sin[\omega_d(t-t_{s1on})-\beta]\end{array}\right\}, \quad t \geq t_{s1on} \quad (3\text{-}22)$$

其中

$$\omega_d = \omega_n\sqrt{1-\zeta^2}, \quad 0<\zeta<1$$
$$\beta = \arccos\zeta$$

式（3-22）是一个时间的指数和正弦的乘积函数，在电源电压、初始电容电压和初始电感电流的作用下，随着时间的增加，RLC 串联电路的电流振荡衰减。为此，如果 RLC 是一个欠阻尼负载，那么开关 S_1 开通后的电流有一个振荡衰减过程。

2. 负载能量释放电路电流

此时，开关 S_1 截止、开关 S_2 导通，RLC 的负载行为表现为一个零输入响应过程，即式（3-17）的 u 恒为 0。这样，式（3-17）简化为

$$Ri_R + L\frac{di_R}{dt} + \frac{1}{C}\int i_R dt = 0 \quad (3\text{-}23)$$

式中，R 为电阻 R_1 和 R_2 之和。考虑时间延迟 t_{s2on}，式（3-23）的拉普拉斯表达式为

$$I_R(s) = \frac{-Ku_C(t_{s2on}) + si_R(t_{s2on})}{(s+\zeta\omega_n)^2 + (1-\zeta^2)\omega_n^2} e^{-st_{s2on}} \tag{3-24}$$

式中，t_{s2on} 为开关 S_2 导通的时刻。因电阻 R_2 是储能元件的能量释放过程的一个耗能元件，式（3-24）的阻尼比 ζ 增大了。运用拉普拉斯逆变换方法，式（3-24）的时域解为

$$i_R(t) = \frac{e^{-\zeta\omega_n(t-t_{s2on})}}{\omega_d} \left\{ \begin{array}{l} -Ku_C(t_{s2on})\sin[\omega_d(t-t_{s2on})] + \\ i_R(t_{s2on})\sin[\omega_d(t-t_{s2on})-\beta] \end{array} \right\}, t \geqslant t_{s2on} \tag{3-25}$$

如果 RLC 电路发生谐振，一方面，会增大电路的电流或电压的幅值，增加功率半导体器件的电应力。另一方面，它可以用来减少功率半导体器件开关过程的损耗。比如，当器件的电流或电压过零时，器件被截止或导通，那么可以大幅度地削减器件的开关损耗。

【例 3-3】 图 3-6 中，S_1 和 S_2 为互补驱动的理想开关，u_g 为两个开关的门极驱动信号，恒压源 U_{dc} 为 12V，电阻 R_1、R_2 分别为 0.04Ω 和 0.06Ω，电感 L 为 $0.1\mu H$，电容 C 为 $5\mu F$。若开关频率为 10kHz，占空比 50%。在 0~0.1ms 之间，u_g 的高电平区间为 $0.25\sim0.5$ms。储能元件 L 和 C 为零初始状态，试绘制开关 S_1 和 S_2 的电压和电流曲线。

解 根据理想开关的门极驱动信号 u_g 电平，将电路分成两个回路的 3 个时间区间分析。

1）0~0.025ms。u_g 低电平，开关 S_1 截止、开关 S_2 导通，两个开关都没有电流；根据零初始状态的储能元件 L 和 C 的已知条件，得到

$$\begin{cases} i_{o1}(t) = i_{o2}(t) = 0 \\ u_{o1}(t) = 12V \\ u_{o2}(t) = 0 \end{cases}, \quad 0 \leqslant t < 0.025\text{ms}$$

$$u_C(t_{s1on}) = 0, \quad i_R(t_{s1on}) = 0, \quad t_{s1on} = 0.025\text{ms}$$

2）0.025~0.075ms。u_g 高电平，开关 S_1 导通、开关 S_2 截止，则

$$\begin{cases} u_{o1}(t) = 0 \\ u_{o2}(t) = 12V \end{cases}, \quad 0.025\text{ms} \leqslant t < 0.075\text{ms}$$

而 U_{dc}、R_1、L 和 C 构成的回路的电流表现为一个零状态系统的阶跃响应过程。其中

$$\tau_L = 2.5\times10^{-6}\text{s}, \quad K = 10^7\text{H}^{-1}, \quad \omega_n = 1.414\times10^6\text{rad/s}, \quad \zeta = 0.1414$$

由式（3-22），可求出该欠阻尼系统的电流阶跃响应时域表达式为

$$i_R(t) = 85.71e^{-2\times10^5(t-2.5\times10^{-5})}\sin[1.4\times10^6(t-2.5\times10^{-5})], \quad 0.025\text{ms} \leqslant t < 0.075\text{ms} \tag{3-26}$$

因此，处于导通状态的开关 S_1 和处于截止状态的开关 S_2 的电流为

$$\begin{cases} i_{o1}(t) = 85.71e^{-2\times10^5(t-2.5\times10^{-5})}\sin[1.4\times10^6(t-2.5\times10^{-5})] \\ i_{o2}(t) = 0 \end{cases}, \quad 0.025\text{ms} \leqslant t < 0.075\text{ms}$$

结合式（3-1）和式（3-26），求得电感 L 的端电压为

$$\begin{aligned} u_L(t) = &-1.71e^{-2\times10^5(t-2.5\times10^{-5})}\sin[1.4\times10^5(t-2.5\times10^{-5})] + \\ &12e^{-2\times10^5(t-2.5\times10^{-5})}\cos[1.4\times10^5(t-2.5\times10^{-5})], \quad 0.025\text{ms} \leqslant t < 0.075\text{ms} \end{aligned} \tag{3-27}$$

这样，由基尔霍夫电压定律得到电容 C 的端电压为

$$\begin{aligned} u_C(t) &= U_{dc} - i_R R_1 - u_L(t) \\ &= 12 - 1.73e^{-2\times10^5(t-2.5\times10^{-5})}\sin[1.4\times10^6(t-2.5\times10^{-5})] - \\ &\quad 12e^{-2\times10^5(t-2.5\times10^{-5})}\cos[1.4\times10^6(t-2.5\times10^{-5})], \quad 0.025\text{ms} \leqslant t < 0.075\text{ms} \end{aligned} \tag{3-28}$$

3）0.075～0.1ms。u_g 低电平，开关 S_1 截止、开关 S_2 导通，则

$$\begin{cases} i_{o1}(t)=0 \\ u_{o2}(t)=0 \end{cases}, \qquad 0.075\text{ms} \leqslant t < 0.1\text{ms}$$

而 R_2、R_1、L 和 C 构成的回路的电流表现为一个输入系统响应过程。其中

$$\tau_L = 10^{-6}\text{s}, \quad \omega_n = 1.414 \times 10^6 \text{rad/s}, \quad \zeta = 0.3535$$

分别由式（3-26）、式（3-28）计算在 0.075ms 的电感电流和电容电压为

$$\begin{cases} i_R(t_{s2on})=0 \\ u_C(t_{s2on})=12\text{V} \end{cases}, \qquad t_{s2on}=0.075\text{ms}$$

由式（3-25），求出该欠阻尼系统的零状态电流响应时域表达式为

$$i_R(t) = -90.70 e^{-5 \times 10^5 (t-7.5 \times 10^{-5})} \sin[1.323 \times 10^6 (t-7.5 \times 10^{-5})], \qquad 0.075\text{ms} \leqslant t < 0.1\text{ms} \tag{3-29}$$

因此，处于导通状态的开关 S_2 的电流为

$$i_{o2}(t) = 90.70 e^{-5 \times 10^5 (t-7.5 \times 10^{-5})} \sin[1.323 \times 10^6 (t-7.5 \times 10^{-5})], \qquad 0.075\text{ms} \leqslant t < 0.1\text{ms}$$

运用基尔霍夫电压定律，可求得开关 S_1 的端电压为

$$\begin{aligned} u_{o1} &= 12 - i_{o2} R_2 - u_{o2} \\ &= 12 - 5.44 e^{-5 \times 10^5 (t-7.5 \times 10^{-5})} \sin[1.323 \times 10^6 (t-7.5 \times 10^{-5})], \qquad 0.075\text{ms} \leqslant t < 0.1\text{ms} \end{aligned} \tag{3-30}$$

结合式（3-1）和式（3-29），求得电感 L 的端电压为

$$\begin{aligned} u_L(t) &= 4.54 e^{-5 \times 10^5 (t-7.5 \times 10^{-5})} \sin[1.323 \times 10^6 (t-7.5 \times 10^{-5})] - \\ &\quad 12 e^{-5 \times 10^5 (t-7.5 \times 10^{-5})} \cos[1.323 \times 10^6 (t-7.5 \times 10^{-5})], \qquad 0.075\text{ms} \leqslant t < 0.1\text{ms} \end{aligned} \tag{3-31}$$

这样，由基尔霍夫电压定律得到电容 C 的端电压为

$$\begin{aligned} u_C(t) &= -u_L - i_R R - u_{o2} \\ &= 4.53 e^{-5 \times 10^5 (t-7.5 \times 10^{-5})} \sin[1.323 \times 10^6 (t-7.5 \times 10^{-5})] + \\ &\quad 12 e^{-5 \times 10^5 (t-7.5 \times 10^{-5})} \cos[1.323 \times 10^6 (t-7.5 \times 10^{-5})], \qquad 0.075\text{ms} \leqslant t < 0.1\text{ms} \end{aligned} \tag{3-32}$$

综上，在 0～0.1ms 之间绘制的两个开关 S_1 和 S_2 的电流和电压等信号的波形如图 3-7 所示。在恒压源 U_{dc} 和图 3-7a 的门极信号 u_g 共同作用下，图 3-7b 的负载电流 i_R、图 3-7e 的电感电压 u_L 和图 3-7f 的电容电压 u_C 在开关状态切换后表现了一个振荡衰减过程。相应地，图 3-7c 的开关 S_1 电流 i_{o1}、图 3-7d 的开关 S_2 电流 i_{o1} 和图 3-7g 的开关 S_1 电压 u_{o1} 各自发生了一次振荡的过渡过程，图 3-7h 的开关 S_2 电压 u_{o2} 没有出现振荡波形。

1）0～0.025ms。u_g 低电平，负载的 i_R、u_L 和 u_C 保持为 0，开关的 i_{o1}、i_{o2} 和 u_{o2} 保持为 0，而 u_{o1} 保持为 12V，说明：开关 S_2 导通、S_1 截止，系统的储能元件处于零状态。

2）0.025ms。u_g 由低电平跳变为高电平，u_{o1} 从 12V 跳变为 0，u_{o2} 从 0V 跳变为 12V，u_L 也从 0 跳变为 12V，这与式（3-27）的计算值一致，而 i_R、u_C、i_{o1} 和 i_{o2} 保持为 0。

3）0.025～0.075ms。u_g 高电平，开关 S_1 导通、S_2 截止，i_R、u_L、u_C 和振荡衰减，i_{o1} 与 i_R 表现一致，i_{o2}、u_{o1} 和 u_{o2} 保持原状态值，表现为一个欠阻尼的 RLC 负载的电压阶跃响应过程。其中，i_R 和 i_{o1} 在 0.026ms 上升到了峰值 68.43A，而 u_L 和 u_C 的波形几乎相伴振荡衰减，它们在 0.027ms 分别接近波谷值 -7.89V 和波峰值 19.58V。而后，在 20μs 内 i_R、u_L 和 u_C 振荡

收敛，并分别接近其稳态值 0A、0V 和 12V，相应波形的变化过程与式（3-26）~式（3-28）的计算值保持一致。

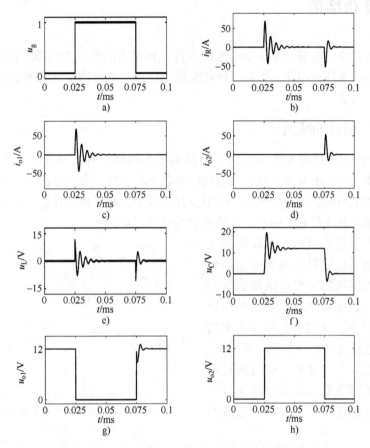

图 3-7　RLC 负载下理想开关的电压-电流曲线

a）门极信号　b）负载电流　c）开关 S_1 电流　d）开关 S_2 电流

e）电感电压　f）电容电压　g）开关 S_1 电压　h）开关 S_2 电压

4）0.075ms。电容 C 已经充满电，达到 12V，负载电流为 0，电感电压为 0。u_g 由高电平跳变为低电平，开关 S_1 切换为截止状态、S_2 切换为导通状态，u_{o1} 从 0 跳变为 11.10V，u_{o2} 从 12V 跳变为 0，u_L 也从 0 跳变为 -10.19V，i_R、i_{o1}、i_{o2} 和 u_C 保持原值不变。

5）0.075~0.1ms。u_g 低电平，开关 S_1 截止、S_2 导通，i_R、u_L、u_C 和 u_{o1} 分别振荡衰减，i_{o2} 与 i_R 表现正好完全相反，i_{o1} 和 u_{o2} 保持原状态值，系统表现为一个欠阻尼的 RLC 负载的零输入响应过程。其中，i_{o1} 在 0.076ms 下降至波谷值 -53.20A，而 u_L、u_C 和 u_{o1} 的波形小幅振荡而快速衰减，在 7μs 内恢复到初始状态，相应波形的变化过程与式（3-29）~式（3-32）的计算值保持一致。

相比于负载阶跃响应，负载零输入响应的系统过渡过程更短，约为前者的 1/3，其主要原因在于后者的阻尼更大，是前者的 2.5 倍。因此，开关过程的电流或电压振荡衰减时间主要由负载电路的阻尼决定，它与电路的回路元件及其寄生电阻、寄生电容、寄生电感相关。

(3.2) 续流和换流

功率电子电路中，电感器是常用的储能元件，如果它的电流被强迫中断，发生了突变，所连接的开关将能被高压击穿。因此，保持电感电流的连续流动，是功率电子变换电路安全工作的一个基本要求。

3.2.1 功率二极管的续流

对于图 3-2 所示的理想开关及其感性负载串联的电路，开关导通后，电感电流线性上升，电感器储能。当理想开关由导通状态切换为截止状态时，电感电流在短时间内会发生快速变化，电感产生的感应电动势反向，将阻止其电流的变化。如果并联于电感两端的电阻越大，那么在关断时刻理想开关的端电压峰值越高，反之亦然。

当电感中有电流流过时，串联的开关被切断后，必须给电感提供电流流通的回路，以消除因电感电流突变而施加在开关上的电压尖峰。利用功率二极管的单向导电特性，使用功率二极管替代图 3-2 中的电阻，将其与电感反并联，如图 3-8 所示。也就是，当理想开关导通后，电流流过电感；当理想开关截止后，电感电流通过二极管释放所储存的能量，形成一个电流的连续回路。

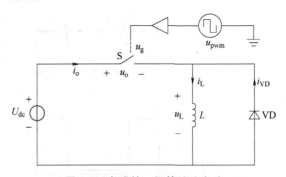

图 3-8 电感的二极管续流电路

在图 3-8 中，如果分别以图 2-16 的理想模型、饱和模型和线性模型描述二极管 VD，那么在二极管接续电感电流期间，电感电流和电压会有 3 种不同的变化过程。假设理想开关 S 首次开通前，电感 L 保持零状态。门极信号 u_g 由低电平跳变为高电平后，开关 S 导通，二极管 VD 截止，电感电流 i_L 按式（3-4）线性增长，开关电流 i_o 与 i_L 相同，二极管电流 i_{VD} 为 0。u_g 由高电平跳变为低电平后，开关 S 截止，二极管 VD 导通而接续电感电流 i_L。下面分三种情况讨论电感电流接续期间的电路行为。

1. 二极管的理想模型

由于理想二极管的通态压降为 0，因此电感电流 i_L 保持恒定，i_{VD} 与 i_L 相同，开关电流 i_o 为 0，开关电压 u_o 等于恒压源电压 U_{dc}。

2. 二极管的饱和模型

假设二极管的饱和压降大于 0，由基尔霍夫电压定律和电磁感应定律得到

$$L \frac{di_L}{dt} + U_F = 0$$

式中，U_F 为二极管 VD 的饱和压降（V）。

移项、积分，得到

$$\int_{t_{\text{soff}}}^{t} \mathrm{d}i_{\mathrm{L}} = -\frac{1}{L} \int_{t_{\text{soff}}}^{t} U_{\mathrm{F}} \mathrm{d}t$$

$$i_{\mathrm{L}}(t) = i_{\mathrm{L}}(t_{\text{soff}}) - \frac{U_{\mathrm{F}}}{L}(t - t_{\text{soff}}), \qquad t \geq t_{\text{soff}} \tag{3-33}$$

其中，电流 i_{L} 下降到 0 的时刻为

$$t = t_{\text{soff}} + \frac{L i_{\mathrm{L}}(t_{\text{soff}})}{U_{\mathrm{F}}}$$

式（3-33）表明二极管接续电感电流期间的 i_{L} 表现为从开关关断时刻的电流值 $i_{\mathrm{L}}(t_{\text{soff}})$ 开始线性下降，其下降速度由二极管 VD 的饱和压降 U_{F} 与电感 L 的比值决定。在电感电流连续期间，电感电压 u_{L} 等于 $-U_{\mathrm{F}}$，开关电压 u_{o} 等于 U_{dc} 与 U_{F} 之和。

3. 二极管的线性模型

实际的二极管既有饱和压降，又有通态电阻。在开关 S 的关断时刻，假设二极管 VD 的饱和压降为一个阶跃电压信号，那么由基尔霍夫电压定律和电磁感应定律得到

$$L \frac{\mathrm{d}i_{\mathrm{L}}}{\mathrm{d}t} + R_{\mathrm{VD}} i_{\mathrm{L}} + U_{\mathrm{F}} \cdot 1(t - t_{\text{soff}}) = 0, \qquad t \geq t_{\text{soff}} \tag{3-34}$$

式中，R_{VD} 为二极管 VD 的通态电阻（Ω）。

对式（3-33）的两边进行拉普拉斯变换，整理得

$$I_{\mathrm{L}}(s) = \left[-\frac{\dfrac{U_{\mathrm{F}}}{L}}{s\left(s + \dfrac{R_{\mathrm{VD}}}{L}\right)} + \frac{i_{\mathrm{L}}(t_{\text{soff}})}{s + \dfrac{R_{\mathrm{VD}}}{L}} \right] \mathrm{e}^{-s t_{\text{soff}}} \tag{3-35}$$

求式（3-35）的拉普拉斯逆变换，得

$$i_{\mathrm{L}}(t) = i_{\mathrm{L}}(t_{\text{soff}}) \mathrm{e}^{-\frac{R_{\mathrm{VD}}}{L}(t - t_{\text{soff}})} - \frac{U_{\mathrm{F}}}{R_{\mathrm{VD}}} \left[1 - \mathrm{e}^{-\frac{R_{\mathrm{VD}}}{L}(t - t_{\text{soff}})} \right], \qquad t \geq t_{\text{soff}} \tag{3-36}$$

当续流二极管 VD 截止时，二极管的通态压降消失。这样，式（3-36）必须满足电流 i_{L} 不小于 0，由此求得二极管接续电感电流的最大时间范围为

$$t_{\text{soff}} \leq t \leq t_{\text{soff}} + \frac{L}{R_{\mathrm{VD}}} \ln \left[1 + \frac{R_{\mathrm{VD}}}{U_{\mathrm{F}}} i_{\mathrm{L}}(t_{\text{soff}}) \right] \tag{3-37}$$

明显地，当二极管的饱和压降或通态电阻越大，它接续电感电流的工作时间越短。

综上，相比于理想模型和准理想模型，二极管的线性模型能描述实际二极管的通态压降变化。随着二极管 VD 的通态压降增加，在续流二极管工作期间电感电流下降更快。续流二极管常用快恢复二极管、肖特基二极管或碳化硅二极管。

注意：①续流二极管是防止直流线圈断电时产生感应电动势形成的高压对电路功率半导体开关器件造成损害的有效手段。②续流二极管对直流电压总是反接的，即二极管的阴极端与直流电压的正极端连接。也就是说，续流二极管的极性不能接错，否则将造成电路短路事故。

【例 3-4】 图 3-8 中，u_{g} 为理想开关 S 的门极驱动信号，恒压源 U_{dc} 为 12V，电感 L 为 0.1mH，若开关频率为 1kHz，占空比 10%，电感 L 为零初始状态。在 0~1ms 之间，u_{g} 的高电平区间为 0.1~0.2ms。若二极管 VD 分别采用理想模型、饱和模型和线性模型表示，其中，二

极管的饱和压降 U_F 为2V，通态电阻为50mΩ。试绘制开关 S 和电感 L 的电压和电流曲线。

解　根据理想开关的门极驱动信号 u_g 电平，将电路分成两个回路的三个时间区间分析。

1) 0～0.1ms。u_g 低电平，电感 L 保持零状态，开关 S 截止，二极管 VD 截止。

$$\begin{cases} i_o(t) = i_L(t) = i_{VD}(t) = 0 \\ u_L(t) = 0 \\ u_o(t) = 12V \end{cases}, \qquad 0 \leqslant t < 0.1\text{ms}$$

2) 0.1～0.2ms。u_g 高电平，开关 S 导通，二极管 VD 截止，电感电流 i_L 按式（3-4）从 0 开始线性增长，即

$$i_L(t) = \frac{12}{0.1 \times 10^{-3}}(t - 10^{-4}) = 1.2 \times 10^5(t - 10^{-4}), \qquad 0.1\text{ms} \leqslant t < 0.2\text{ms}$$

期间，有

$$\begin{cases} i_o(t) = i_L(t) \\ i_{VD}(t) = 0 \\ u_L(t) = 12V \\ u_o(t) = 0 \end{cases}, \qquad 0.1\text{ms} \leqslant t < 0.2\text{ms}$$

例 3-4-1 模型仿真

当 $t = 0.2\text{ms}$ 时，电流 i_L 达到 12A，即

$$i_L(t = 0.2\text{ms}) = 12\text{A}$$

3) 0.2～1ms。u_g 低电平，开关 S 截止，二极管 VD 导通、接续电感电流。

a. 如果采用理想模型模拟二极管的行为，那么电流 i_L 保持不变，即

$$\begin{cases} i_o(t) = 0 \\ i_{VD}(t) = i_L(t) = 12\text{A} \\ u_L(t) = 0 \\ u_o(t) = 12V \end{cases}, \qquad 0.2\text{ms} \leqslant t < 1\text{ms}$$

b. 如果采用饱和模型模拟二极管的行为，那么电流 i_L 按式（3-33）线性下降，即有

$$i_L(t) = 12 - 2 \times 10^4(t - 2 \times 10^{-4}), \qquad 0.2\text{ms} \leqslant t < 0.8\text{ms}$$

明显地，电感电流在 0.8ms 下降到为 0。期间，有

$$\begin{cases} i_o(t) = 0 \\ i_{VD}(t) = i_L(t) \\ u_L(t) = -U_F = -2V \\ u_o(t) = 14V \end{cases}, \qquad 0.2\text{ms} \leqslant t < 0.8\text{ms}$$

在二极管 VD 接续电感电流结束后，有

$$\begin{cases} i_o(t) = 0 \\ i_{VD}(t) = i_L(t) = 0 \\ u_L(t) = 0 \\ u_o(t) = 12V \end{cases}, \qquad 0.8\text{ms} \leqslant t < 1\text{ms}$$

c. 如果采用线性模型模拟二极管的行为，那么电流 i_L 按式（3-36）非线性下降，有

$$i_L(t) = 52e^{-500(t - 2 \times 10^{-4})} - 40, \qquad 0.2\text{ms} \leqslant t < 0.725\text{ms}$$

其中，由式（3-37）求解二极管接续电感电流的时间。相应地，电流 i_L 下降至 0 的时间为 0.725ms，并有

$$\begin{cases} i_o(t) = 0 \\ i_{VD}(t) = i_L(t) \\ u_L(t) = -U_F - i_{VD}R_{VD} \\ u_o(t) = 12 + U_F + i_{VD}R_{VD} \end{cases}, \qquad 0.2\text{ms} \leqslant t < 0.725\text{ms}$$

在二极管 VD 接续电感电流结束后，有

$$\begin{cases} i_o(t) = 0 \\ i_{VD}(t) = i_L(t) = 0 \\ u_L(t) = 0 \\ u_o(t) = 12\text{V} \end{cases}, \qquad 0.725\text{ms} \leqslant t < 1\text{ms}$$

综上，在 0~1ms 之间绘制的开关 S 和电感 L 的电流和电压等信号的波形如图 3-9 所示。在 0~0.1ms 之间，系统保持零状态。在 0.1~0.2ms 之间，在图 3-9a 的门极信号 u_g 保持高电平，开关 S 处于导通状态，而二极管 VD 处于截止状态。期间，图 3-9b 的电感电流 i_L 一致线性上升，图 3-9c 的开关电流 i_o 与 i_L 以同样速率线性增长，图 3-9d 的电流 i_{VD} 保持为 0，图 3-9e 的电感电压 u_L 保持为 12V，图 3-9f 的开关电压 u_o 保持 0。

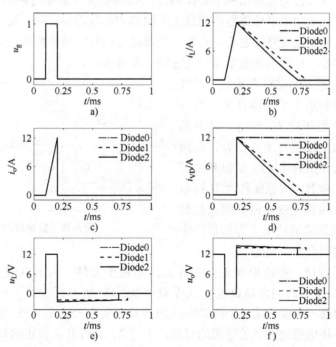

图 3-9 二极管续流电路的电压-电流曲线

a）门极信号 b）电感电流 c）开关电流 d）二极管电流 e）电感电压 f）开关电压

注：Diode0、1、2 分别表示理想模型、饱和模型和线性模型

在 0.2~1ms 之间，系统发生了二极管接续电感电流行为，三种二极管模型模拟的电路波形例如电流 i_L 和 i_{VD}、电压 u_L 和 u_o 不同。其中，Diode0、Diode1 和 Diode2 分别表示二极

管的理想模型、饱和模型和线性模型。

1）理想模型（Diode0 点画线）：相关电路的电压、电流波形都表现为水平直线，图 3-9b 和 d 的点画线 i_L、i_{VD} 都为 12A 直线，图 3-9e 和 f 的点画线 u_L、u_o 分别为 0 和 12V 的水平直线。

2）饱和模型（Diode1 虚线）：相关电路的电流和电压波形分别表现为直线，图 3-9b 和 d 的虚线 i_L、i_{VD} 都介于 0.2~0.8ms 之间、从 12A 下降至 0 的负斜率直线，图 3-9e 和 f 的虚线 u_L、u_o 分别是介于 0.2~0.8ms 之间的 -2V 和 14V 的水平直线段，这两条虚线在 0.8ms 时刻分别跳变为 0 和 12V。

3）线性模型（Diode2 实线）：相关电路的电流和电压波形分别表现为近似直线和直线。图 3-9b 和 d 的实线 i_L、i_{VD} 都介于 0.2~0.725ms 之间，是从 12A 下降至 0 的两条略有弧度曲线。图 3-9e 和 f 的实线 u_L、u_o 都是介于 0.2~0.725ms 之间的，随着 i_{VD} 线性变化的，分别从 -2.6V 和 14.6V 随 i_{VD} 线性变化至 0 的斜直线段，这两条实线分别在 0.725ms 时刻分别跳变为 0 和 12V。

3.2.2 功率半导体器件的换流

功率电子电路中，两个以上器件开通或关断的开关行为能够使电路电流有规律地在不同的回路流动，这种开关行为称为功率半导体器件之间的换流。实际电路的换流具有时间性，原因在于开通或关断的功率半导体器件的载流子漂移和扩散需要时间，而理想开关的换流时间为零。这样，换流则是支路间电流的转移，续流是专门针对感性负载反并联二极管接续电感电流而言的，功率二极管的续流是器件换流的一种特殊形式。

图 3-10 中，电感 L 和电阻 R 构成了感性负载，四个全控型的功率半导体开关都有一个反并联二极管，恒压源 U_{dc} 供电。该电路有两个各串联两只全控型开关的桥臂，在两个桥臂的两只串联开关的连接点 A 和 B 之间串联负载，形似字母 H，故也简称为 H 桥电路。如果感性负载流过交变电流，那么负载电流 i_L 必然在不同回路的功率半导体器件中转移流动，器件之间会发生换流。

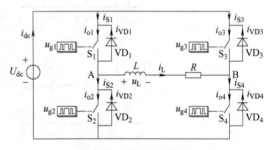

图 3-10 换流原理电路

为了电路分析方便，在这里规定：①各元件为理想元件，所示电流方向为参考方向；②恒压源 U_{dc}，在任意短时间内释放电能或吸收电能；③ 所有开关 $S_1 \sim S_4$ 和二极管 $VD_1 \sim VD_4$ 只允许单方向通过电流；④每个桥臂串联的两只开关 S_1/S_2 或 S_3/S_4 互锁，即不允许同时开通。这样，H 桥电路允许开关导通的只数为 1 或 2，允许开关截止的只数为 2、3 或 4。

根据电压源与感性负载之间的能量转换关系，可以将电路行为分为电源供电、电能回馈和电感续流三个功能。电源供电是指电源 U_{dc} 向负载 RL 提供电能，$i_{dc}>0$，电感 L 存储能量，电阻 R 消耗能量。电能回馈是指电感 L 向电源 U_{dc} 回送电能，$i_{dc}<0$，电源吸收负载回馈的电能。电感续流是指感性负载的电流仅通过开关和二极管持续流动，电源的电流 i_{dc} 恒为 0。

当电路处于电源供电状态时，开关必须对角导通，即 S_1 和 S_4 同时导通，或 S_2 和 S_3 同时导通。当电路处于电能回馈状态时，二极管必须对角导通，即 VD_1 和 VD_4 同时导通，或

VD$_2$ 和 VD$_3$ 同时导通。当电路处于电感续流状态时，不同桥臂、非对角的一只开关和一只二极管必须同时导通，即 S$_1$ 和 VD$_3$ 同时导通，或 S$_2$ 和 VD$_4$ 同时导通，或 S$_3$ 和 VD$_1$ 同时导通，或 S$_4$ 和 VD$_2$ 同时导通。

图示 H 桥电路的电流回路一方面由开关和二极管的状态决定，另一方面由电感电流的方向决定。例如，当电感电流 $i_L>0$ 时，即使开关 S$_2$ 和 S$_3$ 的门极同时触发，它们也不会有电流流过，电流 i_L 在 VD$_2$ 和 VD$_3$ 形成的回路中向电源充电，此时的 H 桥电路处于电能回馈状态。直至 i_L 下降为 0，S$_2$ 和 S$_3$ 触发导通，流过电流，使 $i_L<0$，此时的 H 桥电路处于电源供电状态。H 桥的开关换流可以在电源供电、电能回馈和电感续流的任意两个状态之间切换。下面以电流 $i_L>0$ 的情况为例分析图 3-10 的器件换流。

1. 电源供电与电感续流之间的换流

假设电感电流 $i_L \geqslant 0$，仅使开关 S$_1$ 和 S$_4$ 同时导通，那么电路的电流回路为 U_{dc}、S$_1$、L、R、S$_4$、U_{dc}，此时的电路处于电源供电状态。之后，若仅使开关 S$_4$ 截止，那么电路的电流回路为 L、R、VD$_3$、S$_1$、L，此时的电路处于电感续流状态。因此，使开关 S$_4$ 由导通状态切换至截止状态，导致二极管 VD$_3$ 由截止状态切换为导通状态，接续电感电流的连续流动。期间，开关 S$_4$ 与二极管 VD$_3$ 发生了器件换流，使电路的电流路径发生了切换，电流从回路 U_{dc}、S$_1$、L、R、S$_4$、U_{dc} 切换至回路 L、R、VD$_3$、S$_1$、L。若又使开关 S$_4$ 再次导通，电路的电流回路恢复至 U_{dc}、S$_1$、L、R、S$_4$、U_{dc}。

2. 电感续流与电能回馈之间的换流

假设电流 $i_L>0$，仅开关 S$_1$ 和二极管 VD$_3$ 同时导通，电路的电流回路为 L、R、VD$_3$、S$_1$、L，此时的电路处于电感续流状态。之后，若仅使开关 S$_1$ 截止，那么电路的电流回路为 L、R、VD$_3$、U_{dc}、VD$_2$、L，此时的电路处于电能回馈状态。因此，使开关 S$_1$ 由导通状态切换至截止状态，导致二极管 VD$_2$ 由截止状态切换为导通状态，开关 S$_1$ 与二极管 VD$_2$ 发生了器件换流，使电路的电流路径发生了切换，电流从回路 L、R、VD$_3$、S$_1$、L 切换至回路 L、R、VD$_3$、U_{dc}、VD$_2$、L。如果开关 S$_1$ 再次导通，电路的电流回路将恢复至 L、R、VD$_3$、S$_1$、L。

3. 电能回馈与电源供电之间的换流

假设电流 $i_L>0$，二极管 VD$_2$ 和 VD$_3$ 同时导通，电路的电流回路为 L、R、VD$_3$、U_{dc}、VD$_2$、L，此时的电路处于电能回馈状态。之后，若仅使开关 S$_1$ 和 S$_4$ 同时导通，那么电路的电流回路为 U_{dc}、S$_1$、L、R、S$_4$、U_{dc}，此时的电路处于电源供电状态。因此，使开关 S$_1$ 由截止状态切换至导通状态，导致二极管 VD$_2$ 由导通状态切换至截止状态；同时，使开关 S$_4$ 由截止状态切换至导通状态，导致二极管 VD$_3$ 由导通状态切换至截止状态。此时，开关 S$_1$ 与二极管 VD$_2$ 发生了器件换流，开关 S$_4$ 与二极管 VD$_3$ 发生了器件换流，使电路的电流回路发生了切换，电流从回路 L、R、VD$_3$、U_{dc}、VD$_2$、L 切换至回路 U_{dc}、S$_1$、L、R、S$_4$、U_{dc}。若能再次使开关 S$_1$ 与 S$_4$ 同时截止，电路的电流回路恢复至 L、R、VD$_3$、U_{dc}、VD$_2$、L。

相似地，图 3-10 中，当电感电流 $i_L<0$ 时，器件换流亦能使电路在电源供电、电能回馈和电感续流的任意两个状态之间切换电流回路。若使电路在电源供电或电能回馈与电感续流的两个状态之间切换，需要发生一只开关与一只二极管的双器件换流。若使电路在电源供电与电能回馈的两个状态之间切换，需要发生两只开关与两只二极管的多器件换流。

对于功率半导体开关电路，各支路间电流的转移必然包含着功率半导体器件开关状态的变化，涉及两个开关过程，即导通状态器件的关断过程和截止状态器件的开通过程。由于开关器件和电路元件都具有能量存储或释放的惯性，器件开关状态的转换和电流的转移都不可能瞬时实现。因此，换流前后的两个电路存在稳态间的暂态过程，这一过程称为换流过程。可靠换流是所有电流变换电路顺利工作的必要条件，换流过程的长短和优劣对电流变换电路的经济技术性能会产生影响。

【例 3-5】 相比于图 3-10，图 3-11 主要增加了电感 L 的功率反馈电路，维持电路运行的电感电流 $i_L > 0$。其中，VS 为电压传感器，FT 为低通滤波器，CS 为电流传感器，LIM 为幅值限制器，VC 为可控电压源。U_{dc} 为 48V，L 为 0.2mH，R 为 0.1Ω，FT 的截止频率为 2kHz，VC 的幅值小于 36V。各功率半导体器件为理想元件，门极驱动信号 u_{g1} 和 u_{g4} 的频率为 10kHz，起始相位相同，占空比分别为 50% 和 60%。L 为零起始状态，按元件的图示电压和电流的方向，试分析电路的状态变化。

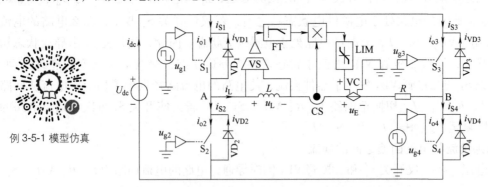

例 3-5-1 模型仿真

图 3-11 带功率反馈的 H 桥电路模型

解 图 3-11 中，u_{g2} 和 u_{g3} 为接地信号，因此，理想开关 S_2 和 S_3 始终处于截止状态。由于 u_{g1} 和 u_{g4} 分别为 50% 和 60% 的同相位 10kHz 矩形波信号，因此，理想开关 S_1 和 S_4 有三种开关状态组合：当 u_{g1} 和 u_{g4} 同为高电平时，S_1 和 S_4 同时处于导通状态，电路应处于电源供电状态；当 u_{g1} 为低电平，而 u_{g4} 为高电平时，S_1 处于截止状态，S_4 处于导通状态，电路应处于电感续流状态；当 u_{g1} 和 u_{g4} 为低电平时，S_1 和 S_4 处于截止状态，电路应处于电能回馈状态。

由题意可知，可控电压源 u_E 是电感 L 的功率的低通滤波输出，即有

$$T_E \frac{\mathrm{d}u_E(t)}{\mathrm{d}t} + u_E(t) = k_E u_L(t) i_L(t)$$

式中，T_E 为低通滤波器 FT 的带宽，也是其截止频率的倒数；k_E 为 FT 的增益。

由 $i_L > 0$，认为电流 i_L 是一个幅值变化的直流量。因此，可控电压源电压 u_E 滞后于电感电压 u_L。且 $|u_E| < 36V$。根据图 3-11 元件的电压和电流方向，可知：当 $u_L > 0$ 时，存在 $u_E > 0$；反之亦然。

因此，在门极驱动信号 u_{g1} 和 u_{g4} 共同作用下，S_1 和 S_4 处于导通或截止状态，电路处于电源供电、电感续流或电能回馈之一状态，电感电流 i_L 应是一条从 0 振荡上升至周期振荡的曲线，电源电流 i_{dc} 应是一条包含正值、0 和负值的曲线，而受控电压 u_E 应是一条正、负振荡的曲线，如图 3-12 所示。明显地，在图 3-12a 的 u_{g1} 和 u_{g4} 驱动下，器件 S_1 和 S_4 开关工作，图 3-12b 的电流 i_L、图 3-12c 的可控电压 u_E 和图 3-12d 的电流 i_{dc} 都显示为有上下两条包

络线界限的曲线。40ms 后，三条曲线进入了周期振荡阶段。图 3-13 清晰地显示了起始于 0.498ms 时刻、0.2ms 时长的电路波形，能够展示电路的工作状态。

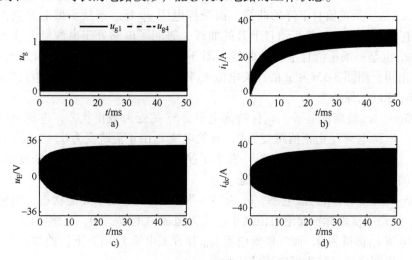

图 3-12 H 桥电路换流的电压-电流曲线

a）门极信号 b）电感电流 c）可控电压 d）电源电流

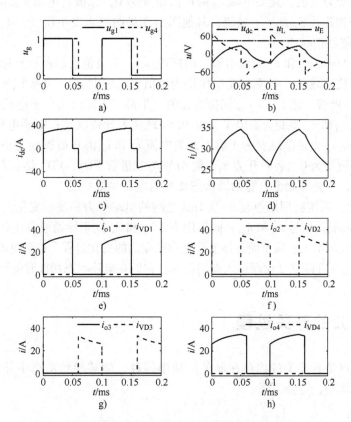

图 3-13 H 桥电路换流的电压-电流曲线（参考时刻 0.498ms）

a）门极信号 b）电压信号 c）电源电流 d）电感电流

e）开关 S_1 电流 f）开关 S_2 电流 g）开关 S_3 电流 h）开关 S_4 电流

相对于波形绘制的起始时刻 0.498ms，图示曲线周期振荡，具体表现为：

1) 0~0.05ms。图 3-13a 的 u_{g1} 和 u_{g4} 同为高电平，S_1 和 S_4 同时处于导通状态；图 3-13b 的电感电压 u_L 是一条正值且下降的曲线，而受控电压 u_E 是一条从负值上升到正值的曲线。图 3-13c 的电源电流 i_{dc} 是一条正值且上升的曲线，表明了电路处于电源供电状态。图 3-13d 的电感电流 i_L 也是一条正值且上升的曲线，图 3-13e 和 h 的开关电流 i_{o1} 和 i_{o4} 与电流 i_{dc}、i_L 的变化趋势相同，而图 3-13f 和 g 的开关电流 i_{o2} 和 i_{o3} 保持为 0，相应地，四只二极管的电流 i_{VD1}、i_{VD2}、i_{VD3} 和 i_{VD4} 保持为 0。

2) 0.05ms。u_{g1} 跳变低电平、u_{g4} 保持高电平，S_1 跳变为截止状态，电感电压 u_L 由正值跳变为负值，电源电流 i_{dc} 由正值跳变为 0，开关电流 i_{o1} 由正值跳变为 0，二极管电流 i_{VD2} 由 0 跳变为正值，表明二极管 VD_2 和开关 S_1 发生了换流，其他图示变量曲线未发生跳变，电路开始由电源供电状态切换为电感续流状态。

3) 0.05~0.06ms。u_{g1} 为低电平、u_{g4} 为高电平，仅有 S_4 处于导通状态，电感电压 u_L 和受控电压 u_E 都趋向横坐标轴而绝对值减小。电源电流 i_{dc} 保持为 0，电感电流 i_L 是一条下行曲线，开关电流 i_{o1} 保持为 0，而二极管电流 i_{VD2} 和开关电流 i_{o4} 同为下行曲线，其他变量曲线未发生变化，说明电路已进入了电感续流状态。

4) 0.06ms。u_{g4} 跳变为低电平，S_4 跳变为截止状态；电感电压 u_L 向负值方向突变，电源电流 i_{dc} 由 0 跳变为负值，开关电流 i_{o4} 由正值跳变为 0，二极管电流 i_{VD3} 由 0 跳变为正值，表明二极管 VD_3 和开关 S_4 发生了换流，其他图示变量曲线未发生跳变，电路开始由电感续流状态切换为电能回馈状态。

5) 0.06~0.1ms。u_{g1} 和 u_{g4} 为低电平，电感电压 u_L 为负值而趋向横坐标轴，而受控电压 u_E 从正值向负值快速减小。电源电流 i_{dc} 保持为负值，电感电流 i_L 快速下降，开关电流 i_{o1} 和 i_{o4} 保持为 0，而二极管电流 i_{VD2}、i_{VD3} 保持正值且下降。电路已进入了电能回馈状态。

6) 0.1ms。u_{g1} 和 u_{g4} 跳变为高电平，S_1 和 S_4 跳变为导通状态；电感电压 u_L 由负值跳变为正值，电源电流 i_{dc} 由负值跳变为正值，开关电流 i_{o1} 和 i_{o4} 由 0 值跳变为正值，二极管电流 i_{VD2} 和 i_{VD3} 由正值跳变为 0，表明开关 S_1、S_4 分别与二极管 VD_2、VD_4 发生了换流，其他图示变量未发生跳变，电路开始由电能回馈状态切换为电源供电状态。

7) 0.1ms 后，系统将周期重复 0~0.1ms 之间的电路行为和波形变化。

综上，在门极驱动信号 u_{g1} 和 u_{g4} 共同作用下，S_1 和 S_4 处于导通或截止状态，感性负载的电流 i_L 从 0 开始经历增大、减小而总体上升至周期振荡的变化过程，电源电流、开关电流、二极管电流、电感电压亦随之变化而进入周期振荡，它们在电路状态切换时能够发生突变。

(3.3) 硬开关的开关过程

硬开关的特点是其开关过程存在显著的功率损耗，能够导致功率半导体器件电应力增加，安全工作区缩小，寿命下降。

3.3.1 硬开关

与电容器并联的理想开关从关断到导通瞬间，开关的端电压会发生突变，它需承受强大的电流冲击。而与感性负载串联的理想开关由导通到关断瞬间，开关的电流发生突变，则需承受超高的电压冲击。通常，在开通或关断时，开关损耗大的功率半导体全控型器件的电压和电流交越重叠过程被称为硬开关。图 3-14 为硬开关的电压、电流和功率特性。

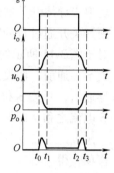

1）t_0 时刻。门极信号 u_g 从低电平跳变到高电平，触发器件开通。

2）$t_0 \sim t_1$。u_g 驱动器件开通，器件的电流 i_o 快速上升，电压 u_o 快速下降。它们的曲线交越重叠而使 p_o 产生一个凸起的功耗，称为器件的开通损耗。其中，从门极信号触发器件开通的 t_0 时刻至器件进入导通状态的 t_1 时刻的时间称为器件的开通时间。

3）$t_1 \sim t_2$。u_g 驱动器件进入导通状态，i_o 和 u_o 稳定，使 p_o 呈现一个平稳的功耗，称为器件的通态损耗。

图 3-14 硬开关的电压、
电流和功率特性

4）t_2 时刻。u_g 从高电平跳变到低电平，触发开关器件关断。

5）$t_2 \sim t_3$。u_g 驱动器件关断，器件的电流 i_o 快速下降，电压 u_o 快速上升。它们的曲线交越重叠而使 p_o 产生一个凸起的功耗，称为器件的关断损耗。其中，从门极信号触发器件关断的 t_2 时刻至器件进入截止状态的 t_3 时刻的时间称为器件的关断时间。

6）t_3 时刻。器件进入截止状态。

由此可见，硬开关的特点是器件的开关过程的电压和电流均不为 0，它们的曲线出现了交越重叠，因而产生了明显的开关损耗。而且，硬开关的电压和电流快速变化，波形出现明显的过冲或跌落，开关损耗能够使器件产生高温、电磁噪声和电应力。为了使器件在安全工作区内工作，器件的电压、电流、功率和频率等工作参数会受到限制，开关损耗可随工作频率的增加而增大。

假设功率半导体开关器件的最大工作电流、最大正向电压、最大反向电压、最大结温分别为 $I_{o,max}$、$U_{o,max}$、$U_{R,max}$、$T_{j,max}$，那么器件在安全工作区工作的电压 u_o、电流 i_o、功率 p_o 和结温 T_j 存在限制条件。

导通状态：
$$\begin{cases} u_o \approx 0 \\ 0 < i_o \leq I_{o,max} \\ p_o > 0 \\ T_j \leq T_{j,max} \end{cases}$$

截止状态：
$$\begin{cases} i_o \approx 0 \\ 0 < u_o \leq U_{o,max}, 正向 \\ 0 < u_o \leq U_{R,max}, 反向 \\ p_o \approx 0 \\ T_j \leq T_{j,max} \end{cases}$$

开关过程：
$$\begin{cases} p_o > 0 \\ T_j \leq T_{j,max} \\ 0 < u_o \leq U_{o,max}, 正向 \\ 0 < u_o \leq U_{R,max}, 反向 \\ 0 < i_o \leq I_{o,max} \end{cases}$$

3.3.2 硬开关的开通过程

功率半导体开关器件内部存在寄生电阻和寄生电容等参数，导电线路也有寄生电感。因此，硬开关开通过程的特点是开关器件的导通电压、电流重叠，产生开关损耗。

对于图 3-15 所示的功率电子电路，开关周期远小于感性负载的时间常数。在功率半导体开关 S 导通前，假设感性负载 RL 的电流 i_L 为非零，通过其并联的功率二极管续流。当开关 S 导通后，开关 S 和二极管 VD 进行换流。在任何时刻，电感 L 的电流等于二极管 VD 和开关 S 电流之和，即

$$i_L = i_o + i_{VD}$$

移项，得

$$i_o = i_L + (-i_{VD})$$

在开关 S 由截止状态到导通状态的开通过程中，开关 S 和二极管 VD 存在换流过程，即二极管 VD 的电流逐渐减小，并出现反向恢复过程的反向电流，而开关 S 的电流逐渐增长至稳定并存在电流尖峰。波形示意如图 3-16 所示。

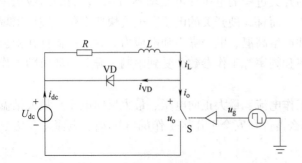

图 3-15　硬开关开通过程的功率电子电路

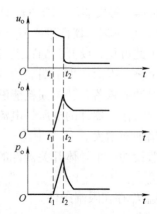

图 3-16　硬开关开通过程的
电压、电流和功率波形示意图

1) 在 t_1 时刻，功率半导体开关 S 导通，开关和二极管进行换流，开关电流 i_o 急速上升，开关承受了电源的大部分电压，并未下降到器件的通态压降，形成了开关开通功耗的主要部分。

2) 二极管 VD 和开关 S 的换流过程结束时，二极管进入反向恢复期，二极管电流 i_{VD} 反向。此时，功率开关需要承受负载电流 i_L 和二极管的反向电流 $-i_{VD}$。

3) 在 t_2 时刻，功率开关 S 的电压急速下降，开关电流 i_o 出现了尖峰。此后，功率开关 S 进入通态，开关压降很小，二极管 VD 处于完全的反向偏置状态，开关电流 i_o 恢复至负载电流。

3.3.3 硬开关的关断过程

功率半导体开关器件和导电线路的寄生参数对硬开关的关断过程有严重影响，使得开关器件从通态到断态的关断过程中出现电压尖峰和开关损耗，形成了硬开关关断过

程的特点。

图 3-15 中的电路，在功率半导体开关 S 的关断过程中，开关 S 和功率二极管 VD 同样存在换流过程，二极管 VD 由反向偏置切换到正向偏置，电流逐渐增大。而开关 S 的电流逐渐减小，电压上升，它的关断过程示意如图 3-17 所示。

1）在 t_1 时刻，功率半导体开关 S 开始关断，开关电压 u_o 快速上升，而开关电流开始慢速下降，二极管和开关进入换流过程。

2）在 $t_1 \sim t_2$ 期间，开关电压的大幅度上升和开关电流的小幅下降，形成了开关关断过程的主要损耗。

3）在 t_2 时刻，功率开关 S 的电流快速下降。尽管功率二极管续流负载电流，但是由于导电线路和开关有寄生电感，开关 S 仍然要承受一个电压尖峰的冲击。此后，开关电压 u_o 恢复并接近电源电压，电流 i_o 下降至 0，开关 S 进入关断状态。

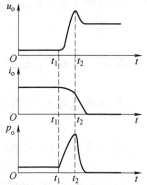

图 3-17　硬开关关断过程的电压、电流和功率曲线示意图

【例 3-6】　相比于图 3-15，图 3-18 中的二极管 VD 和开关 S 两端分别增加电容、电感、电阻，模拟功率半导体器件的寄生元件。其中，U_{dc} 为 12V，L 为 0.15mH，R 为 0.12Ω，VD 的通态压降和内阻分别为 $U_{don} = 1V$ 和 $R_{don} = 50mΩ$，C_d 为 40nF，C_{ce} 为 20nF，L_{ce} 为 0.01nH，L_c 为 0.1nH，U_{son} 为 1.5V，R_{son} 为 10mΩ，门极驱动信号 u_g 的频率为 1000Hz，占空比为 50%。各储能元件为零初始状态，按元件的图示电压和电流的方向，试分析电路的开关过程。

解　图 3-18 中，电路回路随着门极驱动信号 u_g 的周期性电平变化而发生周期性变化，负载电流 i_L 会发生周期性振荡上升至稳定的过程。假设电流 i_L 已进入周期性振荡，那么电路的具体行为按 u_g 的电平做如下描述。

1）u_g 为高电平。VD 保持截止状态，S 保持导通状态，系统有三个回路：①电压源 U_{dc}、感性负载 RL、寄生电感 L_c、开关 S 及其通态电阻 R_{son} 构成主回路，负载电感 L 充磁，电流 i_L 上升；②电压源 U_{dc}、二极管寄生电容 C_d、寄生电感 L_c、开关 S 及其通态电阻 R_{son} 构成电容 C_d 的充电回路，寄生电容 C_d 快速充电；③寄生电容 C_{ce}、寄生电感 L_{ce}、开关 S 及其通态电阻 R_{son}

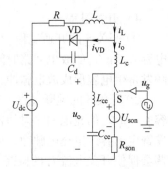

图 3-18　硬开关电路模型

构成电容 C_{ce} 的放电回路，寄生电容 C_{ce} 快速放电。期间，二极管电流 i_{VD} 为 0，开关电流 i_o 与负载电流 i_L 同步上升，开关电压 u_o 保持通态压降。

2）u_g 为低电平。VD 保持导通状态，S 保持截止状态，系统有三个回路：①感性负载 RL 和二极管 VD 构成主回路，负载电感 L 放磁，电流 i_L 下降；②感性负载 RL 和二极管寄生电容 C_d 构成电容 C_d 的放电回路，寄生电容 C_d 快速放电；③感性负载 RL、寄生电容 C_{ce}、寄生电感 L_{ce} 和电压源 U_{dc} 构成电容 C_{ce} 的充电回路，寄生电容 C_{ce} 快速充电。期间，开关电流 i_o 为 0，二极管电流 i_{VD} 与负载电流 i_L 同步下降，开关电压 u_o 接近 12V 电源电压 U_{dc}。

3）回路时间常数计算。

①负载电感 L 磁能存储回路的时间常数 τ_{L1}

$$\tau_{L1} = \frac{L + L_c}{R + R_{son}} \approx \frac{L}{R + R_{son}} = \frac{0.15 \times 10^{-3}}{0.12 + 0.01} s \approx 1.15 \times 10^{-3} s$$

② 负载电感 L 磁能释放回路的时间常数 τ_{L2}

$$\tau_{L2} = \frac{L}{R + R_{don}} = \frac{0.15 \times 10^{-3}}{0.12 + 0.05} s \approx 8.82 \times 10^{-4} s$$

③ 寄生电容 C_d 充电回路的时间常数 τ_{Cd1}

$$\tau_{Cd1} = RC_d = 0.12 \times 40 \times 10^{-9} s = 4.8 \times 10^{-9} s$$

④ 寄生电容 C_d 放电回路的时间常数 τ_{Cd2}

$$\tau_{Cd2} = R_{son} C_d = 0.01 \times 40 \times 10^{-9} s = 4.0 \times 10^{-10} s$$

⑤ 寄生电容 C_{ce} 充电回路的时间常数 τ_{Cce1}

$$\tau_{Cce1} = RC_{ce} = 0.12 \times 20 \times 10^{-9} s = 2.4 \times 10^{-9} s$$

⑥ 寄生电容 C_{ce} 放电回路的时间常数 τ_{Cce2}

$$\tau_{Cce2} = R_{son} C_{ce} = 0.01 \times 20 \times 10^{-9} s = 2.0 \times 10^{-10} s$$

⑦ 开关 S 开通触发的储能元件振荡时间常数 τ_{LCon1}

$$\tau_{LCon1} = \sqrt{L_c C_d} = \sqrt{0.1 \times 10^{-9} \times 40 \times 10^{-9}} = 2.0 \times 10^{-9} s$$

⑧ 开关 S 开通触发的储能元件振荡时间常数 τ_{LCon2}

$$\tau_{LCon2} = \sqrt{L_{ce} C_{ce}} = \sqrt{0.01 \times 10^{-9} \times 20 \times 10^{-9}} \approx 4.47 \times 10^{-10} s$$

⑨ 开关 S 关断触发的储能元件振荡时间常数 τ_{LCoff}

$$\tau_{LCoff} = \sqrt{(L_c + L_{ce}) \frac{C_d C_{ce}}{C_d + C_{ce}}} = \sqrt{0.11 \times 10^{-9} \times 13.33 \times 10^{-9}} s \approx 1.21 \times 10^{-9} s$$

4）开关过程。

① 开关 S 的开通过程。开关 S 和 VD 发生换流，电流 i_o 上升，电流 i_{VD} 下降。由于寄生电容 C_d 和 C_{ce} 的放电回路时间常数小于负载电路时间常数 τ_{L1} 的十万分之一，开关 S 的开通触发寄生电容形成放电脉冲，产生较大的开关开通功耗。

② 开关 S 的关断过程。VD 和开关 S 发生换流，电流 i_o 下降，电流 i_{VD} 上升。由于寄生电容 C_d 和 C_{ce} 的充电回路时间常数小于负载电路时间常数 τ_{L2} 的十万分之一，开关 S 的关断触发寄生电容产生充电脉冲，形成显著的开关关断功耗。期间，寄生电感与寄生电容的能量振荡会促使开关电流 i_o 的振荡。

图 3-19 为前 2ms 的主要电路元器件的电流、电压和功耗曲线。对应于图 3-19a 的门极驱动信号 u_g 的电平稳定区间，图 3-19b 的实线负载电流 i_L 和虚线二极管电流 i_{VD}、图 3-19c 的虚线开关电流 i_o 和实线开关电压 u_o 按步骤 1）或 2）变化。在 u_g 高电平时，图 3-19d 的开关功耗 p_o 随电流 i_o 上升而上升；在 u_g 低电平时，开关功耗 p_o 几乎为 0。然而，开关过程的开关功耗 p_o 产生了开通尖峰和关断尖峰，应是开关电流 i_o 和电压 u_o 发生了交越重叠的结果。

图 3-20 为 1ms 和 1.5ms 时刻的开关电流、电压和功耗的变化过程。其中，图 3-20a～c 和 d～f 分别对应开关 S 的开通过程和关断过程。

1）0.9999～1.0001ms。图 3-20a 的 u_g 从低电平跳变为高电平，图 3-20b 的虚线开关电流 i_o 从 0 瞬变至 40A，而后回落至 10A 附近开始小幅衰减振荡。图 3-20b 的实线开关电压 u_o 从 12V 瞬变至约 2V，它与电流 i_o 发生了明显的交越重叠。图 3-20c 的开关开通功耗 p_o 峰值约为 80W，而后快速跌落至 22W 左右，并形成小幅衰减振荡。

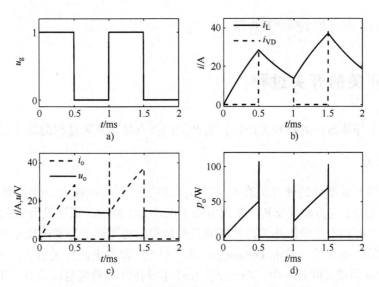

图 3-19 硬开关电路模型的电压、电流和功耗曲线

a）门极信号 b）负载、二极管电流 c）开关电压与电流 d）开关功耗

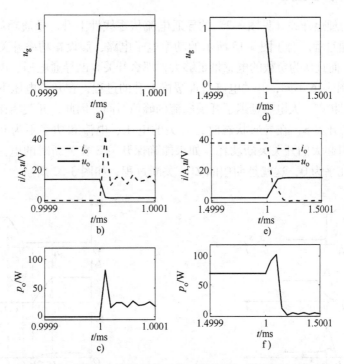

图 3-20 硬开关电路模型的开关过程电压、电流和功耗曲线

a）门极开通信号 b）开通电压与电流 c）开通功耗
d）门极关断信号 e）关断电压与电流 f）关断功耗

2）1.4999~1.5001ms。图 3-20d 的 u_g 从高电平跳变为低电平。图 3-20e 的开关电流 i_o 从 37A 快速跌落，后略缓慢下降至 0A。图 3-20e 的开关电压 u_o 从 0V 快速上升至约 12V，两者发生了显著的交越重叠。图 3-20f 的开关关断功耗 p_o 从 70W 跃升至 100W 左右，而后快速

71

跌落至 0W 左右，并开始小幅衰减振荡。

(3.4) 软开关的开关过程

相对功率半导体器件的硬开关而言，软开关的特点是其开关过程的功率损耗近乎为零。

3.4.1 软开关

功率半导体开关器件的硬开关存在三个主要弊害：开关损耗大、开关频率受限、di/dt 和 du/dt 对开关的电应力冲击及其产生的电磁干扰。为了减少或消除硬开关的弊害，提出了软开关的概念，即功率半导体开关在开通或关断过程的功耗近乎为零。软开关有两类基本的开关形式，即零电压开关（Zero Voltage Switch，ZVS）和零电流开关（Zero Current Switch，ZCS）。在开关开通或关断过程中，ZVS 是指功率半导体开关的端电压为 0，ZCS 是指流过功率半导体开关的电流为 0。它们既可用于开关的开通过程，也可用于开关的关断过程。

3.4.2 ZCS 的开关过程

大电感负载的理想开关（见图 3-2）的导通电流从零线性上升，导通功耗近乎为 0，这可以称为 ZCS 的开通过程。对于图 3-15 所示的功率电子电路，假设在功率开关 S 开通前感性负载的电流 i_L 为 0，而且认为负载的电感量足够大，那么开关 S 的导通电压、电流、功率曲线如图 3-21 所示。与图 3-16 不同，开关电流呈现缓慢上升的过程，在开关电压下降到通态压降前保持了一个小电流状态。大电感延迟了开关电流的峰值时间。因此，开关功耗也明显减小。

对于图 3-2 的开关 S，在导通状态时，开关的电压、电流和功率不为 0。如果采用硬开关关断，则必将引起大的开关关断功耗。如果能确保开关 S 在关断时的电流近似为 0，那么开关的关断功率几乎为 0，这就是期望的 ZCS 关断过程，如图 3-22 所示。

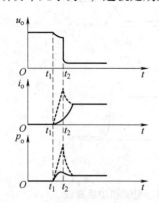

图 3-21 ZCS 开通过程的电压、
电流和功率曲线示意图

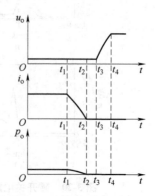

图 3-22 ZCS 关断过程的电压、
电流和功率曲线示意图

1）ZCS 处于导通状态时，使开关电流减小为零，并维持开关的零电流状态。
2）ZCS 关断，ZCS 电压快速回升。
3）ZCS 进入开关的截止状态。

【例 3-7】 图 3-23 中，MOSFET 功率半导体器件 VT 及其二极管 VD_p，串联一只小电感 L_p，并联一只小电容 C_p，电路由恒压源 U_{dc} 供电，负载为恒流源 I_o 及其反并联二极管 VD。其中，U_{dc} 为 24V，L_p 为 40μH，C_p 为 100nF，I_o 为 1.2A，VT 的通态电阻为 0.8Ω，VD_p 的通态压降和内阻分别为 0.7V 和 50mΩ，VD 的通态压降和内阻分别为 0.7V 和 50mΩ，门极驱动信号 u_g 的频率为 25kHz，占空比为 80%。各储能元件为零初始状态，按元件的图示电压和电流的方向，试分析电路的开关过程。

解 图 3-23 中，根据功率半导体器件 VT 的开关状态，分析电路的工作原理。

1）VT 处于截止状态。储能元件 C_p 和 L_p 处于零初始状态。在 VT 关断时刻，二极管 VD 截止，电路的回路为恒流源 I_o、恒压源 U_{dc} 和电容 C_p，电容 C_p 以 I_o 恒流充电，电容电压 u_C 线性升高，二极管 VD 的电压 u_{VD} 同步线性上升。当电压 u_C 达到

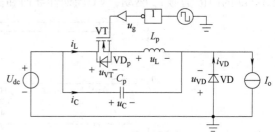

图 3-23 ZCS 关断电路模型

U_{dc} 与二极管 VD 的阈值电压之和时，VD 开通，电容停止充电，电流 i_C 下降至 0，电流 i_{VD} 等于 I_o。VD 保持导通状态，电路的回路为恒流源 I_o 和二极管 VD，电容电压 u_C 恒定。

2）VT 处于导通状态。在 VT 导通时刻，电感电流 i_L 从 0 开始近似线性上升，原因在于电压 u_C 几乎恒定。相应地，二极管 VD 的电流 i_{VD} 开始同步下降。在电流 i_L 上升和电流 i_{VD} 同步下降期间，电路有三个回路，其一为恒流源 I_o、恒压源 U_{dc}、VT 和电感 L_p，其二为恒流源 I_o 和二极管 VD，其三为电容 C_p、开关 VT 和电感 L_p，电容以微弱电流放电，使其端电压 u_C 保持与二极管 VD 通态压降的平衡。当电流 i_{VD} 下降至 0，下降的电压 u_C 不足以维持二极管 VD 的导通状态，VD 关断而进入截止状态。

在 VT 导通和 VD 截止期间，电路有两个回路同时工作，回路一为电容 C_p、VT 和电感 L_p，形成能量振荡电路；回路二为恒流源 I_o、恒压源 U_{dc}、VT 和电感 L_p，或恒流源 I_o、恒压源 U_{dc} 和电容 C_p，为 RLC 能量振荡提供电能。其中，电容电流 i_C 以 0 为轴线而周期衰减振荡，电感电流 i_L 以 I_o 为轴线周期衰减振荡，i_L 始终非负。

若电流 i_L 上升，则电压 u_L 为正；若电流 i_L 下降，则电压 u_L 为负。相应地，若电压 u_C 上升，则电流 i_C 为正；若电压 u_C 下降，则电流 i_C 为负。在此，电感与电容的电压同相位一致变化，两者的电流有对偶趋势。VT 的关断会促使电感电流 i_L 突变。而恒流源 I_o 为电容电压 u_C 的连续变化提供了外部激励。

3）储能元件 L_p 处于非零初始状态的 VT 关断。

① 电感的非零电流 i_L 下降，电压 u_L 为负。此时，电容电压 u_C 同为负值。VT 关断时刻，电流 i_L 快速下降为 0，电压 u_C、电压 u_L 保持负，恒流源 I_o 的电流路径从由恒流源 I_o、恒压源 U_{dc}、VT 和电感 L_p 组成的回路切换为由恒流源 I_o、恒压源 U_{dc} 和电容 C_p 组成的回路。VT 关断后截止，电压 u_C 和 u_L 近似线性上升，反并联二极管 VD_p 会导通，电流 i_L 过零后拟抛物线下降，电感反向存储能量；在电压 u_L 过零后的上升阶段，电流 i_L 过最小值后以抛物线上升，电感反向释放能量；当电流 i_L 上升至 0 时，反并联二极管 VD_p 关断后截止。

② 电感的非零电流 i_L 上升，电压 u_L 为正。此时，电容电压 u_C 同为正值。VT 关断时刻，由于电容电压的限制，电流 i_L 和电压 u_L 都快速下降为 0，反并联二极管 VD_p 保持截止。

③ 在 VT 及其二极管 VD_p 保持截止期间，电压 u_C 线性上升，将重复步骤 1）的电容充电过程。

综上，在 VT 的截止期间，电容 C_p 充满电后，二极管 VD 将保持导通状态。此后，若 VT 开通，电感 L_p 和电容 C_p 保证了 VT 的 ZCS 开通过程。但是，VT 的 ZCS 关断过程依赖电感电流 i_L 的大小。图 3-24 为门极驱动信号 u_g 的占空比为 80% 时的电路运行曲线。由图 3-24a 的门极信号 u_g 驱动，VT 周期性导通和截止。

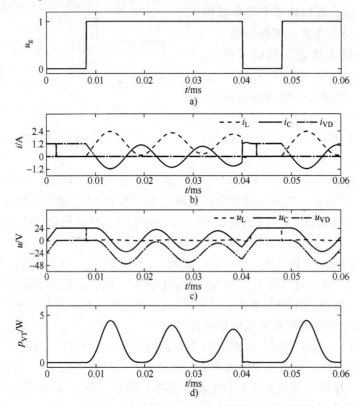

图 3-24　零电流开关电路的运行曲线（占空比 80%）
a）门极信号　b）电流信号　c）电压信号　d）开关功率

1) 0~0.008ms。u_g 为低电平，VT 保持截止状态。在 0 时刻，二极管 VD 保持截止，电容开始以图 3-24b 所示的 i_C 等于 1.2A 恒流充电，图 3-24c 的电压 u_C 从 0 值开始线性增长，电压 u_{VD} 从 −24V 开始同步线性增长，电流 i_L 保持为 0。在 0.002ms 时，电压 u_C 达到 24.76V 时，二极管 VD 开通，电流 i_{VD} 跳变为 1.2A，而电流 i_C 跳变为 0，电容停止充电。而后，二极管导通，电压 u_{VD} 保持为 0.76V，电压 u_C 保持恒定。期间，图 3-24d 的开关功率 p_{VT} 为 0。

2) 0.008~0.04ms。u_g 为高电平，VT 保持导通状态。在 0.008ms，u_g 跳变为高电平，开关电压从 24.76V 陡降至接近 0V，图 3-24b 的电流 i_L 从 0 开始近似线性增长，二极管 VD 的电流 i_{VD} 从 1.2A 开始近似线性下降，开关功率 p_{VT} 开始非线性上升。至 0.01ms，电流 i_{VD} 下降至 0，二极管 VD 截止。此后，图 3-24b 的电流 i_{VD} 和 i_C，以及图 3-24c 的电压 u_C 和 u_{VD} 开始振荡；由于开关电压微小，因此电感电压 u_L 应与 u_C 同相位一致变化；相应地，图 3-24d 的开关功率 p_{VT} 亦发生振荡。

3）0.04～0.048ms。u_g 为低电平，VT 保持截止状态。在 0.04ms，u_g 跳变为低电平，VT 关断，而图 3-24b 的开关电流 i_L 处于下降趋势的正值，图 3-24d 的开关功率 p_{VT} 非零，属于关断的硬开关。图 3-24c 的电压 u_C 和 u_{VD} 从负值开始近似线性上升，直至 VD 开通，重复 VT 截止状态的电路行为。

为了实现 VT 的 ZCS 关断，应在图 3-24d 的开关功率 p_{VT} 曲线的波谷时刻，即图 3-24b 的开关电流 i_L 曲线的波谷时刻，使 VT 关断，u_g 驱动信号的占空比为 60%，相应的电路波形如图 3-25 所示。相比于图 3-24，图 3-25 的开关关断时刻保持在 0.04ms，而开关开通时刻滞后了 0.008ms，图 3-25a 的 u_g 在 0.016ms 跳变为高电平。在 0.04ms，图 3-25b 的开关电流 i_L 处于波谷，这样，图 3-25d 的开关功率 p_{VT} 亦处于波谷，达到了 ZCS 关断的近乎零功耗。

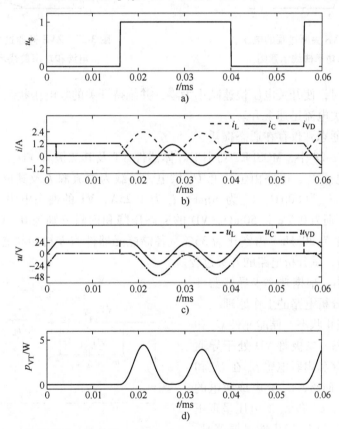

图 3-25　零电流开关电路的运行曲线（占空比 60%）

a）门极信号　b）电流信号　c）电压信号　d）开关功率

3.4.3　ZVS 的开关过程

电容负载的理想开关（见图 3-4）的关断电压为零，关断功耗为零，这就是 ZVS 的关断过程。ZVS 电压呈现缓慢上升的过程，在开关电流下降到几乎为零的截止状态电流前保持了一个小电压状态。大电容能够延迟开关电压的峰值时间，使得开关功率明显减小，如图 3-26 所示。

无论怎样的开关电路，如果能确保半导体功率开关在开通时的电压为零，那么开关的开通功率为零，这就是期望的 ZVS 开通过程，如图 3-27 所示。

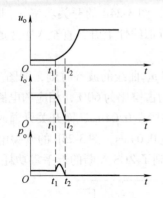

图 3-26　ZVS 关断过程的电压、电流和功率曲线示意图

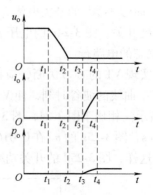

图 3-27　ZVS 开通过程的电压、电流和功率曲线示意图

1）ZVS 开通时，使开关电压快速减小为零，并维持开关的零电压状态。

2）ZVS 使开关电流迅速上升。

3）ZVS 进入通态，仅存在通态损耗。

【例 3-8】　图 3-28 中，MOSFET 功率半导体器件 VT 及其二极管 VD_p，并联一只小电容 C_p，串联一只小电感 L_p，电路由恒压源 U_{dc} 供电，负载为恒流源 I_o 及其反并联二极管 VD。其中，U_{dc} 为 48V，L_p 为 80μH，C_p 为 50μF，I_o 为 1.25A，VT 的通态电阻为 0.8Ω，VD_p 的通态压降和内阻分别为 0.7V 和 50mΩ，VD 的通态压降和内阻分别为 0.7V 和 50mΩ，门极驱动信号 u_g 的频率为 20kHz，占空比为 35%。各储能元器件为零初始状态，按元件的图示电压和电流的方向，试分析电路的开关过程。

　　解　图 3-28 中，根据功率半导体器件 VT 的开关状态，分析电路的工作原理。

　　1）VT 处于截止状态。储能元件 C_p 和 L_p 处于零初始状态。二极管 VD 处于导通状态，并联电容 C_p 和串联电感 L_p 在 U_{dc} 和 I_o 作用下形成振荡回路，C_p 充电或放电的电流幅值不超过 I_o，C_p 和 L_p 的电压呈现正交变化趋势。当 C_p 和 L_p 发生能量振荡时，电容电压 u_C 和二极管电流 i_{VD} 是直流偏置的

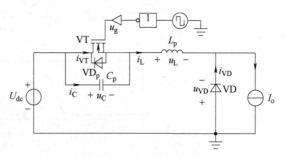

图 3-28　ZVS 开通电路模型

交流量，它们的直流分量分别是 U_{dc} 和 I_o。而电容电流 i_C 和电感电压 u_L 为零偏置的交流信号。

　　储能元件 C_p 和 L_p 处于非零初始状态。C_p 和 L_p 有一个从非零状态过渡到零状态的过程，C_p 恒流充电，当 u_C 超过 U_{dc} 和 U_d 之和时，则 VD 开通，C_p 和 L_p 发生能量振荡。期间，如果 u_L 大于 U_{dc} 和 U_d 之和，它们之间的电压差超过反并联二极管 VD_p 的阈值电压，那么 VD_p 开通，电容 i_C 突变为 0，C_p 停止放电，也就是 C_p 和 L_p 停止了能量振荡，电感电流 i_L 方向保持不变，持续线性上升至 0。此后，C_p 和 L_p 恢复零状态初始条件的能量振荡。

　　2）VT 处于导通状态。二极管 VD 保持截止状态，C_p 通过 VT 快速放电至零电压状态，VT 和 L_p 电流近乎线性上升至 I_o。在 VT 开通时刻，因 C_p 的端电压发生了突变而快速放电，

开关电流 i_{VT} 产生了大脉冲电流。

综上，在 VT 的截止期间，C_p 和 L_p 能够产生能量振荡，如果 VT 在 u_C 非波谷时刻开通，那么 VT 将会产生大的开通功耗。图 3-29 为门极驱动信号 u_g 的占空比为 65% 时的电路运行曲线。由图 3-29a 的门极信号 u_g 驱动，VT 周期性导通和截止。

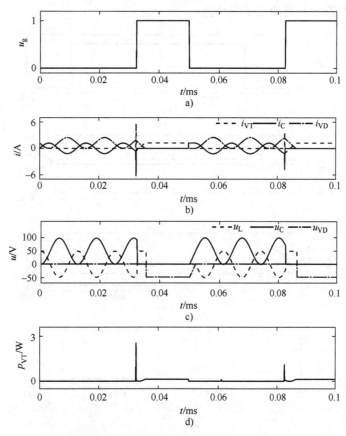

图 3-29 零电压开关电路的运行曲线（占空比 35%）

a) 门极信号 b) 电流信号 c) 电压信号 d) 开关功率

① 0~0.0325ms。u_g 为低电平，VT 保持截止状态。在 0 时刻，二极管 VD 保持导通，电容开始以图 3-29b 所示的正弦波形 i_C 充电，电流 i_{VD} 与 i_C 的波形正交；图 3-29c 的电压 u_C 从 0 值开始以直流偏置 48V 的正弦波形波动，电压 u_L 与 u_C 的波形正交，电压 u_{VD} 保持为 0。在 0.0125ms 和 0.025ms 时，电压 u_C 达到接近 0 值的波谷，电压 u_L 达到了波峰。期间，图 3-29d 的开关功率 p_{VT} 为 0。

② 0.0325~0.05ms。u_g 为高电平，VT 保持导通状态。在 0.0325ms，u_g 跳变为高电平，图 3-29b 的电流 i_{VT} 和 i_C 分别出现一个正负尖峰；此时，图 3-29c 的电压 u_C 从波峰附近的 91V 跌落至近乎 0，C_p 电压发生突变，属于开通的硬开关；图 3-29d 的开关功率 p_{VT} 出现了一个峰值约为 2.5W 的尖脉冲。而后，二极管 VD 继续保持导通状态，电感电压 u_L 几乎保持恒定，u_C 保持为 0，电流 i_Q 近乎线性上升至 I_o，i_{VD} 近乎线性下降至 0，二极管 VD 关断。此后，二极管 VD 保持截止状态，u_{VD} 为 -48V。

为了实现 VT 的 ZVS 开通，应在图 3-29c 的开关电压 u_C 曲线的波谷时刻 0.0125ms 或 0.025ms，使 VT 关断，u_g 驱动信号的占空比为 75% 或 50%，75% 占空比的电路波形如图 3-30 所示。相比于图 3-29，图 3-30a 显示的开关开通时刻保持在 0.0125ms，图 3-30b 的电流 i_C 和 i_{VT} 没有出现尖脉冲，图 3-30c 的开关电压 u_C 正处于波谷。这样，图 3-30d 的开关功率 p_{VT} 亦处于波谷，达到了 ZVS 开通的近乎零功耗。

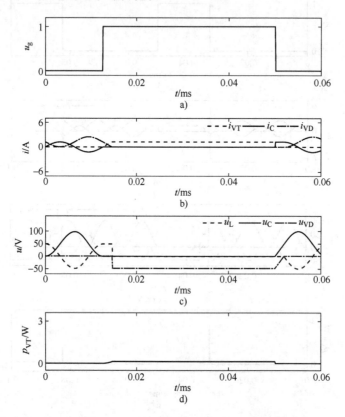

图 3-30　零电压开关电路的运行曲线（占空比 75%）

a）门极信号　b）电流信号　c）电压信号　d）开关功率

🔒 **拓展阅读**　　**敢于整车颠覆性设计**

2023 年，中国新能源汽车销量达到 949.5 万辆，连续 9 年稳居世界首位，市场渗透率突破 30%。汽车产销 3000 多万辆，中国自主品牌占据销量榜前十名汽车品牌中的四席，占据新能源汽车销量榜前十名品牌中的八席。然而，2014 年中国新能源汽车销量不足 8 万辆，市场渗透率仅为 0.3%。十年间，中国汽车产业格局发生根本性改变。

电池、电机、电控是新能源汽车的关键部件，如何组合三者是整车设计技术。初期，首先想到将传统燃油汽车改装成电动汽车，在发动机的位置换装电动机，拿掉油箱、传动轴和变速器，布置电池。当时并没有充分利用换装电动机等部件省下的空间，这个原始架构严重制约了电动汽车固有的优势。为了提高电动汽车的续驶里程和安全性，第二代电动汽车有了专属的电池布置空间，但还是局限于传统汽车的机械、电气和电子架构，因为传统汽车的核心零部件都是由国外企业把控的，我们没有机会深入理解和认识。对于电动汽车，国内外产品设计水平几乎在同一起跑线上，根据我国自主掌握核心零部件的优势，适应域控制的电子电气架构应运而生。2018年后，无论是传统车企还是新势力企业，都成功研发了新能源汽车的专属平台，其中有的平台能够兼容纯电驱动、插电混动和燃料电池三种动力系统。电驱动使汽车设计更加灵活，高功率密度的驱动电机系统在前桥、后桥可按需集成，简单而平顺的结构形成了滑板式底盘，这是燃油车时代不可想象的汽车设计。这也为一体压铸车身技术奠定了平台基础，颠覆了冲压、焊接、涂装、总装的传统汽车生产流程。

电动汽车有独到的精准线控先天优势，易于革新电子电气架构，易于集成自动辅助驾驶和各种自动化技术。相比于传统燃油汽车，电动汽车在控制精度、集成效率、动力性、制动性和舒适性等方面都得到了大幅提升，呈现显著优势。迭代创新的整车电子电气架构，将促进汽车电动化、网联化、智能化技术的融合创新发展，逐渐实现汽车的软硬件解耦，从而在将来实现由软件定义汽车。中国新能源汽车产业链完整，创新技术不断涌现，市场发展又快又好，已经吸引国外世界级品牌汽车企业在我国设置新能源汽车全球研发中心，与中国自主品牌车企开展合作和合资，这种人才、资金的群聚效应，将加速我国建设成为新能源汽车创新技术的策源地。

 习题 3

3.1　图3-2中，仅改变R为480Ω，试绘制开关S的电压u_o和电流i_o曲线，并分析R趋向∞的实际电路及开关关断过程特性。

3.2　图3-4中，仅改变R为0.1Ω，试绘制开关S的电压u_o和电流i_o曲线，并分析R趋向0的实际电路及开关开通过程特性。

3.3　试绘制功率电子电路中硬开关和软开关工作的示意图。

3.4　对于一个容量为2200μF、耐压为DC 450V的铝电解电容器，假设其初始状态为0，试问是否能够在电容器两端直接并联一个极性相同的DC 400V电源，请解释原因并给出正确的方法。

3.5　试绘制分别使用一只12V汽车继电器和一只30V功率MOSFET控制一辆纯电动乘用车前照灯的电路原理图。

3.6　试分析图3-6的电路元件R_1、R_2、L和C的大小对开关S_1和S_2电流振荡幅值和频率的影响。

3.7　试分析图3-8的电感元件L的大小对开关S和二极管VD电流波形的影响。

3.8　图3-10中，假设$i_L<0$，试说明电路开关行为引起的电源供电、电感续流和电能回馈的电路功能切换及其功率半导体器件的换流。

第 4 章

脉宽调制与闭环控制

4.1 脉冲宽度调制（PWM）原理

脉冲宽度调制（Pulse Width Modulation，PWM）技术通常利用半导体器件的开通和关断把直流电压变成一定周期和宽度的电压脉冲序列，以实现变压、变流、变频、控制和消除谐波的目的。在嵌入式微控制器中，PWM 模块的数字输出对模拟电路进行控制，广泛应用在测量、通信、功率控制与变换的许多领域中。高频全控型功率半导体器件的快速发展极大地促进了 PWM 技术在功率控制与变换中的应用，同时也使得功率变换装置的性能更加优异。

4.1.1 PWM 信号的类型

PWM 信号是一串频率和幅度固定而脉冲宽度变化的脉冲。在 PWM 周期内，每个脉冲的幅度是固定不变的，但是脉冲的宽度随着调制信号的不同而发生变化。PWM 信号有两种基本类型，即中心对称型和边沿对称型，如图 4-1 所示。中心对称型 PWM 信号相对于每个 PWM 周期的中心是对称的，而边沿对称型 PWM 则与每个 PWM 周期有相同的左边沿或右边沿。

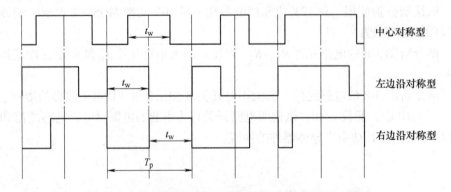

图 4-1　中心对称型 PWM 信号和边沿对称型 PWM 信号

无论是中心对称型 PWM 信号还是边沿对称型 PWM 信号，每个 PWM 信号都有相同的脉冲周期 T_p，其幅值固定不变，但脉冲宽度 t_w 会发生变化。

4.1.2　PWM 信号的占空比

对于一个 PWM 信号，无论是中心对称型还是边沿对称型，它的每个周期都会发生高低电平的跳变。式（2-15）已经定义了占空比 δ 的表达式，对应于图 4-1，PWM 信号的占空比是 PWM 信号的脉冲宽度 t_w 与其周期 T_p 之比（$0 \leq \delta \leq 1$），即

$$\delta = \frac{t_w}{T_p} \times 100\%$$

通常，在硬开关控制的功率电子系统中，PWM 信号的周期恒定，调节占空比 δ 实现功率电子装置闭环系统的控制。然而，在软开关控制的功率电子系统中，由于软开关的开通或关断的时刻主要由辅助或寄生的电容、电感元件的谐振频率决定，因此 PWM 信号的占空比 δ 需要保持恒定，而对 PWM 信号的周期进行调节，这样的 PWM 信号调制方法称为脉冲频率调制（Pulse Frequency Modulation，PFM）。

4.1.3　PWM 信号的发生

对于周期和占空比相同的 PWM 信号，中心对称型 PWM 信号和边沿对称型 PWM 信号的高低电平跳变的时刻不同。对于占空比不同的 PWM 信号，每个周期的 PWM 信号的电平跳变的时刻也不相同。然而，它们都需要一个 PWM 周期的信号发生器和一个 PWM 占空比的信号发生器，两者进行比较，产生每个周期的 PWM 信号的电平跳变的时刻，触发 PWM 输出信号翻转。中心对称型 PWM 信号采用等腰三角形参考波产生 PWM 的周期信号，等腰三角波的周期等于 PWM 周期的 2 倍，如图 4-2a 所示。边沿对称型 PWM 信号采用锯齿波产生 PWM 的周期信号，锯齿波的周期等于 PWM 周期，如图 4-2b、c 所示。

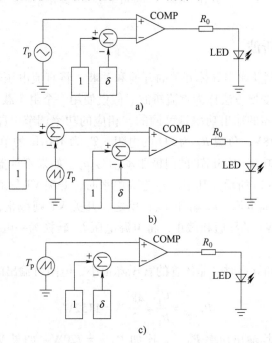

图 4-2　PWM 信号发生电路模型

a）中心对称型 PWM　b）左边沿型 PWM　c）右边沿型 PWM

图 4-2 中，δ 为 PWM 信号的占空比，T_p 为 PWM 信号周期，COMP 为比较器，R_0 为限流电阻，LED 为发光二极管。假设各波形发生器的 T_p 为 0.1s，δ 为 60%，这三个电路从比较器 COMP 输出 PWM 信号波形，如图 4-3 所示。PWM 信号有两个跳变时刻，一是定时器周期的时刻，二是定时器与计数器的比较时刻。相对于参考一个周期的起始时间，图 4-3a 的中心对称型 PWM 信号的跳变时刻为定时器与计数器的比较时刻 0.02s 和 0.08s，图 4-3b 的左边沿型 PWM 信号的跳变时刻为 0.06s 和 0.1s，图 4-3c 的右边沿型 PWM 信号的跳变时刻为 0.04s 和 0.1s，这些 PWM 信号的高电平时间都是 0.06s。在 PWM 信号的高电平时刻，LED 点亮；反之，LED 熄灭。

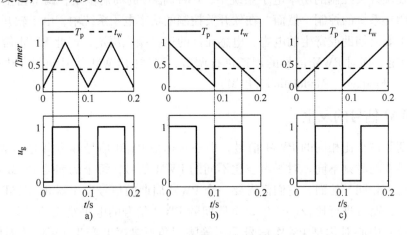

图 4-3　PWM 信号发生电路波形
a）中心对称型 PWM 定时器与 PWM 波形　b）左边沿型 PWM 定时器与 PWM 波形
c）右边沿型 PWM 定时器与 PWM 波形

4.1.4　直流 PWM 斩波

依靠 PWM 技术控制功率半导体开关的开通和关断，将直流电压转换成负载的一系列脉冲电压序列，这种电压变换方法称为直流斩波。假设使用一个由车载动力电池组供电的电子加热器，要求电子加热器的输出功率是可调的，相应的功率调节电路如图 4-4a 所示。动力电池组的总电压 U_b 为 48V，负载 R_L 为 2Ω 的电阻。T_p 为 100Hz 的单位等腰三角波，δ 为占空比，通过比较器产生功率 MOSFET 的门极驱动信号 u_g。如果不计器件损耗，那么负载 R_L 的端电压信号 u_R 如图 4-4b 所示。其中，u_g 为高电平时，开关 VT 导通，电源电压 U_b 施加在负载 R_L 上，负载 R_L 流通电流，u_R 等于 U_b；反之，开关 VT 则截止，u_R 等于 0。这样，通过 PWM 信号控制开关 VT 的导通和截止，将电源电压 U_b 转换为一电压脉冲序列作用于负载电阻 R_L。

显然，开关 VT 饱和导通时，晶体管的管压降很小，电阻可输出的最大功率 $P_{R,max}$ 为

$$P_{R,max} = \frac{U_b^2}{R_L} = \frac{48^2}{2}W = 1152W$$

对应一个负载的平均输出功率 $P_{R,avg}$，比如 $P_{R,avg} = 720W$，如果 VT 的占空比为 δ，则负载电阻的平均功率计算如下：

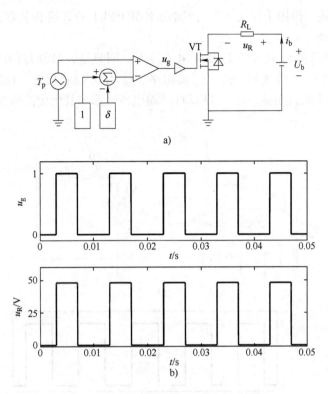

图 4-4　电阻负载的 PWM 直流斩波控制

a）电路模型　b）PWM 电压波形

$$P_{R,avg} = \delta U_b \frac{U_b}{R_L}$$

这样，开关 VT 的占空比计算如下：

$$\delta = \frac{P_{R,avg} R_L}{U_b^2} \times 100\% = \frac{720 \times 2}{48^2} \times 100\% = 62.5\%$$

电阻负载两端的平均电压 U_{avg} 为

$$U_{avg} = \delta U_b = 62.5\% \times 48\text{V} = 30\text{V}$$

对于电压源供电的负载，通过周期固定的 PWM 斩波信号调节 PWM 占空比，就可以改变负载的平均电压，实现负载输出功率的可调。电阻负载的电流波形与电压波形一样，为了获得平滑负载的电流，可以增加一个串联电感。同时，需要在负载端并联一个与电源极性相反的功率二极管，使电感电流连续，减小半导体开关的冲击电压。

【例 4-1】　相比于图 4-4a，图 4-5a 增加了手动开关 S_0 信号的控制电路，LED 表示汽车转向灯，等腰三角波的频率 T_p 为 1Hz，占空比 δ 为 50%。电源电压 U_b 为 12V，分压电阻 R_1 是 R_2 的 2 倍，R_1 为 200kΩ，R_0 为 109Ω 限流电阻，LED 灯的内阻为 1Ω，饱和压降为 1V。分析电路的工作原理。

　　解　图 4-5a 中，通过一只与门使能 PWM 信号的手动控制信号。手动开关 S_0 断开时，与门的一个输入端为接地的低电平信号，与门输出为低电平，PWM 信号失效，开关 VT 保持截止状态，LED 灯熄灭；手动开关 S_0 接通时，与门的一个输入端为高电平信号，与门输出与 PWM 信号一致, 作用于开关 VT, 控制功率 MOSFET 的开通和关断, LED 灯以 1Hz 闪烁, 闪烁时间为 0.5s。

图 4-5b 为手动开关 S_0 接通的 LED 灯电流波形。明显地, LED 灯的电流波形 i_R 与开关 VT 的门极端驱动信号 u_g 的波形一致。u_g 高电平, i_R 为 0.1A; 反之, LED 灯不工作。由于 LED 灯可等效为一个阻性负载, 因此 LED 灯的端电压波形与其电流波形相同。

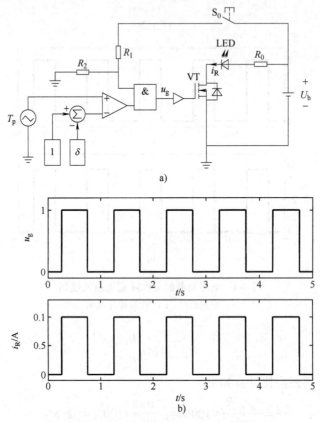

图 4-5　汽车转向灯的 PWM 斩波控制

a) 电路模型　b) PWM 电流波形

4.1.5　正弦波 PWM (SPWM) 发生原理

具有优良性能的感应电动机和永磁同步电动机等的交流电动机在工业领域应用广泛。在很多场合, 交流电动机需要变速控制, 改变供电电源的频率是一种节能的控制方法。公用电网的照明电为 220V (50Hz) 的单相正弦波电压源, 动力电为 380V (50Hz) 的三相正弦波电压源。而且, 在某些领域, 基于化学蓄电池的直流电源普遍应用, 比如新能源汽车。只有应用 PWM 技术, 将恒压恒频的交流电源或直流电源变换为变频变压的交流电源, 才能实现直流电源—交流电动机驱动的工业应用。

1. 面积等效原理

一个感性电路如图 4-6 所示, 电阻 R 的阻值为 10mΩ, 电感 L 的电感值为 1μH, 电压源 $u(t)$ 为矩形脉冲、三角形脉冲和正弦脉冲波。三种脉冲电压源的冲量相等。该冲量指电压对时间的积分，即电压脉冲的面积。假设三种脉冲电压源的初始相位和作用时间 Δt 相同，则冲量相等的矩形脉冲、三角形脉冲和正弦脉冲波的幅值 U_{ret}、U_{tri} 和 U_{sin} 之间存在定量关系，即

$$\begin{cases} U_{\text{ret}} = \dfrac{2}{\pi} U_{\text{sin}} \\ U_{\text{tri}} = \dfrac{4}{\pi} U_{\text{sin}} \end{cases}$$

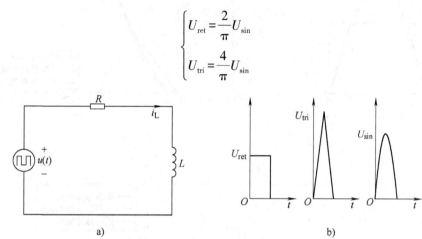

图 4-6　感性电路及其脉冲电压

a）电路　b）电压窄脉冲

正弦脉冲电压源的幅值 U_{sin} 为 12V，计算获得的矩形脉冲电压源的幅值 U_{ret} 为 7.64V，三角形脉冲电压源的幅值 U_{tri} 为 15.29V。脉冲电压作用的初始相位和作用时间 Δt 分别为 0° 和 5μs，如图 4-7a 所示，相应电路的电感电流响应曲线如图 4-7b 和 c 所示。

很明显，在 10μs 时间尺度的 0~5μs 之间，三角脉冲和正弦脉冲的电流响应曲线相近，与矩形脉冲的电流响应曲线差别较大，如图 4-7b 所示。在 5μs 之后，三种电压脉冲的电流响应曲线几乎重合。如果时间放大的尺度到 500μs，那么相应的电流响应曲线几乎完全重合，如图 4-7c 所示。也就是说，冲量相等的矩形脉冲、三角形脉冲和正弦脉冲电压对感性电路的电流响应波形基本相同。

以上例子可以说明采样控制理论中的一个结论，即冲量相等而形状不同的窄脉冲对惯性环节的输出响应波形基本相同。这就是 PWM 控制技术的重要理论基础——面积等效原理。

2. SPWM 的生成

设频率为 50Hz 正弦波电压的函数表达式为

$$u(t) = 14\sin 314t$$

在 $[0, 2\pi)$ 区间内将其分成 18 等份，每个正弦半波分成 9 等份。那么，$[0, \pi)$ 区间内正弦波弧度等分的面积计算如下：

$$s(k) = \int_{\theta_k}^{\theta_{k+1}} 14\sin\theta \mathrm{d}\theta = 14(\cos\theta_k - \cos\theta_{k+1})$$

$$\theta_k = \frac{k\pi}{9}, k = 0, 1, 2, \cdots, 8$$

式中，$s(k)$ 为第 k 个等弧度正弦脉冲序列的面积，$\theta = 314t \text{rad}$。

经面积计算公式获得了 9 个等宽不等幅的脉冲序列，用相同数量的等幅不等宽的矩形脉冲替代，两者的面积必须相等。如果用幅值为 42V 的矩形脉冲序列等效，那么该矩形脉冲序列的宽度（弧度）计算公式为

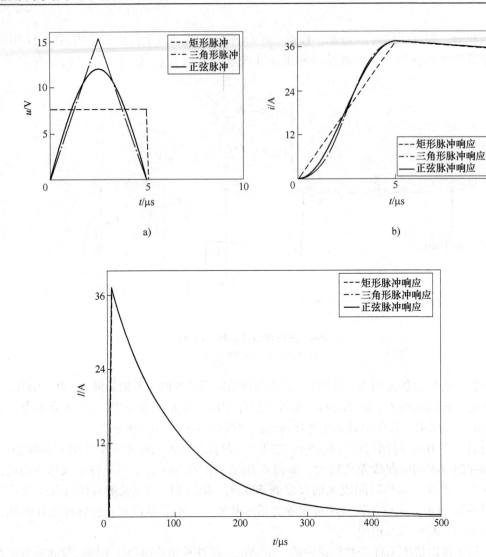

图 4-7 电压窄脉冲及其感性电路的电流响应曲线

a）脉冲电压 b）10μs 电流响应 c）500μs 电流响应

$$w(k) = \frac{s(k)}{42} = \frac{\cos\theta_k - \cos\theta_{k+1}}{3}$$

正弦脉冲和矩形脉冲序列的中心位置、面积或宽度见表 4-1。等宽分割的正弦脉冲序列及其面积等效成形的等幅矩形脉冲序列如图 4-8 所示。

表 4-1 正弦波 0°~180°脉冲序列及其中心位置

脉冲序列	1	2	3	4	5	6	7	8	9
脉冲中心位置/(°)	10	30	50	70	90	110	130	150	170
正弦波脉冲面积/(V·rad)	0.7237	2.0838	3.1925	3.9162	4.1676	3.9162	3.1925	2.0838	0.7237
矩形脉冲宽度/rad	0.0302	0.0868	0.1330	0.1632	0.1736	0.1632	0.1330	0.0868	0.0302

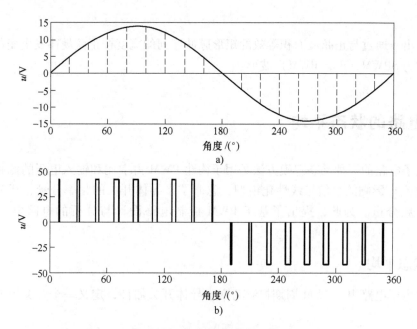

图 4-8　面积等效原理脉冲序列

a）正弦波脉冲　b）SPWM 脉冲

假设电压源的负载 Z 为串联的 0.1Ω 电阻和 1mH 电感，在以图 4-8 所示的面积等效原理生成的 18 等份 50Hz 正弦波电压的矩形电压脉冲序列的作用下，感性负载 Z 的电流响应如图 4-9a 所示。图示的矩形电压脉冲序列作用在感性负载上的电流波形在正弦电流曲线上下呈锯齿变化，而且其趋势与正弦电流一致，可以证明两者的基波特性基本相同。

图 4-9-1 模型仿真

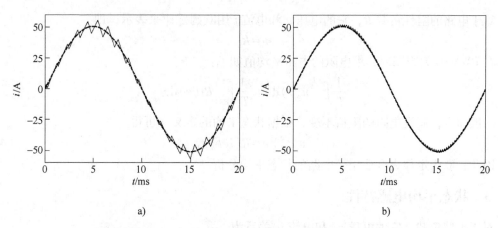

图 4-9　正弦、矩形电压脉冲序列作用下的感性负载电流响应

a）正弦波 18 等份　b）正弦波 90 等份

随着电压正弦波等角度分割越多，其相应的电源矩形脉冲宽度越小，两者的电流响应更加逼近。将每个正弦电压半波的等角度分割数提高 5 倍，其面积等效的矩形电压脉冲序列的电流响应如图 4-9b 所示。此时的矩形电压脉冲序列的电流响应曲线纹波小，逼近原电流响

应波形。

可以看出，通过与正弦波面积等效的矩形脉冲序列的宽度按正弦规律发生变化，这样的脉冲序列称为 SPWM（Sine PWM）波形。

 电路的状态平均

功率电子电路的一种动态建模方法是用于构建 PWM 占空比和输入电压的低频扰动对输出电压（电流）影响的小信号线性化模型，忽略了半导体开关的频率分量、开关频率谐波分量及其边频分量。为此，提出了基于 PWM 控制电路设计与分析的电路电量状态平均概念。

4.2.1　状态平均

在功率电子电路中，PWM 周期控制功率半导体开关器件，定义一个开关周期的平均算子如下：

$$\langle x(t) \rangle_{T_p} = \frac{1}{T_p} \int_t^{t+T_p} x(\tau)\,d\tau \tag{4-1}$$

式中，$x(t)$ 为功率电子电路的状态变量；T_p 为 PWM 周期；$\langle x(t) \rangle_{T_p}$ 为 $x(t)$ 的状态平均。

当每个 PWM 开关周期完成后，功率电子电路的状态又回到起点和终点相同的值，此时的功率电子电路进入了周期稳定状态。因此，进入周期稳定状态的电路状态平均是一个常数。

4.2.2　状态平均欧姆定律

对于电路的阻性负载 R，它的电压 u 和电流 i 用欧姆定律来表示，即

$$u = Ri$$

在 PWM 开关周期内，求电阻的电压平均值如下：

$$\frac{1}{T_p} \int_t^{t+T_p} u(\tau)\,d\tau = \frac{1}{T_p} \int_t^{t+T_p} Ri(\tau)\,d\tau$$

一般而言，假设电阻的阻值不变，根据状态平均的定义，可得

$$\langle u(t) \rangle_{T_p} = R \langle i(t) \rangle_{T_p} \tag{4-2}$$

因此，欧姆定律完全适用于电路的状态平均分析。

4.2.3　状态平均电感特性

对于电感负载，它的电压 u_L 和电流 i_L 关系为

$$u_L = L \frac{di_L}{dt}$$

在 PWM 开关周期内，电感 L 的电压平均值为

$$\frac{1}{T_p} \int_t^{t+T_p} u_L(\tau)\,d\tau = \frac{L}{T_p} \int_t^{t+T_p} di_L$$

运用电感电压的状态平均，并对电感电流积分，有

$$\langle u_{\mathrm{L}}(t)\rangle_{T_{\mathrm{p}}} = L\frac{i_{\mathrm{L}}(t+T_{\mathrm{p}})-i_{\mathrm{L}}(t)}{T_{\mathrm{p}}}$$

对电感电流进行微分和积分变换，求得

$$i_{\mathrm{L}}(t+T_{\mathrm{p}}) - i_{\mathrm{L}}(t) = \frac{\mathrm{d}}{\mathrm{d}t}\Big[\int_{0}^{t+T_{\mathrm{p}}} i_{\mathrm{L}}(\tau)\,\mathrm{d}\tau\Big] - \frac{\mathrm{d}}{\mathrm{d}t}\Big[\int_{0}^{t} i_{\mathrm{L}}(\tau)\,\mathrm{d}\tau\Big]$$

这样，电感电压的状态平均计算如下：

$$\langle u_{\mathrm{L}}(t)\rangle_{T_{\mathrm{p}}} = L\frac{\mathrm{d}}{\mathrm{d}t}\Big[\frac{1}{T_{\mathrm{p}}}\int_{t}^{t+T_{\mathrm{p}}} i_{\mathrm{L}}(\tau)\,\mathrm{d}\tau\Big]$$

显然，PWM 开关周期下的电感电压和电流的状态平均特性方程可表达为

$$\langle u_{\mathrm{L}}(t)\rangle_{T_{\mathrm{p}}} = L\frac{\mathrm{d}}{\mathrm{d}t}\langle i_{\mathrm{L}}(t)\rangle_{T_{\mathrm{p}}} \tag{4-3}$$

对于进入周期稳态的电感电流，电感器的充磁和放磁过程的伏秒相同（所谓的伏秒平衡），PWM 周期的初始电感电流和末端电流相同，相应的磁通变化为 0。因此，由法拉第电磁定律可知进入周期稳态的电感电压的状态平均为 0，即

$$\langle u_{\mathrm{L}}(t)\rangle_{T_{\mathrm{p}}} = 0 \tag{4-4}$$

【例 4-2】　图 4-10 为一个感性负载的直流斩波电路的电感电压积分模型。其中，开关 VT 为 N 沟道增强型 MOSFET，$U_{\mathrm{b}}=48\mathrm{V}$，$R=1.2\Omega$，$L=5\mathrm{mH}$，$R_{0}=100\mathrm{k}\Omega$。等腰三角波的频率 T_{p} 为 1kHz，占空比 δ 为 20%。V_{sen} 为电压传感器，I_{z} 为积分器，P_{k} 为比例增益，由 DAC 将采集的数字量转换为模拟量，作用于一个负载电阻 R_{0}。试分析电感电压 u_{L} 和电感电流 i_{L} 的波形特征。

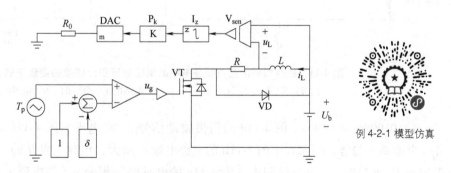

例 4-2-1 模型仿真

图 4-10　感性负载的直流斩波电路的电感电压积分模型

解　图 4-10 中，假设电感为零初始状态，以及开关 VT、二极管 VD 为理想元件，开关 VT 的门极驱动信号 u_{g} 高电平时，开关 VT 导通，二极管 VD 截止，感性负载 R 和 L 通电，电流 i_{L} 增大，电压 u_{L} 方向为正；u_{g} 低电平时，开关 VT 截止，二极管 VD 导通，感性负载 R 和 L 通过 VD 接续电流，电流 i_{L} 减小，电压 u_{L} 方向为负。

在图 4-11a 的 PWM 信号 u_{g} 作用下，开关 VT 周期性接通与关断，图 4-11d 的负载电流 i_{L} 先呈现上升趋势，而后进入周期稳定状态。图 4-11c 的电感电压积分 $u_{\mathrm{L}}t$ 与电流 i_{L} 的瞬时值不同，但是它们具有相同的变化趋势。而 4-11b 的电感电压 u_{L} 表现为与图 4-11a 相同频率的脉冲序列，正、负向幅值先减小，后进入周期稳定状态，变化趋势与图 4-11d 一致。

图 4-11e~h 显示图 4-11a~d 的 0.097~0.1s 区间的放大波形，此时系统已经进入了 PWM 周期稳定状态，例如：

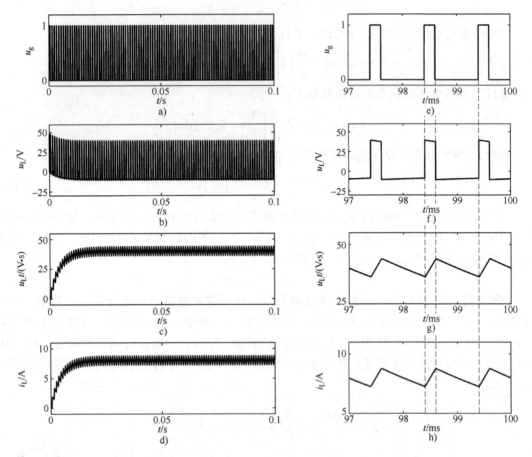

图 4-11 感性负载的直流斩波电路的电感电压积分模型的变量波形

a）、e）门极信号 b）、f）电感电压 c）、g）电感电压积分 d）、h）电感电流

1）0.0984~0.0986s。图 4-11e 的门极驱动信号 u_g 高电平，图 4-11f 的电感电压 u_L 为正，并有减小趋势，原因在于图 4-11h 的电感电流 i_L 增大，负载电阻 R 的分电压增多，而电源电压 U_b 保持恒定。在该区间内，图 4-11g 的电感电压积分 $u_L t$ 与电流 i_L 同步上升，其初值和终值分别为 36.32V·s 和 43.94V·s，增加了 7.62V·s。注意，图 4-11g 的直流分量表征了电感累积的直流励磁作用。

2）0.0986~0.0994s。门极驱动信号 u_g 低电平，电压 u_L 为负，并有上升趋势，原因在于电流 i_L 减小，负载电阻 R 的分电压减少，而电压 U_b 仍保持恒定。在该区间内，电压积分 $u_L t$ 与电流 i_L 同步下降，从其初值 43.94V·s 减少了 7.62V·s 至 36.32V·s 的终值。

3）0.0984~0.0994s。电流 i_L 的初值和终值相同，等于 7.25A；电压积分 $u_L t$ 的初值和终值也相同，等于 36.32V·s。因此，各 PWM 周期的电感电流 i_L 的初值和终值相等，标志系统进入 PWM 周期稳定状态，每一个 PWM 周期的电感电压积分为 0，也就是电感的电磁能不发生变化，系统进入了伏秒平衡状态。

4.2.4　状态平均电容特性

同样，对于 PWM 开关周期下的电容 C，其电压 u_C 和电流 i_C 的状态平均特性方程可表达为

$$\langle i_C(t)\rangle_{T_p} = C\frac{\mathrm{d}}{\mathrm{d}t}\langle u_C(t)\rangle_{T_p} \tag{4-5}$$

对于进入周期稳态的电容电流，电容器的充电和放电过程的电荷相同（所谓的荷电平衡），其端电压变化为 0，那么进入周期稳态的电容电流的状态平均为 0，即

$$\langle i_C(t)\rangle_{T_p} = 0 \tag{4-6}$$

【例 4-3】　图 4-12 为一个容性负载的直流斩波电路的电容电流积分模型。其中，开关 VT_0 为 P 沟道增强型 MOSFET，开关 VT_1 为 N 沟道增强型 MOSFET，$U_b = 48V$，$R = 1.2\Omega$，$C = 4.5mF$，$R_0 = 100k\Omega$。等腰三角波的频率 T_p 为 1kHz，占空比 δ 为 30%。I_{sen} 为电流传感器，I_z 为积分器，P_k 为比例增益，由 DAC 将采集的数字量转换为模拟量，作用于电阻 R_0。试分析电容电流 i_C 和电容电压 u_C 的波形特征。

例 4-3-1 模型仿真

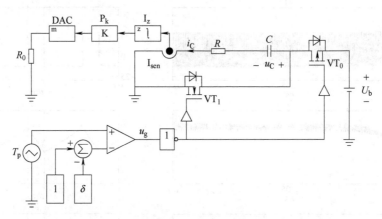

图 4-12　容性负载的直流斩波电路的电容电流积分模型

解　图 4-12 中，假设电容为零初始状态，以及开关 VT_0 和 VT_1 为理想元件，开关的门极驱动信号 u_g 高电平时，开关 VT_0 导通，开关 VT_1 截止，电容 C 充电，电压 u_C 增大，电流 i_C 方向为正；u_g 低电平时，开关 VT_0 截止，开关 VT_1 导通，电容 C 放电，电压 u_C 减小，电流 i_C 方向为负。

在图 4-13a 的 PWM 信号 u_g 作用下，开关 VT_0 和 VT_1 周期性互补接通与关断，图 4-13d 的电容电压 u_C 先呈现上升趋势，而后进入周期稳定状态。图 4-13c 的电容电流积分 $i_C t$ 与电压 u_C 的瞬时值不同，但是它们具有相同的变化趋势。而 4-13b 的电容电流 i_C 表现为与图 4-13a 相同频率的脉冲序列，正、负向幅值先减小，后进入周期稳定状态，变化趋势与图 4-13d 一致。

图 4-13e~h 为图 4-13a~d 的 0.097~0.1s 区间的放大波形，此时系统已经进入了 PWM 周期稳定状态，例如：

1) 0.09835~0.09865s。图 4-13e 的门极驱动信号 u_g 高电平，图 4-13f 的电容电流 i_C 为正，并有减小趋势，原因在于图 4-13h 的电容电压 u_C 增大，负载电阻 R 的分压减小，而电源电压 U_b 保持恒定。在该区间内，图 4-13g 的电容电流积分 $i_C t$ 与电压 u_C 同步上升，其初

值和终值分别为 60.67A·s 和 69.04A·s, 增加了 8.37A·s。注意, 图 4-13g 的直流分量表征了电容累积的直流充电作用。

2) 0.09865~0.09935s。门极驱动信号 u_g 低电平, 电流 i_C 为负, 并有上升趋势, 原因在于电压 u_C 减小, 负载电阻 R 的电压减少。在该区间内, 电流积分 $i_C t$ 与电压 u_C 同步下降, 从其初值 69.04A·s 减少了 8.37A·s 至 60.67A·s 的终值。

3) 0.09835~0.09935s。电压 u_C 的初值和终值相同, 等于 13.49V; 电流积分 $i_C t$ 的初值和终值也相同, 等于 60.67A·s。因此, 各 PWM 周期的电容电压 u_C 的初值和终值相等, 标志系统进入 PWM 周期稳定状态, 每一个 PWM 周期的电容电流积分为 0, 也就是电容的充放电电荷不发生变化, 系统进入了荷电平衡状态。

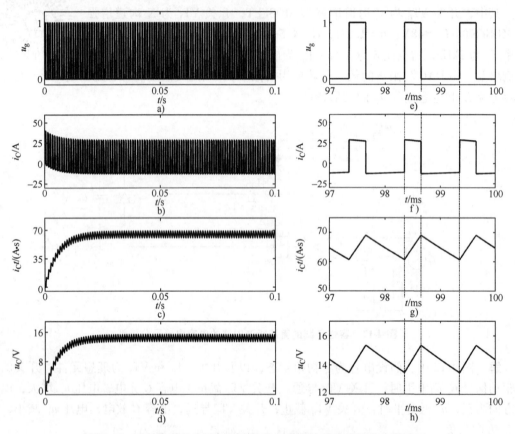

图 4-13 感性负载的直流斩波电路的电感电流积分模型的变量波形

a)、e) 门极信号 b)、f) 电容电流 c)、g) 电容电流积分 d)、h) 电容电压

4.2.5 状态平均基尔霍夫定律

对于电路的某一回路, 由基尔霍夫电压定律可得到回路电压之和为 0, 即

$$\sum u(t) = 0$$

对上式进行积分, 有

$$\frac{1}{T_p} \int_t^{t+T_p} \sum u(\tau) \, d\tau = \sum \left[\frac{1}{T_p} \int_t^{t+T_p} u(\tau) \, d\tau \right] = 0$$

由状态平均的定义可得

$$\sum \langle u(\tau) \rangle_{T_p} = 0 \tag{4-7}$$

由此可见，基尔霍夫电压定律完全适用于功率电子电路的状态平均，称为平均基尔霍夫电压定律。同理，可以获得电路某一节点的平均基尔霍夫电流定律，即

$$\sum \langle i(\tau) \rangle_{T_p} = 0 \tag{4-8}$$

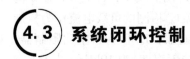 **系统闭环控制**

汽车功率电子系统由电源、车载功率变换器和负载组成，例如，典型的驱动电机控制系统包括动力电池组、三相交流电动机及其控制器和整车负载，高低电压 DC/DC 变换器系统包括动力电池组、DC/DC 变换器、低电压蓄电池和低电压负载。树立系统研究思维，从系统角度分析、设计、开发功率电子变换器拓扑及其电子控制单元，实现功率电子系统的闭环控制，使车载功率变换器的性能满足复杂工况汽车行驶的需求。

4.3.1　典型控制结构

基于功率半导体开关器件为核心的变换器电路，功率电子系统利用信息流控制能量流，其中形成离散的电磁能量脉冲序列，实现电能的转换与传输。目前，功率电子系统已经形成了两种基本控制结构，PWM 控制器和开关控制器，如图 4-14 所示。

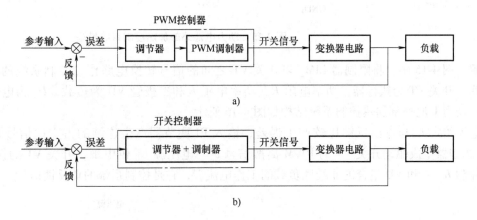

图 4-14　功率电子系统的基本控制结构

a）PWM 控制器　b）开关控制器

图 4-14a 为 PWM 控制器，由调节器和 PWM 调制器两部分组成：一是调节器由误差输入调节输出指令，使得控制目标跟随参考输入，减小系统稳态误差、优化系统动态响应，这部分功能称为调节；二是 PWM 调制器产生开关信号，执行调节器的输出指令，这个部分功能称为调制。其中，PID 控制器是最常用的调节器，采用连续系统的控制设计方法。而 PWM 调制器采用适应对象或负载性质的 PWM 调制原理，输出信号作用于变换器开关，实现了连续控制信号的离散开关信号过程。

图 4-14b 所示的开关控制器将信号的调节与调制功能集成一体，将开关状态与控制策略完全融合，由控制准则生成开关状态，使系统输出跟随给定指令。例如，滞环控制器是最简单的开关控制器，由给定与反馈的误差驱动，输出开关状态信号，直接控制变换器电路的半导体开关动作。相比于 PWM 控制器，开关控制器的输出响应更快速、控制更简单，其系统响应有波动更大的缺点。

【例 4-4】 图 4-15 为一个动力电池外部加热控制系统的原理图。其中，开关 VT 为 N 沟道增强型 MOSFET，$U_b = 72V$，$R = 2.5\Omega$，$L = 5mH$。电流传感器 I_{sen} 检测的负载电流作为控制系统的负反馈，I_{ref} 为负载电流参考输入，LIM_1 为输入电流限制器，LIM_2 为占空比限制器，通过 PID 调节器控制动力电池的外部加热电流。等腰三角波的频率 T_p 为 10kHz，占空比 δ 为加热控制系统的输出。利用脉冲变压器 T_t 隔离控制系统和功率电子的加热部分，GND_1 和 GND_2 是两个独立的参考地，门极驱动信号 u_g 通过脉冲变压器 T_t 和整流桥 VD_b 控制开关 VT。假设电路采用理想的元器件，试绘制控制系统结构图，确定 PI 调节器参数，并分析相应的门极驱动信号 u_g 和电感电流 i_L 的阶跃响应性能指标。

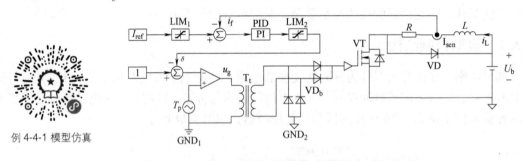

例 4-4-1 模型仿真

图 4-15　动力电池外部加热控制系统模型

解 图 4-15 中，将限制器 LIM_2 与开关 VT 之间的信号转换电路作为控制系统的 PWM 调制器，开关 VT 为执行器，功率电阻 R、功率电感 L 和二极管 VD 为负载，U_b 为电压源。因此，动力电池外部加热控制系统结构如图 4-16 所示。

电流给定 I_{ref} 与输出反馈比较产生误差，输入 PI 调节器产生连续的占空比信号 δ，由 PWM 调制器生成驱动开关 VT 的 PWM 离散信号 u_g。电压源 U_b 供电下，开关 VT 的接通与关断控制 R、L 和 VD 组合的非线性负载的工作电流 i_L，它是控制系统的负反馈信号。

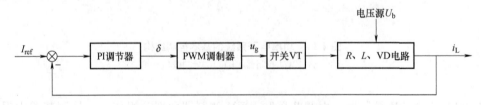

图 4-16　动力电池外部加热控制系统结构

感性负载 RL 的输出电流与输入电压之间的传递函数为

$$G(s) = \frac{K_s}{\tau_L s + 1}$$

系统增益：
$$K_s = \frac{1}{R} = \frac{1}{2.5}\Omega^{-1} = 0.4\Omega^{-1}$$

时间常数：
$$\tau_L = \frac{L}{R} = \frac{0.005}{2.5}s = 0.002s$$

运用 Ziegler-Nichols 的 PID 参数整定方法，这里假设系统延迟时间 T_d 等价于负载的时间常数 τ_L，那么

$$G_{PI}(s) = K_p\left(1 + \frac{1}{T_i s}\right)$$

PI 整定系数：
$$a = \frac{K_s T_d}{\tau_L} = K_s = 0.4\Omega^{-1}$$

PI 增益：
$$K_p = \frac{0.9}{a} = 2.25\Omega$$

PI 积分常数：
$$T_i = 3.3 T_d = 0.0066s$$

图 4-17 为采用 PI 调节器整定参数的门极驱动信号 u_g 和负载电流 i_L 的阶跃响应波形。其中，图 4-17a、b 对应参考电流 5A 的系统变量波形，图 4-17c、d 对应参考电流 15A 的系统变量波形，图 4-17e、f 对应参考电流 25A 的系统变量波形。对于三种参考电流 I_{ref} 的阶跃输入，该控制系统的负载电流 i_L 响应曲线收敛，并进入跟踪参考电流 I_{ref} 的 PWM 周期稳定状态。随着参考电流 I_{ref} 的幅值增加，门极驱动信号 u_g 的脉冲趋密，负载电流 i_L 响应的上升时间增加，从 0.38ms 上升到 3.59ms；该阶跃响应没有出现超调，在 8～10ms 之间的稳态误差小于 0.5%。该动力电池外部加热控制系统的电流阶跃响应的性能指标见表 4-2。

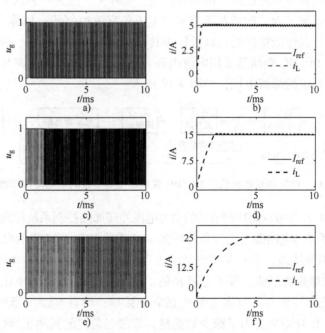

图 4-17 动力电池外部加热控制系统的变量波形

a)、c)、e) 门极信号 b)、d)、f) 负载电流参考信号和测量信号

表 4-2 动力电池外部加热控制系统的电流阶跃响应性能指标

参考电流幅值/A	5	15	25
上升时间/ms	0.38	1.39	3.59
稳态误差（%）	0.28	0.45	0.11

4.3.2 双反馈闭环调节器

在任意时刻或一段时间内，功率变换器的输入、损耗、储能和输出之间保持能量平衡，如图 4-18 所示。其中，能量流的平衡包括电阻损耗、感性元件的磁场能量、容性元件的电场能量、输出能量和输入能量，除电阻损耗之外，其他四种能量流均可表现为双向流动。

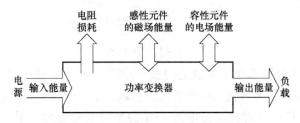

图 4-18 功率电子系统的能量流分布

实施目标稳态能量控制，又要实现电磁能的动态调节，是一个功率电子系统控制的基本要求。前者通常是负载的输入电压、电流、转速或温度，后者则是感性元件的电流或容性元件的电压。相比于目标能量稳态控制，电磁能量瞬态控制的时间常数应小一个数量级，使双闭环控制系统的响应容易实现稳定、准确和快速。实际上，这是一种内外环调节器串接的双反馈闭环结构控制系统，内环调节器通常采用电流负反馈控制器，俗称"电流环"；而外环调节器则采用表征负载性能指标的物理量作为其参考输入，常用电压、转速或温度外环调节器，例如，高低压 DC/DC 变换器采用电流内环、电压外环的双闭环调节器结构，输出端电压是车载低压电气系统的母线电压，如图 4-19 所示。

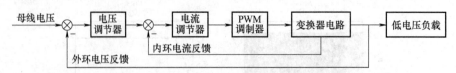

图 4-19 纯电动汽车高低压 DC/DC 变换器控制系统的双闭环调节器结构

【例 4-5】 图 4-20 为带双闭环调节器的动力电池外部加热控制系统原理图。相比于图 4-15，该原理图主要增加了动力电池温度模型和外环温度调节器 PID_1，原图的电流调节器 PID 改为 PID_2，GND_3 热模拟系统地，表示动力电池的参考温度；T_{sen} 表示动力电池表面温度传感器，P_{th} 表示电池的可控加热功率源，等于电阻 R 的消耗功率；P_k 表示功率比例增益，等于电阻 R 值的 1%，C/P 表示控制参数与热功率 P_{th} 的转换接口；热容 C_{th} 为 7.5J/K，热阻 R_{thi} 和 R_{tho} 分别为 0.2K/W 和 1.41K/W。为了减少数据量，等腰三角波的频率 T_p 取为 1kHz。假设模型采用理想的元器件，试绘制控制系统结构图，确定 PI 调节器参数，并分析相应的电池温度信号 T_{thf} 和电感电流 i_L 的阶跃响应性能指标。

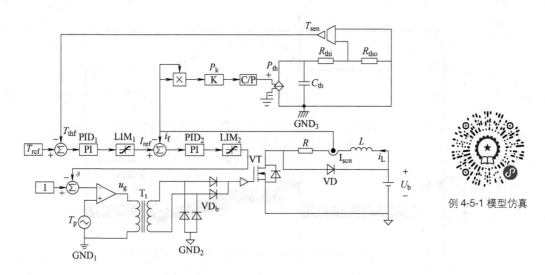

例 4-5-1 模型仿真

图 4-20　带双闭环调节器的动力电池外部加热控制系统模型

解　根据图 4-20，可绘制双闭环调节器的动力电池外部加热控制系统结构，如图 4-21 所示。与图 4-16 的单闭环调节器的动力电池加热控制系统结构相比，双闭环调节器结构图增加了加热功率、电池热模型和温度调节器，电池热模型的输入为电阻功率 P_{th}，输出为电池的表面温度 T_{ths}。这是一个电流内环、温度外环的控制系统，温度外环接收给定指令，输出电流内环参考信号，电流内环由误差生成 PWM 占空比信号 δ，驱动开关 VT，使 R、L、VD 负载产生目标电流而生热，形成热功率 P_{th}，加热电池，根据电池表面温度 T_{ths}，负反馈至输入端。

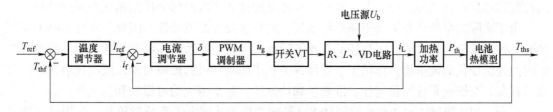

图 4-21　双闭环调节器的动力电池外部加热控制系统结构

选用 PI 温度调节器，由于热系统的时间常数为 12.075s，因此将 PI 温度调节器的比例系数和时间常数分别设定为 PI 电流调节器的 10 倍。假设气温为 0℃，将动力电池加热至 10~15℃ 的响应曲线如图 4-22 所示。其中，图 4-22a 的电池表面温度 T_{ths} 能够较快地跟踪其参考信号 T_{ref}，10℃ 阶跃响应的上升时间为 7.5s，其曲线没有出现超调，稳态误差小于 0.1%。图 4-22b 的负载电流参考信号 I_{ref} 由 PI 温度调节器产生，它的曲线在表面温度信号转变时刻出现了短时小幅振荡。由于开关 VT 的频率仅为 1kHz，因此负载电流 i_L 的曲线存在明显的波动，虽然能够超过其给定信号 I_{ref} 的 ±10%，但是 i_L 始终跟踪 I_{ref}。

4.3.3　混杂系统控制问题

一个运行的功率电子系统既有连续时间过程，又有离散时间过程，是一种混杂动态系统。混杂动态系统是连续时间系统和离散时间系统相互作用而形成的统一动态系统。对于一

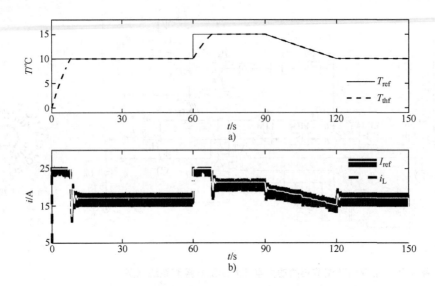

图 4-22　双闭环调节器的动力电池加热控制系统的响应曲线
a）动力电池表面温度　b）加热电流

个功率变换器，它的连续动态系统部分体现在变换器的输入/输出连续状态变量变化的控制过程，而离散事件动态系统则体现为半导体开关的开通和关断引起的序列化变量。例如，对于一个电压源供电的感性负载的直流斩波系统，PWM 开关控制形成的负载电压是一个电压脉冲序列，是一种离散变量系统。如果需要设计一个直流斩波系统的负载电流调节器，那么感性负载的电流反馈量和参考量的变化属于连续变量系统。因此，功率电子混杂系统的控制是连续控制和离散控制两部分的综合，其控制性能是连续和离散两部分控制相互作用的结果。

由于实际的半导体开关属于非线性系统，具有非线性混沌特性，因此，在功率电子系统的开关控制部分，快速的、不受控的载流子运动产生了一些系统高频非线性行为、特性，极短时间连续变化的能量流，作用于半导体开关和诸如电动机的被控对象，或出现潜在的材料疲劳现象，会影响系统的稳定性、准确性和快速性，甚至系统的可靠性和耐久性。

目前，PID 控制技术和预测控制技术已经成功用于功率电子系统的控制，常用试凑法决定功率变换器 PID 控制器参数，提高系统控制性能。虽然预测控制技术能够依据目标函数滚动优化系统控制性能，但是预测控制严重依赖系统模型的准确性，且计算负荷大。为了提高功率电子系统设计的可靠性和效率，基于专业仿真软件的计算机仿真技术已经在业内流行。值得注意的是，由于实际的半导体开关控制的一些非受控特性难以通过仿真软件模拟，以及车辆系统的严重非线性行为、多物理场耦合特性和诸多不确定因素，因此车载功率电子系统必须通过实际车辆的技术标定和在实际测试中的不断调试，才能适应极其复杂的汽车行驶工况，达到预期的控制效果。

🔓 拓展阅读　**突破电动汽车智能计算瓶颈**

由于新能源汽车在动力和控制方面的先天优势，未来以人工智能、自动驾驶为代表的智能化技术将成为新能源汽车发展的关键驱动力。新能源汽车行业向电动化、网联化、智能化技术进军，上半场的核心是汽车电动化，下半场的核心是争夺汽车的智能化。

汽车智能化的进程可分为两个维度：一是智能座舱；二是智能驾驶。智能座舱具备人机交互、网联服务、场景拓展的人-机-环融合能力，帮助用户直接体验新能源汽车的智能化水平，是先进的车载软硬件系统，是传统汽车制造业向智能汽车产业生态升级的入口。近年来，智能座舱赋能中国新能源汽车，让驾乘人员综合体验行车智能和愉悦，产生更大的产品竞争优势。2023 年，智能座舱市场的中国自主品牌占比超过 80%，前十名企业占有绝对优势，已经建立包括显示屏、应用软件、操作系统、域控芯片等重要环节自主可控的智能座舱产业链。我国智能汽车零部件企业大力弘扬劳动精神，奋斗创新，提出"芯片+操作系统"软硬一体模式，挑战高通座舱芯片霸主地位，实现智能座舱差异化。2024 年第一季，搭载华为麒麟芯片模组以及 HarmonyOS 操作系统的鸿蒙座舱占比近 15%。面对技术迭代快、应用要求丰富和用户感性认知挑战，自主品牌企业协同努力，迎难而上，有机会掌控整个新能源汽车智能座舱产业链。

将来的自动驾驶汽车将颠覆一个驾驶员和一个转向盘的行车模式，所有人都可以是乘员。相比于以电池、电机、电控三电为主的汽车电动化产业链，智能网联新能源汽车产业链更长、更宽，技术复杂度、整合难度更大，已经扩展到人工智能产业链，包括高算力平台、AI 云端训练，还涉及如激光雷达、毫米波雷达、摄像头等先进环境感知传感器，智能网联产业是一个万亿级的市场。2023 年，华为锻造了覆盖城市区域汽车智能驾驶技术的乾崑车机系统 ADS2.0，已经搭载在市场热销的问界等品牌新能源汽车，引领汽车主动安全产业。乾崑车机系统包括高算力芯片、操作系统、AI 大模型和数据训练等，保障了我国智驾装备的长期安全可靠、供应连续和自主可控，完全突破了智能驾驶技术产业链的外国垄断。2024 年，华为城区智驾总里程达 2.2 亿 km，云端学习训练算力提升至 3.5 每秒十万亿次浮点运算次数（EFLOPS），场景覆盖更新能力更强。

汽车的动力来源、生产运行方式、消费模式正在全面变革中，新能源汽车产业生态正由零部件、整车研发生产及营销服务企业之间的"链式关系"，逐步演进为汽车、能源、交通、信息通信等多领域多主体参与的"网状生态"。近年来，我国先行建设新一代通信、云计算、大数据等基础设施，为新能源汽车向智能化进军打好了稳固地基。保持我国新能源汽车行业的领先优势，需要颠覆式创新、产业链协同和良性竞争的氛围。按照"创新、协调、绿色、开放、共享"的新发展理念，政、产、学、研携手奋进，培养专业人才，培育市场生长点，建立我国完全自主可控的智能网联新能源汽车产业链。

 习题 4

4.1 图 4-5 中，试计算占空比 δ 为 40% 时，LED 灯的最大功率和平均功率。

4.2 试叙述 SPWM 的生成方法。

4.3 图 4-10 中，试分析增大电感 L 对其伏秒平衡曲线的影响。

4.4 图 4-12 中，试分析减小电容 C 对其荷电平衡曲线的影响。

4.5 图 4-15 中，试分析 PI 参数对 PWM 控制系统性能的影响，其中 PI 积分时间常数 T_i 为负载时间常数的 1/2，PI 增益常数为系统增益的 50 倍。

4.6 图 4-20 中，试分析温度调节器 PI 参数对 PWM 控制系统性能的影响：将 PI 温度调节器的比例系数和时间常数分别设定为 PI 电流调节器的 50 倍。

第 **5** 章

直流变换技术

直流/直流（DC/DC）变换器是依靠功率半导体器件将一个直流电源变换为另一个直流电源的功率电子电路。就电路结构而言，DC/DC 变换器可分为直接变换器和间接变换器两种类型。直接变换器无变压器的介入，比如应用在直流电动机控制的 DC/DC 变换器，常称为直流斩波器；间接变换器利用脉冲变压器隔离输入直流电源和负载，常应用在高频开关电源中。在新能源汽车中，DC/DC 变换器将动力电池组的高电压变换为低电压，一方面为汽车低压电器供电，另一方面向低压蓄电池提供充电电流。

通过 PWM 技术控制功率半导体器件的导通和关断时间，连续调节 DC/DC 变换器输出的直流电压，可实现输入/输出电压之间的下降或上升。因此，DC/DC 变换器可分为降压变换器（Buck Converter）、升压变换器（Boost Converter）和升降压变换器（Buck-Boost Converter）。DC/DC 变换器的功能可概括为：

1）把直流输入电源变换成直流输出电压。

2）根据输入电压和负载的扰动调节直流输出电压。

3）将直流输出电压上的脉动最小化。

4）隔离输入电源和负载。

5）使电子电气系统满足电磁兼容性标准，增强抗干扰能力。

(5.1) DC/DC 降压变换器

汽车电子控制单元的控制电源电压 5V 需通过 DC/DC 降压变换器从蓄电池电压 12V 或 24V 转换而来，而新能源汽车需要 DC/DC 降压变换器将动力电池组的高电压转换为低电压 12V 或 24V，持续向低压电气系统供电。因此，无论在内燃机汽车中，还是在新能源汽车中，DC/DC 降压变换器都是具有重要作用的功率电子电路。

5.1.1 DC/DC 降压变换器的电路结构

通过最简单的电阻负载来描述 DC/DC 降压变换器的电路，如图 5-1 所示。该电路的基本元件为输入直流电源 U_{I}、全控型功率半导体开关 S、储能元件电感 L、续流功率二极管 VD、滤波电容 C 和电阻 R_{L}，其中，全控型开关 S 省略了门极端及其 PWM 驱动信号。

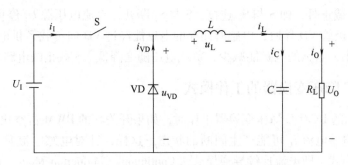

图 5-1　阻性负载的 DC/DC 降压变换器电路

对于直流电动机等感性负载的 DC/DC 变换器电路，可省略滤波电容，直流电动机可模拟为电感、电阻和反电动势电源的组合负载，而且直流电动机的定子绕组就可作为 DC/DC 的电感元件。对于为诸如蓄电池等容性负载供电的 DC/DC 降压变换器，输出的滤波电容值可适当减小，电感元件需要单独设计，以平滑充电电流。

5.1.2　DC/DC 降压变换器的工作原理

可用阻抗 Z 表示图 5-1 所示电路的负载，那么简化后的 DC/DC 降压变换器的电路如图 5-2a 所示。电路的基本工作原理如下：

1）当开关 S 导通时，即 S 与 S_1 连接、S 与 S_2 断开，二极管 VD 反向截止，i_{VD} 等于 0。直流电压源 U_I 经过电感 L 向负载 Z 供电，i_I 与 i_L 相同。电感电流逐渐增大，电感的电磁能增加，负载电压随之上升。S 导通的电路如图 5-2b 所示。

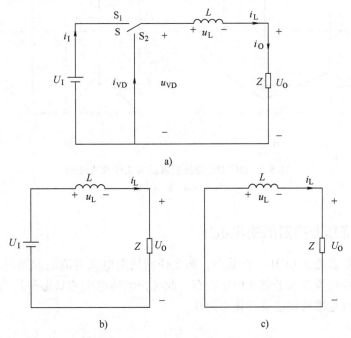

图 5-2　DC/DC 降压变换器的简化电路
a）全电路　b）导通电路　c）截止电路

2）当开关 S 截止时，即 S 与 S_2 连接、S 与 S_1 断开，直流电压源 U_1 停止向负载 Z 供电，i_1 等于 0。续流二极管 VD 导通，电感所储存的电磁能经过 VD 向负载 Z 供电，i_{VD} 与 i_L 相同。电感电流逐渐减小，电感的电磁能减少，负载电压随之降低。S 截止的电路如图 5-2c 所示。

5.1.3　DC/DC 降压变换器的工作模式

在图 5-2 所示的 DC/DC 降压变换器工作时，如果开关 S 的 PWM 占空比、电感或电源电压匹配不好，则电感电流 i_L 可能产生间断的状态。这样，针对电感电流是否连续，降压变换器有两种工作模式，即电流连续导通模式（Continuous Conduction Mode，CCM）和断流导通模式（Discontinuous Conduction Mode，DCM）。

当 DC/DC 降压变换器工作在 CCM 时，i_L 始终为非零状态，其波形如图 5-3a 所示。当降压变换器工作在 DCM 时，在开关 S 截止期间的 i_L 出现持续为 0 的时间段，相应的波形如图 5-3b 所示。显然，对于降压变换器的 DCM，当电感电流为 0 时，电感电压 u_L 为 0，此时的二极管 VD 电流为 0，二极管截止，其反向电压 u_{VD} 等于输出电压 u_O。这是 DCM 与 CCM 电压波形存在的一个区别。

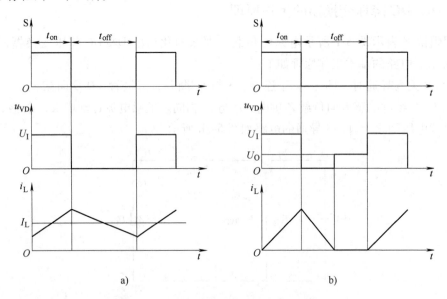

图 5-3　DC/DC 降压变换器的工作模式波形
a）CCM　b）DCM

5.1.4　CCM 降压变换器的输出电压

假设降压变换器处于 CCM 工作状态，那么任何周期电感电流的起始时刻值等于其终点时刻值，称降压变换器进入了周期稳定状态。此时，电感电压的状态平均为 0，也就是电感的伏秒平衡，此时电感的磁通量变化亦为 0。

$$\langle u_L \rangle_{T_p} T_p = 0 \tag{5-1}$$

针对图 5-1 所示的 DC/DC 降压变换器电路，根据开关 S 的导通状态和截止状态，将电路拆分为图 5-2b 和图 5-2c 所示的两个子电路。它们的电压回路方程分别表达如下：

开关 S 导通时，有

$$u_L + u_O = u_I \tag{5-2}$$

开关 S 截止时，有

$$u_L + u_O = 0 \tag{5-3}$$

式中，u_I 和 u_O 分别为图 5-1 中电压 U_I 和 U_O 的瞬时量。

这样，对式（5-2）和式（5-3）移项，电感电压 u_L 可表示如下：

开关 S 导通时，有

$$u_L = u_I - u_O \tag{5-4}$$

开关 S 截止时，有

$$u_L = -u_O \tag{5-5}$$

在某个 PWM 周期内，认为 DC/DC 降压变换器的电压变化微小，用常值来表示，相应的电感电压波形如图 5-4 所示。图中的阴影面积是电感电压与时间之积，该面积有正负之分。伏秒平衡的电感电压在开关导通时间的阴影面积 A_{on} 和截止时间的阴影面积 A_{off} 之和为 0，即

$$A_{on} + A_{off} = 0 \tag{5-6}$$

$$A_{on} = \int_t^{t+t_{on}} u_L dt = \int_t^{t+t_{on}} (u_I - u_O) dt \tag{5-7}$$

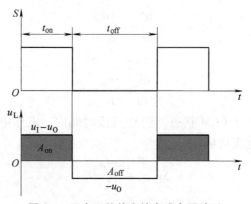

图 5-4　两个开关状态的电感电压波形

$$A_{off} = \int_{t+t_{on}}^{t+t_{on}+t_{off}} u_L dt = \int_{t+t_{on}}^{t+t_{on}+t_{off}} (-u_O) dt \tag{5-8}$$

式中，t_{on} 为开关 S 的导通时间；t_{off} 为开关 S 的截止时间。

这样，将式（5-7）和式（5-8）代入式（5-6），得到的关系式如下：

$$\int_t^{t+t_{on}} (u_I - u_O) dt + \int_{t+t_{on}}^{t+t_{on}+t_{off}} (-u_O) dt = 0 \tag{5-9}$$

由于 DC/DC 降压变换器电路进入了 PWM 周期稳定状态，可认为降压变换器的输入、输出电压值近乎保持恒定。因此，用变量的常值代入式（5-9），得到的关系式如下：

$$(U_I - U_O) t_{on} + (-U_O) t_{off} = 0 \tag{5-10}$$

对式（5-10）合并同类项，并移项，得到的表达式如下：

$$\frac{U_O}{U_I} = \delta \tag{5-11}$$

式中，δ 为开关 S 的门极端 PWM 信号的周期占空比。

$$\delta = \frac{t_{on}}{t_{on}+t_{off}} \times 100\% \qquad (5\text{-}12)$$

假设 DC/DC 降压变换器电路的能量转换效率为 100%，那么周期稳态的负载电流与电源电流的关系式如下：

$$\frac{I_O}{I_I} = \frac{1}{\delta} \qquad (5\text{-}13)$$

式中，I_I 和 I_O 分别为图 5-1 中电流 i_I 和 i_O 的稳态量，$0 < \delta \leqslant 1$。

因此，在 CCM 下，DC/DC 降压变换器可看作一个理想的直流降压变压器。

5.1.5　CCM 降压变换器的电感纹波电流

根据电感特性方程，DC/DC 降压变换器的电感 L 的电压、电流关系式如下：

$$u_L = L \frac{di_L}{dt} \qquad (5\text{-}14)$$

将式 (5-14) 代入式 (5-2) 和式 (5-3)，可写出电感 L 在开关 S 两个状态下的电压、电流关系式如下：

开关 S 导通时，有

$$\frac{di_L}{dt} = \frac{u_I - u_O}{L} \qquad (5\text{-}15)$$

开关 S 截止时，有

$$\frac{di_L}{dt} = \frac{-u_O}{L} \qquad (5\text{-}16)$$

DC/DC 降压变换器处于 CCM 状态，在 t_{on} 这段时间内，电感电流 i_L 在 A 点上升到最大值（见图 5-5），相应的电流增量 $\Delta i_{L,max}$ 为

$$\Delta i_{L,max} = \frac{u_I - u_O}{L} t_{on} \qquad (5\text{-}17)$$

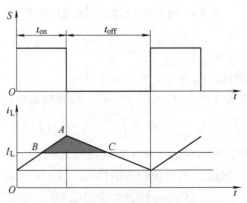

图 5-5　两个开关状态的电感电流波形

图 5-5 中，电感的纹波电流是指 i_L 在电感平均电流 I_L 上下的波动幅值，等于 $\Delta i_{L,max}$ 的 1/2，即

$$\Delta i_{\mathrm{L}} = \frac{1}{2}\Delta i_{\mathrm{L,max}} = \frac{u_{\mathrm{I}} - u_{\mathrm{O}}}{2L}t_{\mathrm{on}} \tag{5-18}$$

式中，Δi_{L} 为电感的纹波电流。

结合式（5-11）和式（5-12），得到电感的纹波电流、占空比和稳态输入电压的关系式如下：

$$\Delta i_{\mathrm{L}} = \frac{\delta(1-\delta)}{2L}U_{\mathrm{I}}T_{\mathrm{p}} \tag{5-19}$$

式中，T_{p} 为开关 S 的 PWM 周期，它是开关 S 的导通时间 t_{on} 和截止时间 t_{off} 之和。

5.1.6　CCM 降压变换器的电容纹波电压

当 DC/DC 降压变换器进入 PWM 周期稳态后，图 5-1 中的电容 C 在开关 S 导通时的充电电荷等于开关截止期间的放电电荷。此时电容进入了荷电平衡状态，其表达式为

$$\langle i_{\mathrm{C}} \rangle_{T_{\mathrm{p}}} T_{\mathrm{p}} = 0 \tag{5-20}$$

根据基尔霍夫节点电流方程，图 5-1 中电感 L、电容 C 和电阻 R 的电流关系式如下：

$$i_{\mathrm{L}} = i_{\mathrm{C}} + i_{\mathrm{R}} \tag{5-21}$$

对式（5-21）两边求时间的微分，获得如下方程：

$$\frac{\mathrm{d}i_{\mathrm{L}}}{\mathrm{d}t} = \frac{\mathrm{d}i_{\mathrm{C}}}{\mathrm{d}t} + \frac{\mathrm{d}i_{\mathrm{R}}}{\mathrm{d}t} \tag{5-22}$$

当电感 L 和电容 C 都进入 PWM 周期稳定状态时，电阻电流变化量为 0，即电容 C 的电流与电感 L 的电流在 PWM 导通时间或关断时间的变化量相等，即

$$\frac{\mathrm{d}i_{\mathrm{C}}}{\mathrm{d}t} = \frac{\mathrm{d}i_{\mathrm{L}}}{\mathrm{d}t} \tag{5-23}$$

当电感电流大于电阻电流时，电容处于充电状态；反之，电容处于放电状态。比如，电容充电时期的电荷 ΔQ 等于图 5-5 中的 $\triangle ABC$ 面积，即

$$\Delta Q = \frac{1}{2}\Delta i_{\mathrm{L}}\frac{T_{\mathrm{p}}}{2} = \frac{\delta(1-\delta)}{8L}U_{\mathrm{I}}T_{\mathrm{p}}^{2} \tag{5-24}$$

因此，电容 C 在开关 S 导通时间的纹波电压为

$$\Delta u_{\mathrm{C}} = \frac{\delta(1-\delta)}{8LC}U_{\mathrm{I}}T_{\mathrm{p}}^{2} \tag{5-25}$$

如果用输出电压表示电容的纹波电压，则得到

$$\Delta u_{\mathrm{C}} = \frac{T_{\mathrm{p}}^{2}}{8LC}(1-\delta)U_{\mathrm{O}} \tag{5-26}$$

因为电容与电阻并联，电容电压与输出电压相等，所以输出电压的纹波系数表达为电容纹波电压与输出电压之百分比，即

$$\gamma_{\mathrm{U}} = \frac{T_{\mathrm{p}}^{2}}{8LC}(1-\delta)\times100\% \tag{5-27}$$

式中，γ_{U} 为输出电压的纹波系数。它仅与电路参数、控制周期和占空比相关。

DC/DC 降压变换器的输出电压纹波系数也可表达为电感电容谐振频率与 PWM 开关频率的函数，即

$$\gamma_U = \frac{\pi^2}{2}\left(\frac{f_{LC}}{f_p}\right)^2 (1-\delta) \times 100\% \tag{5-28}$$

式中，f_{LC} 为电感电容谐振频率；f_p 为 PWM 开关频率。

$$f_{LC} = \frac{1}{2\pi\sqrt{LC}} \tag{5-29}$$

$$f_p = \frac{1}{T_p} \tag{5-30}$$

5.1.7 CCM 与 DCM 的边界

在开关 S 截止和导通的临界时刻，电感电流 i_L 为 0，此时 DC/DC 降压变换器工作在 CCM 和 DCM 两种模式的临界导通状态。

DC/DC 降压变换器在临界状态的电感电流平均值 I_{LB} 是其峰值的 1/2。根据式（5-18）和式（5-19），得到临界状态的平均电流为

$$I_{LB} = \frac{\delta(1-\delta)U_I}{2L}T_p \tag{5-31}$$

电感电流的边界值与占空比的关系曲线如图 5-6 所示，当占空比 δ 等于 50% 时，电感的边界电流最大值 $I_{LB,max}$ 为

$$I_{LB,max} = \frac{T_p U_I}{8L} \tag{5-32}$$

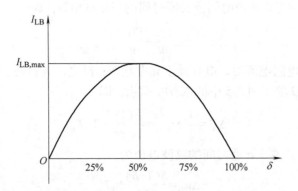

图 5-6 DC/DC 降压变换器在临界状态的电感电流边界值与占空比的关系曲线

因此，当 DC/DC 降压变换器在所有占空比内都工作在 CCM 时，其电感电流的边界值必须满足如下条件：

$$I_{LB} < I_{LB,max}$$

对于 DC/DC 降压变换器而言，电阻负载和电感的电流平均值相等，因此降压变换器在 CCM 下的负载电流边界条件描述为

$$I_O < I_{LB,max}$$

5.1.8 DCM 电路的输出电压

在开关截止期，DC/DC 降压变换器在 DCM 状态的电感电流 i_L 出现持续的断流，如图 5-7

所示。在 PWM 开关 S 截止期间，假设 i_L 的续流时间为 $t_{\text{off,c}}$，断流时间为 $t_{\text{off,d}}$。当电路进入 PWM 周期稳态时，运用电感的伏秒平衡原理，得到下面的关系式：

$$t_{\text{on}}(U_I - U_O) + t_{\text{off,c}}(-U_O) = 0 \tag{5-33}$$

定义

$$\delta_{\text{d}} = \frac{t_{\text{off,c}}}{T_{\text{p}}} \times 100\% \tag{5-34}$$

联立式（5-33）和式（5-34），可推出如下关系式：

$$U_O = \frac{\delta}{\delta + \delta_{\text{d}}} U_I \tag{5-35}$$

显然，在相同占空比下，DCM 比 CCM 的 DC/DC 降压变换器具有更高的输出电压。在电感电流的断流期间，功率二极管处于截止状态，只能由并联的储能元件（电容）为负载提供电能。DCM 的 DC/DC 稳态输出电压与输入电压呈非线性关系，可以通过调节 PWM 的占空比 δ，保持电压输出稳定。

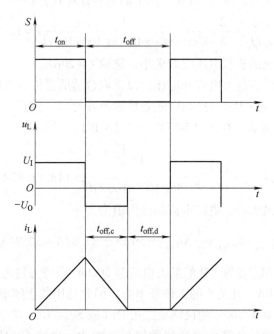

图 5-7　DCM 下 DC/DC 降压变换器的电感电压和电流波形

【例 5-1】　设计图 5-1 所示的 DC/DC 降压变换器，直流电源电压为 42V，额定负载电流为 50A，最小负载电流为 1A 且电感电流连续，开关频率为 100kHz。

1）选择电感 L、电容 C、开关 S 和二极管 VD，要求恒电压输出 14V，纹波小于 1%。

2）分析开关频率对电压纹波的影响。

3）绘制负载电流为 1A 时的电压和电流曲线。

4）绘制负载电流为 50A 时的电压和电流曲线。

解　根据题意，有

$$U_I = 42V, I_{O,\max} = 50A, I_{O,\min} = 1A, f_{\text{p}} = 100kHz$$

要求恒电压输出，$U_O = 14V$，且 $\gamma_U \leqslant 1\%$。

1）器件选择。负载工作时，电感电流连续，因此 DC/DC 降压变换器工作在 CCM 状态，那么由式（5-11）计算得 PWM 的占空比为

$$\delta = \frac{U_O}{U_I} = \frac{14}{42} = \frac{1}{3} \approx 33.3\%$$

由于降压变换器工作在 CCM 状态，那么一定占空比下的电感电流必须大于其边界电流，结合式（5-31），可得

$$I_{L,min} < \frac{T_p U_I}{2L} \delta (1-\delta) = \frac{U_O}{2Lf_p}(1-\delta)$$

电感电流与负载电流的稳态值相同，因此电感计算式为

$$L < \frac{U_O}{2f_p I_{O,min}}(1-\delta) = \frac{14}{2 \times 100 \times 10^3 \times 1} \times \left(1 - \frac{1}{3}\right) H = 46.67 \mu H$$

为了确保最小负载时 DC/DC 降压变换器工作在 CCM 状态，选取 $L = 50 \mu H$。

根据纹波电压计算式（5-28），可获得如下的电容计算式：

$$C < \frac{1-\delta}{8\gamma_U L f_p^2} = \frac{2}{3} \times \frac{1}{8 \times 1\% \times 50 \times 10^{-6} \times (100 \times 10^3)^2} F = 16.7 \mu F$$

为确保最小负载电流的负载电压纹波更小，选取 $C = 20\mu F$。

计算功率半导体器件的最大电流和电压，以选取合适的器件。无论是电感、电容、开关还是二极管，最大电压为 42V，过电压安全系数不小于 2，因此功率器件的电压等级为 100V。根据电感的纹波电流计算式（5-17）～式（5-19），可得

$$\Delta i_{L,max} = \frac{1-\delta}{L f_p} U_O = \frac{1 - \frac{1}{3}}{50 \times 10^{-6} \times 100 \times 10^3} \times 14 A = 1.87 A$$

因此，当负载电流最大时，电感电流的最大值为

$$i_{L,max} = I_{O,max} + \frac{1}{2}\Delta i_{L,max} = 50A + \frac{1}{2} \times 1.87A \approx 50.94A$$

这样，流过开关 S 和二极管 VD 的最大电流为 50.94A。考虑过电流安全系数为 2，则它们的额定电流不小于 110A。开关 S 的工作频率高，因此选用截止频率不小于 1MHz 的 110A/100V 的 P-MOSFET 和 110A/100V 的快恢复二极管（或 SiC、GaN 功率二极管）。

因此，根据要求所设计的降压变换器的器件参数为：电感 $50\mu H$，电容 $20\mu F$，开关为 110A/100V（1MHz）的 P-MOSFET，续流二极管为 110A/100V 快恢复二极管。

2）分析开关频率对负载电压纹波系数的影响。由电压纹波系数计算式（5-28），得下面的计算式：

$$\begin{cases} \gamma_U = \frac{\pi^2}{2}\left(\frac{f_{LC}}{f_p}\right)^2 (1-\delta) = \frac{1-\delta}{8LCf_p^2} = \frac{1-\delta}{8 \times 10^{-9} f_p^2} \\ f_{LC} = \frac{1}{2\pi\sqrt{LC}} = \frac{1}{2\pi \times 10^{-5}\sqrt{10}} = 5.033 \times 10^4 Hz \end{cases}$$

很显然，在 CCM 状态的 DC/DC 降压变换器，存在以下结论：

① 当占空比一定时，降压变换器的输出电压纹波系数与开关频率的二次方成反比关系。

② 当开关频率一定时,降压变换器的输出电压纹波系数与占空比呈线性关系。

③ 在设计降压变换器时,提高开关频率,可以减小电感、电容的容量,从而减小降压变换器的体积,但需要考虑提高开关频率是否能带来系统效率的提升。

④ 对已选好电感和电容的降压变换器,降低开关频率可能离开 CCM 状态,进入 DCM 状态。

当设计的降压变换器输出电压为 14V 且占空比 $\delta(33.3\%)$ 一定时,输出电压纹波系数与功率开关器件开关频率的关系曲线如图 5-8 所示。

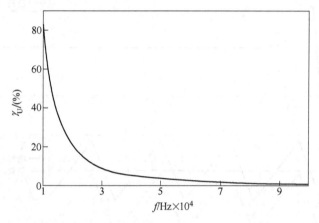

图 5-8　DC/DC 降压电路的输出电压纹波系数与功率开关器件开关频率的关系曲线

3) 1A 负载的电压和电流曲线。下面通过专业仿真软件来解释理想降压变换器的电压和电流随负载大小的变化。参数设置理想的 P-MOSFET 和二极管,负载为 14Ω,电感为 50μH,电容为 20μF,开关频率为 100kHz,开环 PWM 控制。仿真步长 1μs,时间 1ms,结果如图 5-9 所示。

仿真表明,在 96μs 时,输出电压达到其峰值,超调量为 84.46%,输出电压的动态过程如图 5-9a 所示;在 44μs 时,电感电流和电容电流均达到其峰值,分别为 9.72A 和 8.84A,输出电流的动态过程如图 5-9b 所示。降压变换器在 0.8ms 后进入了稳态,输出电压稳定在设计值 14V,负载电流的稳定值为 1A,而电感、电容的电流在电路周期稳态工作时出现周期振荡,其 50μs 时间尺度的曲线如图 5-9c 所示,电感平均电流为 1A,电感电流的最小值大于 0,说明所设计的电路稳定工作在 CCM。电容平均电流为 0,电容电流大于 0 为充电,吸收电感能量;电容电流小于 0 为放电,为负载补充电能。很明显,电容具有平滑电压的滤波功能。

4) 50A 负载的电压和电流曲线。负载从 14Ω 变化为 0.28Ω,其余条件与 3) 相同,仿真结果如图 5-10 所示。结果显示,输出电压指数上升并趋于稳定,没有超调量,如图 5-10a 所示。由图 5-10b 可知,电感电流与负载电压具有相同的变化趋势,在 0.8ms 后稳定在 50A。

由图 5-10c 可知,降压电路进入周期稳定后,周期稳定的电感电流在 50A 附近振荡,波峰电流为 51.61A,波谷电流为 47.95A,平均值 50A,最大脉动量为 4.66A。周期稳定的电容平均电流为 0,负载电流为 50A。

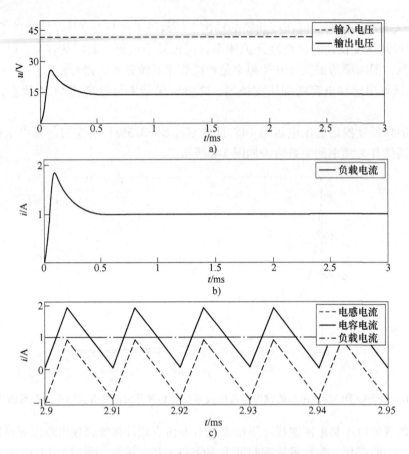

图 5-9　DC/DC 降压电路的电压、电流曲线（1A）

a）电压　b）电流　c）稳态电流

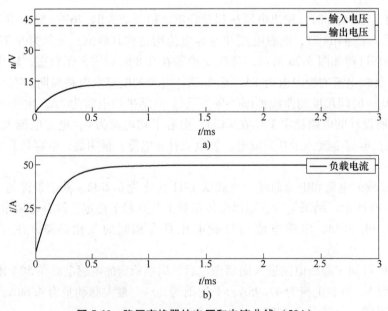

图 5-10　降压变换器的电压和电流曲线（50A）

a）电压　b）电流

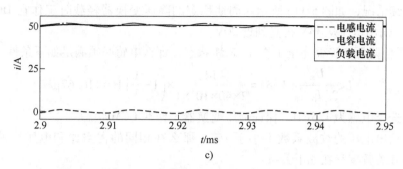

图 5-10　降压变换器的电压和电流曲线（50A）（续）

c）稳态电流

在 CCM 状态下，对比最小负载和额定负载的降压变换器电压、电流工作曲线，可以得到如下结论：

1）以最小负载设计的 CCM 降压变换器，能够确保额定负载的电路工作在 CCM 状态。

2）轻载时，降压变换器的电压、电流会出现超调，电感和电容的电流变化范围大。

3）重载时，降压变换器的电压、电流上升平滑，没有出现超调。

【例 5-2】　设计图 5-1 所示的 DC/DC 降压变换器电路，直流电源电压为 42V，占空比为 33.3%，开关频率为 40kHz。电感 L 为 50μH，电容 C 为 20μF，负载为 14Ω，开关 S 和二极管 VD 为理想功率半导体器件，要求：

1）说明降压变换器的工作模式及特点。

2）说明如何使降压变换器工作在 CCM。

3）分析实际的功率半导体器件对输出电压的影响。

解　根据题意，有

$$U_I = 42V, \delta = \frac{1}{3}, L = 50\mu H, C = 20\mu F, R_{max} = 14\Omega, R_{min} = 0.28\Omega, f_p = 40kHz$$

假设降压变换器工作在 CCM 状态，那么 DC/DC 变换器的输出电压计算为

$$U_O = \delta U_I = \frac{1}{3} \times 42V = 14V$$

相应的降压变换器负载电流计算为

$$I_{O,max} = \frac{U_O}{R_{min}} = 50A$$

$$I_{O,min} = \frac{U_O}{R_{max}} = 1A$$

1）降压变换器的工作模式。降压变换器的电感电流边界值计算为

$$I_{LB} = \frac{U_O}{2Lf_p}(1-\delta) = \frac{14}{2 \times 50 \times 10^{-6} \times 40 \times 10^3} \times \left(1-\frac{1}{3}\right) A = 2.33A > I_{O,min}$$

因此，在轻载时降压变换器可能出现电感电流断流情况，即工作在 DCM 状态。

由 DCM 的输出电压计算公式可得，当降压变换器工作在 DCM 时，稳态输出电压将提高，如图 5-11a 所示。周期稳定的负载电流的脉动明显，如图 5-11b 所示；电感电流存在周

期性的不连续情况，如图5-11c所示。周期稳定的降压变换器轻载时工作在DCM状态，占空比为1/3，输出电压从14V提高到近20V。

2）如果使降压变换器完全工作在CCM状态，那么电感必须满足如下条件：

$$L < \frac{U_O}{2f_p I_{O,\min}}(1-\delta) = \frac{14}{2\times 40\times 10^3 \times 1}\times\left(1-\frac{1}{3}\right)\text{H} = 116.67\mu\text{H}$$

因此，选择电感为125μH，保证降压变换器工作在CCM状态。

为了使输出电压的纹波系数不小于1%，那么在相同的占空比和电压纹波系数下，电感、电容与开关频率存在如下关系：

$$\frac{L_2 C_2}{L_1 C_1} = \left(\frac{f_{p1}}{f_{p2}}\right)^2$$

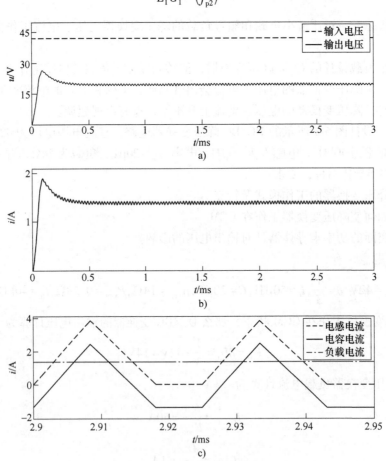

图5-11　降压变换器的电压和电流曲线（DCM）

a）电压　b）电流　c）稳态电流

这样，电容的计算为

$$C_2 = \frac{L_1 C_1}{L_2}\left(\frac{f_{p2}}{f_{p1}}\right)^2 = \frac{50\times 20}{125}\times\left(\frac{100}{40}\right)^2\text{F} = 50\mu\text{F}$$

为此，选择电容为50μF。

3）实际上，降压变换器的功率器件均具有导通损耗和开关损耗，所选的 P-MOSFET 的内阻为 7mΩ，快恢复二极管的管压降为 1.25V。设 P-MOSFET 的内阻为 r_{sw}，管压降为 u_{sw}，功率二极管的管压降为 u_{VD}，则开关 S 在两个状态时的电感电压方程表达如下：

$$u_L = \begin{cases} u_I - u_{sw} - u_O & t \in \left[nT_p, nT_p + t_{on} \right) \\ -u_O - u_{VD} & t \in \left[nT_p + t_{on}, nT_p + T_p \right) \end{cases}$$

根据周期稳定电路的状态平均分析方法，得到以下方程：

$$\delta \left(\langle u_I \rangle_{T_p} - \langle u_{sw} \rangle_{T_p} \right) - (1-\delta) \langle u_D \rangle_{T_p} - \langle u_o \rangle_{T_p} = 0$$

假设 P-MOSFET 和功率二极管的平均管压降分别为 U_{sw} 和 U_{VD}，那么有如下方程：

$$\begin{cases} U_{sw} = \langle u_{sw} \rangle_{T_p} \\ U_{VD} = \langle u_D \rangle_{T_p} \end{cases}$$

因此，在实际的功率半导体器件工作条件下，降压变换器的输出电压为

$$U_O = \delta (U_I - U_{sw}) - (1-\delta) U_{VD}$$

而 P-MOSFET 管压降的状态平均为

$$\delta U_{sw} = r_{sw} I_I = \delta r_{sw} I_O$$

由此说明，若功率二极管的管压降越大或负载电流越大，则当占空比一定时降压变换器的周期稳定输出电压越小。

代入各参数，可得周期稳定降压变换器的输出电压与负载电流的关系，表达式为

$$U_O = 13.17 - 2.33 \times 10^{-3} I_O$$

当负载为 0.28Ω 时，负载平均电流的最大值为 47A，那么实际的周期稳定降压变换器输出电压的计算值为 13.06V，这与图 5-12 的仿真结果相符。

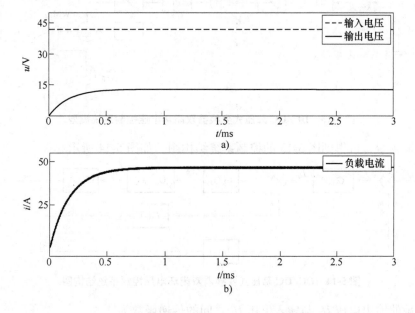

图 5-12 非理想功率半导体器件降压变换器特性曲线

a）电压 b）电流

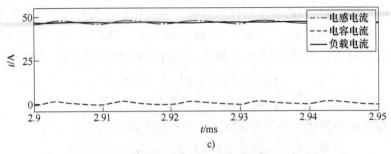

图 5-12　非理想功率半导体器件降压变换器特性曲线（续）

c）稳态电流

【例 5-3】　设计图 5-13 所示的 DC/DC 降压电路控制系统，其中，直流电源电压 U_1 为 42V，PWM 发生器载波的频率 T_p 为 40kHz，电感 L 为 50μH，电容 C 为 20μF，可变负载 R 的范围为 0.14~1.4Ω，开关 VT 和二极管 VD 为理想功率半导体器件，V_{sen}、I_{sen} 分别为电压传感器和电流传感器，要求降压变换器的输出电压 u_o 等于 14V，试设计 PI 电压调节器和电流调节器，满足电压阶跃响应的稳态误差为 0、无超调和上升时间 ≤10ms。

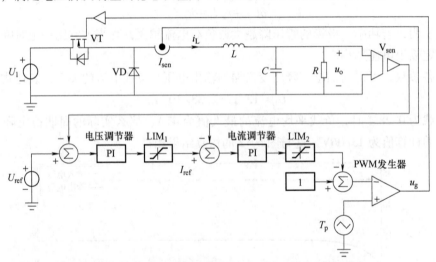

图 5-13　DC/DC 降压式变换器双闭环电压控制系统模型

解　根据题意，可得到图 5-13 的控制系统结构图，如图 5-14 所示。

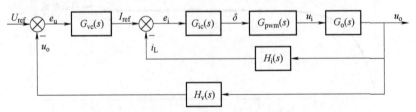

图 5-14　DC/DC 降压式变换器双闭环电压控制系统结构图

RLC 负载的输出电压 U_o 与输入电压 U_i 之间的传递函数为

$$G_o(s) = \frac{U_o(s)}{U_i(s)} = \frac{1}{\tau^2 s^2 + \tau_L s + 1}$$

式中，τ 为 RLC 负载的时间常数；τ_L 为 RLC 负载的感性时间常数。

$$\tau = \sqrt{LC} = \sqrt{50\times10^{-6}\times20\times10^{-6}}\,\mathrm{s} \approx 3.16\times10^{-5}\,\mathrm{s}$$

$$\tau_\mathrm{L} = \frac{L}{R} = \begin{cases} \dfrac{50\times10^{-6}}{1.4}\,\mathrm{s} \approx 3.57\times10^{-5}\,\mathrm{s} & R = 1.4\Omega \\[2mm] \dfrac{50\times10^{-6}}{0.14}\,\mathrm{s} \approx 3.57\times10^{-4}\,\mathrm{s} & R = 0.14\Omega \end{cases}$$

这样，RLC 负载的阻尼 ζ 为

$$\zeta = \frac{\tau_\mathrm{L}}{2\tau} = \begin{cases} \dfrac{3.57\times10^{-5}}{2\times3.16\times10^{-5}} \approx 0.565 & R = 1.4\Omega \\[2mm] \dfrac{3.57\times10^{-4}}{2\times3.16\times10^{-5}} \approx 5.649 & R = 0.14\Omega \end{cases}$$

由面积等效原理可知，每个 PWM 周期的 RLC 负载的输入电压 u_i 的作用等效于直流电源电压 U_I 与 PWM 占空比乘积的平均电压作用，因此，PWM 发生器的传递函数简化为

$$G_{\mathrm{pwm}}(s) = \frac{U_\mathrm{i}(s)}{\delta(s)} = U_\mathrm{I}$$

式中，δ 为开关 VT 的门极端 PWM 信号的占空比。

利用复阻抗的欧姆定律，获得的电流反馈环节的传递函数为

$$H_\mathrm{i}(s) = \frac{I_\mathrm{L}(s)}{U_\mathrm{o}(s)} = Cs + \frac{1}{R} = \begin{cases} 2\times10^{-5}s + 0.715 & R = 1.4\Omega \\ 2\times10^{-5}s + 7.15 & R = 0.14\Omega \end{cases}$$

而电压反馈环节的传递函数为单位传递函数，即

$$H_\mathrm{v}(s) = 1$$

当 $R = 1.4\Omega$ 时，RLC 负载的阻尼 ζ 取得最小值为 0.565。因此，在最小阻尼的 RLC 负载条件，设计电流调节器 $G_{\mathrm{ic}}(s)$ 和电压调节器 $G_{\mathrm{vc}}(s)$，保证控制系统稳定。首先，设计电流调节器的参数。取 $G_{\mathrm{ic}}(s)$ 为单位增益环节时，电流内环控制系统的开环传递函数 $G_{\mathrm{iop}}(s)$ 为

$$G_{\mathrm{iop}}(s) = G_\mathrm{o}(s)G_{\mathrm{pwm}}(s)H_\mathrm{i}(s) = \frac{U_\mathrm{I}C\left(s+\dfrac{1}{\tau_\mathrm{C}}\right)}{\tau^2 s^2 + \tau_\mathrm{L}s + 1}$$

式中，τ_L 为 RLC 负载的容性时间常数。当 R 取 1.4Ω 时，有

$$\tau_\mathrm{C} = RC = 1.4\times20\times10^{-6}\,\mathrm{s} = 2.8\times10^{-5}\,\mathrm{s}$$

明显地，开环传递函数 $G_{\mathrm{iop}}(s)$ 是一个 0 型的最小相位系统。因此，为了保证电流阶跃响应的稳态误差为 0，电流内环控制器 $G_{\mathrm{ic}}(s)$ 选用带一个积分环节的 PI 调节器，即

$$G_{\mathrm{ic}}(s) = \frac{\delta(s)}{E_\mathrm{i}(s)} = K_{\mathrm{ip}}\left(1+\frac{1}{T_{\mathrm{ip}}s}\right)$$

式中，$E_\mathrm{i}(s)$ 为电流误差拉普拉斯变换；K_{ip}、T_{ip} 分别为 PI 电流调节器的增益和时间常数。

这样，包含 PI 电流调节器的电流内环控制系统开环传递函数为

$$G_{\mathrm{ioc}}(s) = G_{\mathrm{iop}}(s)G_{\mathrm{ic}}(s) = \frac{K_{\mathrm{ip}}U_\mathrm{I}(\tau_\mathrm{C}s+1)(T_{\mathrm{ip}}s+1)}{T_{\mathrm{ip}}R(\tau^2 s^2 + \tau_\mathrm{L}s + 1)s}$$

运用 Ziegler-Nichols 的 PID 参数整定方法，假设系统延迟时间 T_d 等价于负载的时间常数

τ，那么电流调节器的 PI 整定系数、增益和时间常数分别为

PI 电流调节器整定系数：$a_i = 1$

PI 电流调节器增益：$K_{ip} = \dfrac{0.9}{a_i} = 0.9$

PI 电流调节器积分时间常数：$T_{ip} = 3.3\tau = 1.04 \times 10^{-4}\,\text{s}$

电流内环控制系统的波特图如图 5-15 所示。在小于 10^4rad/s 和大于 10^5rad/s 时，原系统 $G_{iop}(s)$ 的相频特性分别趋向 $0°$ 和趋向 $-90°$。幅频特性的转折频率为 $3.3 \times 10^5\text{rad/s}$，低频段斜率 0dB，幅值约为 30dB，高频段斜率为 -20dB。由于控制器 $G_{ic}(s)$ 的相频特性在低频段和高频段分别趋向 $-90°$ 和 $0°$，而它的幅频特性在低频段和高频段的斜率分别为 -20dB 和 0dB，因此，只要使 $G_{ic}(s)$ 具有比 $G_{iop}(s)$ 小的转折频率，且控制器的增益接近 1，那么所设计的控制系统与原系统有相近的相位裕度。因为 $G_{ic}(s)$ 的转折频率约为 $2 \times 10^5\text{rad/s}$，增益为 0.9，所以，$G_{ioc}(s)$ 的相位裕度为 $89.3°$，幅值穿越频率约为 $7.6 \times 10^5\text{rad/s}$，在高频段几乎与 $G_{iop}(s)$ 的幅相特性重合，保持了原系统的稳定性。而在低频段，$G_{ioc}(s)$ 比 $G_{iop}(s)$ 有更大的增益，提高了电流内环系统响应的快速性。

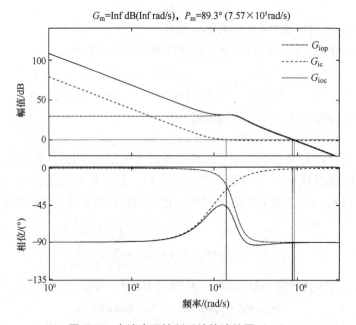

图 5-15　电流内环控制系统的波特图（一）

电流内环控制系统的闭环传递函数 $G_{icp}(s)$ 为

$$G_{icp}(s) = \frac{G_{iop}(s)}{1 + G_{ioc}(s)} = \frac{K_{ip}U_I R(T_{ip}s+1)}{T_{ip}R(\tau^2 s^2 + \tau_L s + 1)s + K_{ip}U_I(\tau_C s + 1)(T_{ip}s+1)}$$

$$= \frac{R(T_{ip}s+1)}{\dfrac{T_{ip}}{K_{ip}}\dfrac{R}{U_I}\tau^2 s^3 + \left(\dfrac{T_{ip}}{K_{ip}}\dfrac{R}{U_I}\tau_L + T_{ip}\tau_C\right)s^2 + \left(\dfrac{T_{ip}}{K_{ip}}\dfrac{R}{U_I} + T_{ip} + \tau_C\right)s + 1}$$

因此，电流内环控制系统是一个 0 型三阶系统。同理，为了保证电压阶跃响应的稳态误

差为 0，电压外环控制器 $G_{vc}(s)$ 选用带一个积分环节的 PI 调节器，即

$$G_{vc}(s) = \frac{I_{ref}(s)}{E_v(s)} = K_{vp}\left(1 + \frac{1}{T_{vp}s}\right)$$

式中，$E_v(s)$ 为电流误差拉普拉斯变换；K_{vp}、T_{vp} 分别为 PI 电压调节器的增益和时间常数。

电流内环控制系统的传递函数 $G_{icp}(s)$ 是电压外环控制系统的单位比例调节器的开环传递函数 $G_{vop}(s)$，它的波特图如图 5-16 所示。这个最小相位系统可以近似为一个二阶系统，转折频率约为 $3.4 \times 10^4 \mathrm{rad/s}$，相位裕度为 135°。

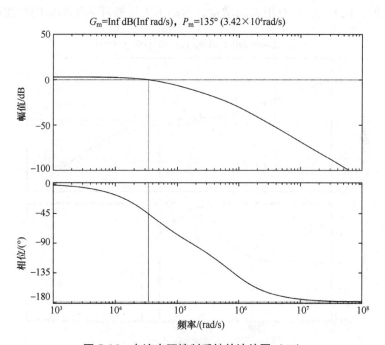

图 5-16　电流内环控制系统的波特图（二）

运用 Ziegler-Nichols 方法整定电压调节器 PI 参数，假设系统延迟时间 T_d 等价于电流内环系统的时间常数，则

PI 电压调节器整定系数：　$a_v = R = \begin{cases} 1.4 & R = 1.4\Omega \\ 0.14 & R = 0.14\Omega \end{cases}$

PI 电压调节器增益：　$K_{vp} = \dfrac{0.9}{a_v} = \begin{cases} 0.64 & R = 1.4\Omega \\ 6.4 & R = 0.14\Omega \end{cases}$

PI 电压调节器时间常数：$T_{vp} = 3.3 \times 3.4 \times 10^{-4} \approx 1.1 \times 10^{-3}\mathrm{s}$

为了采用统一的电压调节器 PI 参数，按设计指标在 [0.64，6.4] 区间选择一个电压 PI 调节器的增益，取 K_{vp} 为 2.14。因此，电压外环控制系统的开环传递函数 $G_{voc}(s)$ 为

$$G_{voc}(s) = G_{vop}(s)G_{vc}(s) = G_{icp}(s)G_{vc}(s)$$

$$= \frac{RK_{vp}(T_{ip}s+1)(T_{vp}s+1)}{T_{vp}s\left[\dfrac{T_{ip}}{K_{ip}}\dfrac{R}{U_I}\tau^2 s^3 + \left(\dfrac{T_{ip}}{K_{ip}}\dfrac{R}{U_I}\tau_L + T_{ip}\tau_C\right)s^2 + \left(\dfrac{T_{ip}}{K_{ip}}\dfrac{R}{U_I} + T_{ip} + \tau_C\right)s + 1\right]}$$

绘制的电压外环控制系统的波特图如图 5-17 所示。其中，在小于 $10^3\mathrm{rad/s}$ 和大于

10^7rad/s 时，系统 $G_{\text{vop}}(s)$ 的相频特性分别趋向 $0°$ 和趋向 $-180°$。幅频特性的转折频率为 $3.4 \times 10^5 \text{rad/s}$，低频段斜率 0dB，幅值约为 3dB，高频段斜率为 -40dB。由于控制器 $G_{\text{vc}}(s)$ 的相频特性在低频段和高频段分别趋向 $-90°$ 和 $0°$，而它的幅频特性在低频段和高频段的斜率分别为 -20dB 和 0dB，因此，只要使 $G_{\text{vc}}(s)$ 具有比 $G_{\text{vop}}(s)$ 更小的转折频率，不管增益多大，所设计的电压外环控制系统的相位裕度都大于 $0°$。由于 $G_{\text{vc}}(s)$ 的转折频率约为 10^3rad/s，增益为 2.14，因此，$G_{\text{voc}}(s)$ 的相位裕度为 $102°$，幅值穿越频率约为 10^5rad/s，在高频段几乎与 $G_{\text{vop}}(s)$ 的幅相特性重合，保持了原系统的稳定性。而在低频段和中频段，$G_{\text{voc}}(s)$ 与 $G_{\text{vc}}(s)$ 非常接近，比 $G_{\text{vop}}(s)$ 有更大的增益，提高了电压外环系统响应的快速性。

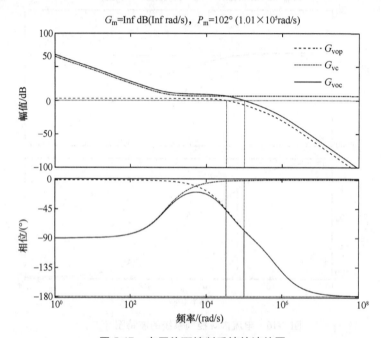

图 5-17　电压外环控制系统的波特图

　　在电压阶跃作用下，DC/DC 降压型变换器电压电流双闭环控制系统的输出电压和电感电流的响应曲线如图 5-18 所示。其中，无论输出电压的阶跃响应曲线还是电感电流的响应曲线都具有指数上升并趋于稳定的趋势，14V 电压阶跃响应曲线没有产生超调，理论计算与数值仿真结果的曲线重合。当 $R = 1.4\Omega$ 时，电压阶跃响应的上升时间小于 5ms，电感电流的 PWM 周期稳态值为 10A。当 $R = 0.14\Omega$ 时，电压阶跃响应的上升时间接近 10ms，电感电流的 PWM 周期稳态值为 100A。注意，当车辆行驶时，负载 R 是一个时变量，设计时应调查负载的变化范围和规律，以便设计电压外环 PI 调节器的自适应增益或时间常数，减小 DC/DC 变换器无超调输出的响应时间。

　　设计 DC/DC 降压型变换器的 PI 双闭环控制系统，一般步骤为：①选择 RLC 等参数使变换器处于 CCM 工作状态；②确定各子系统的传递函数；③运用波特图分析电流内环控制系统的稳定性；④采用 Ziegler-Nichols 方法设计 PI 电压外环调节器满足给定的性能指标；⑤运用波特图分析电流内环控制系统的稳定性；⑥采用 Ziegler-Nichols 方法设计 PI 电压外环调节器满足给定的动静态性能指标；⑦验证阶跃响应的性能指标满足性，若不满足返回步

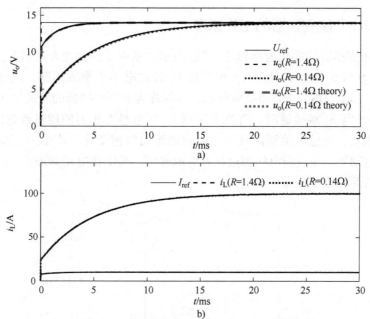

图 5-18　电压电流双闭环控制系统的电压、电流阶跃响应

a) 电压响应曲线　b) 电流响应曲线

骤⑥。其中，采用 Ziegler-Nichols 方法设计 PI 调节器参数，首先确定并固定调节器时间常数，然后适当改变增益。一般地，PI 电压外环调节器的时间常数是 PI 电流内环调节器的 5~10 倍。这样，既保证了控制系统稳定所需的相位裕度，又能够减小系统响应的上升时间，平衡 PI 双闭环控制系统的稳定性和快速性。

5.2　DC/DC 升压变换器

为了提高电动汽车电驱动系统的效率，需要通过 DC/DC 升压变换器将动力电池组的电压提升，为交流电机控制系统提供更高的稳定电压电源。

5.2.1　DC/DC 升压变换器的电路结构

DC/DC 升压变换器的电路如图 5-19 所示。它能通过图 5-1 的降压变换器电路开关 S、电感 L 和续流二极管 VD 的逆时针轮换得到。

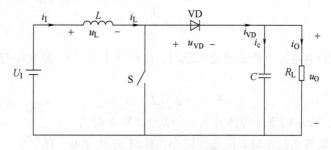

图 5-19　DC/DC 升压变换器电路

5.2.2　DC/DC 升压变换器的工作原理

DC/DC 升压变换器的简化电路如图 5-20a 所示，基本工作原理表达如下：

1）当开关 S 与 S_1 端接通时，直流电压源 U_I 经过电感 L 形成回路，电感电流突增，电感的磁能增加。其工作电路如图 5-20b 所示，此时称为升压变换器的开关导通状态。

2）当开关 S 与 S_2 端接通时，直流电压源 U_I 与电感 L 积蓄的能量经过续流二极管 VD 同时向负载 Z 供电，电感电流逐渐减小，电感的磁通发生变化，产生一个叠加在直流电源上的一个附加电动势，使负载电压超过直流电源电压。其工作电路如图 5-20c 所示，此时称为升压变换器的开关截止状态。

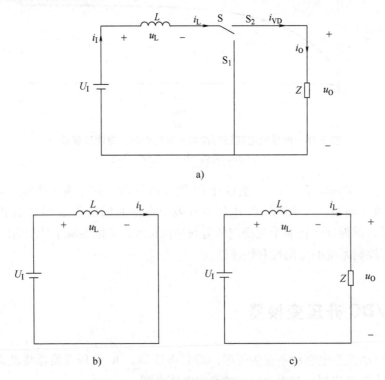

图 5-20　DC/DC 升压变换器的工作电路

a）简化电路　b）导通电路　c）截止电路

功率半导体开关器件 S 无论是处于导通状态还是截止状态，电感电流 i_L 的方向都不变，而电感电压 u_L 的方向则发生变化。由法拉第电磁感应定律和楞次定律可知，u_L 为

$$u_L = L \frac{di_L}{dt}$$

当升压变换器的电路处于开关导通状态时，i_L 持续上升，u_L 的大小与 U_I 相等，方向与 U_I 相反，即

$$u_L = U_I, \quad t \in \left[nT_p, nT_p + t_{on} \right)$$

式中，n 为自然数，表示功率半导体开关 S 的某个 PWM 周期。

当电路处于开关截止状态时，i_L 逐渐减小，此时 u_L 大于 0，有

$$\begin{cases} u_L = u_I - u_o, \quad t \in \left[nT_p + t_{on}, nT_p + T_p \right) \\ u_L < 0 \end{cases}$$

因此，得到输出电压与输入电源电压和电感电压的关系式为

$$u_o = u_I + (-u_L) > u_I$$

这说明升压变换器实现了输出电压对输入电源电压的提升。

DC/DC 升压变换器的电感电流可能在开关截止状态出现断流现象，这时升压变换器有 CCM 和 DCM 两个工作模式。

5.2.3 CCM 升压变换器的输出电压

针对图 5-20 所示的 DC/DC 升压变换器电路，根据开关 S 的导通状态和截止状态，将电路拆分为图 5-20b 和图 5-20c 所示的两个子电路，它们的电压回路方程表达如下：

开关 S 导通状态时，有

$$u_I - u_L = 0 \tag{5-36}$$

开关 S 截止状态时，有

$$u_I - u_L - u_O = 0 \tag{5-37}$$

这样，对式（5-36）和式（5-37）移项，电感电压 u_L 为

开关 S 导通状态时，有

$$u_L = u_I \tag{5-38}$$

开关 S 截止状态时，有

$$u_L = u_I - u_O \tag{5-39}$$

当 DC/DC 升压变换器处于 CCM 的 PWM 周期稳定状态时，相应的电感电压波形如图 5-21 所示。注意图 5-21 中的面积有正负之分。

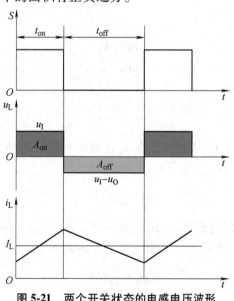

图 5-21 两个开关状态的电感电压波形

电感电压的阴影面积表达如下：

$$A_{on} = \int_{t}^{t+t_{on}} u_L dt = \int_{t}^{t+t_{on}} u_I dt \tag{5-40}$$

$$A_{off} = \int_{t+t_{on}}^{t+t_{on}+t_{off}} u_L dt = \int_{t+t_{on}}^{t+t_{on}+t_{off}} (u_I - u_O) dt \tag{5-41}$$

根据电感的伏秒平衡，电感电压在开关导通时间阴影面积 A_{on} 和关断时间阴影面积 A_{off} 之和为 0，表达如下：

$$\int_{t}^{t+t_{on}} u_I dt + \int_{t+t_{on}}^{t+t_{on}+t_{off}} (u_I - u_O) dt = 0 \tag{5-42}$$

由于升压变换器电路进入了 PWM 周期稳定状态，升压变换器的输入、输出电压值近乎保持恒定。因此，用变量的常值代入式（5-42），得到的关系式如下：

$$U_I t_{on} + (U_I - U_O) t_{off} = 0 \tag{5-43}$$

对式（5-43）合并同类项，并移项，得到的表达式如下：

$$\frac{U_O}{U_I} = \frac{1}{1-\delta} \tag{5-44}$$

DC/DC 升压变换器的占空比不能等于 1，即升压变换器的开关不能长时间保持导通状态，电感的峰值电流过大，能够导致输出电压的过电压。假设升压变换器电路的能量转换效率为 100%，那么周期稳态的负载电流与电源电流的关系式如下：

$$\frac{I_O}{I_I} = 1-\delta \tag{5-45}$$

因此，在 CCM 状态下，DC/DC 升压变换器可看作一个理想的直流升压变压器。

5.2.4 CCM 升压变换器的电感纹波电流

考虑电感的特性方程式（5-14），将式（5-38）和式（5-39）变化为开关 S 在两个状态下的电感电压、电流关系式：

开关 S 导通状态时，有

$$\frac{di_L}{dt} = \frac{u_I}{L} \tag{5-46}$$

开关 S 截止状态时，有

$$\frac{di_L}{dt} = \frac{u_I - u_O}{L} \tag{5-47}$$

DC/DC 升压变换器处于 CCM 状态，在 t_{on} 这段时间内，电感电流 i_L 上升到最大值（见图 5-20），相应的电流增量 $\Delta i_{L,max}$ 如下：

$$\Delta i_{L,max} = \frac{u_I}{L} t_{on} \tag{5-48}$$

图 5-21 中，电感的纹波电流等于 $\Delta i_{L,max}$ 的一半。结合式（5-46）和式（5-47），得到电感的纹波电流、占空比和稳态输入、输出电压的关系式如下：

$$\Delta i_L = \frac{\delta}{2L} U_I T_p \tag{5-49}$$

5.2.5 CCM 升压变换器的电容纹波电压

PWM 周期稳定的升压变换器的负载电流与电感电流的状态平均值并不相同。在开关 S

截止状态期间，升压变换器的电感电流对电容充电，又对负载供电；在开关 S 导通状态期间，电感短路，电容放电，为负载供电，此时电容电压的变化量即输出电压的脉动量。

电容在 PWM 周期稳定时处于荷电平衡状态。因此在开关导通状态期间，电容向负载放电的电流为负载平均电流。此时，电容的放电量计算如下：

$$\Delta Q = I_O t_{on} = \frac{\delta U_O T_p}{R} = \frac{\delta U_O}{R f_p} \tag{5-50}$$

这样，负载电压的变化量计算如下：

$$\Delta U_O = \frac{\Delta Q}{C} = \frac{\delta}{R C f_p} U_O \tag{5-51}$$

设 RC 滤波器的截止频率为 f_{RC}，由式（5-51）得到负载电压的纹波系数 γ_U 为

$$\gamma_U = \frac{\Delta U_O}{U_O} = \delta \frac{f_{RC}}{f_p} \times 100\% \tag{5-52}$$

式中，$f_{RC} = \dfrac{1}{RC}$。

因此，提高开关频率 f_p、加大滤波电容 C 或减小占空比，都可以减小负载电压的脉动。

5.2.6　CCM 和 DCM 的边界

当 DC/DC 升压变换器处于临界导通状态时，电感电流 i_L 的 PWM 周期起始值和终点值均为 0，此时电感电流的边界值等于其平均值，等于电感电流纹波峰值的一半。由式（5-48）和式（5-49）可得到电感电流在临界导通状态的边界值，即

$$I_L = \frac{\delta}{2L} U_I T_p \tag{5-53}$$

式（5-53）表示 DC/DC 升压变换器的电感电流边界值与占空比 δ 呈正比关系。在设计电路时，升压变换器在所有占空比内都工作在 CCM，电感电流平均值必须大于其边界值。

由式（5-45）得到 CCM 的升压变换器负载电流与电源电流的关系，而升压变换器的电感电流与电源电流相等，即

$$I_O = (1-\delta) I_L \tag{5-54}$$

将式（5-54）代入式（5-53），得到负载电流的 CCM 边界值，即

$$I_O = \frac{\delta(1-\delta)}{2L} U_I T_p \tag{5-55}$$

5.2.7　DCM 电路的输出电压

在开关截止状态期间，升压变换器的电感电流 i_L 可能出现持续的断流。DCM 升压变换器的电感电压和电流的波形如图 5-22 所示。

在电感断流期间，电感的电压为 0，PWM 周期稳定的电压方程为

$$u_L = \begin{cases} U_I & t \in \left[nT_p, nT_p + T_p - t_{off,d} \right) \\ U_I - U_O & t = nT_p + t_{on} \\ 0 & t \in \left[nT_p + T_p - t_{off,d}, nT_p + T_p \right) \end{cases} \tag{5-56}$$

运用电感的伏秒平衡原理，得到电感电压与时间乘积方程为

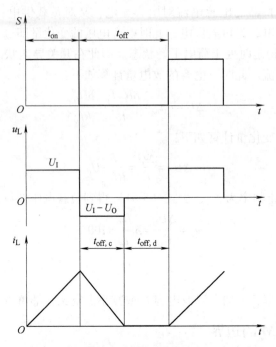

图 5-22　DCM 升压变换器的电感电压、电流波形

$$t_{on}U_I+t_{off,c}(U_I-U_O)=0 \qquad (5\text{-}57)$$

根据式（5-34）定义的 δ_d，式（5-57）可以变化为

$$U_O=\left(1+\frac{\delta}{\delta_d}\right)U_I \qquad (5\text{-}58)$$

很明显，在相同占空比下，DCM 比 CCM 的 DC/DC 升压变换器有更高的输出电压。在断流期间，功率二极管不导通，由并联的电容为负载提供电能。

【例 5-4】　设计图 5-20 所示的 DC/DC 升压变换器的工作电路，直流电源电压为 14V，额定负载电流为 50A，最小负载电流为 1A 且电感电流连续，开关频率为 100kHz。

1）选择电感 L、电容 C、开关 S 和二极管 VD，要求恒压输出 42V，纹波小于 1%。

2）分析开关频率对电压纹波的影响。

解　根据题意，有

$$U_I=14V, I_{O,max}=50A, I_{O,min}=1A, f_p=100kHz$$

要求恒压输出，$U_O=42V$，且 $\gamma_U \le 1\%$。

1）器件选择。负载工作时，电感电流连续，因此升压变换器电路工作在 CCM 状态。计算 PWM 周期的占空比，即

$$\delta=\left(1-\frac{U_I}{U_O}\right)\times100\%=\left(1-\frac{14}{42}\right)\times100\%=\frac{2}{3}\times100\%\approx66.7\%$$

此时，只有当升压变换器负载电流的最小值大于边界值时，才能保证电路工作在 CCM 状态，则

$$I_{OB}=\frac{T_pU_I}{2L}\delta(1-\delta)<I_{O,min}$$

$$L < \frac{T_\mathrm{p} U_\mathrm{I}}{2 I_{\mathrm{O,min}}} \delta (1-\delta) = \frac{14}{2 \times 100 \times 10^3} \times \frac{2}{3} \times \frac{1}{3} \mathrm{H} \approx 15.6 \mu \mathrm{H}$$

为了确保升压变换器电路工作在 CCM 状态，电感的取值为 $18 \mu \mathrm{H}$。

根据电路设计的输出电压的纹波要求，可以确定电容值，即

$$\gamma_\mathrm{U} = \delta \frac{f_{\mathrm{RC}}}{f_\mathrm{p}} < 1\%$$

负载越大，纹波越大，因此在最大负载电流下，最小负载电阻计算如下：

$$R_{\min} = \frac{U_\mathrm{O}}{I_{\mathrm{O,max}}} = \frac{42}{50} \Omega = 0.84 \Omega$$

相应的电容为

$$C < \frac{\delta}{R_{\min} \gamma_\mathrm{U} f_\mathrm{p}} = \frac{\dfrac{2}{3}}{0.84 \times 1\% \times 100 \times 10^3} \mathrm{F} \approx 793.65 \mu \mathrm{F}$$

为保证输出电压的纹波系数满足要求，电容的取值为 $800 \mu \mathrm{F}$。

升压变换器电感电流的最大值即开关 S 和二极管 VD 的电流最大值，而它们的耐压则不小于输出电压的最大值，即

$$\Delta i_{\mathrm{L,max}} = \frac{T_\mathrm{p} U_\mathrm{I}}{L} \delta = \frac{14}{50 \times 10^{-6} \times 100 \times 10^3} \times \frac{2}{3} \mathrm{A} = 1.87 \mathrm{A}$$

最大的电感电流平均值为

$$I_{\mathrm{L,max}} = \frac{I_{\mathrm{O,max}}}{1-\delta} = 150 \mathrm{A}$$

这样，电感电流的最大值为

$$i_{\mathrm{L,max}} = I_{\mathrm{L,max}} + \frac{1}{2} \Delta i_{\mathrm{L,max}} = 150 \mathrm{A} + 0.935 \mathrm{A} \approx 151 \mathrm{A}$$

如果冗余 1.5 倍的电压电流值，则功率半导体开关 S 选用 250A/100V 的高频 P-MOSFET，以及 250A/100V 的快恢复功率二极管。

2）开关频率对输出电压纹波系数的影响。由升压变换器输出电压纹波系数的计算公式可知，输出电压纹波系数与开关频率成反比关系；也就是在其他条件一定时，开关频率越高，输出电压纹波系数越小。同样，降低开关频率，可能使升压变换器的电感电流出现断流状态，输出电压的纹波系数增大。

【例 5-5】　按例 5-4 的参数设计图 5-23 所示的 DC/DC 升压电路控制系统。其中，可变负载 R 的范围为 $0.84 \sim 4.2 \Omega$，开关 VT 和二极管 VD 为理想功率半导体器件，$\mathrm{V_{sen}}$、$\mathrm{I_{sen}}$ 分别为电压传感器和电流传感器，等腰三角波的频率 T_p 为 100kHz，要求升压变换器的输出电压 u_o 等于 42V，试设计 PI 电压调节器和电流调节器，满足电压阶跃响应的稳态误差为 0、无超调、纹波系数小于 1% 和上升时间 $\leqslant 15 \mathrm{ms}$。

解　根据题意，可得到相似于图 5-14 的 DC/DC 升压变换器控制系统结构图。然而，控制对象环节 $G_\mathrm{o}(s)$ 和电流反馈环节 $H_\mathrm{i}(s)$ 具有变结构的非线性特征，难以采用例 5-3 的方法相应的传递函数表达式。为此，负载电阻 R 最大时，通过确定控制对象的时间常数和 Ziegler-Nichols 方法设计 DC/DC 升压变换器双闭环控制系统的两个 PI 调节器参数，并以数

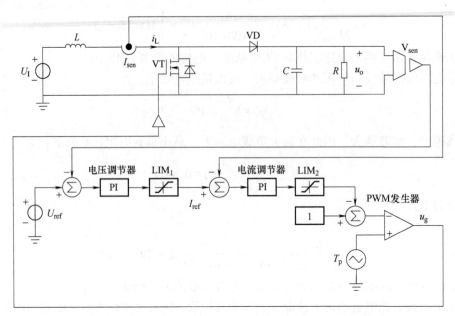

图 5-23 DC/DC 升压变换器双闭环电压控制系统模型

值仿真结果验证系统阶跃响应的动静态性能是否满足设计指标。

电流内环控制器 $G_{ic}(s)$ 和电压外环控制器 $G_{vc}(s)$ 选用 PI 调节器，即

$$G_{ic}(s) = \frac{\delta(s)}{E_i(s)} = K_{ip}\left(1 + \frac{1}{T_{ip}s}\right)$$

$$G_{vc}(s) = \frac{I_{ref}(s)}{E_v(s)} = K_{vp}\left(1 + \frac{1}{T_{vp}s}\right)$$

开关 VT 截止时，二极管 VD 导通，电源 U_I、电感 L、电容 C 和负载电阻 R 构成了回路，该电路的时间常数 τ 为

$$\tau = \sqrt{LC} = \sqrt{18 \times 10^{-6} \times 800 \times 10^{-6}}\,\text{s} = 1.2 \times 10^{-4}\,\text{s}$$

开关 VT 导通时，二极管 VD 截止，电容 C 和电阻 R 构成回路的时间常数 τ_C 为

$$\tau_C = RC = 0.84 \times 800 \times 10^{-6}\,\text{s} = 6.72 \times 10^{-4}\,\text{s}$$

由于电流内环控制器调节电感电流，因此取 RLC 负载的系统时间常数 $\tau = 0.12\text{ms}$。

运用 Ziegler-Nichols 方法整定双闭环控制系统的 PI 调节器参数。假设系统延迟时间 T_d 等价于负载的时间常数 τ，那么电流调节器 $G_{ic}(s)$ 的增益和时间常数分别为

$$\begin{cases} K_{ip} = 0.9 \\ T_{ip} = 3.96 \times 10^{-4}\,\text{s} \end{cases}$$

取电压调节器 $G_{vc}(s)$ 的时间常数是 $G_{ic}(s)$ 的 10 倍，即

$$T_p = 10T_{ip} = 3.96 \times 10^{-3}\,\text{s}$$

同时，初步确定电压调节器 $G_{vc}(s)$ 的 K_{vp} 为 $G_{ic}(s)$ 增益的 5 倍，而后通过数值仿真确定满足设计指标的调节器增益。通过调试，满足设计性能指标的 PI 电压调节器的 K_{vp} 为 3.6。

DC/DC 升压变换器的阶跃响应结果如图 5-24 所示。其中，起始 1ms 内，电感电流 i_L 出现较大尖峰，但是输出电压 u_o 的上升过程没有发生超调，趋向并逼近参考值。相比于 R

为 4.2Ω 的小负载，R 为 0.84Ω 的负载的输出电压 u_o 有更长的上升时间，前者小于 5ms，而后者长达 14ms。进入稳态后，负载 R 为 0.84Ω 和 4.2Ω 的电感电流 i_L 稳态值分别为 150A 和 30A，与理论计算值一致。负载 R 为 0.84Ω 时，输出电压 u_o 的最大值为 42.0735V，最小值为 41.9234V，纹波系数小于 0.5%。因此，系统阶跃响应的动静态性能指标满足设计要求。

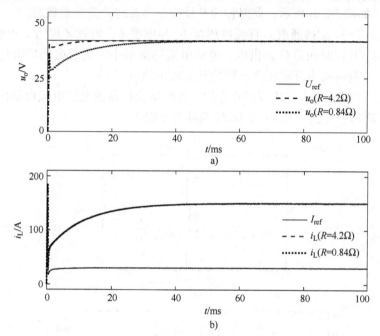

图 5-24　DC/DC 升压变换器双闭环电压控制系统的阶跃响应曲线

5.3 DC/DC 升降压变换器

新能源汽车动力电池组的电压随着荷电状态的变化会大范围变化，因此燃料电池系统串联的 DC/DC 可能是一个升降压变换电路。

5.3.1　DC/DC 升降压变换器的电路结构

DC/DC 升降压变换器电路如图 5-25 所示，电路中的元器件与降压变换器、升压变换器相同，只是位置发生了变化。

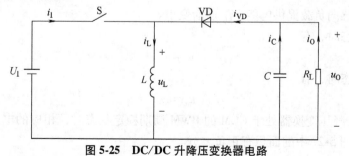

图 5-25　DC/DC 升降压变换器电路

5.3.2 DC/DC 升降压变换器的工作原理

DC/DC 升降压变换器的简化电路如图 5-26a 所示，它的基本工作原理描述如下：

1）当开关 S 与 S_1 端接通时，直流电压源 U_I 经过电感 L 短路，电感电流逐渐上升，电感的磁能增加，如图 5-26b 所示，此时称为升降压变换器的开关导通状态。

2）当开关 S 与 S_2 端接通时，直流电压源 U_I 与电感 L、负载 Z 断开，电感积蓄的能量经过续流二极管 VD 同时向负载 Z 供电，电感电流逐渐减小，负载电压的极性与电源相反，如图 5-26c 所示，此时称为升降压变换器的开关截止状态。

3）受开关 S 的 PWM 占空比等因素作用，升降压变换器的电感电流可能出现断流情况，因此 DC/DC 升降压变换器有 CCM 和 DCM 两种工作模式。

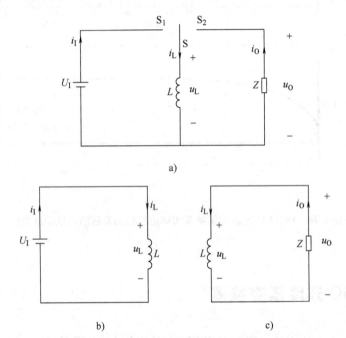

图 5-26　DC/DC 升降压变换器的工作电路

a）简化电路　b）导通电路　c）截止电路

5.3.3 CCM 升降压变换器的输出电压

当升降压变换器的电路处于开关导通状态时，电感电流 i_L 逐渐增大。当电路处于开关截止状态时，电感向负载提供电能，i_L 逐渐变小。

开关导通状态时，有

$$u_L = u_I \tag{5-59}$$

开关截止状态时，有

$$u_L = u_O \tag{5-60}$$

当 DC/DC 升降压变换器处于 CCM 的 PWM 周期稳定状态时，相应的电感电压如图 5-27 所示。注意，在图 5-27 中的面积有正负之分。

电感电压的阴影面积为

$$A_{\mathrm{on}} = \int_{t}^{t+t_{\mathrm{on}}} u_{\mathrm{L}}\mathrm{d}t = \int_{t}^{t+t_{\mathrm{on}}} u_{\mathrm{I}}\mathrm{d}t \tag{5-61}$$

$$A_{\mathrm{off}} = \int_{t+t_{\mathrm{on}}}^{t+t_{\mathrm{on}}+t_{\mathrm{off}}} u_{\mathrm{L}}\mathrm{d}t = \int_{t+t_{\mathrm{on}}}^{t+t_{\mathrm{on}}+t_{\mathrm{off}}} u_{\mathrm{O}}\mathrm{d}t \tag{5-62}$$

根据电感的伏秒平衡，电感电压在开关导通时间阴影面积 A_{on} 和截止时间阴影面积 A_{off} 之和为 0，即

$$\int_{t}^{t+t_{\mathrm{on}}} u_{\mathrm{I}}\mathrm{d}t + \int_{t+t_{\mathrm{on}}}^{t+t_{\mathrm{on}}+t_{\mathrm{off}}} u_{\mathrm{O}}\mathrm{d}t = 0 \tag{5-63}$$

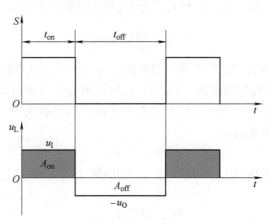

图 5-27　DC/DC 升降压变换器的电感电压稳态特性

由于升降压变换器电路进入了 PWM 周期稳定状态，升降压变换器的输入、输出电压值近乎保持恒定。因此，用变量的常值代入式（5-63），得到的关系式为

$$U_{\mathrm{I}}t_{\mathrm{on}} + U_{\mathrm{O}}t_{\mathrm{off}} = 0 \tag{5-64}$$

对式（5-64）合并同类项，并移项，得到的表达式为

$$\frac{U_{\mathrm{O}}}{U_{\mathrm{I}}} = -\frac{\delta}{1-\delta} \tag{5-65}$$

因此，DC/DC 升降压变换器处于 CCM 周期稳定时，DC/DC 升压变换器的占空比不能等于 1，输出电压的状态平均与占空比、输入电压呈非线性关系。

1）当占空比 δ 小于 0.5 时，升降压变换器为一个输入/输出的降压电路。

2）当占空比 δ 等于 0.5 时，升降压变换器为一个输入/输出的等压电路。

3）当占空比 δ 大于 0.5 时，升降压变换器为一个输入/输出的升压电路。

5.3.4　CCM 和 DCM 的边界条件

考虑电感的特性方程式（5-14），将式（5-59）和式（5-60）变化为开关 S 在两个状态下的电感电压、电流关系式：

开关 S 导通状态时，有

$$\frac{\mathrm{d}i_{\mathrm{L}}}{\mathrm{d}t} = \frac{u_{\mathrm{I}}}{L} \tag{5-66}$$

开关 S 截止状态时，有

$$\frac{\mathrm{d}i_{\mathrm{L}}}{\mathrm{d}t}=\frac{u_{\mathrm{o}}}{L} \tag{5-67}$$

在开关导通时间内，式（5-66）和式（5-46）相同，因此 DC/DC 升降压变换器与升压变换器具有相同的电感电流纹波。

根据 PWM 周期稳定的基尔霍夫电流定律，电感电流的状态平均为

$$I_{\mathrm{L}}=I_{\mathrm{I}}-I_{\mathrm{O}}=\frac{-\delta}{1-\delta}I_{\mathrm{O}}-I_{\mathrm{O}}=\frac{-1}{1-\delta}I_{\mathrm{O}} \tag{5-68}$$

因此，将式（5-68）代入式（5-53），得到负载电流的边界值为

$$I_{\mathrm{OB}}=-\frac{T_{\mathrm{p}}}{2L}\delta(1-\delta)U_{\mathrm{I}} \tag{5-69}$$

另外，升降压变换器有与降压变换器相似的输出电压的纹波系数计算方法。

【例 5-6】 质子交换膜燃料电池（PEMFC）的输出电压范围为 280~450V，最大输出的持续功率为 30kW，为给一个 336V、最大电流 80A 的恒压负载供电，试设计一个 DC/DC 变换器，计算其占空比的变化范围。

解 根据题意有

$$U_{\mathrm{I,min}}=280\mathrm{V},U_{\mathrm{I,max}}=450\mathrm{V},P_{\mathrm{I,con}}=30\mathrm{kW},U_{\mathrm{O}}=336\mathrm{V},I_{\mathrm{O,max}}=80\mathrm{A}$$

所以

$$U_{\mathrm{I,min}}<U_{\mathrm{O}}<U_{\mathrm{I,max}}$$

且

$$P_{\mathrm{O,max}}=U_{\mathrm{O}}I_{\mathrm{O,max}}=336\times80\mathrm{W}=26.88\mathrm{kW}<P_{\mathrm{I,con}}$$

由于变换器的输入输出电压大于 60V，因此需要设计一个图 5-25 所示的升降压变换器匹配电源和负载的电量关系。

假设 DC/DC 升降压变换器工作在 CCM 状态，那么它的占空比与输入、输出电压的数量关系为

$$\begin{cases}\delta=\dfrac{\gamma_{\mathrm{OI}}}{1+\gamma_{\mathrm{OI}}}\\[2mm]\gamma_{\mathrm{OI}}=\dfrac{U_{\mathrm{O}}}{U_{\mathrm{I}}}\end{cases}$$

计算过程如下：

1）当 $U_{\mathrm{I,min}}\leqslant U_{\mathrm{I}}<U_{\mathrm{O}}$ 时，电压比范围为 $1<\gamma_{\mathrm{OI}}\leqslant1.2$，显然此时需要一个升压变换器，其占空比范围为 $0.5<\delta\leqslant0.5455$。

2）当 $U_{\mathrm{O}}<U_{\mathrm{I}}\leqslant U_{\mathrm{I,max}}$ 时，电压比范围为 $0.7467\leqslant\gamma_{\mathrm{OI}}<1$，显然此时需要一个降压变换器，其占空比范围为 $0.4275\leqslant\delta<0.5$。

3）当 $U_{\mathrm{I}}=U_{\mathrm{O}}$ 时，电压比范围为 $\gamma_{\mathrm{OI}}=1$，显然此时需要一个等压变换器，其占空比为 $\delta=0.5$。

因此，在 CCM 工作的升降压变换器的占空比范围为 $0.4275\leqslant\delta\leqslant0.5455$。

【例 5-7】 按例 5-6 的变换器参数设计图 5-28 所示的 DC/DC 升降压变换器双闭环电压控制系统。其中，电感 L 为 400μH；电容 C 为 400μF 负载 R 的范围为 0.5Ω，动力锂离子

电池组 U_b 的电压范围为 $280\sim450\text{V}$，开关 VT 和二极管 VD 为理想功率半导体器件，V_{sen}、I_{sen} 分别为电压传感器和电流传感器，等腰三角波的频率 T_p 为 50kHz，要求升降压变换器的输出电压 u_o 等于 336V，试设计 PI 电压调节器和电流调节器，满足电压阶跃响应的稳态误差绝对值 $\leqslant 3.36\text{V}$、超调量 $\leqslant 1\%$ 和上升时间 $\leqslant 15\text{ms}$。

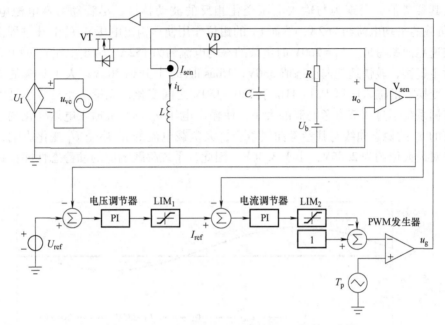

图 5-28 DC/DC 升降压变换器双闭环电压控制系统模型

解 根据题意，分负载的最小电流和最大电流两种情况校验运用 Ziegler-Nichols 方法设计 DC/DC 升降压变换器双闭环控制系统的两个 PI 调节器参数，并以数值仿真结果验证系统阶跃响应的动静态性能是否满足设计指标。

电流内环控制器 $G_{ic}(s)$ 和电压外环控制器 $G_{vc}(s)$ 选用 PI 调节器，即

$$G_{ic}(s) = \frac{\delta(s)}{E_i(s)} = K_{ip}\left(1 + \frac{1}{T_{ip}s}\right)$$

$$G_{vc}(s) = \frac{I_{ref}(s)}{E_v(s)} = K_{vp}\left(1 + \frac{1}{T_{vp}s}\right)$$

开关 VT 截止时，二极管 VD 导通，电源 U_I、电感 L、电容 C 和负载电阻 R 构成了回路，该电路的时间常数 τ 为

$$\tau = \sqrt{LC} = \sqrt{400\times10^{-6}\times400\times10^{-6}}\,\text{s} = 4\times10^{-4}\,\text{s}$$

开关 VT 导通时，二极管 VD 截止，电容 C 和电阻 R 构成回路的时间常数 τ_C 为

$$\tau_C = RC = 0.5\times400\times10^{-6}\,\text{s} = 2\times10^{-4}\,\text{s}$$

由于电流内环控制器调节电感电流，因此取 RLC 负载的系统时间常数 $\tau = 0.4\text{ms}$。

运用 Ziegler-Nichols 方法整定双闭环控制系统的 PI 调节器参数。假设系统延迟时间 T_d 等价于负载的时间常数 τ，那么电流调节器 $G_{ic}(s)$ 的增益和时间常数分别为

$$\begin{cases} K_{ip} = 0.9 \\ T_{ip} = 1.32\times10^{-3}\,\text{s} \end{cases}$$

取电压调节器 $G_{vc}(s)$ 的时间常数是 $G_{ic}(s)$ 的6倍，即

$$T_{vi} = 6T_{ii} = 7.92 \times 10^{-3}\,\text{s}$$

通过调试，满足设计性能指标的 PI 电压调节器的 K_{vp} 为1.5。

　　DC/DC 升降压变换器的阶跃响应曲线如图5-29所示。其中，电感电流 i_L 的测量值能很好地逼近其参考值，表现为与输入电压变化相反的波动特性。尽管动力蓄电池电压 $U_b =$ 335V 时负载的平均电流约为2A，然而 U_b 的钳位作用使得输出电压 u_o 的上升过程没有发生超调，快速趋向参考值。$U_b = 260V$ 时负载的平均电流约为152A，输出电压 u_o 的上升过程同样没有发生超调，较快地趋向稳态值336V，15ms 时 u_o 上升到305V，大于90%的输出电压稳态值。变换器的输入电压 U_1 以1Hz于280~450V之间变化，无论是小负载还是大负载的电流，控制系统通过调节参考电流的大小，使输出电压 u_o 具有抗输入电压变化的性能。小负载电流的 u_o 的稳态曲线与其参考曲线重合，大负载电流的 u_o 略受 U_1 变化影响，但其稳态误差绝对最大值约为2.85V，小于3.36V。因此，系统阶跃响应的动静态性能指标满足设计要求。

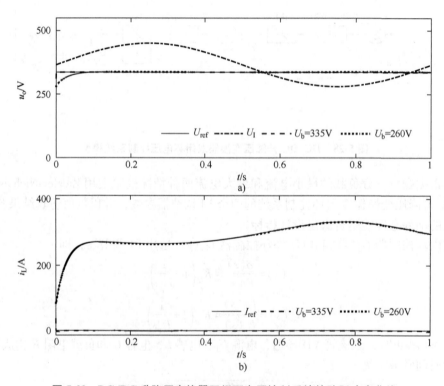

图5-29　DC/DC 升降压变换器双闭环电压控制系统的阶跃响应曲线

　　【例5-8】　Sepic 变换器的电路如图5-30所示，试分析其电路工作原理，并写出稳态时的输入、输出的电压关系表达式。

　　解　根据图5-30，Sepic 变换器电路的工作原理如下：

　　1）当开关 S 导通状态时，Sepic 变换器有3个电压回路，即电源主电感开关回路（U_1-L_1-S）、副电感电容开关回路（L_2-C_1-S）和滤波电容负载回路（C_2-R）。当电路进入 PWM 周期稳定时，主电感 L_1 短路，存储磁能；电容 C_1 向副电感 L_2 转移电能；而滤波电容 C_2 向

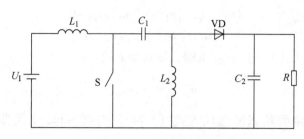

图 5-30　Sepic 变换器的电路

负载供电。此时称为 Sepic 变换器的开关导通状态，如图 5-31a 所示。

2）当开关 S 截止状态时，Sepic 变换器有两个电压回路，即电源主电感电容二极管负载回路（U_1-L_1-C_1-VD-C_2/R）和副电感二极管负载回路（L_2-VD-C_2/R）。当电路进入 PWM 周期稳定时，电源通过主电感 L_1 向电容充电；副电感向负载释放磁能。此时称为 Sepic 变换器的开关截止状态，如图 5-31b 所示。

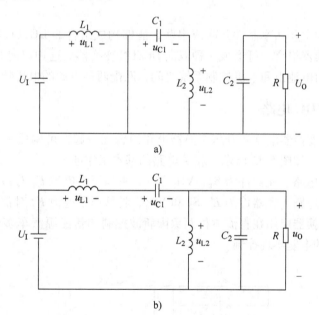

a)

b)

图 5-31　Sepic 变换器电路

a）开关导通状态　b）开关截止状态

这样，电路中两个电感的电压方程为

$$L_1:\quad \begin{cases} u_{L1}=u_I & t\in\left[nT_p,\,nT_p+t_{on}\right) \\ u_{L1}=u_I-u_{C1}-u_O & t\in\left[nT_p+t_{on},\,nT_p+T_p\right) \end{cases} \tag{5-70}$$

$$L_2:\quad \begin{cases} u_{L2}=-u_{C1} & t\in\left[nT_p,\,nT_p+t_{on}\right) \\ u_{L2}=u_O & t\in\left[nT_p+t_{on},\,nT_p+T_p\right) \end{cases} \tag{5-71}$$

当电路进入 PWM 周期稳定且处于 CCM 状态时，电感伏秒平衡，因此可得到电压状态平均的方程：

L_1 :
$$\langle u_1 \rangle_{T_\mathrm{p}} t_\mathrm{on} + \langle u_1 - u_\mathrm{C1} - u_\mathrm{O} \rangle_{T_\mathrm{p}} t_\mathrm{off} = 0 \qquad (5\text{-}72)$$

L_2 :
$$-\langle u_\mathrm{C1} \rangle_{T_\mathrm{p}} t_\mathrm{on} + \langle u_\mathrm{O} \rangle_{T_\mathrm{p}} t_\mathrm{off} = 0 \qquad (5\text{-}73)$$

由式（5-72）和式（5-73）联立求解，得到如下结果：

$$\langle u_\mathrm{O} \rangle_{T_\mathrm{p}} = \frac{t_\mathrm{on}}{t_\mathrm{off}} \langle u_1 \rangle_{T_\mathrm{p}} \qquad (5\text{-}74)$$

将 PWM 周期稳定的状态恒值代入式（5-74），得到 Sepic 变换器输入、输出电压关系式：

$$U_\mathrm{O} = \frac{\delta}{1 - \delta} U_1 \qquad (5\text{-}75)$$

很明显，Sepic 变换器的输出电压的极性与输入电压的极性相同。

5.4 DC/DC 组合电路

将多个变换器的主要功率器件并联或串联，能够构成组合的 DC/DC 电路。例如，将降压变换器和升压变换器组合，可形成一种双向 DC/DC 变换器。这种双向 DC/DC 变换器常应用在新能源汽车动力电池组和电机控制系统之间，匹配两种电源的电压特性。

5.4.1 半桥 DC/DC 电路

将 DC/DC 降压变换器电路和升压变换器电路组合在一起，可构成一种电流可逆的、双向 DC/DC 变换电路，如图 5-32 所示。相关电路的基本工作如下：

1）降压变换器电路。元器件为 S_1、VD_2 和 L，将高压蓄电池 E_1 对蓄电池 E_2 进行充电。

2）升压变换器电路。元器件为 L、S_2 和 VD_1，将低压蓄电池 E_2 对蓄电池 E_1 进行充电。

半桥 DC/DC 变换器应用在直流电机两象限斩波控制和新能源汽车多电源匹配系统等领域，对不同电压源的电能实现控制。

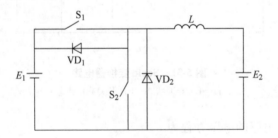

图 5-32 半桥 DC/DC 变换电路

5.4.2 H 桥 DC/DC 电路

将两个半桥 DC/DC 组合，能够形成一种 H 桥 DC/DC 变换电路（见图 5-33），广泛应用在直流电机的四象限斩波控制、单相逆变电路和电子变压器中。在同一桥臂的两个开关互锁的条件下，电路的基本工作原理如下：

1）正向电动状态，降压电路结构。在仅有开关 VT$_1$ 和 VT$_4$ 导通期间，电压回路为 E_1-VT$_1$-L-M-VT$_4$，蓄电池 E_1 向直流电机 M 供电。在开关 VT$_1$、VT$_2$、VT$_3$ 截止和 VT$_4$ 导通期间，电压回路为 L-M-VT$_4$-VD$_2$，直流电机 M 续流。

2）正向发电状态，升压电路结构。开关 VT$_1$、VT$_3$、VT$_4$ 截止。在开关 VT$_2$ 导通期间，电压回路为 M-L-VT$_2$-VD$_4$，直流电机 M 短路。在开关 VT$_2$ 截止期间，电压回路为 M-L-VD$_1$-E_1-VD$_4$，直流电机 M 向蓄电池 E_1 馈电。

3）反向电动状态，降压电路结构。在仅有开关 VT$_2$ 和 VT$_3$ 导通期间，电压回路为 E_1-VT$_3$-M-L-VT$_2$。在开关 VT$_2$ 截止和 VT$_3$ 导通期间，电压回路为 M-L-VD$_1$-VT$_3$，直流电机 M 续流。

4）反向发电状态，升压电路结构。在仅有开关 VT$_4$ 导通期间，电压回路为 L-M-VT$_4$-VD$_2$，直流电机 M 短路。在仅有开关 VT$_4$ 截止期间，电压回路为 L-M-VD$_3$-E_1-VD$_2$，直流电机 M 馈电。

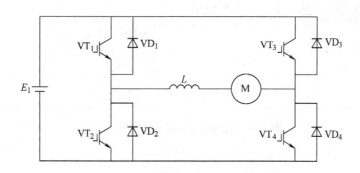

图 5-33   H 桥 DC/DC 变换电路原理

【例 5-9】   图 5-34 所示的用于控制他励式直流电机正反转的 H 桥 DC/DC 电路控制系统。其中，直流电机 M 的电枢额定电压为 120V，电枢电阻 R_a 为 0.5Ω，电枢电感 L_a 为 10mH，励磁电阻为 7.5Ω，励磁电感 L_f 为 5mH，转动惯量为 0.01kg·m^2。动力蓄电池组 U_b 的电压为 200V，内阻 R_b 为 0.4Ω，励磁电压 U_f 为 12V。IGBT 开关 VT$_1$~VT$_4$ 和二极管 VD 为理想功率半导体器件，I$_{sen}$、W$_{sen}$ 分别为电流传感器和转速传感器，等腰三角波的频率 T_p 为 1kHz。电机 M 的负载转矩 T_1 为 30N·m，转动惯量为 0.2kg·m^2，转速参考 1000r·min^{-1}，要求正反向运行，试设计转速调节器和电流调节器，满足转速阶跃响应的稳态误差绝对值≤5r·min^{-1}、无超调量和上升时间≤0.2s。

解   根据题意，动力蓄电池 U_b 通过 DC/DC 降压变换器驱动他励式直流电机 M 正反向运行。开关 VT$_2$ 和 VT$_3$ 截止，开关 VT$_4$ 导通，开关 VT$_1$ 为 PWM 控制，直流电机 M 正向电动旋转。反之，开关 VT$_1$ 和 VT$_4$ 截止，开关 VT$_2$ 导通，开关 VT$_3$ 为 PWM 控制，直流电动机反向电动旋转。由 U_{dir} 信号决定电机 M 的旋转方向，且忽略半导体器件的死区效应，U_{dir} 为 1 时，电机 M 使能正向电动运行；U_{dir} 为 0 时，电机 M 使能反向电动运行。

采用两个 PI 调节器实现转速外环和电流内环的双闭环直流电机转速控制系统，首先介绍 PI 电流调节器参数设计方法。他励式直流电机的数学模型为

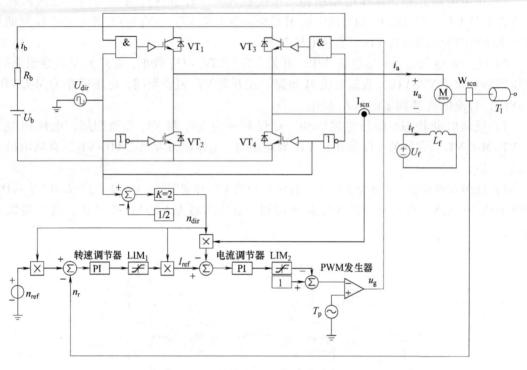

图 5-34　直流电机正反转控制系统模型

电枢方程：
$$u_a = R_a i_a + L_a \frac{\mathrm{d}i_a}{\mathrm{d}t} + e_a$$

运动方程：
$$J\frac{\mathrm{d}\omega_m}{\mathrm{d}t} = T_{em} - T_l - T_\Delta$$

反电动势：
$$e_a = k_e \Phi_f \omega_m$$

电磁转矩：
$$T_{em} = k_t \Phi_f i_a$$

式中，u_a、i_a、e_a 分别为直流电机的电枢绕组的端电压、电流和反电动势；R_a、L_a 分别为直流电机的电枢绕组的电阻和电感；T_{em}、T_l、T_Δ 分别为电机的电磁转矩、负载转矩和附加转矩；ω_m 为电机转速；Φ_f 为励磁磁通；k_e 为电势常数；k_t 为转矩常数；J 为系统转动惯量。

消除电机的转速、电磁转矩和反电动势 3 个中间变量，能够获得电机的电枢电流与电枢电压之间的函数关系式，即

$$J\frac{\mathrm{d}}{\mathrm{d}t}u_a = R_a J \frac{\mathrm{d}}{\mathrm{d}t}i_a + L_a J \frac{\mathrm{d}^2}{\mathrm{d}t^2}i_a + k_e k_t \Phi_f^2 i_a - k_e \Phi_f(T_l + T_\Delta)$$

Φ_f 为常数时，该直流电机驱动系统是一个线性系统。运用叠加原理，得到电机的电枢电流与电枢电压之间的微分方程为

$$J\frac{\mathrm{d}}{\mathrm{d}t}u_a = R_a J \frac{\mathrm{d}}{\mathrm{d}t}i_a + L_a J \frac{\mathrm{d}^2}{\mathrm{d}t^2}i_a + k_e k_t \Phi_f^2 i_a$$

因此，电机的电枢电流与电枢电压之间的传递函数 $G(s)$ 为

$$G(s) = \frac{I_a(s)}{U_a(s)} = K_m \frac{s}{\tau_m^2 s^2 + \tau_a s + 1}$$

$$\begin{cases} K_m = \dfrac{1}{k_e k_t \Phi_f^2} \\[2mm] \tau_m = \dfrac{1}{\Phi_f} \sqrt{\dfrac{L_a J}{k_e k_t}} \\[2mm] \tau_a = \dfrac{L_a}{R_a} \end{cases}$$

式中，K_m 为电枢电压与电流系统的增益；τ_m 为电机的电气时间常数；τ_a 为电机的电枢电路时间常数。

将直流电机的励磁过程假设为一个线性系统，$k_e = k_t = 1$，$T_\Delta = 0$。因此，当直流电机进入额定稳态运行时，该电机的额定气隙磁通量为

$$\Phi_f = \frac{U_a - R_a I_a}{\omega_m}$$

式中，I_a 为电枢电流 i_a 的稳态值。

在 120V 电枢电压、12V 励磁电压和 30N·m 负载条件下，测得的电机的稳态转速 1081r/min，额定电流 32.78A。因此，计算的电机额定气隙磁通量为 0.9157Wb，相应的电动机电气时间常数为 0.05s。利用 Ziegler-Nichols 方法整定电流闭环控制系统的 PI 调节器参数。假设系统延迟时间的数值为 $1/L_a$，那么电流调节器 $G_{ic}(s)$ 的增益和时间常数分别为

$$\begin{cases} K_{ip} = 0.75 \\ T_{ip} = 3.3 \times 0.05 = 0.165s \end{cases}$$

经调试，满足设计性能指标的 PI 转速调节器 $G_{nc}(s)$ 的增益和时间常数为

$$\begin{cases} K_{np} = 2.1 \\ T_{ni} = 9.6s \end{cases}$$

相应的直流电机转速控制系统的运行曲线如图 5-35 所示。图 5-35a 中，电机转速 n_r 梯形跟踪目标转速 n_{ref}，n_r 的稳态曲线与 n_{ref} 重合，无超调，0～900r/min 的转速上升时间为 0.194s，小于相应的指标值 0.2s；n_r 的正反向稳态误差绝对值<4r/min，小于相应的指标值 5r/min。图 5-35b 中，相对于电池电动势电压 u_b 的一条 200V 直线，电机电枢电压 u_a 是脉冲序列构成的一条 PWM 斩波曲线，转速 n_r 正向的 u_a 脉冲幅值大于 0，转速 n_r 反向的 u_a 脉冲幅值小于 0。图 5-35c 中，无论是电机正反向旋转，电机的电枢电流的虚线 i_a 都能较好地跟踪它的实线参考值 I_{ref}，初始电流能达到 150A，电流稳压值约为 33A；动力蓄电池的电流 i_b 是一条与 u_a 曲线类似的脉冲序列曲线，只是它的脉冲幅值都大于 0；i_b 大于 0 时，系统处于电源供电状态，而 i_b 等于 0 时，系统处于电机电枢电流的续流状态。图 5-35d 中，在电机正反向旋转的初始阶段，电机的 T_{em} 虚线产生了绝对值 150Nm 电磁转矩，使电机转速较快地跟踪目标转速，系统进入稳态后，电磁转矩 T_{em} 虚线与负载转矩 T_l 实线重合。综上，直流电机转速控制系统满足了设计动静态指标，即转速稳态误差绝对值小于 5r/min，转速的上升时间小于 0.2s，转速曲线无超调。

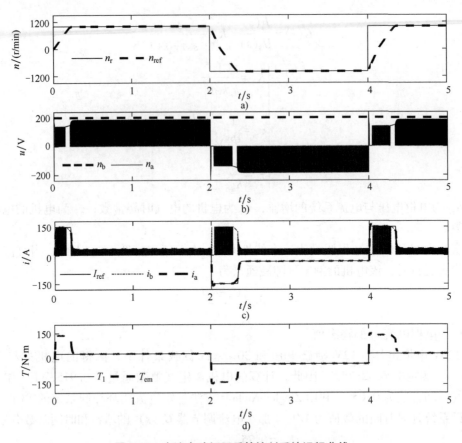

图 5-35 直流电动机正反转控制系统运行曲线

a）电机转速 b）电源电压、电枢电压 c）电源电流、电枢电流 d）负载转矩、电磁转矩

5.4.3 DC/DC 的多相多重电路

在电源和负载之间并联多个结构相同的 DC/DC 电路，能够形成多相多重的 DC/DC 电路。它的优点是电流脉动小，滤波器设计简单；多路并联，可靠性高。

例如，图 5-36 所示的三相三重 DC/DC 降压变换器电路中，有 3 个结构相同的并联降压

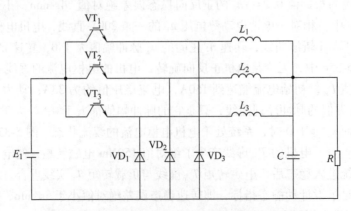

图 5-36 三相三重 DC/DC 降压变换器的电路原理

单元。在电路控制中，可设计 3 个功率半导体开关 VT_1、VT_2 和 VT_3 的占空比相同，触发时间相差 120°，以减少变换器输出电压的纹波系数。

5.5 DC/DC 隔离变换器

高频脉冲变压器可用来电气隔离 DC/DC 变换器的直流输入与输出，效率高、体积小、重量轻。它的匝比可调节变换器的输出电压水平，能够实现 DC/DC 隔离变换器的降压、升压和升降压功能。根据变压器磁心的磁通变化，DC/DC 隔离变换器可分为正激式变换器、反激式变换器和推挽式变换器。在开关导通期间，电源的能量通过变压器直接传递给负载的 DC/DC 隔离变换器，称为正激式变换器。反之，在开关截止期间，电源的能量通过变压器直接传递给负载的 DC/DC 隔离变换器，称为反激式变换器。而模拟电子技术的推挽式放大器方法应用在 DC/DC 隔离变换器上，两个开关触发延迟角的相位差为 180°，将电源的能量互补传递给负载，形成了推挽式变换器。同时，变压器磁心的磁通可以在一个或两个方向变化，因此又分为单端变换器和双端变换器。双端变换器又可用半桥变换器或 H 桥变换器来命名。

5.5.1 单端正激式变换器

在图 5-1 所示的降压变换器电路中的半导体开关和续流二极管之间插入高频脉冲变压器，可得到图 5-37 所示的电路，构成了单端正激式变换器。它的基本工作原理如下：

1）当开关 S 导通时，如果变压器 T 的二次绕组侧的电压高于输出电压，则二极管 VD_1 导通，电源能量经电感 L 传递给负载。此时，称为开关导通状态。

2）当开关 S 关断时，变压器 T 的电动势反向，阻止磁通衰减，VD_1 截止，电感 L 的电流经二极管 VD_2 续流。此时，称为开关截止状态。

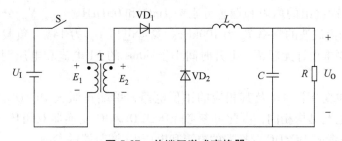

图 5-37   单端正激式变换器

假设脉冲变压器 T 的单位绕组的磁通量为 Φ_u，则脉冲变压器的一次和二次绕组的电动势为

$$\begin{cases} E_1 = -N_1 \dfrac{\mathrm{d}\Phi_u}{\mathrm{d}t} \\[2mm] E_2 = -N_2 \dfrac{\mathrm{d}\Phi_u}{\mathrm{d}t} \end{cases} \tag{5-76}$$

式中，N_1 和 N_2 分别为脉冲变压器的一次和二次绕组的匝数。

这样，脉冲变压器 T 的一次和二次绕组的电动势关系为

$$E_2 = \frac{N_2}{N_1} E_1 \tag{5-77}$$

当图 5-37 所示的电路处于 PWM 周期稳态且电感 L 电流连续时，电感 L 处于伏秒平衡状态，可得到如下方程：

$$\left(\frac{N_2}{N_1} U_1 - U_0\right) \delta T_p = U_0 (1-\delta) T_p$$

整理可得单端正激式变换器的 PWM 周期稳态电压比为

$$\frac{U_0}{U_1} = \frac{N_2}{N_1} \delta \tag{5-78}$$

【例 5-10】　设计图 5-37 所示的单端正激式变换器电路，假设电路由理想元件组成，直流电源电压为 42V，负载为 1.4Ω，变压器的电压比为 1，开关频率为 100kHz，电感 L 为 20μH、电容 C 为 50μF，要求计算恒压输出 14V 的占空比。

解　根据题意，有

$$U_1 = 42\text{V}, U_0 = 14\text{V}, N_2/N_1 = 1, \quad f_p = 100\text{kHz}$$

如果单端正激式变换器的电感连续，则 PWM 的占空比计算如下：

$$\delta = \frac{N_1}{N_2} \frac{U_0}{U_1} \times 100\% = 1 \times \frac{14}{42} \times 100\% \approx 33.3\%$$

【例 5-11】　图 5-38 所示为单端正激式 DC/DC 变换器控制系统电路原理图，高电压蓄电池组开路电压 E_{bh} 为 400V，内阻 R_{bh} 为 0.4Ω；低电压蓄电池开路电压 E_{bl} 为 13.8V，内阻 R_{bl} 为 0.02Ω；电感 L 为 50μH，滤波电容 C 为 20μF。开关 VT 为功率 MOSFET，通态电阻 20mΩ；3 只功率二极管的内阻为 50mΩ，阈值电压为 0.7V；电压钳位吸收电路的电阻 R_f 为 10Ω，电容 C_f 为 10μF。脉冲变压器 TR 的一次和二次绕组的匝比为 4：1，励磁电感为 100μH，一次和二次绕组的内阻和漏感分别为 1mΩ 和 0.1μH。I_{sen}、V_{sen} 分别为电流传感器和转速传感器，锯齿波波的频率 T_p 为 100kHz。参考电压 U_{ref} 为 14V，负载电阻的变化范围为 0.14～1.4Ω，要求设计无超调、上升时间小于 50ms 的 PI 电流和电压调节器，系统稳态误差小于 1%。

解　除了脉冲变压器 TR 及其相应的钳位电路，单端正激式 DC/DC 变换器与降压式 DC/DC 变换器的电路结构相同，因此可参考降压式 DC/DC 变换器双闭环 PI 调节器的设计方法，确定单端正激式 DC/DC 变换器的电流和电压 PI 调节器的参数。

由于脉冲变压器 TR 的漏感远小于电感 L，因此忽略 TR 漏感对单端正激式 DC/DC 变换器系统时间常数 τ 的影响，即

$$\tau = \sqrt{LC} = \sqrt{50 \times 20 \times 10^{-12}} \approx 3.16 \times 10^{-5}\text{s}$$

运用 Ziegler-Nichols 方法镇定双闭环控制系统的 PI 调节器参数。假设系统延迟时间 T_d 等价于系统时间常数 τ，那么电流调节器的增益 K_{ip} 和时间常数 T_{ip} 分别为

$$\begin{cases} K_{ip} = 0.9 \\ T_{ip} = 1 \times 10^{-4}\text{s} \end{cases}$$

取电压调节器的时间常数 T_{vi} 是 T_{ii} 的 10 倍，即

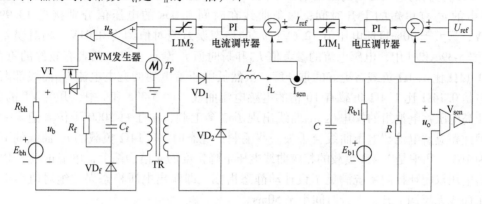

图 5-38 单端正激式 DC/DC 变换器控制系统电路模型

$$T_{vi} = 10T_{ii} = 1 \times 10^{-3} \text{s}$$

同时，初步确定电压调节器增益 K_{vp} 与 K_{ip} 相同。通过试错法，满足设计性能指标的 PI 电压调节器的 K_{vp} 为 3.6。

相应的单端正激式 DC/DC 变换器控制系统的仿真结果如图 5-39 所示。图 5-39a 和 b 中，变换器的输出电压 u_o 实线渐近跟踪目标电压 U_{ref} 的 14V 虚线，u_o 的稳态曲线与 U_{ref} 重合；1.4Ω 和 0.14Ω 两种负载的输出电压曲线无超调上升，由于前者仅为后者负载电流的十分

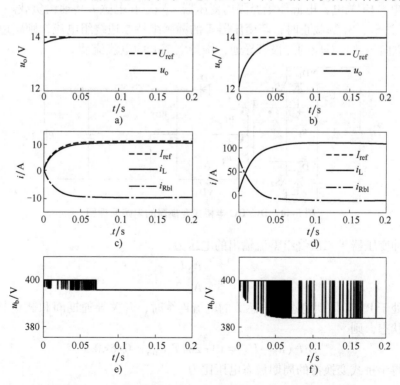

图 5-39 单端正激式 DC/DC 变换器控制系统的仿真结果

a)、b) 输出电压　c)、d) 电感电流和低电压蓄电池电流　e)、f) 高电压蓄电池组电压

之一，因此它们的电压曲线的起始电压不同，分别约为 13.8V 和 12.6V；相应地，图 5-39a 比 5-39b 的 u_o 有更短的上升时间；两条曲线在时间 0.05s 的电压值分别接近 13.99V 和 13.90V，远大于 90% 目标电压值 12.6V；u_o 的稳态误差绝对值约为 0.01V，相对误差小于 1‰。图 5-39c 和 d 中，电感电流的参考值 I_{ref} 和瞬时值 i_L 渐近上升，两者有较好的重合度，但是 0.14Ω 比 1.4Ω 负载有更好的重合度；虽然低电压蓄电池的充电电流 i_{Rbl} 曲线都渐近下降，但是 0.14Ω 比 1.4Ω 负载有 10 倍的电感电流曲线。图 5-39e 和 f 中，开关 VT 的 PWM 控制使高电压蓄电池组的端电压 u_b 曲线出现了诸多毛刺，由于每 1000 步仿真记录一个数据，因此相应蓄电池端电压曲线会丢失一些毛刺；稳态时，0.14Ω 负载的 u_b 曲线的下降幅度约为 16V，几乎是 1.4Ω 负载的相应曲线电压下降幅度的 4 倍。综上，单端正激式 DC/DC 变换器电压双闭环控制系统满足了设计动静态指标，即输出电压稳态误差绝对值小于 1%，其电压曲线无超调上升，上升时间小于 50ms。

5.5.2 半桥式变换器

DC/DC 半桥式变换器的电路原理如图 5-40 所示。电路工作原理与推挽式变换器相似，两个功率半导体开关互补触发导通，电容 C_1 和 C_2 具有分压和隔直流作用。

1) 当开关 S_1 导通和 S_2 关断时，变压器 T 的二次绕组侧的感应电压高于负载电压，二极管 VD_3 导通，VD_4 反向截止，C_1 放电，C_2 充电，电源能量经隔离变压器、VD_3 和电感 L 传递给负载。

2) 当开关 S_2 导通和 S_1 关断时，变压器 T 的二次绕组侧感应电压反向，VD_4 导通，VD_3 截止，C_1 充电，C_2 放电，电源能量经隔离变压器、VD_4 和电感 L 传递给负载。

3) 当开关 S_1、S_2 都截止时，若变压器 T 的漏感维持原边绕组电流，则副边绕组与原边绕组的电流方向一致，对应的二极管导通，维持电感 L 的电流流动。

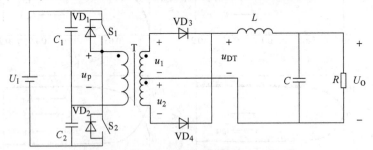

图 5-40 DC/DC 半桥式变换器的电路原理图

理想脉冲变压器 T 二次绕组整流输出的电压为

$$u_{DT} = \frac{N_2}{N_1} \frac{U_1}{2} \tag{5-79}$$

当电路处于 PWM 周期稳态且电感 L 的电流连续时，开关导通期间和截止期间的电感处于伏秒平衡状态，则

$$2\delta T_p (u_{DT} - U_O) = (1 - 2\delta) T_p U_O, \quad 0 < \delta < 0.5 \tag{5-80}$$

整理可得半桥式变换器的周期稳态电压比为

$$\frac{U_O}{U_I} = \delta \frac{N_2}{N_1}, \quad 0 < \delta < 0.5 \tag{5-81}$$

【**例 5-12**】 设计图 5-40 所示的半桥式变换器电路。假设脉冲变压器为非理想元件（励磁电感 250μH，漏感 0.01μH，内阻 1μΩ），其他电路由理想元件组成。直流电源电压为 400V，负载 1Ω，变压器的电压比为 5∶1，开关频率为 25kHz，输入电容 C_1 和 C_2 为 1000μF，电感 L 为 100μH，输出电容 C 为 2200μF。要求：

1）计算恒压输出 28V 的占空比。

2）绘制一个周期内脉冲变压器和输出电压的周期稳态电压曲线。

3）请解释隔离变压器偏磁的原因。

4）解释如何解决隔离变压器的偏磁问题。

解 1）根据题意，有

$$U_1 = 400V, U_O = 28V, N_2/N_1 = 1/5, \quad f_p = 25kHz$$

脉冲变压器的漏感和内阻极小，因此忽略损耗计算，将脉冲变压器近似为一个理想变压器和励磁电感的组合。如果该变换器励磁电感电流连续，则 PWM 的占空比为

$$\delta = \frac{N_1}{N_2}\frac{U_O}{U_1} \times 100\% = \frac{5}{1} \times \frac{28}{400} \times 100\% = 35\%$$

2）PWM 周期稳态的半桥式变换器的脉冲电压和输出电压曲线如图 5-41 所示。

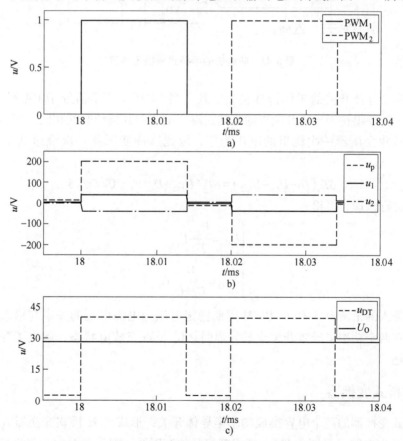

图 5-41　半桥式变换器的脉冲电压和输出电压曲线

a）PWM 脉冲　b）脉冲电压　c）输出电压

由图 5-41 可知，在开关 S_1 导通和开关 S_2 关断期间，脉冲变压器输入电压为 200V，变压器二次绕组输出的整流电压 u_{DT} 为 40V，VD_3 导通。开关 S_1 关断，S_2 未触发导通，此时变压器一次绕组的电动势反向，导致二次绕组的感应电压反向，VD_4 导通并续流电感电流。

当开关 S_2 导通和开关 S_1 关断时，脉冲变压器的输入电压为 -200V，电流 i_{S2} 逐渐增大，变压器二次绕组的整流电压 u_{DT} 为 40V，VD_4 导通。当开关 S_2 关断和 S_1 未触发导通时，VD_3 导通并续流电感电流。当两个开关都关断时，二次绕组电压为 0。

3）如果一个周期内脉冲变压器绕组的平均电压非零，那么脉冲变压器绕组的充磁能量非零，也就出现了偏磁问题。当输入侧的两个电容量不相等或功率半导体开关一致性不好时，一个周期内脉冲变压器绕组正反两个方向的电压不相等，从而造成变压器绕组的偏磁。

4）如果脉冲变压器绕组的非零周期电压造成了偏磁问题，那么可以在变压器一次绕组侧串联一个电容来吸收电压的不平衡，使变压器的周期电压为零，电路如图 5-42 所示。

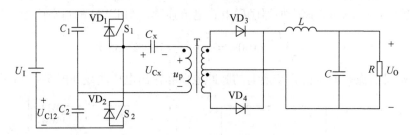

图 5-42 防偏磁的半桥式变换器电路

假设功率半导体开关的工作特性完全一致，当 DC/DC 变换器处于 PWM 周期稳定时，隔离变压器一次绕组在半导体开关导通时的正反向电流及其持续时间相同。当两个半导体开关关断时，脉冲变压器一次绕组的电压为零，因此脉冲变压器一次绕组处于伏秒平衡状态，即

$$\delta T_p(U_I - U_{Cx} - U_{C12}) = \delta T_p(U_{C12} + U_{Cx}), \quad 0 < \delta < 0.5$$

对上式进行整理，可得

$$\begin{cases} U_{Cx} = \dfrac{U_I}{2} - U_{C12} \\ U_{C12} = \dfrac{C_1}{C_1 + C_2} U_I \end{cases}$$

因此，插入的平衡电容 C_x 的 PWM 周期稳定电压为电源电压的一半与输入电容中心点电压之差。在两个功率半导体开关交替导通时，C_x 呈现充放电状态，解决了变压器一次绕组的偏磁问题。

5.5.3 H 桥式变换器

将半桥式变换器的两个电容换成功率半导体开关，形成了 H 桥式变换器（也称全桥式变换器）的基本电路（见图 5-43）。考虑理想脉冲变压器，则一个对角功率半导体开关同时触发导通，另一个对角的开关同时截止，脉冲变压器一次绕组的电流在正反两个方向对等变化。

1）当开关 S_1、S_4 导通和 S_2、S_3 关断时，脉冲变压器 T 的二次绕组侧感应电压高于负载电压，二极管 VD_5 导通，VD_6 反向截止，电源能量经隔离变压器、VD_5 和电感 L 传递给负载。

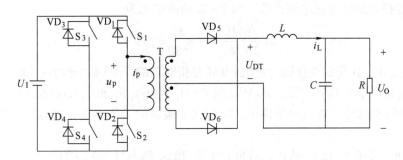

图 5-43 H 桥式变换器电路

2）当开关 S_2、S_3 导通和 S_1、S_4 关断时，变压器 T 的二次绕组侧感应电压反向，VD_6 导通，VD_5 截止，电源能量经隔离变压器、VD_6 和电感 L 传递给负载。

3）当开关 S_1、S_2、S_3、S_4 都截止时，若变压器 T 的漏感维持原边绕组电流，则副边绕组与原边绕组的电流方向一致，对应的二极管导通，维持电感 L 的电流流动。

H 桥式变换器的整流输出方式常用全波和全桥两种方式，前者需要一个具有三个绕组的隔离脉冲变压器、两个整流二极管；而后者只需具有两个绕组的变压器，但需要四个整流二极管。虽然全桥式变换器的功率开关多，成本相对高，但功率开关的电压和电流均衡，而且容易消除变压器的偏磁问题和实现软开关模式，因此多应用在中大功率的直流电源场合。

理想脉冲变压器 T 的二次绕组整流输出的电压为

$$U_{DT} = \frac{N_2}{N_1} U_I$$

当电路处于 PWM 周期稳态且电感 L 的电流连续时，开关导通期间和关断期间的电感处于伏秒平衡状态，则

$$2\delta T_p (U_{DT} - U_O) = (1 - 2\delta) T_p U_O, \quad 0 < \delta < 0.5$$

对上式进行整理，可得 H 桥式变换器的 PWM 周期稳定电压比为

$$\frac{U_O}{U_I} = 2\delta \frac{N_2}{N_1}, \quad 0 < \delta < 0.5 \tag{5-82}$$

这与推挽式变换器电压比的计算式相同。

【例 5-13】 设计图 5-43 所示的 H 桥式变换器电路（每个功率开关反并联一个二极管），假设变压器为非理想元件（励磁电感 L 为 100μH，漏感为 1μH，内阻为 1μΩ），其他电路由理想元件组成，直流电源电压为 530V，负载为 1Ω，变压器的电压比为 5∶1，开关频率为 25kHz，滤波电感 L 为 20μH，输出电容 C 为 1000μF，要求：

1）计算恒压输出 53V 的占空比。

2）绘制理想 PWM 下一个周期内变换器的工作电压和电流曲线。

3）分析在 4 个开关都关断时，可能出现的变压器一次绕组电压。

4）说明如何解决 3）的问题。

解

1）根据题意，有

$$U_1 = 530\text{V}, U_O = 53\text{V}, N_2/N_1 = 1/5, f_p = 25\text{kHz}$$

如果该变换器励磁电感电流连续，则 PWM 的占空比为

$$\delta = \frac{N_1}{2N_2}\frac{U_O}{U_1} = \frac{5}{2}\times\frac{53}{530} = 25\%$$

2）本例题中，H 桥式变换器的理想 PWM 是指对角的开关同时导通或关断，同一桥臂的开关触发导通相位差为 180°。图 5-44a 所示的 PWM_1 为开关 S_1 和 S_4 的触发脉冲，PWM_2 为开关 S_2 和 S_3 的触发脉冲，在已知条件下，H 桥式变换器的工作电压、电流曲线如图 5-44b ~ f 所示。

由图可知，开关 S_2 和 S_3 截止，对角开关 S_1 和 S_4 触发导通后关断，变压器的励磁电感电流 i_p 保持同一方向流动，由此该电流通过开关 S_2 和 S_3 的并联二极管向电源 U_1 充电，变压器一次绕组的感应电动势从正变为负，直至变压器的电磁能耗尽（电流为零），变压器一次绕组的感应电动势变为零。

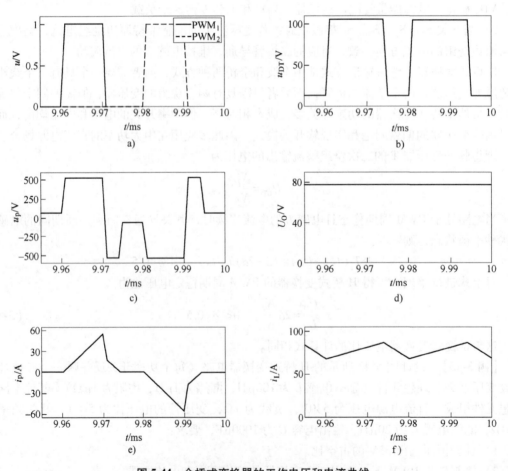

图 5-44　全桥式变换器的工作电压和电流曲线

而且，输出电路的整流二极管进行换流，整流输出电压增加了变压器电流续流时间的宽

度，这导致了负载电压 U_o 的提高，约 80V，远离了设计值 53V。反之，开关 S_1 和 S_4 截止，对角开关 S_2 和 S_3 触发导通后关断，出现了与前面相同的电磁效应，变压器一次绕组的电压从负变为正。很显然，变压器励磁电感使全桥式变换器的理想 PWM 控制方式对输出电压失控。

3）由图 5-43 可知，在四个开关都截止的情况下，理想 PWM 控制方式可使 H 桥式变换器的变压器的一次绕组出现非零电压，将其电磁能回馈给电源，造成输出电压的失控。

4）可以将每个桥臂的两个开关管驱动信号 180° 互补触发导通并有死区时间，两个桥臂的触发延迟角相差一个相位，即移相角。通过调节移相角的大小来调节输出电压，称为移相控制。该控制方式的电压、电流曲线如图 5-45 所示。图 5-45a 所示的 PWM_1 为开关 S_1 的触发脉冲，PWM_2 为开关 S_4 的触发脉冲，移相角为 90°。在理想情况下，开关 S_1 与开关 S_2 的触发脉冲的相位差为 180°。移相控制策略的核心思想有三个方面：

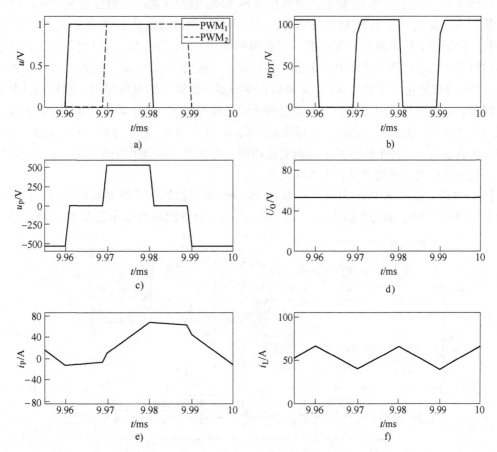

图 5-45　移相式 PWM 全桥式变换器的工作电压和电流曲线

① 四个开关的占空比为 50%。
② 每个桥臂的两个开关的触发信号的相位互补。
③ 两个桥臂的对角开关触发导通时刻的相位差是对角开关占空比的一个线性函数。
移相控制开关的门极 PWM 触发信号存在下面的相位关系，即

$$\begin{cases} \theta = (1-2\delta)180° \\ \alpha_4 = \alpha_1 - \theta \\ \alpha_3 = \alpha_2 - \theta \\ \alpha_2 - \alpha_1 = \pm 180° \\ \alpha_4 - \alpha_3 = \pm 180° \end{cases} \tag{5-83}$$

式中，θ 为全桥式 DC/DC 隔离变换器对角开关的触发导通时刻的门极信号相位差；2δ 为每个桥臂的对角开关同时导通的角度与 $180°$ 之比；α_1、α_2、α_3 和 α_4 分别为四个开关的触发导通时刻的栅极信号相位，α_1 和 α_2 分别对应第一个桥臂的上下两个开关，α_3 和 α_4 分别对应第二个桥臂的上下两个开关，α_1 和 α_4 分别对应两个对角开关，α_2 和 α_3 分别对应另两个对角开关。如果 $\theta=0$，移相控制开关就是占空比为 50% 的对角控制开关。

由图可知，开关 S_2 和 S_3 截止，对角开关 S_1 和 S_4 触发导通后，而开关 S_4 延迟到半个周期关断。当开关 S_1 关断而 S_4 继续导通时，变压器的励磁电感电流 i_p 从开关 S_4 和开关 S_2 的反并联二极管形成回路流动，变压器一次绕组的电压 u_p 几乎为 0。这段时间内，由于变压器的内阻很小，变压器一次绕组的电流几乎恒定，二极管 VD_6 导通，直至开关 S_4 关断，开关 S_2 和 S_3 导通为止。开关 S_2 和 S_3 导通后，变压器一次绕组的电压反向，感应电动势亦反向，促使其电流减小，而二次和三次绕组的感应电流在增加，VD_6 继续导通，VD_5 截止。在 S_2 关断和 S_3 继续导通时，可使 i_p 急剧减小为 0，u_p 几乎为 0。VD_5 导通、VD_6 截止，电感 L 续流。仿真表明，电源电流在两个方向变化相同，变压器一次绕组的电压保持了设计的脉冲宽度，使得负载电压保持在设计值 53V 左右。

【例 5-14】 图 5-46 所示为隔离式 H 桥 DC/DC 变换器控制系统电路原理图，4 只 IGBT 的饱和压降为 1.5V，通态电阻为 $10\text{m}\Omega$；所有功率二极管的阈值电压为 0.7V，通态电阻为

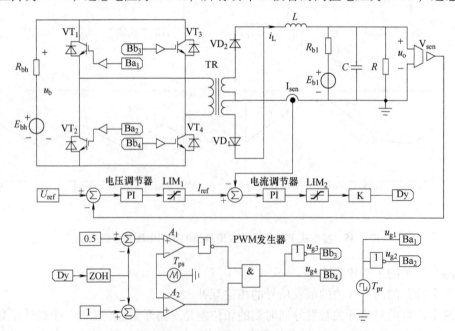

图 5-46 隔离式 H 桥 DC/DC 变换器控制系统电路模型

10mΩ；变压器的励磁电感为 100μH，漏感为 0.1μH，内阻为 0.1mΩ，匝比 5∶1；高电压蓄电池组电压 E_{bh} 为 400V，内阻 R_{bh} 为 0.4Ω；低电压蓄电池开路电压 E_{bl} 为 13.8V，内阻 R_{bl} 为 0.02Ω；电感 L 为 150μH，滤波电容 C 为 330μF；I_{sen}、V_{sen} 分别为电流传感器和电压传感器，锯齿波的频率 T_{ps} 和方波发生器的频率 T_{pr} 为 100kHz，单位幅值，零阶保持器 ZOH 的采用频率为 100kHz。参考电压 U_{ref} 为 14V，K 为单位比例环节，负载电阻的变化范围为 1.4～0.14Ω，要求设计无超调、上升时间小于 50ms 的 PI 电流和电压调节器，系统稳态误差小于 1%。

解 图 5-46 中，隔离式 H 桥 DC/DC 变换器与正激式单端 DC/DC 变换器的控制系统结构相同，都采用了 PI 电压外环调节器和电流内环调节器。但是，两者的 PWM 发生器电路不同，前者由移相原理生成，开关 VT_1 和 VT_2 的门极分别由方波发生器产生的互补信号驱动，而开关 VT_3 和 VT_4 则分别由锯齿波、两个比较器等电路产生的互补信号驱动，零阶保持器 ZOH 采样并保持一个控制周期由控制系统产生的占空比信号 Dy。

运用 Ziegler-Nichols 方法镇定双闭环控制系统的 PI 调节器参数不能满足系统性能指标。由于开关频率为 100kHz，因此选用 10 倍开关周期为 PI 电流调节器的积分时间常数 T_{ii}，即 0.1ms，PI 电压调节器的积分时间常数 T_{vi} 为 1ms。通过试错法，满足设计性能指标的 PI 电流、电压调节器的增益 K_{ip} 和 K_{vp} 分别为 1 和 5。

相应的隔离式 H 桥 DC/DC 变换器控制系统的运行结果如图 5-47 所示，与图 5-39 的结果相似，变换器的输出电压 u_o 实线渐近跟踪目标电压 U_{ref} 的 14V 虚线，u_o 的稳态曲线与 U_{ref}

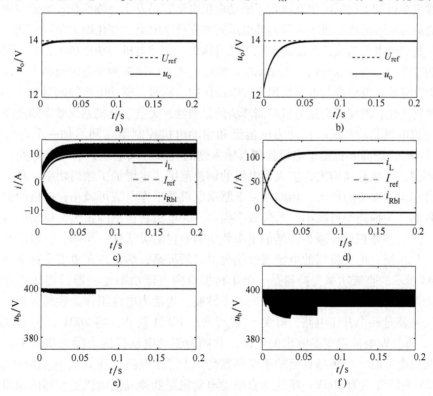

图 5-47　隔离式 H 桥 DC/DC 变换器控制系统运行结果

a)、b) 输出电压　c)、d) 电感电流和低电压蓄电池电流　e)、f) 高电压蓄电池组电压

重合；1.4Ω 和 0.14Ω 两种负载的输出电压曲线无超调上升，上升时间均小于 50ms，前者的稳态电压范围为 13.967～14.036V，后者的稳态电压范围为 13.970～14.023V，相对误差都小于 1%。相比于图 5-39，图 5-47 的曲线脉动更大，原因在于图 5-46 的 PWM 信号在一个 10μs 的控制周期只改变一次，而图 5-39 控制系统输出的 PWM 信号可在每 0.1μs 步长改变一次，调节更精细。

5.6　新能源汽车直流功率变换器

同一辆新能源汽车有不同的直流母线电压需求，动力蓄电池、超级电容器、燃料电池可以输出高电压，形成高压直流母线，常见的标称电压为 DC 100～400V；为了进一步提高驱动电机的功率密度和系统效率，高压直流母线的工作电压可超过 DC 800V。灯光、音响等汽车小功率负载往往使用传统的电压体制——12V 和 24V 的低压直流电源。最新的汽车低压直流电压标准趋向统一的 48V。在高压直流母线之间或高低压直流母线之间，往往需要一个直流功率变换器，完成直流电源至直流电源的功率变换，对电源匹配、效率提高、体积减小或成本降低有益处。

5.6.1　电驱动系统双向 DC/DC 变换器

新能源汽车行驶工况的随机性决定了驱动电机电流容易发生急剧变化，导致与电机控制器直接连接的动力电池组或超级电容器的端电压随着充放电电流的变化而大范围变化。对动力电池组而言，其放电电流越大，电池端电压下降得越快，驱动电机的功率越难提高，限制了电机的高速恒功率能力。当新能源汽车电制动时，驱动电机再生回馈的充电电流越大，动力电池组的端电压上升越快，电机控制器容易出现过电压保护。同时，驱动电机控制器输入侧的直流电压经常性急剧变化，增加了交流电机控制算法的复杂性，无益于电机系统效率的提高。

对于交流电机驱动系统，在动力电池组和驱动电机控制器之间增加一个直流功率变换器（见图 5-48），提高并稳定了电机控制器输入侧的直流母线电压，有 3 个好处：①增大感应电动势幅值，电机基速增大，扩大了电机的调速范围，也增加了输出功率，具有电子升速的功能；②感应电动势的增大，相同功率下驱动电机的工作电流可减小，电机的铜耗和功率半导体器件的开关损耗均可减小，系统效率提高；③电机转速范围扩大，驱动电机的功率密度可提高，质量和体积均可减小，增加了车载空间布置的灵活性。当然，在电压升高后的高压母线侧电气系统，电气材料的电绝缘性能等级必须提高，满足汽车电安全标准的要求。

图 5-48 所示的直流功率变换器是一个半桥型双向直流功率变换器，实现动力电池组和电机逆变器两个高压母线电压之间的双向功率转换。当动力电池组作为供能装置时，半桥型直流功率变换器是一个升压电路，开关 S_2 进行升压 PWM 斩波，将 200V 动力电池组升压为高压 500V，可与发电机逆变器输出的电能，共同为驱动电动机逆变器提供功率。当动力电池组需要吸收电能时，半桥型直流功率变换器是一个降压电路，开关 S_1 进行降压、PWM 斩波，将 500V 高压降压为 200V，吸收源自驱动电动机逆变器或发电机逆变器的输出电流。

在超级电容器或燃料电池作为能量存储装置的新能源汽车中，半桥型双向 DC/DC 变换器也经常被用来实现两个不同高压母线电压之间的功率转换和能量传递。

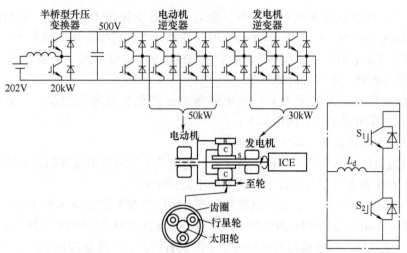

图 5-48　某典型混合动力电动汽车的电驱动系统结构

5.6.2　高低压 DC/DC 隔离变换器

与传统汽车一样，车灯、音响、刮水器等低压电器对新能源汽车来说同样重要。这样，就需要 DC/DC 变换器，将动力电池组提供的几百伏高电压降为安全电压的 12V、24V 或 48V，为低压铅蓄电池补充电能，满足车载低压电器的功率和能量需求，如图 5-49 所示。新能源汽车保留了低电压铅蓄电池，既可以降低整个车辆的成本，又可以确保电源的冗余度。铅蓄电池能在短时间内向车灯和刮水器等低压电器释放大电流，如果省去铅酸电池，DC/DC 变换器的功率要增加，体积要增大，从而使系统成本增加。当 DC/DC 变换器出现故障停止供电时，如果没有铅蓄电池，车载电器设备就会立即停止运行，影响汽车的安全行驶。

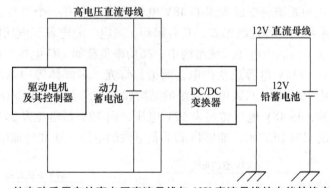

图 5-49　纯电动乘用车的高电压直流母线与 12V 直流母线的电能转换电路框图

低压 DC/DC 变换器采用隔离变压器的 DC/DC 技术，常用全桥式的功率电路拓扑。全桥式隔离 DC/DC 变换器的电路原理是先将直流电逆变成单相交流电，从隔离变压器的一次侧传递到二次侧，而后整流为直流电，供给负载。提高功率密度、改善系统效率、减小 EMI、降低成本，一直是高低压 DC/DC 变换器研究的方向。

5.6.3　48V 混合动力系统 DC/DC 变换器

汽车电子化不断提高汽车的环保性、安全性、舒适性、经济性和动力性。汽车上的用电设备越来越多，目前总功率超过了 1kW。随着汽车电动化技术的发展，例如集成起动发电一体化（Integrated Starter & Generator，ISG）技术，将大规模应用于汽车上。一方面，原来的 12V/24V 汽车电源电压已经不适应负载电流的大幅度增加；另一方面，ISG 起停系统可提高汽车的等效燃油经济性和降低排放。

为此，汽车厂商积极推进 48V 汽车电源系统标准化和市场化的步伐。采用 48V 作为下一代标准化汽车电源电压的理由如下：

1）提高汽车燃油效率，减少尾气排放。

2）用电设备的总功率至少可以提高 3 倍，适应几千瓦级用电设备的功率需求。

3）处于 60V 的安全电压范围，不需要触电防护措施。

4）可沿用原有低压配线，也可直接使用现有耐压为 60V 的功率半导体器件。

5）是乘用车电源电压 12V 的整数倍，且统一了 12V/24V 两种汽车电源系统。

48V 电源系统的 ISG 电机与发动机的传动形式有两种：一种是取代 12V 系统中发电机位置的带传动 ISG 电机，通常称为 BSG（Belt Starter & Generator）电机；另一种是直接与发动机的曲轴输出轴相连接，被称为曲轴安装式的 ISG 电机。具有 BSG 电机形式的 48V 电源系统，仍然需要独立的发动机冷起动用的起动机，因为带轮能提供的张紧力和功率有限，而且不耐磨损。

因为 ISG 电机的功能与蓄电池的容量与功率有很大的关系，所以按照功率等级，带 ISG 电机的 48V 电源系统可以分为起停（Start-Stop）系统和功率辅助混合电动汽车（Power-Assist HEV）系统。在起停系统中，ISG 电机具有起动发动机和发电功能，48V 蓄电池不接受再生制动能量。在功率辅助混合电动汽车系统中，ISG 电机不仅能够起动发动机，而且在汽车整个加速过程中需提供较长时间的辅助动力，需要较大能量的蓄电池组。当然 ISG 电机具有发电和再生制动功能，蓄电池能够接受再生制动的电能。

从目前的 12V 电源系统转变成未来的 48V 电气系统总会有一个过程，48V/12V 双级电压系统是汽车电源系统的一种过渡形式，具有起动、发电、充电和配电功能，以其低成本满足汽车对电源的需求。在双级电压系统结构中，高功率负载如 ISG 电机、电动空调、电动助力转向、电制动等将由 48V 电源总线供电，而诸如灯光、多媒体等中低功率负载则由 12V 电源总线供电。采用 48V/12V 双级电压系统的结构如图 5-50 所示，DC/DC 变换器可以是一个降压型直流变换器，将 48V 电压转换为 12V 电压，向 12V 蓄电池及其负载提供电能；也可以是一个半桥型的双向 DC/DC，能够将 12V 蓄电池的电能变换并传输给 48V 负载。

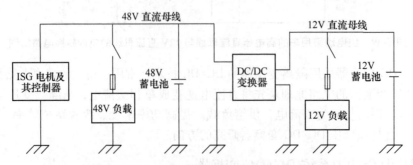

图 5-50　ISG 48V/12V 双级电压系统的结构框图

 拓展阅读　创造动力电池颠覆性产品

　　区别于传统燃油汽车，新能源汽车的动力部分或全部来自车载电力，其中的核心技术是动力电池。发展电动汽车初期，动力电池的研发重心是提高电池能量密度。经过专家组讨论、政府部门决策后，我国车用动力电池研发将高安全、长寿命电池技术的持续创新放在首要位置，利用国家科研专项协同攻关电池瓶颈技术，解决行业痛点。20 世纪 70 年代，美国科学家斯坦利·威廷汉首创硫化物锂电池，20 世纪 80 年代，美国科学家约翰·古迪纳夫原创性发明了高电势金属氧化物正极材料钴酸锂电池，1986 年，日本科学家吉野彰开发了石墨负极材料石油焦钴酸锂电池，他们也因此共同获得了 2019 年诺贝尔化学奖。然而，钴资源稀缺和钴酸锂电池性能衰减快制约了锂离子电池的发展。1997 年，约翰·古迪纳夫研制磷酸铁锂电池，铁、磷的地球储量丰富，极大拓宽了锂离子电池的应用前景。

　　高安全、长寿命、长续航的电池是电动汽车持续、可靠、健康发展的基石，然而电池活性材料的高能量密度与安全性兼得是一个世界性难题。最早的锂离子电池结构主要有卷绕和叠片两种类型，经过十几年探索，比亚迪最终确定走"刀片电池+磷酸铁锂"的技术路线。从改变电池结构入手，既保障安全性又提高电池能量密度，经过了 3~5 年的技术攻关，刀片电池诞生了——它是一种 1~1.2m 长的刀片形式锂离子电池。刀片电池产业化初期遇到了前所未有的技术难题，包括铝板成形、无焊接和电池低内阻等工艺问题。技术人员迎难而上，查资料、做测试、加强产业协同。例如，三明治结构的刀片电池需要用胶粘替代传统电池螺栓连接固定，这种导热性好、可靠耐久的胶黏剂由比亚迪联合化工材料企业研制。研发人员为了一个性能指标，需要大量的试验研究和配方改进，开展了不同温度、湿度、振动、涉水等条件的测试。新工艺电池中一半的材料属于二次开发，相关供应商有 1000 多个。没有现成设备可买，比亚迪工程师自己设计制造。经过多轮迭代，成功研制出将一个铝板挤压成防电解液泄漏、又薄又轻的一整个无焊接长条壳体的刀片电池制造工艺，新工艺电池内阻达到预期指标。刀片电池是一个全新的电池系统，这种颠覆性产品的产线设备没有先例可循，比亚迪建立了 1 万人的电池装备制造部门，专门研发、制造刀片电池的生产线，电池良品率超过 98%。2024 年，比亚迪所有的新能源汽车都装配刀片电池。

　　目前，全球前三大锂离子电池厂中有两家中国企业——宁德时代和比亚迪。而且，电池材料的世界工业产业链 70%~80% 来自于我国企业，即使国外电池大企业生产的电池也要采购中国企业的电池材料。中国新能源汽车的发展，带动了电池的发展，电池带动了上下游材料的发展，在全球正极材料、负极材料、隔膜、电解液的占比已经超过 80%，具有绝对优势，在人才、技术、工艺、装备和成本等方面形成了新优势。发展新能源汽车是我国成为汽车制造强国的必由之路，这种方针指引了我国电池技术创新，带动了我国电池产业链发展。不仅如此，电池新赛道技术也在培植、生长和蝶变，未来的半固态电池和固态电池正在研发、测试和创新中。

习题 5

　　5.1　控制直流电机的降压斩波电路如图 5-51 所示。已知 $E = 600\text{V}$，$R = 0.1\Omega$，$E_\mathrm{M} =$

230V，全控型功率半导体开关采用 1200V 的 IGBT，PWM 的控制周期为 $T = 100\mu s$，输出的电流连续，且其平均值 $i_o = 100A$。

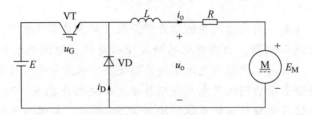

图 5-51　习题 5.1 图

1）试求输出电压的平均值和 PWM 占空比。

2）绘制 u_0、i_0 以及 u_G、i_D 的波形。

5.2　升压直流变换器如图 5-52 所示。已知 $E = 144V$，$C = 9900\mu F$，$R_L = 10\Omega$，全控型功率半导体开关 VT 采用 PWM 控制方式。PWM 周期 $T = 62.5\mu s$，占空比为 50%。

1）试计算输出电压和连续电流的平均值。

2）绘制功率半导体器件的电压和电流波形。

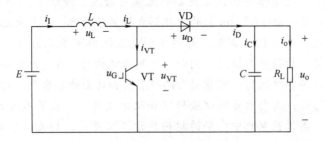

图 5-52　习题 5.2 图

5.3　升降压直流变换器如图 5-53 所示。已知 $E = 312V$，$C = 9900\mu F$，$R_L = 1\Omega$，全控型功率半导体开关 VT 采用 PWM 控制方式，PWM 周期 $T = 50\mu s$，输出电压 u_o 在 DC 156~468V 之间变化。

1）试计算 PWM 占空比的范围。

2）绘制最小输出电压和最大输出电压时的功率半导体开关 VT 的 u_G 和 u_{VT} 波形。

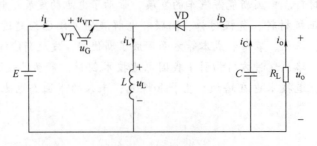

图 5-53　习题 5.3 图

5.4　双向 DC/DC 变换器如图 5-54 所示。在电感 L 电流连续的条件下，试用伏秒平衡

原理推导 E_1 和 E_2 之间的稳态数学关系。

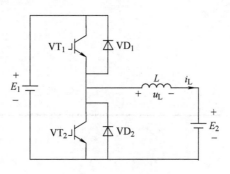

图 5-54　习题 5.4 图

5.5　在标称电压为 144V 的 24kW·h 锂离子动力电池组供电的纯电动乘用车中，采用三相交流异步电机及其控制器驱动车辆。其中，驱动电机控制器（电压源型逆变器）的额定输出功率为 27kW，额定直流电流为 100A，输入/输出的系统效率为 90%。

1）计算驱动电机控制器的额定直流电压。

2）如何实现供电锂离子电池电源电压与驱动电机控制器的电源电压需求的匹配，并解释该功率变换器的工作原理。

5.6　题 5.1 中，直流电机是一台他励式直流电机，试绘制一个能够保持直流电机端电压 E_M 稳定的双闭环控制系统结构图，并说明系统时间常数的提取方法。

5.7　一台单端正激式 DC/DC 变换器以 PWM 周期稳定的 CCM 工作，输入电源电压稳定。

1）试推导理想元器件条件的变换器的输出电压与占空比的函数关系。

2）试分析脉冲变压器漏磁对变换器输出电压的影响。

3）为什么增加一套双闭环控制系统能够抵消脉冲变压器漏磁对变换器输出电压的影响？

5.8　试绘制一套保持隔离型半桥式 DC/DC 变换器电压稳定的双闭环控制系统结构图。

5.9　试分析图 5-55 的移相控制工作原理，设计并解释 PWM 波形发生器原理图。

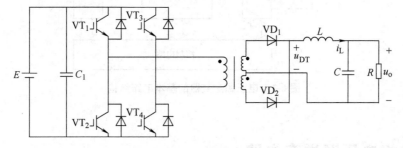

图 5-55　习题 5.9 图

第**6**章

逆变技术

逆变器是一个将直流电能变换成交流电能的电路系统，它能够输出频率、幅值和相位可调的正弦波。因此，逆变器广泛应用在工业交流电机调速、太阳能、风能等新能源并网发电、不间断电源（UPS）、新能源汽车等领域。

根据输入电源类型，逆变器可分为电压型逆变器（Voltage Source Inverter，VSI）和电流型逆变器（Current Source Inverter，CSI）。VSI 的特点是：①直流侧为电压源或并联大电容；②交流侧输出脉冲波电压，交流电流波形由负载决定；③并联反馈二极管，向感性负载提供无功功率流通道。

CSI 的输入为直流电流源，常通过直流链路的电感产生。另外，输出并入电网的逆变器称为有源逆变器，而输出供给负载的逆变器则称为无源逆变器。本章将讨论单相和三相正弦波输出的无源 VSI 技术，逆变器的基本电路结构如图 6-1 所示。图中的直流链路是围绕滤波电容构成的电容预充电电路和回馈过电压泄放电路，逆变电路是由功率半导体器件构成的拓扑电路，控制电路的主要功能是产生逆变电路的 PWM 触发信号。

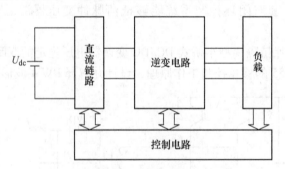

图 6-1 电压源逆变器的基本电路结构

6.1 单相电压源逆变电路

单相电压源逆变电路有三种类型：中心抽头变压器式、半桥式和 H 桥式。本节重点描述 H 桥式 VSI 的工作原理及其 PWM 控制方法。

6.1.1 中心抽头变压器式单相电压源逆变电路

在电路拓扑上，中心抽头变压器式单相电压源逆变电路与推挽式 DC/DC 变换器有相同的部分，如图 6-2 所示。它由两个功率半导体开关 S_1 和 S_2 组成，两个开关的 PWM 占空比相同，触发信号的相位差为 $180°$。电路的基本工作原理如下：

1）当 S_1 导通和 S_2 关断时，变压器一次绕组 OA 端为电源电压，变压器的二次绕组 CD 端感应出正电压，施加在负载 R 上。

2）当 S_2 导通和 S_1 关断时，变压器一次绕组 OB 端为电源电压，变压器的二次绕组 CD 端感应出负电压，施加在负载 R 上。

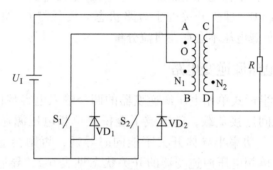

图 6-2 中心抽头变压器式单相电压源逆变电路

这样，当功率半导体开关互补导通时，二次绕组感应出交变电压，作用在感性负载 R 上可形成正弦电流。实际应用中，需注意以下情况：

1）当 2 个功率半导体开关截止时，半导体需承受 2 倍的电源电压。

2）变压器的漏感能够增加功率半导体开关器件的电应力和损耗。

3）防止变压器出现深度饱和。

6.1.2 半桥式单相电压源逆变电路

在电路拓扑上，半桥式单相电压源逆变器与半桥式 DC/DC 变换器相同，如图 6-3 所示。它由两个串联的输入电容和两个功率半导体开关组成，电容和开关的中心点之间连接负载。显然，功率半导体开关 S_1 和 S_2 不能同时导通，否则会造成桥臂的直通而导致直流电源短路。两个功率半导体开关的工作状态见表 6-1。当功率半导体开关都处于截止状态时，负载电流方向决定其电压方向。

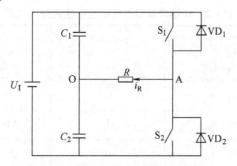

图 6-3 半桥式单相电压源逆变电路

表 6-1 半桥式单相电压源逆变器的开关状态

开关状态		负载电压	导通器件	
S_1	S_2	u_{AO}	$i_R>0$	$i_R<0$
导通	截止	$U_1/2$	S_1	VD_1
截止	导通	$-U_1/2$	VD_2	S_2
截止	截止	$-U_1/2$	VD_2	—
		$U_1/2$	—	VD_1

假设 C_1 和 C_2 的电压稳定在电源电压的一半，负载电流 i_R 为 0。如果 S_1 导通，S_2 截止，则 C_1 放电，C_2 充电，$i_R>0$，理想开关处于短路状态，负载与 C_1 的电压相等；反之亦然。输入电容有隔直功能，负载电压不会存在直流分量。

6.1.3　H 桥式单相电压源逆变电路

在电路拓扑上，将半桥式单相电压源逆变器的两个输入电容替代为功率半导体开关器件，两个桥臂中心点之间连接负载，就形成了全桥式单相电压源逆变器，如图 6-4 所示。很显然，同一桥臂的两个功率半导体开关不能同时导通，否则会造成桥臂的直通而导致直流电源短路。H 桥式单相电压源逆变器的开关状态见表 6-2，导通器件由开关驱动信号与负载电流方向共同决定。对角开关导通的负载电压的绝对值与直流电压相等，上桥臂或下桥臂双开关导通的负载电压等于 0，单开关导通的负载电压由负载电流方向决定，0、U_1 或 $-U_1$。当开关都处于截止状态时，负载电流方向决定反并联二极管的导通状态及负载电压的方向。

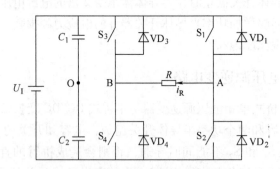

图 6-4　H 桥式单相电压源逆变电路

表 6-2 H 桥式单相电压源逆变器的开关状态

开关状态		负载电压	导通器件	
导通	截止	u_{AB}	$i_R>0$	$i_R<0$
S_1、S_4	S_2、S_3	U_1	S_1、S_4	VD_1、VD_4
S_2、S_3	S_1、S_4	$-U_1$	VD_2、VD_3	S_2、S_3
S_1、S_3	S_2、S_4	0	S_1、VD_3	VD_1、S_3

(续)

开关状态		负载电压	导通器件	
导通	截止	u_{AB}	$i_R>0$	$i_R<0$
S_2、S_4	S_1、S_3	0	VD_2、S_4	S_2、VD_4
S_1	S_2、S_3、S_4		S_1、VD_3	VD_1、VD_4
S_2	S_1、S_3、S_4	×	VD_2、VD_3	S_2、VD_4
S_3	S_1、S_2、S_4		VD_2、VD_3	S_3、VD_1
S_4	S_1、S_2、S_3		S_4、VD_2	VD_1、VD_4
—	所有开关	$-U_I$	VD_2、VD_3	—
		U_I	—	VD_1、VD_4

对于相同功率的单相电压源逆变电路，H 桥式逆变器的输出电压幅值是半桥式逆变器的 2 倍，功率半导体开关器件的电流可以减小一半。对于大功率应用场合，这是相当突出的优点。

6.2　单相电压源逆变器的脉宽调制技术

单极性和双极性 SPWM 调制方法是常用的单相电压源逆变器脉宽调制技术。

6.2.1　单极性 SPWM 技术

就逆变器的输出电压而言，在正弦波的正半周中只调制出正脉波，而在正弦波的负半周中只调制出负脉波，这就是单极性 SPWM 调制技术。

单相单极性 SPWM 技术的脉宽调制原理如图 6-5 所示。图 6-5a 中，载波信号 u_c 为等腰三角波，调制信号为两个相位差为 180° 的正弦波 u_{ra} 和 u_{rb}。对于载波信号和调制信号，调制度不大于 1。当调制信号大于载波信号时，触发脉冲为正脉冲，否则输出 0，如图 6-5b 和图 6-5c 所示。

正触发脉冲信号表示上桥臂的开关导通和下桥臂的开关截止，0 触发脉冲信号则表示上桥臂的开关截止和下桥臂的开关导通。u_{ra} 和 u_c 的比较结果作用于桥臂 A，u_{rb} 和 u_c 的比较结果作用于桥臂 B。逆变器的电压输出波 u_{AB} 由如图 6-5d 所示的驱动信号差 $S_{1,3}$ 控制，它有 3 种状态，即正（U_I）、零（0）和负（$-U_I$）。逆变器全控型功率半导体开关的开关状态与表 6-2 完全一致。

单极性 SPWM 技术调制的相电压波形的正半周脉冲电压 u_{AO} 和负半周脉冲电压 u_{BO} 的大小相等、相位差为 180°，通过傅里叶变换分析负载的电压波形，输出的电压波形中不存在偶次谐波。如果采用偶数倍的载波比，那么在输出电压波形中消除了开关频率点的谐波。

针对图 6-5 的信号 $S_{1,3}$，基于规则采样法产生单极性 SPWM 的占空比计算如图 6-6 所示。

通过三角形的边长计算，设 $E_1=E_2=E$，可得到输出电压的占空比 δ 如下：

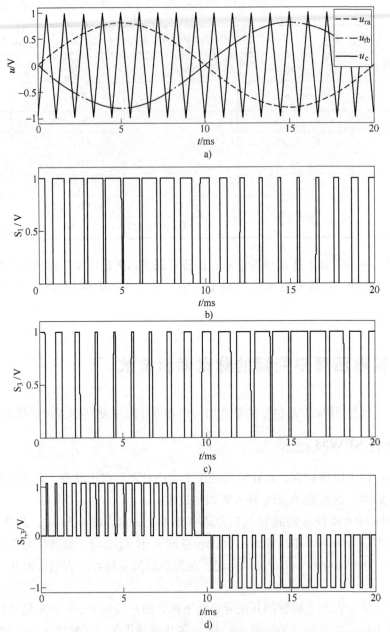

图 6-5　采用单极性 SPWM 技术的单相电压源逆变器的驱动信号理想电压波形

a）信号波和载波　b）S_1 开关驱动信号　c）S_3 开关驱动信号　d）$S_{1,3}$ 两开关驱动差动信号

$$\begin{cases} \delta_1 = \dfrac{t_{D_1E_1}}{\dfrac{T_c}{2}} = \dfrac{GH_1}{GI} = \dfrac{D_1H_1}{JI} = \dfrac{u_{cm}+u_{rE1}}{2u_{cm}} = \dfrac{u_{cm}+u_{rm}\sin\omega t_E}{2u_{cm}} = \dfrac{1+m_a\sin\omega t_E}{2} \\[4mm] \delta_2 = \dfrac{t_{D_2E_2}}{\dfrac{T_c}{2}} = \dfrac{GH_2}{GI} = \dfrac{D_2H_2}{JI} = \dfrac{u_{cm}+u_{rE2}}{2u_{cm}} = \dfrac{u_{cm}-u_{rm}\sin\omega t_E}{2u_{cm}} = \dfrac{1-m_a\sin\omega t_E}{2} \end{cases} \tag{6-1}$$

$$\delta = \delta_1 - \delta_2 = m_a \sin\omega t_E$$

式中，u_{cm} 为载波信号的幅值；u_{rm} 为调制信号的幅值；ω 为调制信号的角频率；δ_1 和 δ_2 分别对应图 6-5 的开关 S_1 和 S_3 的占空比。

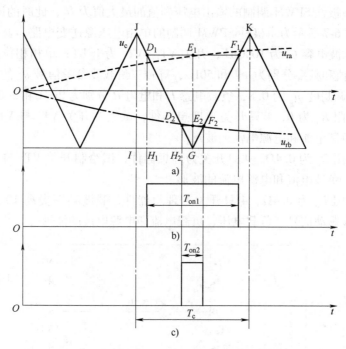

图 6-6　采用规则采样法的单极性 SPWM 占空比产生方法

a）信号波和载波　b）调制脉冲宽度 1　c）调制脉冲宽度 2

在正弦波的正半周期内，相电压的计算如下：

$$\begin{cases} u_{AO} = \dfrac{\delta U_I}{2} = \dfrac{m_a U_I \sin\omega t_E}{2} \\[3mm] u_{BO} = -\dfrac{\delta U_I}{2} = -\dfrac{m_a U_I \sin\omega t_E}{2} \end{cases} \tag{6-2}$$

在正弦波的负半周期内，相电压的计算如下：

$$\begin{cases} u_{AO} = -\dfrac{\delta U_I}{2} = -\dfrac{m_a U_I \sin\omega t_E}{2} \\[3mm] u_{BO} = \dfrac{\delta U_I}{2} = \dfrac{m_a U_I \sin\omega t_E}{2} \end{cases} \tag{6-3}$$

假设载波信号的幅值等于直流电源电压，则采用规则采样法生成的单极性 SPWM 相电压输出计算如下：

$$\begin{aligned} u_{AB} &= m_a U_I \sin\omega t_E \\ &= \frac{u_{rm}}{u_{cm}} U_I \sin\omega t_E \\ &= u_{rm} \sin\omega t_E \end{aligned} \tag{6-4}$$

由式（6-4）可知，每个相电压的 PWM 脉波的电压平均值等于正弦脉波的中心瞬时值。因此，当 PWM 周期 T_c 远小于调制信号周期 T_s 时，单极性 SPWM 调制的输出电压瞬时值为

$$u_{AB} = m_a U_1 \sin\omega t_E \tag{6-5}$$

显而易见，单极性 SPWM 调制的输出电压幅值的最大值为 U_1，此时的调制度 m_a 为 1。

【例 6-1】 图 6-7 所示为单极性 SPWM 调制的单相电压源逆变电路，其中，直流电源电压 E_b 为 400V，滤波电容 C_f 为 1000μF，开关 $VT_1 \sim VT_4$ 为 IGBT；单相相位互补正弦波参考信号 u_{ra}、u_{rb} 的幅值和频率分别为 1V 和 50Hz，等腰三角载波参考信号 u_c 的幅值和频率分别为 1V 和 500Hz，调制度 m_a 为 0.8，负载电感 L 和电阻 R 分别为 2mH 和 3.6Ω。

1）若电源内阻 R_b 为 0，4 只开关为理想器件，试绘制开关 VT_1 与 VT_3 的门极驱动信号、负载电压、负载电流和电源电流的波形。

2）若电源内阻 R_b 为 0.4Ω，4 只开关为理想器件，试绘制开关 VT_1 与 VT_3 的门极驱动信号、负载电压、负载电流和电源电流的波形。

3）若电源内阻 R_b 为 0.4Ω，4 只开关为理想器件，载波频率提高 10 倍，试绘制开关 VT_1 与 VT_3 的门极驱动信号、负载电压、负载电流和电源电流的波形。

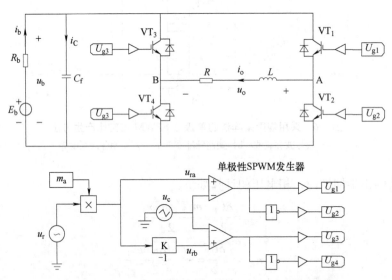

图 6-7　单极性 SPWM 调制的单相电压源逆变电路模型

解　根据题意和图 6-7，分析单极性 SPWM 单相逆变器的直流电源内阻和载波频率对负载电压和电流波形的影响。

1）电源内阻 R_b 等于 0。此时，u_b 恒等于 E_b，为 400V，假设滤波电容 C_f 的初始电压为 400V，那么不管负载电流如何变化，电容电流 i_C 为 0，负载电压 u_o 的取值为 -400V、0 或 400V，相应的负载电压和电流的 PWM 周期稳定状态波形如图 6-8 所示。

图 6-8a 中，一个等腰三角载波 u_c 的幅值和频率分别为 1V 和 500Hz，两个相反的正弦波参考信号 u_{ra} 和 u_{rb} 的幅值和频率分别为 0.8V 和 50Hz，1 个周期的正弦波被 10 个周期的等腰三角波分割。利用单极性 SPWM 调制方法，比较 u_{ra}、u_{rb} 与 u_c，分别产生如图 6-8b 所示的开关 VT_1、VT_3 的门极驱动逻辑信号实线 u_{g1} 和虚线 u_{g3}，它们各自的逻辑反信号分别为开关 VT_2、VT_4 的门极驱动信号 u_{g2} 和 u_{g4}，一一对应控制 4 只开关的导通和截止。

开关 $VT_1 \sim VT_4$ 的导通和截止产生了如图 6-8c 所示的负载电压波形实线 u_o，它与正弦波参考信号 u_{ra} 的极性相同，而且半周期内的 u_o 是一个正弦脉宽序列。图中的虚线 u_{or} 是作用于负载的理想正弦电压波形，它的幅值为 320V。负载电压作用于感性负载产生了如图 6-8d 所示的相位滞后的电流波形，实线的负载电流 i_o 以正弦波趋势变化，围绕虚线的理想负载电流 i_{or} 较大幅度脉动，总畸变率 THD 达到 17.9%。图中，点画线的电源电流 i_b 以近似梯形的窄脉冲波动，与电源电压 E_b 的一条直线形成了鲜明的对比。

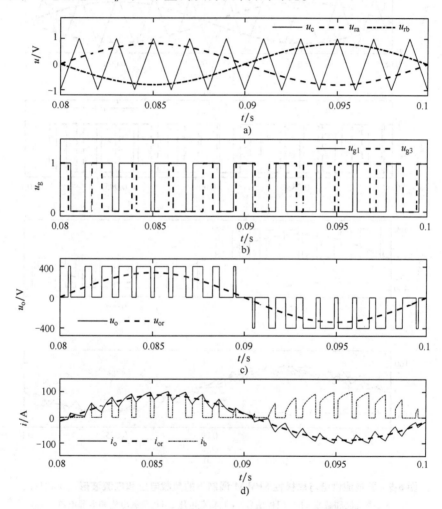

图6-8 恒压源供电与单极性 SPWM 调制下的负载电压和电流波形（500Hz）
a）基准波和载波 b）门极信号 c）负载电压 d）负载电流和电源电流

2）电源内阻 R_b 等于 0.4Ω。此时，u_b 随着电流 i_b 波动而起伏。假设滤波电容 C_f 的初始电压为 400V，那么电容电流 i_C 会因负载电流 i_o 的变化而发生变化，负载电压 u_o 的取值亦随之变化，相应的负载电压和电流的 PWM 周期稳定状态波形如图 6-9 所示。

图6-9a、b 与图 6-8a、b 的波形相同。单极性 SPWM 调制的门极信号 $u_{g1} \sim u_{g4}$ 驱动开关 $VT_1 \sim VT_4$ 的导通和截止，产生了如图 6-9c 所示的负载电压脉冲序列波形 u_o。相比于图 6-8c 的矩形窄脉冲序列，图 6-9c 的 u_o 实线波形是一种梯形窄脉冲序列，原因在于蓄电池内阻压

降使其电压 u_b 随如图 6-9d 的负载电流变化而变化。

相比于图 6-8d，图 6-9d 的点画线电源电流 i_b 的波形发生了明显变化，几乎等于 i_o 的绝对值，只是幅值略小，原因在于滤波电容 C_f 吸收了由 i_o 引起的脉冲电流，平滑了蓄电池电压 u_b。而且，实线负载电流 i_o 的有效值减小接近 5%，总畸变率 THD 达到 18.2%。

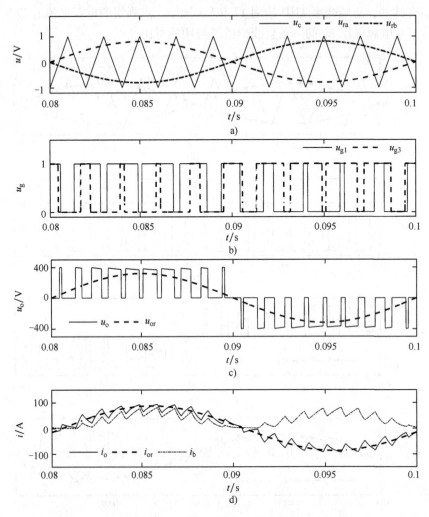

图 6-9 蓄电池供电与单极性 SPWM 调制下的负载电压和电流波形（500Hz）

a）基准波和载波 b）门极信号 c）负载电压 d）负载电流和电源电流

3）电源内阻 R_b 等于 0.4Ω，载波频率提高 10 倍。此时，u_b 随着电流 i_b 波动而起伏，电容电流 i_C 会因负载电流 i_o 的变化而发生变化，负载电压 u_o 的取值亦随动，相应的负载电压和电流的 PWM 周期稳定状态波形如图 6-10 所示。

图 6-10a 中，正弦波参考信号 u_{ra} 的 1 个周期有 50 个载波信号 u_c 的周期，基于单极性 SPWM 调制方法产生了比图 6-9b 更稠密的门极信号 u_{g1} 和 u_{g3}，如图 6-10b 所示；生成了比图 6-9c 更多的负载电压 u_o 的窄脉冲，如图 6-10c 所示；形成了比图 6-9d 更光滑的负载电流 i_o 的波形，如图 6-10d 所示。

图 6-10c 的负载电压 u_o 的脉冲幅值随着理想负载电压 u_{or} 的绝对值增大而出现略有收缩

的趋势，形似抛物线。这样，图 6-10d 的负载电流 i_o 的波形也出现了相似的绝对值减小趋势，总体上逼近理想电流 i_{or} 的正弦曲线，它的总畸变率 THD 为 2.39%。电源电流 i_b 光滑波动。

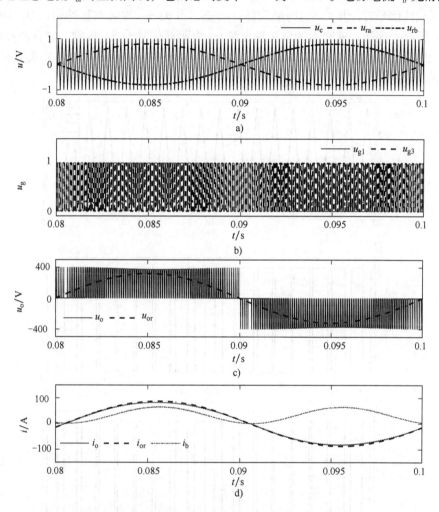

图 6-10 蓄电池供电与单极性 SPWM 调制下的负载电压和电流波形（5kHz）
a）基准波和载波 b）门极信号 c）负载电压 d）负载电流和电源电流

综上所述，车载蓄电池组的端电压会随着输出电流的增大而减小，从而影响逆变器正弦脉宽序列的幅值，降低负载功率。为此，可在蓄电池与逆变器直流侧串接一套 DC/DC 变换器，稳定逆变器直流侧电压，改善负载的用电性能。另外，逆变器载波频率的提高能够使感性负载的电流更好地逼近正弦波，减小总畸变率。

6.2.2 双极性 SPWM 技术

无论是正弦波的正半周还是负半周，逆变器输出电压的正、负脉波均交替出现。这种 SPWM 调制技术称为双极性 SPWM 技术。

双极性 SPWM 技术在 H 桥式单相电压源逆变器中的脉宽调制原理如图 6-11 所示。载波信号 u_c 为等腰三角波，调制信号为单一的正弦波 u_r，调制度不大于 1。假设图 6-4 的桥臂对角开关同时工作，正触发脉冲信号表示桥臂的开关导通，0触发脉冲信号则表示桥臂的开关截止。当调制信号大于载波信号时，开关 $S_{1,4}$ 的触发脉冲为正，开关 $S_{2,3}$ 的触发脉冲输出0；当调制信号小于载波信号时，开关 $S_{2,3}$ 的触发脉冲为正，开关 $S_{1,4}$ 的触发脉冲输出0，如图6-11b和图6-11c所示。这样，逆变器的电压输出波 u_{AB} 由驱动信号差 $S_{1,3}$ 控制，它有两种状态，即正（U_1）和负（$-U_1$），如图6-11d所示。逆变器全控型功率半导体的开关状态只有表6-2所列的前两种状态。

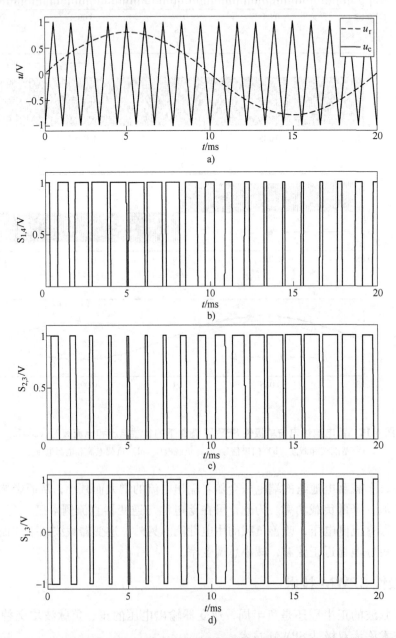

图6-11 采用双极性 SPWM 技术的单相电压源逆变器的驱动信号理想电压波形

a）信号波和载波 b）$S_{1,4}$开关驱动信号 c）$S_{2,3}$开关驱动信号 d）$S_{1,3}$两开关驱动差动信号

基于规则采样法产生双极性 SPWM 的占空比计算如图 6-12 所示，通过三角形的边长计算，可得到输出电压的占空比 δ 如下：

$$\delta = \frac{t_{DE}}{T_c/2} = \frac{GH}{GI} = \frac{DH}{JI}$$

$$= \frac{u_{cm} + u_{rE}}{2u_{cm}} = \frac{u_{cm} + u_{rm}\sin\omega t_E}{2u_{cm}} = \frac{1 + m_a\sin\omega t_E}{2} \tag{6-6}$$

相电压的输出为

$$\begin{cases} u_{AO} = \delta U_I \\ u_{BO} = (1-\delta)U_I \end{cases} \tag{6-7}$$

因此，规则采样法双极性 SPWM 的相电压输出如下：

$$u_{AB} = (2\delta - 1)U_I = m_a U_I\sin\omega t_E \tag{6-8}$$

由式（6-8）可知，当载波信号幅值与直流电源电压值相等时，双极性 SPWM 与单极性 SPWM 同样能使图 6-4 所示的 H 桥式逆变器输出相同的单相电压 SPWM 脉波。但是，两者在相电压的谐波特性上存在差异。在相同的 PWM 开关频率下，单极性 SPWM 比双极性 SPWM 使单相电压源逆变器可输出更少的谐波，获得更高品质的电能质量。

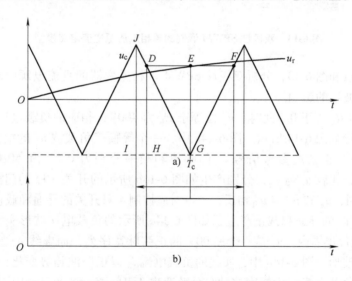

图 6-12 采用规则采样法的双极性 SPWM 占空比产生方法

a）信号波和载波   b）调制脉冲宽度

【例 6-2】 图 6-13 所示为双极性 SPWM 调制的单相电压源逆变电路，其中，直流电源电压 E_b 为 400V，滤波电容 C_f 为 1000μF，开关 $VT_1 \sim VT_4$ 为 IGBT；双极性 SPWM 发生器的正弦波参考信号 u_r 的幅值和频率分别为 1V 和 50Hz，等腰三角载波参考信号 u_c 的幅值和频率分别为 1V 和 500Hz，调制度 m_a 为 0.8，负载电感 L 和电阻 R 分别为 2mH 和 3.6Ω。

1）若电源内阻 R_b 为 0，4 只开关为理想器件，试绘制开关 VT_1 的门极驱动信号、负载电压、负载电流和电源电流的波形。

2）若电源内阻 R_b 为 0.4Ω，4 只开关为理想器件，载波频率提高 10 倍，试绘制开关 VT_1 的门极驱动信号、负载电压、负载电流和电源电流的波形。

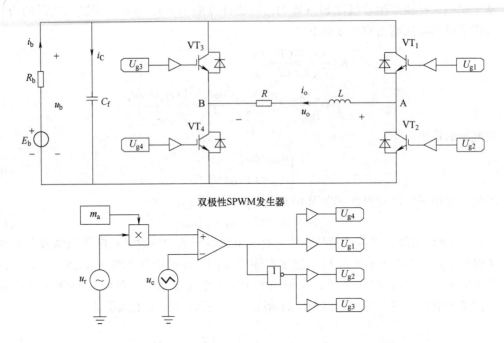

图6-13　双极性 SPWM 调制的单相电压源逆变电路模型

解　根据题意和图 6-13，分析双极性 SPWM 单相逆变器的直流电源内阻和载波频率对负载电压和电流波形的影响。

1）电源内阻 R_b 等于 0。此时，u_b 恒等于 E_b 为 400V，相应的负载电压和电流的 PWM 周期稳定状态波形如图 6-14 所示。图 6-14a 中，一个等腰三角载波 u_c 的幅值和频率分别为 1V 和 500Hz，一个正弦波参考信号 u_r 的幅值和频率分别为 0.8V 和 50Hz。利用双极性 SPWM 调制方法，比较 u_r 与 u_c，分别产生如图 6-14b 所示的开关 VT_1 的门极驱动逻辑信号 u_{g1}，u_{g4} 与 u_{g1} 相同，u_{g2} 和 u_{g3} 与 u_{g1} 相反，一一对应控制 4 只开关的导通和截止。

开关 $VT_1 \sim VT_4$ 的导通和截止产生了如图 6-14c 所示的负载电压波形实线 u_o，在正弦波参考信号 u_r 的正负半周内，u_o 是一个 ±400V 的正弦脉宽序列，而虚线 u_{or} 是一个幅值 320V 的理想正弦电压波形。图 6-14d 中，实线的负载电流 i_o 以正弦波趋势变化，相位滞后于 u_o，围绕虚线的理想负载电流 i_{or} 大幅度波动，总畸变率 THD 达到 58.8%。相应地，点画线的电源电流 i_b 正负大幅度波动。

2）电源内阻 R_b 等于 0.4Ω，载波频率提高 10 倍。此时，u_b 随着电流 i_b 波动而起伏，负载电压 u_o 的取值亦随之而变，相应的负载电压和电流的 PWM 周期稳定状态波形如图 6-15 所示。

图 6-15a 中，正弦波参考信号 u_{ra} 的 1 个周期有 50 个载波信号 u_c 的周期，基于双极性 SPWM 调制方法产生了比图 6-14b 更稠密的门极信号 u_{g1}，如图 6-15b 所示；生成了比图 6-14c 更多的负载电压 u_o 的正负窄脉冲，如图 6-15c 所示；形成了比图 6-14d 更光滑的负载电流 i_o 的波形，如图 6-15d 的所示。

图 6-15c 的负载电压 u_o 的正弦脉宽序列出现双极性略有收缩的趋势，图 6-15d 的负载电流 i_o 比理想负载电流 i_{or} 的幅值略小，减小约 4.5%，总畸变率 THD 为 7.0%。

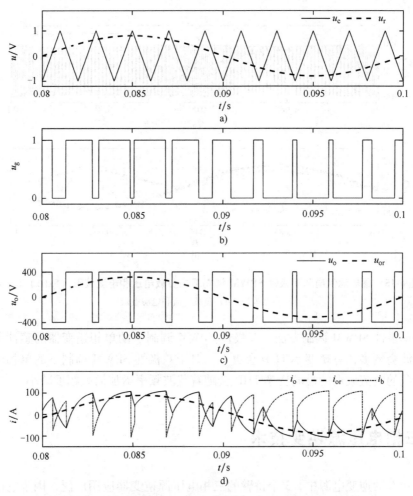

图 6-14 恒压源供电和双极性 SPWM 调制下的负载电压和电流波形（500Hz）

a）基准波和载波　b）门极信号　c）负载电压　d）负载电流和电源电流

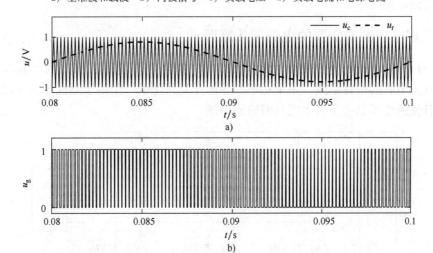

图 6-15 蓄电池供电和双极性 SPWM 调制下的负载电压和电流波形（5kHz）

a）基准波和载波　b）门极信号

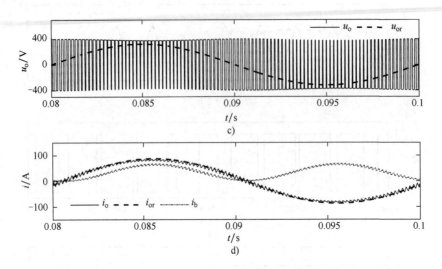

图 6-15 蓄电池供电和双极性 SPWM 调制下的负载电压和电流波形（5kHz）（续）

c）负载电压 d）负载电流和电源电流

相比于单极性 SPWM 调制方法，双极性 SPWM 调制下的单相逆变器的感性负载的电流波形所含谐波会更多，总畸变率 THD 会更大。对于双极性 SPWM 调制下的单相电压源逆变器，感性负载的电流波形的总畸变率 THD 会随着载波频率增加而大幅度减小。

6.3 三相电压源逆变技术

在中大功率的逆变电源中，3 个桥臂的三相电压源逆变器应用广泛，因为它能够提供一个幅值、相位和频率都可控的三相电压源。三相电压源逆变器在新能源汽车的动力驱动和辅助系统中得到广泛应用。

6.3.1 三相电压源逆变器的电路工作原理

一个全桥式三相电压源逆变器的标准电路拓扑如图 6-16 所示。它由直流输入滤波电容和 3 个两开关串联的桥臂组成。每个功率半导体开关并联了一个用于感性负载续流的反向二极管，而且使逆变器具备了再生能量回馈的功能。

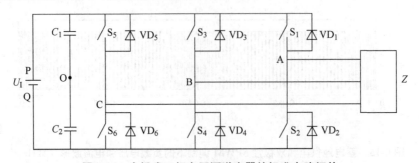

图 6-16 全桥式三相电压源逆变器的标准电路拓扑

在逆变器中，每个桥臂的两个功率半导体开关不能同时导通，否则会导致直流链路电压源的短路。在逆变器的运行过程中，桥臂上的 2 个开关不能同时都处于截止状态，否则将引起负载电压的瞬时不确定性。

如果三相星形负载 Z 的中性点为 N，则三相电压源逆变器有 8 个有效的开关模式。它的相电压和线电压见表 6-3。其中有 2 个零电压开关状态，表示上桥臂或下桥臂的 3 个开关完全关断，感性负载的电流能够通过它们续流。这 2 个零电压开关状态也能优化其他 6 个开关状态的相互切换。

例如：当开关模式 $S_A S_B S_C$ 为 100 时，表示 A 相连接桥臂的上桥臂开关 S_1 导通，下桥臂开关 S_2 截止；B 相连接桥臂的上桥臂开关 S_3 截止，下桥臂开关 S_4 导通；C 相连接桥臂的上桥臂开关 S_5 截止，下桥臂开关 S_6 导通。开关电流的路径与负载相电流相关。

总而言之，开关模式中 $S=1$ 表示同一桥臂的上桥臂开关导通，下桥臂开关截止；$S=0$ 表示同一桥臂的上桥臂开关截止，下桥臂开关导通。

表 6-3　全桥式单相电压源逆变器的开关状态

开关状态		相电压			线电压			开关模式		
导通	截止	u_{AN}	u_{BN}	u_{CN}	u_{AB}	u_{BC}	u_{CA}	S_A	S_B	S_C
$S_1 S_4 S_6$	$S_2 S_3 S_5$	$2U_I/3$	$-U_I/3$	$-U_I/3$	U_I	0	$-U_I$	1	0	0
$S_1 S_3 S_6$	$S_2 S_4 S_5$	$U_I/3$	$U_I/3$	$-2U_I/3$	0	U_I	$-U_I$	1	1	0
$S_2 S_3 S_6$	$S_1 S_4 S_5$	$-U_I/3$	$2U_I/3$	$-U_I/3$	$-U_I$	U_I	0	0	1	0
$S_2 S_3 S_5$	$S_1 S_4 S_6$	$-2U_I/3$	$U_I/3$	$U_I/3$	$-U_I$	0	U_I	0	1	1
$S_2 S_4 S_5$	$S_1 S_3 S_6$	$-U_I/3$	$-U_I/3$	$2U_I/3$	0	$-U_I$	U_I	0	0	1
$S_1 S_4 S_5$	$S_2 S_3 S_6$	$U_I/3$	$-2U_I/3$	$U_I/3$	U_I	$-U_I$	0	1	0	1
$S_1 S_3 S_5$	$S_2 S_4 S_6$	0	0	0	0	0	0	1	1	1
$S_2 S_4 S_6$	$S_1 S_3 S_5$	0	0	0	0	0	0	0	0	0

6.3.2　三相 SPWM 技术

三相 SPWM 技术与单相 SPWM 技术的单极性调制方法相同，具体描述如下：

1）载波信号为一个等腰三角波 u_c。

2）调制信号为三个相位差 120° 的正弦波 u_{ra}、u_{rb} 和 u_{rc}。

3）线性调制，即调制度 $m_a < 1$。

4）每相正弦调制信号与三角载波信号比较，当调制信号大于载波信号时，该相桥臂的触发脉冲为正，表示上桥臂的开关导通，下桥臂的开关截止；否则，触发脉冲零信号，表示上桥臂的开关截止，下桥臂的开关导通，如图 6-17 中桥臂开关信号 S_1、S_3 和 S_5 所示。

如果采用图 6-16 所示的电容中点 O 作为参考电位，那么当桥臂上开关导通且下开关截止时，该桥臂的相电压（u_{AO}、u_{BO} 或 u_{CO}）为 $U_I/2$。反之，当桥臂上开关截止且下开关导通时，相应桥臂的相电压为 $-U_I/2$。在 SPWM 的线性调制区，相电压的基波峰值为

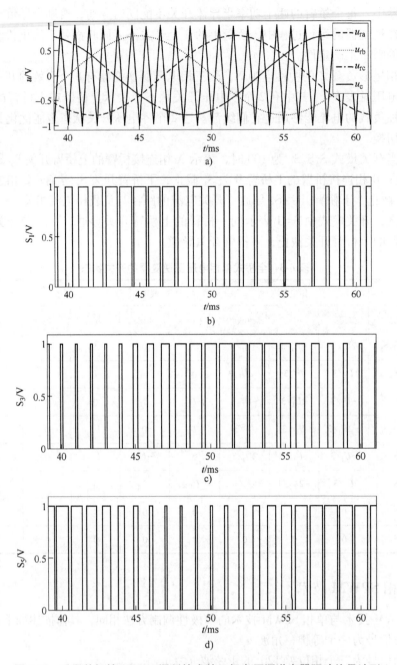

图 6-17　采用单极性 SPWM 调制技术的三相电压源逆变器驱动信号波形

a）信号波和载波　b）S_1 开关驱动信号

c）S_3 开关驱动信号　d）S_5 两开关驱动信号

$$u_{\text{AOI,max}} = \frac{1}{2} m_a U_I \tag{6-9}$$

这样，线电压的基波峰值为

$$u_{\mathrm{AB1,max}} = \frac{\sqrt{3}}{2} m_{\mathrm{a}} U_{\mathrm{I}} \tag{6-10}$$

【例 6-3】 图 6-18 所示为单极性 SPWM 调制的三相逆变电路，其中，直流电源电压 E_{b} 为 600V，滤波电容 C_{f} 为 1000μF，开关 $\mathrm{VT}_1 \sim \mathrm{VT}_6$ 为 IGBT；三相对称正弦波参考信号 u_{ra}、u_{rb} 和 u_{rc} 的幅值和频率分别为 1V 和 50Hz，等腰三角载波参考信号 u_{c} 的幅值和频率分别为 1V 和 500Hz，调制度 m_{a} 为 0.8，三相星形对称负载的电感和电阻分别为 2mH 和 3.6Ω。

1) 若电源内阻 R_{b} 为 0，6 只开关为理想器件，试绘制开关 VT_1、VT_3 与 VT_5 的门极驱动信号、负载电压、负载电流和电源电流的波形。

2) 若电源内阻 R_{b} 为 0.6Ω，6 只开关为理想器件，载波频率提高 10 倍，试绘制开关负载电压、负载电流和电源电流的波形。

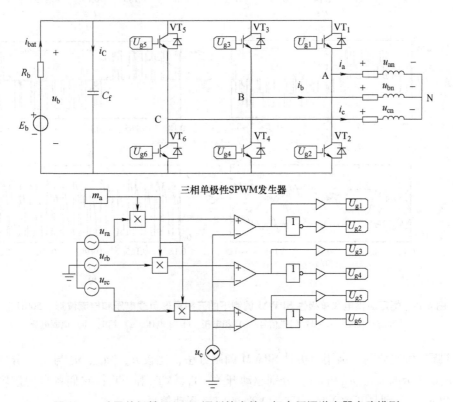

图 6-18 采用单极性 SPWM 调制技术的三相电压源逆变器电路模型

解 根据题意和图 6-18，分析单极性 SPWM 三相逆变器的直流电源内阻和载波频率对负载电压和电流波形的影响。

1) 电源内阻 R_{b} 等于 0。此时，u_{b} 恒等于 E_{b}，为 600V，假设滤波电容 C_{f} 的初始电压为 600V，三相星形负载的线电压的取值为 -600V、0 或 600V，相应的负载电压和电流的 PWM 周期稳定状态波形如图 6-19 所示。

图 6-19a 中，一个等腰三角载波 u_{c} 的幅值和频率分别为 1V 和 500Hz，3 个 120° 对称的正弦波参考信号 u_{ra}、u_{rb}、u_{rc} 的幅值和频率分别为 0.8V 和 50Hz，1 个周期的正弦波被 10 个

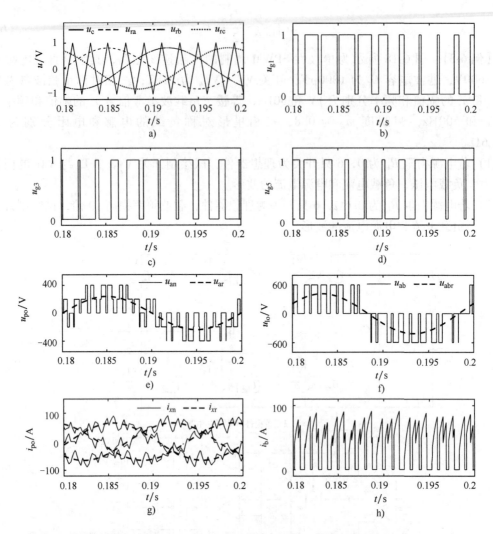

图 6-19　恒压源供电和单极性 SPWM 调制下的三相星形负载电压和电流波形（500Hz）

a）基准波和载波　b）~d）门极信号　e）相电压　f）线电压　g）相电　h）电源电流

周期的等腰三角波分割。利用单极性 SPWM 调制方法，比较 u_{ra}、u_{rb}、u_{rc} 与 u_c，分别产生如图 6-19b~d 所示的 u_{g1}、u_{g3} 和 u_{g5}，分别驱动开关 VT_1、VT_3 和 VT_5；它们各自的逻辑反信号 u_{g2}、u_{g4} 和 u_{g6}，分别是开关 VT_2、VT_4、VT_6 的门极驱动信号。

开关 VT_1 ~ VT_6 的导通和截止产生了负载的相电压波形 u_{po} 和线电压波形 u_{lo}，分别如图 6-19e 和 f 所示。图 6-19e 的 A 相负载电压波形的实线 u_{an}，虚线 u_{ar} 是作用于负载的理想正弦相电压波形，它的幅值为 240V。相应地，图 6-19f 的 AB 相负载的线电压波形为实线 u_{ab}，虚线 u_{abr} 为负载的理想正弦线电压波形，它的幅值为 416V。相比于相电压波形的双极性，三相负载的线电压波形具有单极性特点。

相电压作用于三相感性负载产生了如图 6-19g 所示的相位滞后的三相电流波形，x 表示 a、b 或 c，实线的相电流 i_{xn} 以三相 120° 对称正弦波趋势变化，围绕各自的虚线的理想负载电流 i_{xr} 较大幅度脉动，总畸变率 THD 达到 26.9%。三相负载电流的波动使得恒压源的电流

i_b 会以近似梯形的窄脉冲波动，如图 6-19h 所示。

2）电源内阻 R_b 等于 0.6Ω，载波频率提高 10 倍。电源内阻增大使得蓄电池端电压 u_b 受电源电流 i_b 变化的影响增大，载波频率增加使得负载电流波形更加逼近正弦波，相应的负载电压和电流的 PWM 周期稳定状态波形如图 6-20 所示。

图 6-20a~c 分别为 A、B、C 三相负载的相电压波形（实线）及其理想相电压波形（虚线），相电压两个阶梯电压幅值分别为 192V 和 385V，小于它们的理想电压值，分别为 200V 和 400V，原因在于电源内阻 R_b 存在电压降。这不仅使得如图 6-20d 所示的相电流 i_{xn} 曲线的幅值略小于它们各自的理想值 i_{xr}，而且还使得如图 6-20e~g 的三相负载线电压幅值小于 600V，约为 577V。

载波频率的提高使得三相负载电流更光滑，总畸变率 THD 减小。对于 5kHz 的载波频率，图 6-20d 的实线相电流的 THD 约为 2.9%，比 500Hz 的载波频率生成的相电流的 THD 减小超过了 9 倍。滤波电容 C_f 的瞬时充放电功能，平滑了蓄电池的端电压 u_b，使得电源电流 i_b 成为略有纹波的一条水平直线，如图 6-20h 所示，平均电流为 37.4A。

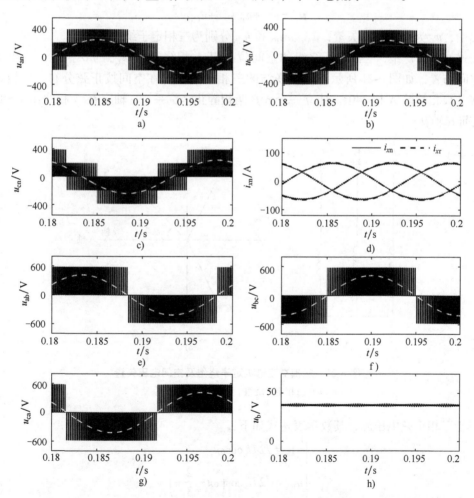

图 6-20　蓄电池供电和单极性 SPWM 调制下的三相星形负载电压和电流波形（5kHz）

a)~c) 相电压　d) 相电流　e)~g) 线电压　h) 电源电流

综上所述，增加三相电压源逆变器的载波频率能够减小三相负载电流的总畸变率，滤波电容能够减轻蓄电池电压的瞬时波动，蓄电池内阻的增加降低了负载电压的幅值。

6.3.3 三相空间电压矢量 PWM 技术

对于三相交流电机，电机旋转的物理本质在于定子圆形旋转磁场与转子磁场相互作用而产生的电磁转矩。根据三相交流电机的工作原理，定子绕组通入三相正弦电流生成圆形旋转磁场，它的幅值和相位可通过空间电压矢量进行调节。对于三相电压源逆变器而言，通过 PWM 控制使逆变器输出空间电压矢量的技术，称为空间电压矢量 PWM（Space Vector PWM，SVPWM）技术。

1. 空间电压矢量

假设一个圆形空间（位置）正弦分布的三相星形绕组，圆形空间相位差 120°，且每相绕组电压的幅值按正弦变化，时间相位差为 120°。那么，一个空间电压矢量 $\boldsymbol{u}_{sv}$ 可表示为三个相电压的矢量和，即

$$\boldsymbol{u}_{sv} = u_{AN} + u_{BN}e^{j\frac{2\pi}{3}} + u_{CN}e^{j\frac{4\pi}{3}} \tag{6-11}$$

式中，$\boldsymbol{u}_{sv}$ 为空间电压矢量；u_{AN}、u_{BN} 和 u_{CN} 分别为三相定子绕组相电压。

在式（6-11）中，三相定子绕组的空间位置以 A 相绕组为参考的 0 相位，三相绕组逆时针空间布置，如图 6-21 所示。星形联结的三相定子绕组在空间按正弦分布，B 相超前 A 相 120°，C 相超前 A 相 240°。建立一个 α-β 两相静止坐标系，α 轴定在 A 相绕组的轴线上，β 轴超前 α 轴 90°。

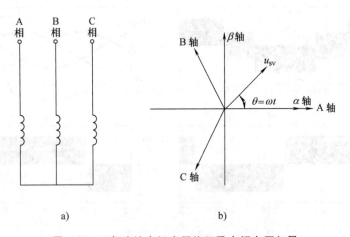

图 6-21 三相交流电机定子绕组及空间电压矢量

a）三相定子绕组 b）空间电压矢量

对于三相正弦电压源，其数学表达式如下：

$$\begin{cases} u_{AN} = \sqrt{2}\,U_s\cos\omega t \\ u_{BN} = \sqrt{2}\,U_s\cos\left(\omega t - \dfrac{2}{3}\pi\right) \\ u_{CN} = \sqrt{2}\,U_s\cos\left(\omega t - \dfrac{4}{3}\pi\right) \end{cases} \tag{6-12}$$

式中，U_s 为定子绕组相电压有效值。

将式（6-12）代入式（6-11）中，可得

$$u_{sv} = \frac{3}{2}\sqrt{2}\,U_s\,\mathrm{e}^{\mathrm{j}\omega t} \tag{6-13}$$

式（6-13）表明 u_{sv} 是一个以 1.5 倍相电压幅值和相电压同频率旋转的空间矢量，如图 6-21b 所示。为了与相电压的有效值取值相等，定义一个新的空间电压矢量 u_s，其幅值为式（6-13）的 $\sqrt{2/3}$。

$$u_s = \sqrt{\frac{2}{3}}\,u_{sv} = u_\alpha + \mathrm{j}u_\beta \tag{6-14}$$

这样，在 α-β 静止坐标系中，空间电压矢量 u_s 的坐标为

$$\begin{cases} u_\alpha = \sqrt{\dfrac{3}{2}}\left(\sqrt{2}\,U_s\cos\omega t\right) \\[4mm] u_\beta = \sqrt{\dfrac{3}{2}}\left(\sqrt{2}\,U_s\sin\omega t\right) \end{cases} \tag{6-15}$$

那么，三相电压源的相电压式（6-13）与静止坐标系的两相电压式（6-15）的关系为

$$\begin{bmatrix} u_{AN} \\ u_{BN} \\ u_{CN} \end{bmatrix} = \sqrt{\frac{2}{3}} \begin{bmatrix} 1 & 0 \\ -\dfrac{1}{2} & \dfrac{\sqrt{3}}{2} \\ -\dfrac{1}{2} & -\dfrac{\sqrt{3}}{2} \end{bmatrix} \begin{bmatrix} u_\alpha \\ u_\beta \end{bmatrix} \tag{6-16}$$

这样，由式（6-16）推出静止坐标系的两相电压可由三相电压源的相电压表示，即

$$\begin{bmatrix} u_\alpha \\ u_\beta \end{bmatrix} = \sqrt{\frac{3}{2}} \begin{bmatrix} 1 & -\dfrac{1}{2} & -\dfrac{1}{2} \\ 0 & \dfrac{\sqrt{3}}{2} & -\dfrac{\sqrt{3}}{2} \end{bmatrix} \begin{bmatrix} u_{AN} \\ u_{BN} \\ u_{CN} \end{bmatrix} \tag{6-17}$$

对于三相电压源逆变器，A、B、C 三个桥臂必须同时有功率半导体开关导通，但每个桥臂的开关器件必须互补工作，绝不能使上、下两个开关同时导通。因此，定义如下的开关函数：

$$S_K = \begin{cases} 0 \\ 1 \end{cases} \tag{6-18}$$

式中，K 表示 A、B、C 三个桥臂。当 $S_K = 0$ 时，同一桥臂的上开关截止，下开关导通。当 $S_K = 1$ 时，同一桥臂的上开关导通，下开关截止。

这样，三相电压源逆变器的开关状态 S_A、S_B、S_C 存在 8 种模式（见表 6-3），其中有 2 个零矢量为 u_0（000）和 u_7（111），其他 6 个非零矢量为 u_1（001）、u_2（010）、u_3（011）、u_4（100）、u_5（101）和 u_6（110）。

在图 6-16 中，相对于直流电压源的负端 Q，如果认为功率半导体开关的导通压降为 0，则由式（6-18）定义的开关函数，可得如下的电压方程：

$$u_{KQ} = S_K U_I \tag{6-19}$$

这样，三相逆变器输出的线电压 u_{AB}、u_{BC} 和 u_{CA} 为

$$\begin{cases} u_{AB}=u_{AQ}-u_{BQ} \\ u_{BC}=u_{BQ}-u_{CQ} \\ u_{CA}=u_{CQ}-u_{AQ} \end{cases} \qquad (6\text{-}20)$$

而相电压 u_{AN}、u_{BN} 和 u_{CN} 与线电压的关系为

$$\begin{cases} u_{AB}=u_{AN}-u_{BN} \\ u_{BC}=u_{BN}-u_{CN} \\ u_{CA}=u_{CN}-u_{AN} \\ u_{AN}+u_{BN}+u_{CN}=0 \end{cases} \qquad (6\text{-}21)$$

联立式（6-19）、式（6-20）和式（6-21），可求得相电压 u_{AN}、u_{BN}、u_{CN} 与开关函数 S_A、S_B、S_C 的关系，即

$$\begin{cases} u_{AN}=\dfrac{U_{I}}{3}(2S_A-S_B-S_C) \\[2mm] u_{BN}=\dfrac{U_{I}}{3}(2S_B-S_C-S_A) \\[2mm] u_{CN}=\dfrac{U_{I}}{3}(2S_C-S_A-S_B) \end{cases} \qquad (6\text{-}22)$$

式（6-22）的矩阵形式如下：

$$\begin{bmatrix} u_{AN} \\ u_{BN} \\ u_{CN} \end{bmatrix}=\frac{2}{3}U_{I}\begin{bmatrix} 1 & -\dfrac{1}{2} & -\dfrac{1}{2} \\[2mm] -\dfrac{1}{2} & 1 & -\dfrac{1}{2} \\[2mm] -\dfrac{1}{2} & -\dfrac{1}{2} & 1 \end{bmatrix}\begin{bmatrix} S_A \\ S_B \\ S_C \end{bmatrix} \qquad (6\text{-}23)$$

将式（6-23）代入式（6-17）中，可得到

$$\begin{bmatrix} u_{\alpha} \\ u_{\beta} \end{bmatrix}=\sqrt{\frac{2}{3}}\,U_{I}\begin{bmatrix} 1 & -\dfrac{1}{2} & -\dfrac{1}{2} \\[2mm] 0 & \dfrac{\sqrt{3}}{2} & -\dfrac{\sqrt{3}}{2} \end{bmatrix}\begin{bmatrix} S_A \\ S_B \\ S_C \end{bmatrix} \qquad (6\text{-}24)$$

由式（6-24）求得的空间电压矢量 $\boldsymbol{u}_s$ 在 α-β 静止坐标系中的位置如图 6-22a 所示。在 α-β 静止坐标系中，2 个零空间电压矢量 $\boldsymbol{u}_0$（000）和 $\boldsymbol{u}_7$（111）在原点处，其他 6 个非零空间电压矢量将圆平面分成了 6 个等分的 60° 扇区。它们的逆时针空间位置顺序是：$\boldsymbol{u}_4$（100）、$\boldsymbol{u}_6$（110）、$\boldsymbol{u}_2$（010）、$\boldsymbol{u}_3$（011）、$\boldsymbol{u}_1$（001）、$\boldsymbol{u}_5$（101），其中 $\boldsymbol{u}_4$ 定位在 α 轴的正向。

2. SVPWM 调制方法

如果改变三相电压源逆变器桥臂功率开关的开关模式，形成周而复始的空间电压矢量序列 $\boldsymbol{u}_4$、$\boldsymbol{u}_6$、$\boldsymbol{u}_2$、$\boldsymbol{u}_3$、$\boldsymbol{u}_1$、$\boldsymbol{u}_5$，就能得到三相对称的正弦电压脉波。它们作用在感性电路上，产生三相对称的正弦相电流，形成三相交流电机的气隙圆形磁场。

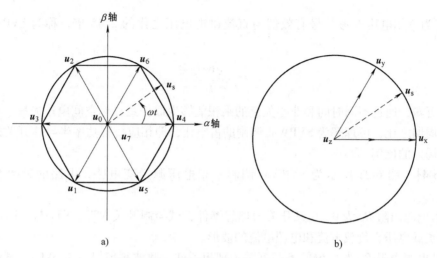

图 6-22　α-β 静止坐标系的空间电压矢量

a) 8 个空间电压矢量的位置与三相电压源逆变器功率半导体开关模式的关系　b) 任意空间电压矢量的合成

图 6-22a 中,任意的空间电压矢量 u_s 总落在任意的一个 60°扇区内。它可由该扇区相邻的 2 个非零矢量 u_x、u_y 和 2 个零矢量 u_z 合成(见图 6-22b),方法如下:

1) 确定空间电压矢量 u_s 所在的扇区。

2) 每个 60°扇区以相邻的 2 个空间矢量 u_x 和 u_y(超前 u_x 为 60°)为界。

3) 每个空间电压矢量 u_s 都能够表示为 u_x 和 u_y 的矢量和。

4) 对于 PWM 周期为 T_c 的开关时间,用零矢量 u_z(u_0 或 u_7)来填充剩余 t_z 的时间。

这样,计算非零空间电压矢量的时间的算式为

$$\begin{cases} u_s T_c = t_x u_x + t_y u_y + t_z u_z \\ T_c = t_x + t_y + t_z \end{cases} \tag{6-25}$$

式中,t_x 为空间电压矢量 u_x 的作用时间;t_y 为空间电压矢量 u_y 的作用时间;t_z 为零空间电压矢量 u_z 的作用时间。

例如,在第一扇区,0°~60°相邻的参考空间电压矢量为 u_4 和 u_6,那么

$$\begin{cases} u_4 = \sqrt{\dfrac{2}{3}} U_I \\ u_6 = \dfrac{1}{\sqrt{6}} U_I + j \dfrac{1}{\sqrt{2}} U_I \end{cases} \tag{6-26}$$

如果认为目标空间电压矢量由式(6-14)表达,即

$$u_s = \sqrt{3} U_s (\cos\omega t + j\sin\omega t) \tag{6-27}$$

则将式(6-27)代入式(6-26),实部虚部分解,整理得到

$$\begin{cases} \dfrac{t_x}{T_c} = M_a \sin(60° - \omega t) \\ \dfrac{t_y}{T_c} = M_a \sin\omega t \\ \dfrac{t_z}{T_c} = 1 - M_a \cos(30° - \omega t) \end{cases} \tag{6-28}$$

新能源汽车功率电子基础 第 2 版

式中，M_a 为三相电压参考信号有效值与直流供电电压之比的 2.45 倍，称为 SVPWM 调制比，即

$$M_a = \frac{\sqrt{6}\,U_s}{U_1} \tag{6-29}$$

由此可知，通过不同时间和非零矢量的乘积能够生成任意目标空间电压矢量。相应的时间与工作周期之比，可理解为 SVPWM 调制的占空比，即相应桥臂功率半导体开关的导通时间和控制周期的比例。

【例 6-4】 图 6-23 所示为 SVPWM 调制三相电压源逆变电路，电路的参数与图 6-18 相同。

1）若电源内阻 R_b 为 0，6 只开关为理想器件，试绘制开关 VT_1、VT_3 与 VT_5 的门极驱动信号、负载电压、负载电流和电源电流的波形。

2）若电源内阻 R_b 为 0.6Ω，6 只开关为理想器件，载波频率提高至 5kHz，试绘制开关负载电压、负载电流和电源电流的波形。

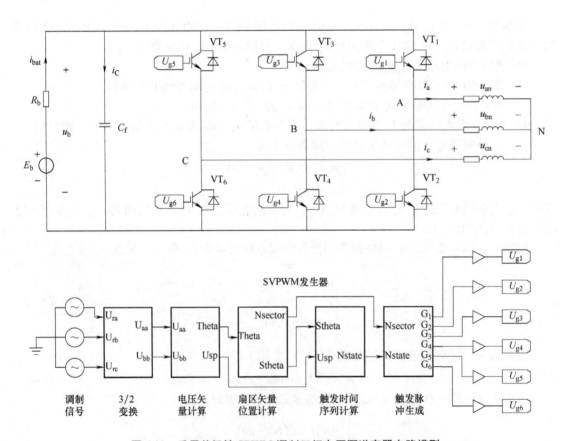

图 6-23 采用单极性 SPWM 调制三相电压源逆变器电路模型

解 图 6-23 中，利用三相正弦参考信号，三相 SVPWM 发生器实现 3/2 静止坐标系坐标变换、电压矢量计算、扇区矢量位置计算和矢量触发时间计算，生成触发脉冲，驱动 6 只 IGBT，产生作用于三相星形对称负载的电压脉冲，形成三相负载电流。根据题意，分析

SVWM 三相逆变器的直流电源内阻和载波频率对负载电压和电流波形的影响。

1）电源内阻 R_b 等于 0。此时，u_b 恒等于 E_b 为 600V，假设滤波电容 C_f 的初始电压为 600V，三相星形负载的线电压的取值为-600V、0 或 600V，相应的负载电压和电流的 PWM 周期稳定状态波形如图 6-24 所示。

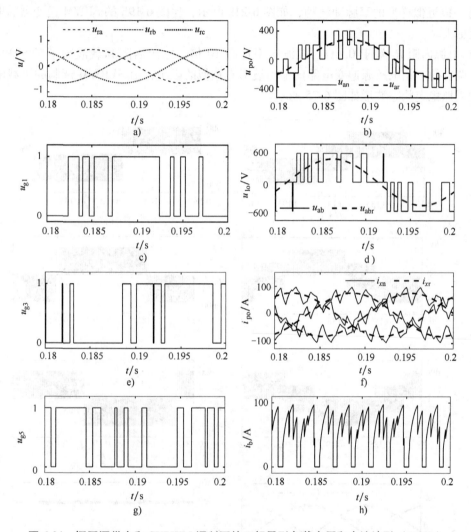

图 6-24 恒压源供电和 SVPWM 调制下的三相星形负载电压和电流波形（500Hz）
a）基准波和载波 b）相电压 c）、e）、g）门极信号 d）线电压 f）相电 h）电源电流

图 6-24a 中，3 个 120°对称的正弦波参考信号 u_{ra}、u_{rb}、u_{rc} 的幅值和频率分别为 0.8V 和 50Hz。利用 SVPWM 调制方法，产生驱动开关 VT_1、VT_3、VT_5 的门极信号 u_{g1}、u_{g3} 和 u_{g5}，如图 6-24b~d 所示。它们各自的逻辑反信号 u_{g2}、u_{g4} 和 u_{g6}，分别是开关 VT_2、VT_4、VT_6 的门极驱动信号。相比于图 6-19c、e、g，SVPWM 的门极信号存在明显的差异，例如在正弦参考信号波峰和波谷处分别对应更宽的高电平和低电平脉冲。

图 6-24b 和 d 分别为负载的 A 相电压波形 u_{an} 和线电压波形 u_{ab}，其中，虚线为对应负载的理想正弦电压波形，理想的相电压 u_{ar} 和线电压 u_{abr} 的幅值分别为 277V 和 480V，它们分别

比图 6-19b 和 d 的理想波形幅值大 15%。

图 6-24f 所示的相位滞后的三相电流波形，x 表示 a、b 或 c，相电流实线 i_{xn} 以三相 120° 对称正弦波趋势变化，围绕各自的理想负载电流虚线 i_{xr} 较大幅度脉动，总畸变率 THD 达到 28.7%，略大于图 6-19g 的相电流 THD 值。SVPWM 调制的三相负载电流的波动使得恒压源的电流 i_b 以近似梯形的窄脉冲波动，如图 6-24h 所示，比图 6-19h 的 SPWM 逆变器的电源波形幅值更大。

2）电源内阻 R_b 等于 0.6Ω，载波频率提高 10 倍。电源内阻和载波频率对 SVPWM 与 SPWM 调制的三相电压源逆变电路的输出波形有相似的影响，由 SVPWM 调制的负载电压和电流的周期稳定状态波形如图 6-25 所示。

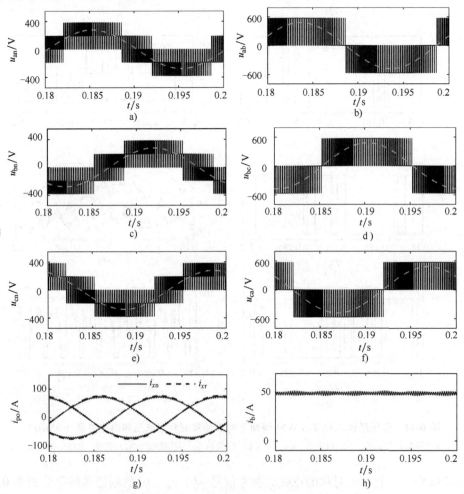

图 6-25　恒压源供电和 SVPWM 调制下的三相星形负载电压和电流波形（5kHz）
a)、c)、e) 相电压　b)、d)、f) 线电压　g) 相电流　h) 电源电流

电源内阻 R_b 存在电压降，使得相电压和线电压的幅值比其理想值小，三相负载相电压波形如图 6-25a、c、e 所示，它的幅值为 380V；线电压波形如图 6-25b、d、f 所示，它的幅值为 570V；图中的实线和虚线分别表示逆变器输出电压波形和理想电压波形。这样，如图 6-24f 所示的相电流 i_{xn} 曲线的幅值略小于它们各自的理想值 i_{xr}。

SVPWM 调制载波频率的增加使得三相负载电流更光滑，总畸变率 THD 减小。对于 5kHz 的载波频率，图 6-25g 的相电流实线的 THD 约为 3.2%，比 500Hz 的载波频率生成的相电流的 THD 减小近 9 倍。滤波电容 C_f 使蓄电池的端电压 u_b 平滑，使得电源电流 i_b 近似为一条水平直线，如图 6-25h 所示，平均电流为 49.2A，明显大于图 6-20h 的 SPWM 调制的电源电流平均值。

综上所述，相同的供电电源和负载条件下，相比于 SPWM 调制方法，SVPWM 调制的三相电压源逆变器的输出电压可提高 15%，两者的负载电流总畸变率相当。

3. SVPWM 调制的性质

零空间电压矢量的作用时间 t_z 不能小于 0，根据式（6-28）可得

$$\frac{t_z}{T_c} = 1 - M_a \cos(30° - \omega t) \geq 0 \tag{6-30}$$

结合式（6-29），可推出下面的不等式：

$$U_s \leq \frac{U_l}{\sqrt{6}\cos(30° - \omega t)} \tag{6-31}$$

这样，SVPWM 的三相逆变器输出的相电压基波最大有效值为

$$U_s = \frac{U_l}{\sqrt{6}} \tag{6-32}$$

那么，SVPWM 逆变器的三相星形负载线电压基波有效值为

$$U_{L,SVPWM} = \frac{U_l}{\sqrt{2}} \tag{6-33}$$

然而，SPWM 逆变器的三相星形负载线电压基波有效值为

$$U_{L,SPWM} = \frac{\sqrt{3}\,U_l}{2\sqrt{2}} \tag{6-34}$$

因此，SVPWM 比 SPWM 三相逆变器调制的星形负载线电压基波的有效值高约 15%。

4. SVPWM 调制的桥臂开关控制

对于逆时针旋转的空间电压矢量 $\boldsymbol{u}_s$，采用中心对称的 PWM 生成方法，实现对功率半导体开关的高效触发控制，减小功耗，提高系统效率。比如 0°~60° 扇区，生成如图 6-26 所示的逆时针工作空间电压矢量 $\boldsymbol{u}_s$ 的顺序，即

$$\boldsymbol{u}_0 \rightarrow \boldsymbol{u}_4 \rightarrow \boldsymbol{u}_6 \rightarrow \boldsymbol{u}_7 \rightarrow \boldsymbol{u}_6 \rightarrow \boldsymbol{u}_4 \rightarrow \boldsymbol{u}_0$$

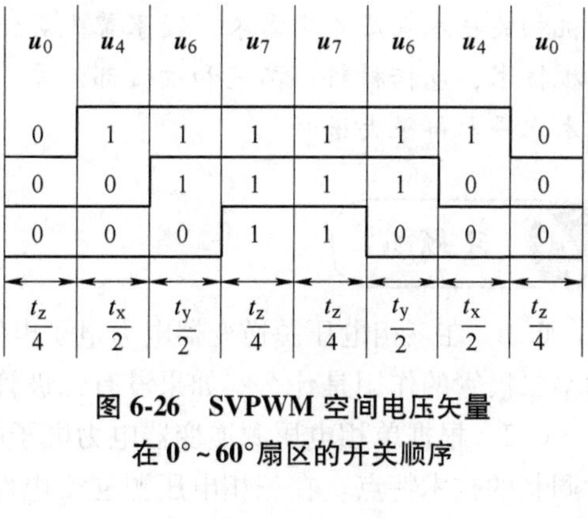

其他扇区的空间电压矢量的开关顺序可根据旋转方向依次类推。中心对称 PWM 是 SVPWM 技术的基本原则，这样开关切换的次数最少，开关损耗小，产生的 EMI 小。因此，SVPWM 具有以下特点：

$\boldsymbol{u}_0$	$\boldsymbol{u}_4$	$\boldsymbol{u}_6$	$\boldsymbol{u}_7$	$\boldsymbol{u}_7$	$\boldsymbol{u}_6$	$\boldsymbol{u}_4$	$\boldsymbol{u}_0$
0	1	1	1	1	1	1	0
0	0	1	1	1	1	0	0
0	0	0	1	1	0	0	0
$\frac{t_z}{4}$	$\frac{t_x}{2}$	$\frac{t_y}{2}$	$\frac{t_z}{4}$	$\frac{t_z}{4}$	$\frac{t_y}{2}$	$\frac{t_x}{2}$	$\frac{t_z}{4}$

图 6-26　SVPWM 空间电压矢量
在 0°~60° 扇区的开关顺序

1）中心对称，且中心对称的零矢量为 $\boldsymbol{u}_7$。

2）每次只改变一个桥臂的开关状态。

3）初始的开关状态为零矢量 u_0。

 拓展阅读　　**打造自主可控车用高性能电机产业**

电动汽车驱动总成的核心部件是电机。与一般工业电机相比，车用驱动电机的性能要求是起动转矩大、调速范围广、恒功率区域宽、效率高、功率密度高、可靠耐久，满足低速、加速、高速、倒车各工况的指标需求，适应高低温、雨水、冰雪、土路、沙漠等道路环境。永磁同步电机具有结构简单、性价比高、节能性优、功率因数大、可靠性好的特点，符合车用条件，加之中国稀土产业链完整，因此我国新能源汽车驱动电机选择永磁同步电机这条技术路线。

车用驱动电机的制造工艺与传统电机完全不一样，有限的车载空间要求电机功率密度高、体积小、质量轻，高转速。车用电机转速从 6000r/min 爬升到现在甚至超过 20000r/min，转速越高，电机制造的难度也越大。然而，在电动汽车发展早期，我国还没有相应的高速电机零部件，特别短缺制造定转子铁心的无取向硅钢材料。而且，这种硅钢的生产工艺存在很高技术壁垒。为此，国家统筹协调，由宝武钢铁、首钢、太钢投入大量科研力量，攻坚车用高速电机无取向硅钢的生产工艺和成套设备。2024 年 3 月，宝武钢铁建成全球首个面向新能源汽车的无取向硅钢产线，能够每年为车用电机制造提供 50 万 t 顶级无取向硅钢产品，不仅为我国新能源汽车工业繁荣发展提供坚强保障，而且助力我国永磁同步电机行业处于全球产业链的领军位置。

新能源汽车永磁同步电机的高性能依赖关键材料和零部件，例如我国曾经空白的少重稀土永磁体、耐电晕绝缘材料、宽温变高速轴承等，业内展开了产业联动创新，共同打造高性能电驱动系统。高性能车用电机的制造工艺也是一步步积累起来的，电机的性能如调速范围、转矩密度、温升、效率等指标，与其结构、形状都有密切关系，不同的性能指标要求电机有差异化的结构、材料和制造工艺。反复测试是家常便饭，一台定型电机可能需要经过几十轮长周期测试，初期做 5~6 种样品，经过多轮性能评测，组合测试，不断迭代优化。电机材料研制后，通过加工成型电机样品，然后进行实验测试、数据分析、性能评价。目前，我国已有上千家配合紧密的电机上下游材料企业，形成了我国新能源汽车电机的材料供应链。

电机是一个传统行业，以前的产业链技术由德国、日本等工业强国把控。为了提升我国电机相关技术满足市场需求，国家曾先后组织了十几个科研专项，支持产学研协同研究车用电机技术，包括材料、工艺和核心部件等。经过一代一代传承，我国已新能源汽车电机产业技术水平取得很大进步。

习题 6

6.1　在三相电压源逆变器电力电子电路拓扑中，试解释与全控型半导体开关反并联的功率二极管的作用是什么？如果没有二极管将出现什么现象？

6.2　根据单相电压源逆变器电力电子电路拓扑，说明 SPWM 控制的单极性调制和双极性调制的技术特点。在三相电压源逆变电路中，单极性 SPWM 调制的技术特点是如何在负载电压中体现的？

6.3 阐述电压源型三相逆变器的 SPWM 调制的基本工作原理。

6.4 在三相电压源逆变器的脉宽调制技术中，试叙述 SVPWM 与 SPWM 相比，有什么优点。

6.5 某新能源汽车三相交流电机的直流侧电压为 600V，通过电压型三相桥式逆变电路供电三相星形定子绕组，请分别计算 SPWM 和 SVPWM 两种调制方式的理想线电压和相电压的幅值和有效值。

6.6 某新能源汽车电机控制器及其三相交流电机由锂离子电池组供电，试结合车辆行驶工况举例说明电机控制器直流侧滤波电容的作用。

6.7 单相逆变电路及其工作波形如图 6-27 所示。

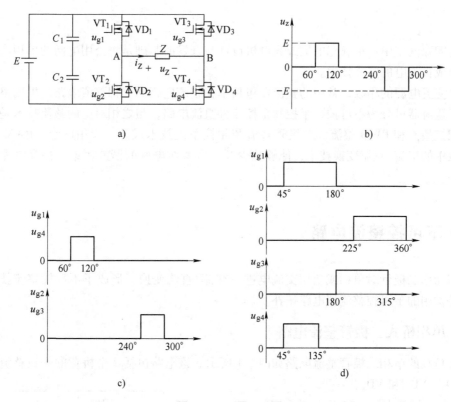

图 6-27 习题 6.7 图

1) 若 Z 为阻性负载，负载电压 u_z 的波形如图 6-27b 所示，请绘制功率半导体开关的电压波形和电流波形。

2) 若 Z 为感性负载，负载电流不连续。功率半导体开关 VT_1、VT_2、VT_3 和 VT_4 的栅极控制电压如图 6-27c 所示，试概略绘制负载 Z 的电压波形和电流波形。

3) 若 Z 为感性负载，负载电流起始后保持连续。功率半导体开关 VT_1、VT_2、VT_3 和 VT_4 的栅极控制电压如图 6-27d 所示，试概略绘制负载 Z 的电压波形和电流波形。

4) 若 Z 为感性负载，负载电流起始后保持连续。功率半导体开关 VT_1、VT_2、VT_3 和 VT_4 的栅极控制电压如图 6-27d 所示，试绘制功率半导体开关 VT_1 和 VT_3 的电压波形。

第 7 章

整流技术

在新能源汽车中，车载充电桩或充电机设计与开发的基础是将公用电网的单相或三相交流电转换成直流电的整流技术。

根据交流电源的相数，常用的整流器包括单相整流电路和三相整流电路。根据整流器件的类型，整流器可分为不可控、半控和全控三种整流电路，与之相对应的整流技术是二极管整流、相控整流和 PWM 整流。二极管整流和相控整流技术成熟，应用广泛。PWM 整流是正在发展中的交流/直流变换技术，能够减少开关电源对电网的谐波污染，提高电能的系统利用效率。

7.1 不可控整流电路

采用功率二极管对单相或三相交流电进行交流/直流变换，形成了不可控整流技术。桥式电路是常用的不可控整流器电路拓扑。

7.1.1 单相桥式二极管整流电路

阻性负载的单相二极管整流电路如图 7-1 所示。该电路包括 2 个桥臂的 4 只整流二极管 VD_1、VD_2、VD_3 和 VD_4。

1）在电源电压 u_s 的正半周，VD_1 和 VD_4 导通，电流 i_R 通过 VD_1 和 VD_4 流向负载 R。

2）在电源电压 u_s 的负半周，VD_2 和 VD_3 导通，电流 i_R 通过 VD_2 和 VD_3 流向负载 R。

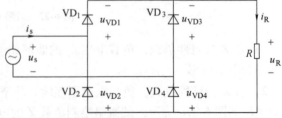

图 7-1 单相桥式二极管整流电路

假设 u_s 为 220V、50Hz 单相正弦交流电压源，负载的阻值为 22Ω，那么单相桥式整流器的电压和电流波形如图 7-2 所示。由图可知，整流二极管的导通压降为 0，在 u_s 的正半周，电阻 R 的电压 u_R 与 u_s 的波形相同；在 u_s 的负半周，负载电压 u_R 与 u_s 的波形相反。负载电流 i_R 与其电压 u_R 波形的形状和相位相同，它们的幅值不同。

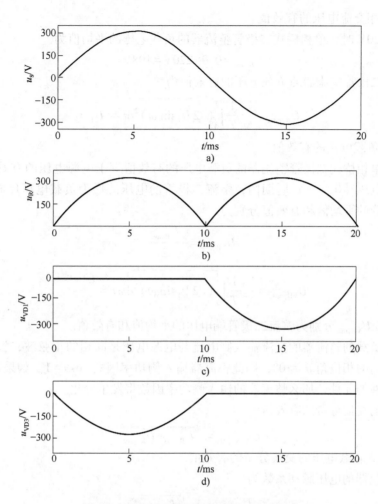

图 7-2 单相桥式整流器的电压和电流波形

a) 交流电源电压　b) 整流电压　c) VD_1 端电压　d) VD_3 端电压

在电源电压一个周期内，单相桥式二极管整流器的电压和电流波形的数学表达式为

$$u_s = 220\sqrt{2}\sin 314t$$

$$i_s = 10\sqrt{2}\sin 314t$$

$$u_R = 220\sqrt{2}\,|\sin\omega t\,|$$

$$i_R = 10\sqrt{2}\,|\sin 314t\,|$$

$$u_{VD1} = u_{VD4} = \begin{cases} 0 & t \in [0,0.01) \\ -220\sqrt{2}\sin 314t & t \in [0.01,0.02) \end{cases}$$

$$u_{VD2} = u_{VD3} = \begin{cases} -220\sqrt{2}\sin 314t & t \in [0,0.01) \\ 0 & t \in [0.01,0.02) \end{cases}$$

单相桥式二极管整流器的负载电压的平均值为 $U_{R,ave}$，T 为周期。其计算式为

$$U_{R,ave} = \frac{1}{T}\int_0^T u_R(t)\,\mathrm{d}t = \frac{2}{\pi}\sqrt{2}\,U_1 = 0.9U_1 \qquad (7-1)$$

式中，U_1 为单相交流电压的有效值。

当 U_1 为 220V 时，单相桥式二极管整流器的负载电压的平均值为

$$U_{R,ave} = 0.9 \times 220V = 198V$$

单相桥式二极管整流器的负载电压的有效值为

$$U_{R,rms} = \sqrt{\frac{1}{T}\int_0^T (\sqrt{2}\,U_1\sin\omega t)^2 dt} = U_1 \qquad (7\text{-}2)$$

式中，$U_{R,rms}$ 为负载电压的有效值。

很显然，单相桥式二极管整流器的负载电压的有效值等于电源电压的有效值。由图 7-2 可知，在电源电压 $[0, 2\pi)$ 周期内，整流二极管的电压波形为负载电压反向波形的 $1/2$，因此每只二极管的平均值和有效值分别为

$$U_{VD,ave} = -\frac{U_{R,ave}}{2} \qquad (7\text{-}3)$$

$$U_{VD,rms} = \sqrt{\frac{1}{T}\int_0^{\frac{T}{2}} (\sqrt{2}\,U_1\sin\omega t)^2 d\omega t} = \frac{U_1}{\sqrt{2}} \qquad (7\text{-}4)$$

式中，$U_{VD,ave}$ 和 $U_{VD,rms}$ 分别为整流二极管端电压的平均值和有效值。

由于阻性负载的整流器的交流输入侧电流与电源电压是同相的正弦波，没有谐波污染，电压、电流之间的相位角 θ 为 $0°$，因此整流器输入侧功率因数 $\cos\theta = 1$。如果整流器的负载为感性的或容性的元件，那么整流器的输入侧功率因数将发生变化。

负载电压的交流分量的有效值为

$$U_{R,rms,AC} = \sqrt{U_{R,rms}^2 - U_{R,ave}^2} \qquad (7\text{-}5)$$

式中，$U_{R,rms,AC}$ 为负载电压的交流分量的有效值。

这样，整流器的电压脉动系数为

$$\varsigma = \frac{U_{R,rms,AC}}{U_{R,ave}} = \sqrt{\left(\frac{U_{R,rms}}{U_{R,ave}}\right)^2 - 1} \qquad (7\text{-}6)$$

式中，ς 为整流电压脉动系数。

将电源电压值代入式（7-2）和式（7-4）中，可得

$$U_{VD,ave} = -99V, \quad U_{VD,rms} = 156V, \quad U_{R,rms} = 220V, \quad \varsigma = 48.2\%$$

7.1.2 三相桥式二极管整流电路

阻性负载的三相二极管整流电路如图 7-3 所示。该电路包括 3 个桥臂的 6 只整流二极管。

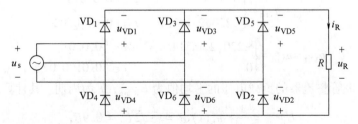

图 7-3 三相二极管整流电路

假设三相对称电压源 u_s 的每相电压为 220V、50Hz 正弦波，电阻负载的阻值为 38Ω，整流二极管的导通压降为 0，那么三相桥式整流器的电压和电流波形如图 7-4 所示。

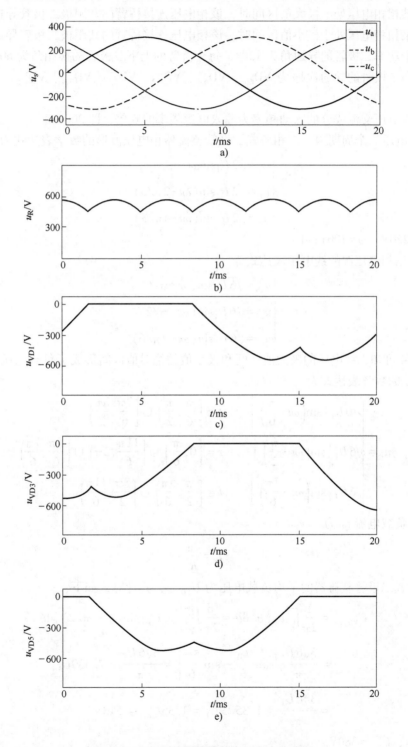

图 7-4　三相桥式整流器的电压和电流波形

a）三相交流电压　b）整流电压　c）VD$_1$ 端电压　d）VD$_3$ 端电压　e）VD$_5$ 端电压

由图 7-3 和图 7-4 可知，在三相对称正弦电压源 u_s 的作用下，整流电路具有如下特点：

1）每相相电压的极大值和极小值的区间都各占 120°。

2）当某相相电压处于极大值区间时，该相电压连接桥臂的共阴极二极管导通。

3）当某相相电压处于极小值区间时，该相电压连接桥臂的共阳极二极管导通。

4）每个功率二极管的导通角为 120°，每个桥臂的上下二极管的换相角为 60°。

5）功率二极管的导通次序为 $VD_{5,6}$、$VD_{6,1}$、$VD_{1,2}$、$VD_{2,3}$、$VD_{3,4}$、$VD_{4,5}$，自然换相角为 60°。

6）整流电压交流成分的脉动频率为输入电源频率的 6 倍，即 300Hz。

在电源电压一个周期内，三相桥式二极管整流器相电压波形的数学表达式为

$$\begin{cases} u_a = \sqrt{2}\,U_1 \sin\omega t \\ u_b = \sqrt{2}\,U_1 \sin(\omega t - 2\pi/3) \\ u_c = \sqrt{2}\,U_1 \sin(\omega t - 4\pi/3) \end{cases} \tag{7-7}$$

式中，$U_1 = 220\text{V}$；$\omega = 100\pi\,\text{rad/s}$。

这样，三相电压源的线电压表达式为

$$\begin{cases} u_{ab} = \sqrt{6}\,U_1 \sin(\omega t + \pi/6) \\ u_{bc} = \sqrt{6}\,U_1 \sin(\omega t - \pi/2) \\ u_{ca} = \sqrt{6}\,U_1 \sin(\omega t - 7\pi/6) \end{cases} \tag{7-8}$$

由图 7-4 可知，线电压的极大值区间和极小值的绝对值区间形成了负载电压，从而获得整流电压 u_R 的数学表达式为

$$u_R = \begin{cases} \sqrt{6}\,U_1 \left| \sin\left(\omega t + \dfrac{\pi}{6}\right) \right| & t \in \left[\dfrac{\pi}{6}, \dfrac{\pi}{2}\right) \cup \left[\dfrac{7\pi}{6}, \dfrac{3\pi}{2}\right) \\ \sqrt{6}\,U_1 \left| \sin\left(\omega t - \dfrac{\pi}{2}\right) \right| & t \in \left[0, \dfrac{\pi}{6}\right) \cup \left[\dfrac{11\pi}{6}, 2\pi\right) \cup \left[\dfrac{5\pi}{6}, \dfrac{7\pi}{6}\right) \\ \sqrt{6}\,U_1 \left| \sin\left(\omega t - \dfrac{7\pi}{6}\right) \right| & t \in \left[\dfrac{\pi}{2}, \dfrac{5\pi}{6}\right) \cup \left[\dfrac{3\pi}{2}, \dfrac{11\pi}{6}\right) \end{cases} \tag{7-9}$$

因此，负载电流 i_R 为

$$i_R = \frac{u_R}{R}$$

三相桥式二极管整流器的平均负载电压为 $U_{VD,ave}$，其计算式如下：

$$U_{VD,ave} = \frac{1}{2\pi} \int_0^{2\pi} u_R(\theta)\,\mathrm{d}\theta = \frac{6}{2\pi} \int_{5\pi/6}^{7\pi/6} \sqrt{6}\,U_1 \left| \sin(\theta - \pi/2) \right| \mathrm{d}\theta$$

$$= \frac{3\sqrt{6}\,U_1}{\pi} \left| \sin\frac{7\pi}{6} - \sin\frac{5\pi}{6} \right| = \frac{3\sqrt{6}\,U_1}{\pi} = 2.339 U_1$$

$$= \frac{3\sqrt{6}\,U_1}{\pi} = 1.35\sqrt{3}\,U_1 = 1.35 U_{L,1} = 513\text{V} \tag{7-10}$$

式中，$\theta = \omega t$；$U_{L,1} = 380\text{V}$。

三相桥式二极管整流器的负载电压的有效值为 $U_{VD,rms}$，其计算式为

$$U_{\text{VD,rms}} = \sqrt{\frac{1}{2\pi}\int_0^{2\pi}\left[u_{\text{R}}(\theta)\right]^2\mathrm{d}\theta} = \sqrt{6}\,U_1\sqrt{\frac{9}{\pi}\int_{5\pi/6}^{7\pi/6}\left[\sin(\theta-\pi/2)\right]^2\mathrm{d}\theta}$$

$$= \sqrt{3}\,U_1\sqrt{1+\frac{3\sqrt{3}}{2\pi}} = U_{\text{L},1}\sqrt{1+\frac{3\sqrt{3}}{2\pi}} = 1.352U_{\text{L},1} = 514\text{V} \tag{7-11}$$

很明显，阻性负载的三相桥式二极管整流器输出电压的平均值接近其有效值，相应的电压脉动系数ς比较小，即

$$\varsigma = \sqrt{\left(\frac{U_{\text{VD,rms}}}{U_{\text{VD,ave}}}\right)^2 - 1} = \sqrt{\left(\frac{\sqrt{1+\frac{3\sqrt{3}}{2\pi}}}{\frac{3\sqrt{2}}{\pi}}\right)^2 - 1} = 0.042 = 4.2\%$$

上式结果说明，阻性负载三相桥式二极管整流器的输出电压脉动系数也是一个很小的常数，小于单相桥式二极管整流器电压脉动系数的 1/10，而且相应的电压脉动频率为输入电源频率的 6 倍。因此，三相桥式整流器的输出电压往往不需要平滑滤波器。

负载所承受的峰值电压 $u_{\text{R,max}}$ 等于每个整流二极管的反向重复峰值电压 $u_{\text{VD,R,max}}$，即

$$U_{\text{VD,R,max}} = \sqrt{2}\,U_{\text{L},1} = 1.414\times380\text{V} \approx 537\text{V}$$

(7.2) 直流滤波电路

如果负载直接连接至整流器的输出端，则负载电压或电流的脉动幅度可能比预期量大，需要通过直流滤波器来平滑。直流滤波器与整流器的输出并联或串联，可分为容性输入直流滤波器和感性输入直流滤波器。前者减小负载电压的脉动，后者则平滑负载电流。

7.2.1 容性输入直流滤波器

单相二极管整流器输出端并联一个电容器（见图 7-5），可减小负载电压的脉动系数。整流器的电压、电流波形如图 7-6 所示。

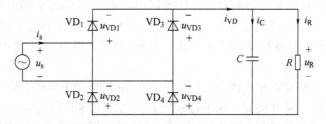

图 7-5 带容性输入直流滤波器的单相全桥整流器

电容 C 的初始电压为 0，单相正弦交流电源 u_{s} 的初相为 0。二极管 VD_1 和 VD_4 导通、VD_2 和 VD_3 截止；u_{s} 以很大的初始电流对电容 C 充电，同时对电阻进行供电；电容的充电电流逐渐减小，负载电阻的电流逐渐增大。当电容 C 的端电压达到最大值时，电容 C 的充电电流 i_{C} 减小到 0，而整流器的电流 i_{VD} 仍然大于 0，继续向负载供电。

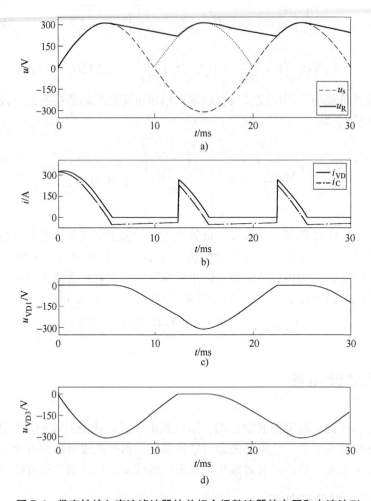

图 7-6　带容性输入直流滤波器的单相全桥整流器的电压和电流波形
a）电源电压和负载电压　b）整流电流和电容电流　c）VD₁ 端电压　d）VD₃ 端电压

二极管 VD_1 和 VD_4 继续导通，VD_2 和 VD_3 截止；电容 C 的端电压 u_C 从最大值逐渐减小，向负载供电，放电电流 i_C 逐渐增大，整流器的电流 i_{VD} 逐渐减小趋于零。

二极管 VD_1 和 VD_4 由导通变为截止，VD_2 和 VD_3 保持截止状态，整流器电流 $i_{VD} = 0$，电源停止向负载供电；电容 C 与电阻 R 构成一个 RC 回路，电容 C 单独向电阻 R 供电，其电压按指数下降。

二极管 VD_1 和 VD_4 保持截止状态，VD_2 和 VD_3 由截止变为导通；电容端电压等于电源电压；整流器的电流 i_{VD} 从 0 突变，向电容和负载供电；电容 C 的电流 i_C 由负突变为正。

二极管 VD_1 和 VD_4 保持截止状态，VD_2 和 VD_3 保持导通状态，电路进入周期稳态，呈现以 π 为周期的电压和电流的变化过程。

7.2.2　感性输入直流滤波器

在电阻负载前串联一个电感 L，就形成了带感性输入直流滤波器的单相全桥整流器，如图 7-7 所示。

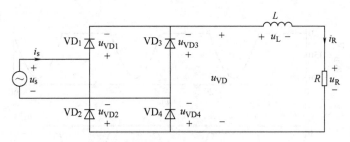

图 7-7 带感性输入直流滤波器的单相全桥整流器

整流桥输出电压 u_{VD} 的周期为 π，显然有

$$\begin{cases} u_{VD} = \sqrt{2}\,U_1\,|\sin\omega t| \\ u_{VD} = L\dfrac{\mathrm{d}i_R}{\mathrm{d}t} + Ri_R \end{cases} \qquad (7\text{-}12)$$

式（7-12）的通解为

$$i_R(t) = \frac{\sqrt{2}\,U_1}{Z}\sin(\omega t - \varphi) + Ae^{-\frac{t}{\tau_L}} \qquad (7\text{-}13)$$

式中，A 为待定系数；Z 为负载阻抗；φ 为负载阻抗角；τ_L 为时间常数。即

$$\begin{cases} \tau_L = \omega L/R \\ Z = R\sqrt{1 + \tau_L^2} \\ \tan\varphi = \omega\tau_L \end{cases} \qquad (7\text{-}14)$$

当 $\omega L/R$ 很大时，整流器的输出电压和电流波形如图 7-8 所示。负载电流 i_R 的脉动很小，整流器几乎是一个恒流源；而整流器的输出电压 u_{VD} 脉动很大，与纯电阻负载的整流器有相同的输出电压波形。u_{VD} 的周期为 π，因此负载电流 i_R 在前一周期的终值为下一周期的初始值。比如，π/ω 时刻的电流值既是负载电流第一个周期的终值，又是负载电流第二个周期的初始值。

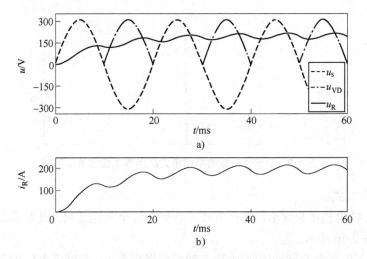

图 7-8 随滤波电感变化的单相全桥整流器的输出电压和电流波形
a）电源电压、整流电压和负载电压 b）负载电流

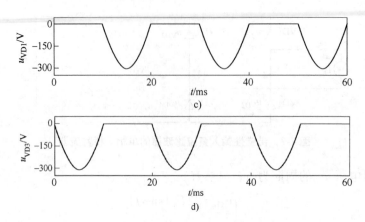

图 7-8 随滤波电感变化的单相全桥整流器的输出电压和电流波形（续）
c）VD$_1$ 端电压   d）VD$_3$ 端电压

7.3 相控整流电路

所谓相控整流就是利用晶闸管承受正向电压且有触发脉冲的开通可控特性和单向导电性，控制晶闸管脉冲施加时刻的触发相位角，进而控制电源电能传送至负载的起始时刻，实现整流电压的调节。

7.3.1 单相桥式晶闸管半控整流电路

用晶闸管替代图 7-1 的单相桥式二极管整流电路上桥臂的两个二极管，形成了单相桥式晶闸管半控整流电路，如图 7-9 所示。根据电感电流的连续状态，电感可以工作在断流和续流两种模式。

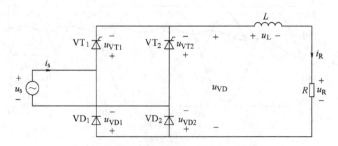

图 7-9 带感性负载的单相桥式晶闸管半控整流电路

1. 断流工作模式

如果电感 L 的电感量非常小，那么负载可近似为一个阻性负载，此时整流器的工作电压和电流波形如图 7-10 所示。

1）晶闸管 VT$_1$ 的触发脉冲周期为 2π，触发延迟角为 α；晶闸管 VT$_2$ 的触发脉冲周期为 2π，触发延迟角为 $\pi+\alpha$。

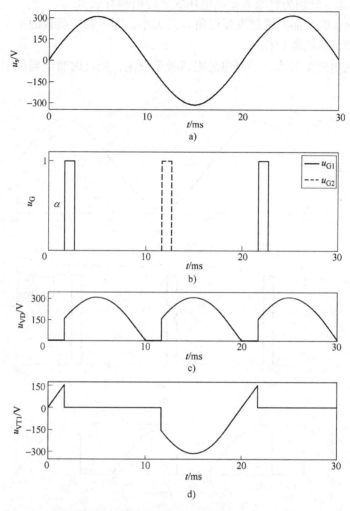

图 7-10 阻性负载的单相桥式晶闸管半控整流电路的电压和电流波形
a）电源电压 b）门极触发信号 c）整流电压 d）VT_1 端电压

2）在正弦电源电压 u_s 的正半周 $\alpha \sim \pi$ 期间，VT_1 和 VD_2 导通，VT_2 和 VD_1 截止；在正弦电源电压 u_s 的负半周（$\pi + \alpha$）$\sim 2\pi$ 期间，VT_1 和 VD_2 截止，VT_2 和 VD_1 导通。

3）阻性负载的瞬时电压和电流的相位相同，没有超前或滞后。

由图 7-10 可知，触发延迟角 α 是指从晶闸管承受正向电压时刻起到使其导通的触发脉冲前沿时刻间的时间所对应的电角度，又称为控制角。而晶闸管的导通角 θ 与触发延迟角 α 互补，指晶闸管在一个周期内导通的时间所对应的电角度。显然，阻性负载的电压和电流周期为 π，触发延迟角 α 的移相范围为 $0° \sim 180°$。二极管 VD_1 和 VD_2 自然导通，因此确定了 VT_1 和 VT_2 的触发延迟角，即可获得负载电压的平均值和有效值，表达式为

$$U_{VD,ave} = \frac{1}{\pi}\int_{\alpha}^{\pi}\sqrt{2}\,U_1\sin\omega t\,\mathrm{d}\omega t = \frac{1+\cos\alpha}{\pi}\sqrt{2}\,U_1 \qquad (7\text{-}15)$$

$$U_{VD,rms} = \sqrt{\frac{1}{\pi}\int_{\alpha}^{\pi}(\sqrt{2}\,U_1\sin\omega t)^2\,\mathrm{d}\omega t} = U_1\sqrt{1 - \frac{\alpha}{\pi} + \frac{1}{2\pi}\sin 2\alpha} \qquad (7\text{-}16)$$

式中，$U_{\mathrm{VD,ave}}$ 和 $U_{\mathrm{VD,rms}}$ 分别为整流器输出电压的平均值和有效值。

在 0°~180° 内，改变晶闸管触发延迟角 α 的大小，即可调节负载的平均电压，实现单相桥式晶闸管半控整流器的相控作用。

如果电感 L 的电感量较大，但是电感电流处于断流，则此时整流器的工作电压和电流波形如图 7-11 所示。

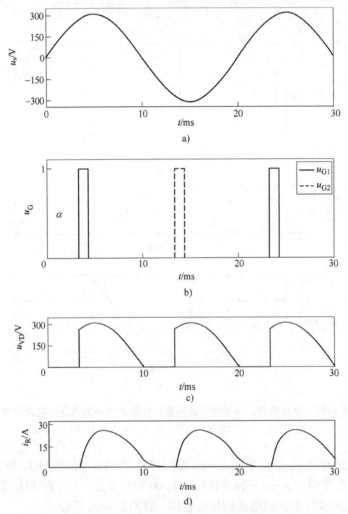

图 7-11　断流模式感性负载的单相桥式晶闸管半控整流电路的电压和电流波形
a）电源电压　b）门极触发信号　c）整流电压　d）负载电流

1）晶闸管 VT_1 的触发脉冲周期为 2π，触发延迟角为 α；晶闸管 VT_2 的触发脉冲周期为 2π，触发延迟角为 $\pi+\alpha$。定义 γ 为续流角，即已触发导通的晶闸管自电源电压自然换相点至晶闸管电流为零且关断的角度。

2）在正弦电源电压 u_s 的正半周（α，π）期间，VT_1 和 VD_2 导通，VT_2 和 VD_1 截止。

3）在正弦电源电压 u_s 的正半周向负半周切换过程中，VD_2 的端电压由正变为负，同时 VD_1 的端电压由负变为正，VD_1 和 VD_2 进行了换流。在（π，$\pi+\gamma$）期间，VT_1 和 VD_1 导通，VT_2 和 VD_2 截止。

4）在（π，$\pi+\alpha$）期间，当晶闸管 VT_1 的电流为 0 时，VT_1 截止，此时其他器件也截止。

5）在正弦电源电压 u_s 的负半周（$\pi+\alpha$，2π）期间，VT_2 和 VD_1 导通，VT_1 和 VD_2 截止。

6）在正弦电源电压 u_s 的负半周向正半周切换过程中，VD_1 的端电压由正变为负，同时 VD_2 的端电压由负变为正，VD_1 和 VD_2 进行了换流。在（2π，$2\pi+\gamma$）期间，VT_2、VD_2 导通，VT_1 和 VD_1 截止。

7）在（2π，$2\pi+\alpha$）期间，当晶闸管 VT_2 的电流为 0 时，VT_2 截止，此时其他器件也截止。

当感性负载处于断流模式时，单相桥式晶闸管半控整流电路的功率半导体器件在电感电流为零的时刻都处于截止状态。

2. 续流工作模式

如果感性负载的时间常数足够大，则电感电流处于连续状态，此时整流电路的电压、电流波形如图 7-12 所示。

1）晶闸管 VT_1 的触发脉冲周期为 2π，触发延迟角为 α；晶闸管 VT_2 的触发脉冲周期为 2π，触发延迟角为 $\pi+\alpha$。

2）在正弦电源电压 u_s 的正半周（α，π）期间，VT_1 和 VD_2 导通，VT_2 和 VD_1 截止。

3）在正弦电源电压 u_s 的正半周向负半周切换过程中，即 π 时刻，VD_2 的端电压由正变为负，VD_1 的端电压由负变为正，VD_1 和 VD_2 进行了换流。二极管换流结束后，VD_2 截止，VD_1 导通。

4）在（π，$\pi+\alpha$）期间，VT_1 和 VD_1 导通，VT_2 和 VD_2 截止。

5）在 $\pi+\alpha$ 时刻 VT_2 触发导通，VT_2 的阳极和阴极电压变为正，VT_1 的阳极和阴极电压变为负，VT_1 和 VT_2 进行换流。换流结束后，VT_1 截止，VT_2 导通。

6）在正弦电源电压 u_s 的负半周（$\pi+\alpha$，2π）期间，VT_2 和 VD_1 导通，VT_1 和 VD_2 截止。

7）在正弦电源电压 u_s 的负半周向正半周切换过程中，即 2π 时刻，VD_1 的端电压由正变为负，VD_2 的端电压由负变为正，VD_1 和 VD_2 进行了换流。换流结束后，VD_1 截止，VD_2 导通。

8）在（2π，$2\pi+\alpha$）期间，VT_2 和 VD_2 导通，VT_1 和 VD_1 截止。

9）在 $2\pi+\alpha$ 时刻 VT_1 触发导通，VT_1 的阳极和阴极电压变为正，VT_2 的阳极和阴极电压变为负，VT_1 和 VT_2 进行换流。换流结束后，VT_2 截止，VT_1 导通。

很明显，对于续流模式的单相桥式晶闸管半控整流电路，二极管在电源电压的自然换相（过零）时刻进行换流，晶闸管在触发时刻进行换流。

当单相桥式晶闸管半控整流电路的晶闸管处于导通状态时，有两个因素可导致晶闸管失控：

1）晶闸管触发延迟角突然增大到 180°。

2）突然切断晶闸管的触发电路。

当负载处于续流模式工作时，电源电压处于正半周，VT_1 和 VD_2 导通，VT_2 和 VD_1 截

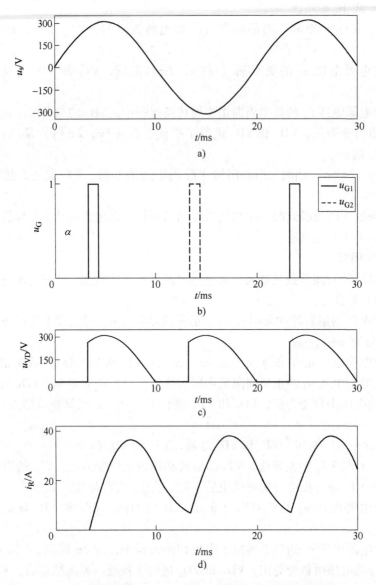

图 7-12 续流模式感性负载的单相桥式晶闸管半控整流电路的电压和电流波形

a) 电源电压 b) 门极触发信号 c) 整流电压 d) 负载电流

止；此时，晶闸管触发延迟角突然增大到 180°，电感的持续电流促使 VT₁ 在电源电压负半周继续导通；电源电压处于由负变为正的过零点，触发晶闸管 VT₂，因缺乏足够的触发导通时间，VT₂ 触发失败；VT₁ 始终保持在导通状态，VD₁ 和 VD₂ 交替导通。

如果突然把晶闸管的触发信号取消，则取消触发信号时刻处于通态的晶闸管始终导通，两只二极管轮流导通。这相当于一个二极管半波整流电路的功能。为了避免晶闸管失控现象的发生，单相桥式晶闸管半控整流电路输出端可反并联一只续流二极管。因为续流二极管的压降比晶闸管和二极管串联的压降小，续流期间的感性负载电流流经续流二极管，迫使晶闸管的电流减小到维持电流以下而自然关断。

7.3.2　单相桥式晶闸管全控整流电路

用晶闸管替代单相桥式晶闸管半控整流器下桥臂的两只功率二极管，形成了单相桥式晶闸管全控整流电路，如图 7-13 所示。两个桥臂的两只对角晶闸管只有一组同时有触发信号。根据整流器负载的电路特性，可以分为阻性负载、感性负载和容性负载。

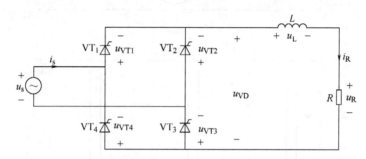

图 7-13　带感性负载的单相桥式晶闸管全控整流电路

1. 阻性负载

在相同电压源和负载电阻的作用下，如果晶闸管的触发延迟角相同，那么单相桥式晶闸管全控型整流器与半控型整流器的电压、电流波形完全相同。但是全控型整流器的成本高，控制电路复杂，因此它一般不应用于阻性负载。

2. 感性负载

（1）断流工作模式　如果负载的电感量较小，负载电感的电流就会出现中断现象，如图 7-14 所示。在负载电流为 0 时，已触发导通的晶闸管关断，而后给定触发脉冲的晶闸管触发导通，两个桥臂的两组对角晶闸管没有换流过程。由图 7-14 可知，当晶闸管都处于截止状态时，它们的端电压的绝对值等于电源电压绝对值的一半。在晶闸管触发导通且电源电压过零后，整流器给负载施加了一个负电压；在负载电流为零区间，负载的电压为零电压。

整流器输出电压的平均值 $U_{\mathrm{VD,ave}}$ 和有效值 $U_{\mathrm{VD,rms}}$ 分别为

$$U_{\mathrm{VD,ave}} = \frac{1}{\pi}\int_{\alpha}^{\pi+\gamma} \sqrt{2}\,U_1\sin\omega t\mathrm{d}\omega t = \frac{\cos\gamma + \cos\alpha}{\pi}\sqrt{2}\,U_1 \tag{7-17}$$

$$U_{\mathrm{VD,rms}} = \sqrt{\frac{1}{\pi}\int_{\alpha}^{\pi+\gamma}(\sqrt{2}\,U_1\sin\omega t)^2\mathrm{d}\omega t} = U_1\sqrt{1 - \frac{\alpha-\gamma}{\pi} + \frac{1}{2\pi}\sin2\alpha} \tag{7-18}$$

（2）续流工作模式　增大负载的电感量，续流角 γ 增大。当续流角 γ 与触发延迟角 α 相等时，负载电感的电流会持续，如图 7-15 所示。晶闸管触发导通后，两个桥臂的两组对角晶闸管有换流过程，避免了负载电流的中断。由图 7-15 可知，有如下特点：

1）负载没有零电流工作区间。

2）在所有晶闸管未触发导通前，它们的端电压的绝对值等于电源电压绝对值的一半。

3）在晶闸管触发导通且电源电压过零后，整流器给负载施加了一个负电压。

整流器输出电压的平均值 $U_{\mathrm{VD,ave}}$ 和有效值 $U_{\mathrm{VD,rms}}$ 分别为

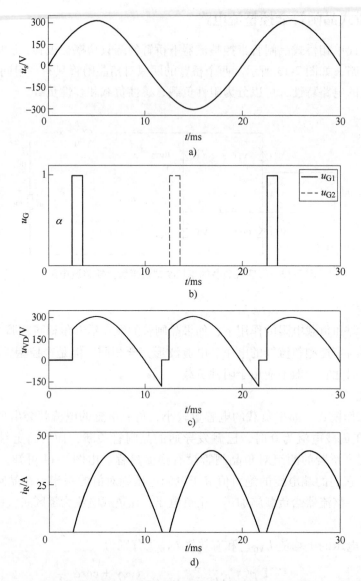

图 7-14　感性负载断流的单相桥式晶闸管全控整流电路的电压和电流波形

a）电源电压　b）门极触发信号　c）整流电压　d）负载电流

$$U_{\mathrm{VD,ave}} = \frac{2\cos\alpha}{\pi}\sqrt{2}\,U_1 = 0.9U_1\cos\alpha \qquad (7\text{-}19)$$

$$U_{\mathrm{VD,rms}} = U_1\sqrt{1+\frac{1}{2\pi}\sin2\alpha} \qquad (7\text{-}20)$$

式中，$\alpha \leqslant 90°$。

　　总之，与单相桥式晶闸管半控整流器相比，无论是负载电感的电流处于断流还是续流，全控型整流器输出侧施加在感性负载上的整流电压在电源电压自然换相后都会出现负值，而不是开关器件的通态压降。

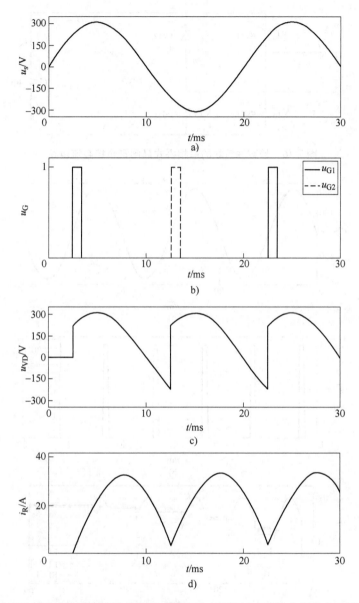

图 7-15　感性负载续流的单相桥式晶闸管全控整流电路的电压和电流波形

a）电源电压　b）门极触发信号　c）整流电压　d）负载电流

3. 容性负载

对新能源汽车应用而言，通过公用电网对车载动力电池组充电是十分重要的经济节能方法。动力电池组的等效电路可表示为电阻和电容的串联电路，如图 7-16 所示。图中，R 表示动力电池组的内阻；C 表示动力电池组的等效电容。

假设动力电池组的端电压初始值为 E_0，即电容 C 的初始电压。在单相桥式晶闸管全控整流器作用下，动力电池组的端电压 u_{VD} 和充电电流 i_R 的波形如图 7-17 所示。

对于第一个 π 周期，只有当 u_s 的瞬时值大于动力电池组的端电压 E_0 时，在晶闸管 VT_1 和 VT_3 的门极同时施加一定强度的触发脉冲，且其触发延迟角 α 满足下面的条件，两个晶

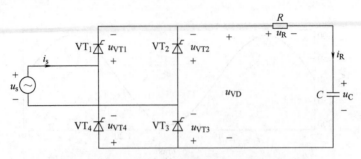

图 7-16　带容性负载的单相桥式晶闸管全控整流电路

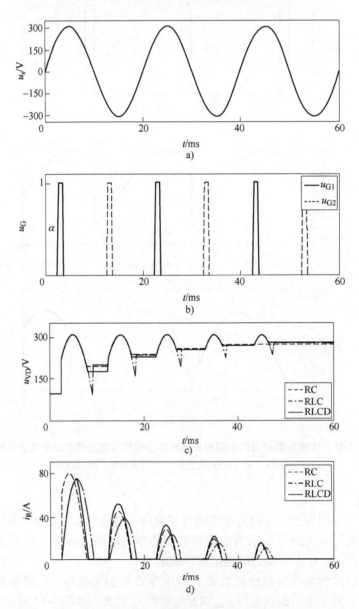

图 7-17　容性负载的单相桥式晶闸管全控整流电路的电压和电流波形

a）单相交流电压　b）门极触发信号　c）整流电压　d）负载电流

闸管才能同时触发导通，即

$$\sin\alpha > \frac{E_0}{\sqrt{2}\,U_1} \tag{7-21}$$

晶闸管导通之后，动力电池组的端电压等于整流电压 u_{VD}，充电电流随整流电压的升高而增大、降低而减小。在充电电流回归为 0 时，动力电池组的端电压升高到了 E_1，整流器的输出被钳位在 E_1，因此存在

$$\sin\sigma = \frac{E_1}{\sqrt{2}\,U_1} \tag{7-22}$$

式中，σ 被称为晶闸管的停止导电角。

由于整流器对动力电池组充电，动力电池组的端电压升高。对于第二个和第三个 π 周期，晶闸管的本周期触发延迟角必须大于前一个周期的停止导电角，才能被触发导通。而且，晶闸管的导通角 θ 逐渐变小，其充电电流的峰值也在减小。对于晶闸管的触发延迟角、导通角和停止导电角，满足下面的条件：

$$\alpha + \theta + \sigma = \pi \tag{7-23}$$

当相控整流电路向动力电池组充电时，在 50ms 内，整流器的输出电压（见图 7-17c）从波动趋于完全稳定，负载电流（见图 7-17d）从脉冲波形变化至 0。很明显，初始充电电流的上升时间太短，如图 7-17d 的虚线电流所示。为了抑制充电电流的上升时间，采用串联电感的方法平滑动力电池组的充电电流，如图 7-17d 的点画线所示。然而，相应的整流电压出现了低谷尖峰，这是电感续流使对角晶闸管继续导通造成的现象。可通过电感两端反并联一个功率二极管来消除整流电压低谷尖峰，相应的充电电流如图 7-17d 的实线所示。经过不到 50ms 的充电时间，动力电池组的电压超过了触发角的电源电压值，充电电流为 0。

7.4 功率因数校正电路

针对单相二极管整流电路的电流谐波和网侧功率因数低等问题，在整流电路输出端与负载之间增加一个升压 DC/DC 变换器，实现网侧电流跟踪电网电压的相位，逼近单位功率因数。有源功率因数校正（Active Power Factor Correction，APFC）是车载充电机的基本功能之一，下面介绍常用的单相 APFC 电路的工作原理和控制方法。

7.4.1 基本工作原理

通过理想元件构建的单相 APFC 变换电路如图 7-18a 所示。它由一个单相不可控整流桥和一个 DC/DC 升压变换器电路的输出输入端口级联而成。其中，交流电源 u_s、4 只功率二极管 $VD_1 \sim VD_4$ 及其连接线路组成了单相不可控整流电路，电感 L、全控型开关 S、功率二极管 VD_5 和阻容负载等组成了 DC/DC 升压电路。根据功率半导体开关 S 的两个理想工作状态和单相正弦波电压源的正负半周划分图 7-18a 的工作回路，由于单相二极管整流桥电路具有工作对称性，所以下面仅讨论正半周正弦波电压源下的 APFC 电路的工作回路。

1）开关 S 导通时，二极管 VD_5 截止，图 7-18a 分为两个回路，如图 7-18b 所示。回路

Ⅰ是电感电流 i_L 的流动路径，流经交流电源 u_s、二极管 VD_1、电感 L、开关 S 和二极管 VD_4。回路Ⅱ是滤波电容 C 储存的电能给电阻 R 提供能量。

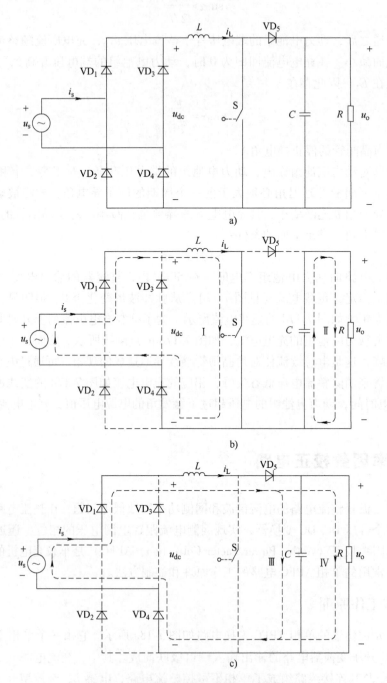

图 7-18　单相有源功率因数校正变换电路
a）原理图　b）S 导通回路　c）S 截止回路

2）开关 S 截止时，二极管 VD_5 导通，电感电流 i_L 分为电容 C 和电阻 R 两个并联支路流动，如图 7-18c 所示。回路Ⅲ的电流流经交流电源 u_s、二极管 VD_1、电感 L、二极管 VD_4 和

电容 C，回路Ⅳ的电流流经交流电源 u_s、二极管 VD_1、电感 L、二极管 VD_4 和电阻 R。此时，电感 L 的端电压与整流桥输出电压 u_{dc} 的方向相同，使 $u_{dc} < u_o$，实现了升压。

3）正弦波电压 u_s 处于负半周时，整流桥的二极管 VD_2 和 VD_3 导通，二极管 VD_1 和 VD_4 截止，DC/DC 升压变换器的回路由开关 S 的两个理想工作状态决定，请参考步骤 1）和步骤 2）。

7.4.2 系统控制方法

对应图 7-18a 的 APFC 变换器双闭环控制系统结构方框图如图 7-19 所示，主要包括输入 U_{ref}、电压调节器、电流调节器、PWM 调制器、APFC 变换器、整流电压比例系数 k_v、电感电流反馈系数 f_i、输出电压反馈系数 f_v 和输出电压 u_o。其中，U_{ref} 是一种确定系统输出电压的给定参考量，而 I_{ref} 则是跟随电压调节器输出的可变参考量。相比于典型的功率电子装置电压外环、电流内环的控制系统结构，APFC 变换器双闭环控制系统方框图的电流内环参考量 I_{ref} 正比于电压调节器输出信号与整流电压 u_{dc} 的乘积，使电感电流跟踪电源电压 u_s 的相位变化，实现电路的功率因数校正功能。

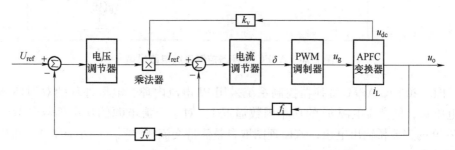

图 7-19 APFC 变换器双闭环控制系统结构方框图

图中，输出电压的实际值 u_o 与其参考值 U_{ref} 通过电压误差比较器和电压调节器组成电压外环，调节输出电压 u_o 逼近其参考值 U_{ref}。电压调节器的输出和整流桥输出电压 u_{dc} 经过一个乘法器运算、生成输入电流的参考值 I_{ref}，与电感电流的实际值 i_L 通过电流误差比较器和电流环调节器组成电流内环，输出占空比 δ，经 PWM 调制器生成全控型开关 S 的门极驱动信号 u_g，控制 APFC 变换器，使电源电流 i_s 与交流输入电源电压 u_s 的相位差为零。

这是一种平均电流控制模型，通过控制 APFC 变换器的电感电流的平均值跟踪输入交流电压波形变化实现 APFC 功能，具有功率因数高、简单可靠等优点，也存在输出电压纹波大的缺点。

【例 7-1】 图 7-20 所示为 APFC 变换器控制系统电路原理图，其中，电感 L 为 500μH，输出电容 C 为 500μF，整流侧滤波电容 C_f 为 0.1μF，负载电阻 R 为 50Ω，I_{sen} 为电流传感器，V_{sen1}、V_{sen2} 为电压传感器，锯齿波的频率 T_p 为 100kHz。参考电压 U_{ref} 为 400V，PI 电流调节器和电压调节器的增益为 1，它们的积分时间常数分别为 0.5ms 和 5ms。

1）假设功率二极管和开关 VT 为理想器件，试绘制交流电压、交流电流、整流电压、电感电流和输出电压的波形，计算系统周期稳态的交流电源功率因数、总畸变率和输出电压纹波。

2）假设功率二极管和开关 VT 为理想器件，试分析电感 L、电容 C 和锯齿波频率对系统周期稳态的交流电源功率因数、总畸变率和输出电压纹波的影响。

3）假设功率二极管和开关 VT 为理想器件，试分析控制系统响应的两个 PI 调节器积分时间常数的作用。

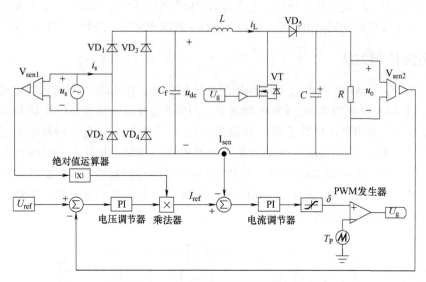

图 7-20　APFC 变换器控制系统电路模型

　　解　图 7-20 中，APFC 变换器控制系统采用 PI 电流内环、电压外环的双闭环结构，调节输出电压 u_o，使交流电源 u_s 的功率因数逼近 1。对于交流电源的功率因数参考信号，相比于图 7-19 的整流桥输出电压，该原理图取自整流桥交流侧电压，减小开关 VT 和整流桥工作噪声的影响。

　　1）由于功率二极管和开关 VT 为理想器件，因此忽略功率半导体器件的电压降和损耗，APFC 变换器的输出电压、电感电流、整流电压、交流电压和交流电流的波形如图 7-21 所示。其中，图 7-21a 的输出电压 u_o 曲线于 75ms 进入周期稳定状态，在参考电压 U_{ref} 的 400V 上下等幅振荡，正弦纹波的频率 100Hz，纹波系数为±6.54%。图 7-21b 的电感电流 i_L 曲线的最小值周期性接近 0，表明系统近临界电流连续模式工作；除了于 14.67ms 的幅值 29A 波形超调外，电流 i_L 的曲线很好地逼近其参考电流 I_{ref} 的波形，进入周期稳定状态后，100Hz 的正弦半波电流的幅值约 21A，误差不超过±1‰。

　　经过高频电容 C_f 的滤波后，图 7-21c 的整流电压 u_{dc} 是一个频率为 100Hz、幅值为 311V 的正弦半波曲线，等价于交流电源电压 u_s 的绝对值波形。进入周期稳定状态后，图 7-21d 的交流电流 i_s 几乎与交流电压 u_s 以正弦波同步周期变化，基波的幅值和频率分别为 21A 和 50Hz，总畸变率 THD 为 2.46%，交流电源的功率因数达到 0.9994。

　　2）基于理想的功率半导体器件，分别取电感、电容和锯齿波频率 3 个值，分 7 种情况对比分析电感 L、电容 C 和锯齿波频率 f_p 对系统周期稳态的交流电源功率因数 PF、总畸变率 THD 和输出电压纹波 η_u 的影响，结果见表 7-1。其中，PF、THD 和 η_u 对电容 C 值的变化最敏感，3 个指标随 C 值增大而趋好，例如电容 C 从 250μF 增大 1 倍，THD 和 η_u 各有 40% 和 45% 的降幅，而 PF 仅提高了 1‰；但是，C 值的进一步成倍增加，3 个指标变化幅度减小。电感 L 和锯齿波频率 f_p 对 THD 指标略有影响，而且过小的 L 值会使电感电流处于周期性断流状态，使 APFC 变换器处于 DCM 工作模式。

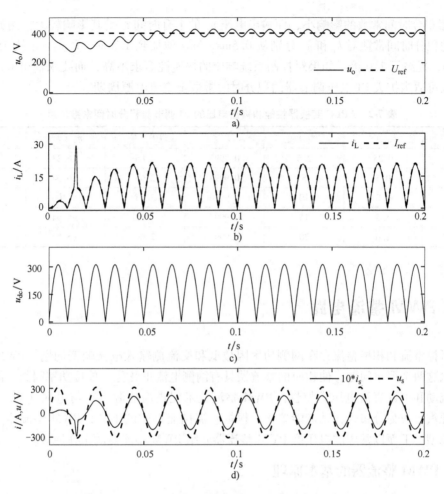

图 7-21 APFC 变换器闭环系统运行曲线

a）输出电压 b）电感电流 c）整流电压 d）交流电源电压和电流

表 7-1 APFC 变换器性能的参数影响

序号	f_p/Hz	L/μH	C/μF	PF	THD（%）	η_u（%）	工作模式
1	100k	500	1000	0.9996	1.78	±5.78	CCM
2	100k	500	250	0.9983	4.09	±11.99	CCM
3	100k	500	500	0.9994	2.46	±6.54	CCM
4	100k	1000	500	0.9994	2.37	±6.54	CCM
5	100k	250	500	0.9994	2.58	±6.54	DCM
6	50k	500	500	0.9994	2.57	±6.54	CCM
7	25k	500	500	0.9994	2.65	±6.54	CCM

3）利用理想功率半导体器件的假设，保持两个 PI 调节器的单位增益，分析同比例变化电流调节器积分时间常数 k_{ii} 和电压调节器积分时间常数 k_{vi} 对系统性能和输出电压上升时间 t_r 的影响，结果见表 7-2。其中，系统的 3 个性能指标 PF、THD 和 η_u 受同比例变化的 2 个

PI 调节器积分时间常数的影响小，而输出电压 u_o 的上升时间 t_r 受其影响较大，例如 2 个 PI 调节器的积分时间常数对 k_{ii} 和 k_{vi} 分别从 0.5ms、5ms 增加到 1.5ms、15ms，t_r 从 75ms 增加到 195ms，提高了 1.6 倍。如果对控制系统响应的快速性需求不高，而要求输出电压的波动小，那么可适当扩大 PI 电压调节器的积分时间常数至交流电源周期。

表 7-2　APFC 变换器性能和输出电压的 PI 调节器积分时间常数作用

序号	k_{ii}/ms	k_{vi}/ms	PF	THD（%）	η_u（%）	t_r/ms
1	0.25	2.5	0.9993	2.85	±6.33	75
2	0.5	5	0.9994	2.65	±6.54	75
3	1.0	10	0.9994	2.63	±6.06	165
4	1.5	15	0.9994	2.65	±5.94	195
5	2.0	20	0.9993	2.69	±5.04	255

(7.5) PWM 整流电路

不可控整流和相控整流存在网侧功率因数低和交流侧输入电流畸变问题，PWM 整流则能够消除这两个严重问题，使相应的整流器具有网侧电流正弦化、单位功率因数、能量可实现双向流动和可调直流电压等特性。PWM 整流技术促进新能源汽车与电网（V2G）互联，使新能源汽车成为分布式移动储能单元。根据直流储能形式的不同，PWM 整流器分为电压型和电流型。下面以常用的电压型 PWM 整流器介绍 PWM 整流器的工作原理。

7.5.1　PWM 整流器的基本原理

PWM 整流器的模型电路如图 7-22 所示，通过功率半导体开关电路拓扑将交流回路和直流回路互连。其中，交流电源 u_s 和网侧电感 L 等组成了交流回路，阻容负载等组成了直流回路。一方面，理想功率半导体开关电路的输入、输出功率相等，这样控制模型电路交流侧的电压、电流，即可控制其直流侧的电压和电流。另一方面，PWM 整流器的最大优势是能够实现单位功率因数，因此模型电路交流侧电流是理想而又直接的控制目标。下面从模型电路交流侧的电流与电压的相量关系，通过 PWM 基波分量分析 PWM 整流器的运行状态和控制原理。

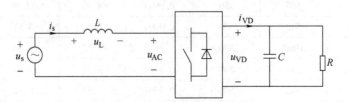

图 7-22　PWM 整流器的模型电路

模型电路交流侧回路的电压相量方程为

$$U_{AC} = U_s - U_L \tag{7-24}$$

式中，U_s、U_L 和 U_{AC} 分别为网侧交流电压相量、网侧电感电压相量和交流侧电压相量。网

侧电感的电流滞后其电压 90°，其表达式为

$$U_L = j\omega L I_s \tag{7-25}$$

式中，I_s 为网侧交流电流相量。

如果以网侧交流电压相量为参考，并假设网侧电流相量幅值恒定，则在稳态条件下，式（7-26）和式（7-27）的电压、电流相量关系如图 7-23 所示。图中，整流器交流侧电压

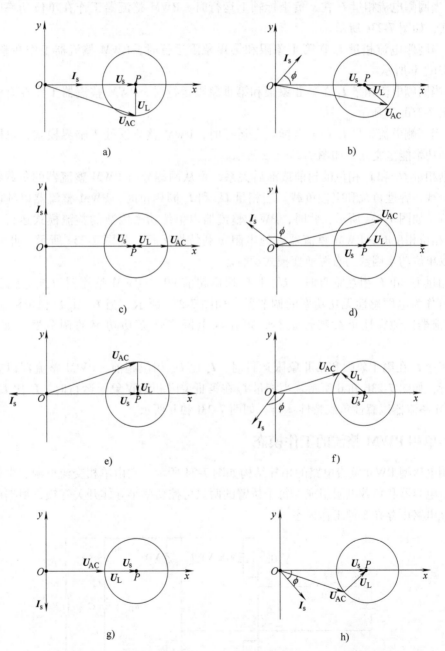

图 7-23 PWM 整流器模型电路交流回路的电压、电流相量关系

a）整流模式纯电阻负载运行 b）整流模式容性负载运行 c）临界模式纯电容负载运行 d）逆变模式容性负载运行

e）逆变模式纯电阻负载运行 f）逆变模式感性负载运行 g）临界模式纯电感负载运行 h）整流模式感性负载运行

相量 U_{AC} 端点在以 P 点为圆心、$|U_L|$ 为半径的圆形轨迹上运动，网侧电流相量 I_s 以坐标轴原点 O 四象限运行。PWM 整流器所形成的整流、有源逆变和临界的三种工作模式，由网侧交流电压相量 U_s 和电流相量 I_s 的相位关系决定。

1）当网侧电流相量 I_s 在 x 正坐标轴上运行时，PWM 整流器工作在单位功率因数整流模式，如图 7-23a 所示。

2）当网侧电流相量 I_s 在 x 负坐标轴上运行时，PWM 整流器工作在单位功率因数有源逆变模式，如图 7-23e 所示。

3）当网侧电流相量 I_s 在第 I 象限和第 IV 象限运行时，PWM 整流器工作在整流模式，如图 7-23b、h 所示。

4）当网侧电流相量 I_s 在第 II 象限和第 III 象限运行时，PWM 整流器工作在有源逆变模式，如图 7-23d、f 所示。

5）当网侧电流相量 I_s 在 y 坐标轴上运行时，PWM 整流器处于临界模式，电网与负载进行无功功率能量交互，如图 7-23c、g 所示。

根据相量 U_s 和 I_s 相位的超前或滞后关系，可从网侧分析 PWM 整流器的负载特性，比如感性负载、容性负载和阻性负载。当相量 U_s 和 I_s 同相位时，PWM 整流器以纯电阻负载特性运行，如图 7-23a 所示；此时，PWM 整流器以单位功率因数的整流模式运行。当相量 U_s 和 I_s 相位相反时，PWM 整流器以纯电阻负载特性运行，如图 7-23e 所示；此时，PWM 整流器以单位功率因数的有源逆变模式运行。

当相量 U_s 和 I_s 相互垂直时，U_s 比 I_s 相位超前 90°，PWM 整流器以纯电感负载特性运行，可作为电网感性无功功率的调节器，如图 7-23c 所示。当 U_s 比 I_s 相位滞后 90°时，PWM 整流器以纯容性负载特性运行，可作为电网容性无功功率的调节器，如图 7-23g 所示。

当相量 I_s 在第 I 象限和第 II 象限运行时，I_s 比 U_s 相位超前，PWM 整流器以容性负载特性运行，如图 7-23b 和 d 所示。当相量 I_s 在第 III 象限和第 IV 象限运行时，I_s 比 U_s 相位滞后，PWM 整流器以感性负载特性运行，如图 7-23f 和 h 所示。

7.5.2　单相 PWM 整流的工作模态

单相电压型 PWM 整流电路的拓扑结构如图 7-24 所示。它由单相交流电源、电感器、两个桥臂、电容器和负载电阻组成。每个桥臂的两只可控功率半导体开关互锁，根据电源电流方向，该电路可存在 8 种工作模态。

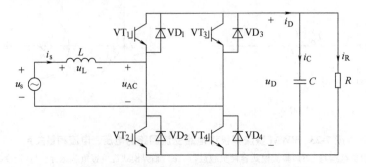

图 7-24　单相电压型 PWM 整流电路的拓扑结构

1）模态 1：仅 VT_2 和 VD_4 导通，如图 7-25a 所示。该工作模态有两个电路回路：第一个回路是 u_s、L、VT_2 和 VD_4；第二个回路是 C 和 R。单相交流电源处于正半周，向电感 L 充磁。此时，电源不向负载供电，由电容 C 向负载供电。

2）模态 2：仅 VT_3 和 VD_1 导通，如图 7-25b 所示。该工作模态有两个电路回路：第一个回路是 u_s、L、VD_1 和 VT_3；第二个回路是 C 和 R。单相交流电源处于正半周，向电感 L 充磁。此时，电源不向负载供电，由电容 C 向负载供电。

3）模态 3：仅 VD_1 和 VD_4 导通，如图 7-25c 所示。该工作模态可归结为一个电路回路，交流电源处于正半周，通过电感 L、VD_1 和 VD_4 向阻容负载供电。

4）模态 4：仅 VT_1 和 VT_4 导通，如图 7-25d 所示。该工作模态有两个电路回路，除了电容 C 向负载 R 供电的电路回路外，电容 C 还通过 VT_1、VT_4 和电感 L 向交流电源馈电，此时交流电源处于正半周。

5）模态 5：仅 VT_4 和 VD_2 导通，电感 L 短路，如图 7-25e 所示。该工作模态有两个电路回路：第一个回路是 u_s、VT_4、VD_2 和 L；第二个回路是 C 和 R。单相交流电源处于负半周，向电感 L 充磁。此时，电源不向负载供电，由电容 C 向负载供电。

6）模态 6：仅 VT_1 和 VD_3 导通，如图 7-25f 所示。该工作模态有两个电路回路：第一个回路是 u_s、VT_1、VD_3 和 L；第二个回路是 C 和 R。单相交流电源处于负半周，向电感 L 充磁。此时，电源不向负载供电，由电容 C 向负载供电。

7）模态 7：仅 VD_2 和 VD_3 导通，如图 7-25g 所示。该工作模态可归结为一个电路回路，交流电源处于负半周，通过电感 L、VD_3 和 VD_2 向阻容负载供电。

8）模态 8：仅有 VT_2 和 VT_3 导通，如图 7-25h 所示。该工作模态有两个电路回路，除了电容向负载供电的电路回路外，电容 C 还通过 VT_3、VT_2 和电感 L 向交流电源馈电，此时交流电源处于负半周。

在以上电路的 8 种工作模态中，模态 1/3 或模态 2/3，以及模态 5/7 或模态 6/7 分别组成了交流电源正负半周的升压电路拓扑结构，模态 4 和模态 8 则分别形成了交流电源正负半周的降压电路拓扑结构。因此，单相电压源型 PWM 整流器的整流电压 u_D 必然高于电源电压 u_s 的幅值。

7.5.3 单相 PWM 整流的调制技术

单相电压源 PWM 整流器有单极性和双极性两种调制方式。相对双极性调制而言，单极性调制的直流电压和网侧电流脉动更小。为此，分析单极性调制的单相电压源 PWM 整流器网侧电流和直流电压波形脉动情况。

与逆变技术介绍的单极性调制方式相同，对应图 7-25 所示的 8 种工作模态，交流侧电压 u_{AC} 能够取 u_D、0 和 $-u_D$ 三种值，对应的开关模式见表 7-3。但在网侧正弦波电压的正半周，交流侧电压 u_{AC} 能够取 u_D 或 0；在网侧正弦波电压的负半周，交流侧电压 u_{AC} 能够取 $-u_D$ 或 0，即

$$u_{AC} = u_D k_p \tag{7-26}$$

式中，k_p 为开关函数，其值见表 7-3。

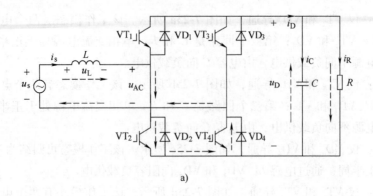

a)

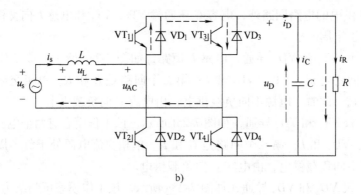

b)

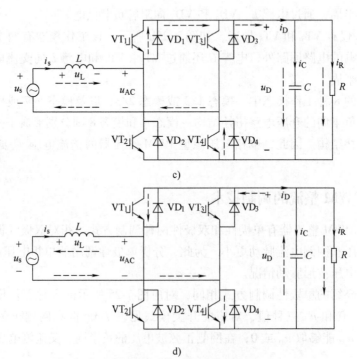

c)

d)

图 7-25　单相电压型 PWM 整流器的工作模态

a）模态 1　b）模态 2　c）模态 3　d）模态 4

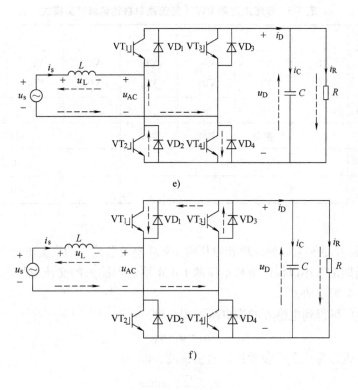

e)

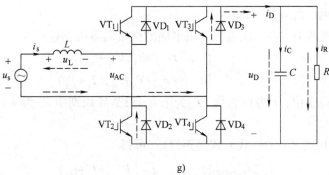

f)

g)

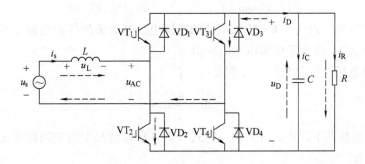

h)

图 7-25 单相电压型 PWM 整流器的工作模态（续）

e）模态 5 f）模态 6 g）模态 7 h）模态 8

表 7-3　单相电压源 PWM 整流器单极性调制开关模式

开关模式	1		2		3		4	
导通器件	VD_1 VD_4	VT_1 VT_4	VD_2 VD_3	VT_2 VT_3	VT_2 VD_4	VT_3 VD_1	VT_4 VD_2	VT_1 VD_3
工作模式（见图 7-25）	c	d	g	h	a	b	e	f
工作状态（见图 7-25）	整流	逆变	整流	逆变	升压			
交流侧电压 u_{AC}	u_D		$-u_D$		0			
开关函数 k_p	1		−1		0			

假设：

1）滤波电容 C 足够大以保证单相电压源 PWM 整流器输出的直流电压可近似为恒定值。

2）PWM 周期足够小以保证单相电压源 PWM 整流器输入的交流电压源在某个 PWM 周期内可近似为一个恒定值。

由式（7-24）可得到电感 L 的端电压方程，即

$$u_L = u_s - u_{AC} \qquad (7-27)$$

认为输入电压源为一个零参考相位的正弦波，即

$$u_s = \sqrt{2}\,U_1 \sin\omega t \qquad (7-28)$$

式中，ω 为交流电网电源频率（rad/s）。

在一个 PWM 周期中，在交流电压源正半周的交流侧电压表达式为

$$u_{AC} = u_D k_p = \begin{cases} U_D & t \in [kT_p, kT_p + t_{on}) \\ 0 & t \in [kT_p + t_{on}, kT_p + T_p) \end{cases} \qquad (7-29)$$

式中，U_D 为 u_D 的稳态值；k 为自然数；t_{on} 为第 k 个 PWM 周期中 k_p 为 1 的开关时间；T_p 为 PWM 周期。

将式（7-28）和式（7-29）代入式（7-27），可得

$$u_L = \begin{cases} \sqrt{2}\,U_1 \sin\omega kT_p - U_D & t \in [kT_p, kT_p + t_{on}) \\ \sqrt{2}\,U_1 \sin\omega kT_p & t \in [kT_p + t_{on}, kT_p + T_p) \end{cases} \qquad (7-30)$$

注意，式（7-30）表达了 PWM 整流器的网侧电感在开关的导通与截止切换中产生极性的瞬时变换，因为 U_D 应大于电源电压的峰值。

网侧电流与电感电压存在如下关系式：

$$di_s = \frac{u_L}{L}dt \qquad (7-31)$$

在 PWM 周期稳态下，由式（7-30）和式（7-31）得到某个周期网侧电流的峰峰值（变化量），表达式为

$$\Delta i_s = \frac{U_D - \sqrt{2}\,U_1 \sin\omega kT_p}{L} t_{on} \qquad (7-32)$$

当 PWM 周期的占空比为 δ 时，将式（7-32）变换为

$$\Delta i_{\mathrm{s}} = \frac{U_{\mathrm{D}} - \sqrt{2}\, U_1 \sin \omega k T_{\mathrm{p}}}{L} \delta T_{\mathrm{p}} \tag{7-33}$$

由式（7-33）可知，提高 PWM 开关频率、减小占空比、增大电感量、减小整流电压，均可减小网侧电流的脉动。

【例 7-2】 图 7-26 所示为单相电压型 PWM 整流器控制系统电路原理图，其中，电感 L 为 500μH，输出电容 C 为 5000μF，负载电阻 R 为 50Ω，$\mathrm{I_{sen}}$ 为电流传感器，$\mathrm{V_{sen1}}$、$\mathrm{V_{sen2}}$ 为电压传感器，锯齿波的频率 T_{p} 为 10kHz。参考电压 U_{ref} 为 400V，PI 电流调节器和电压调节器的增益为 1，它们的积分时间常数分别为 2ms 和 20ms。

1）假设功率半导体开关为理想器件，试绘制交流电压 u_{s}、交流电流 i_{s}、交流侧电压 u_{ac}、整流电压 u_{dc}、锁相环输出信号 u_{pll} 和 PWM 参考信号 u_{ra} 的波形，计算系统周期稳态的交流电源功率因数、交流电流总畸变率和整流电压纹波。

2）假设功率半导体开关为理想器件，试分析电感 L、电容 C 和负载 R 对系统周期稳态的交流电源功率因数和交流电流总畸变率的影响。

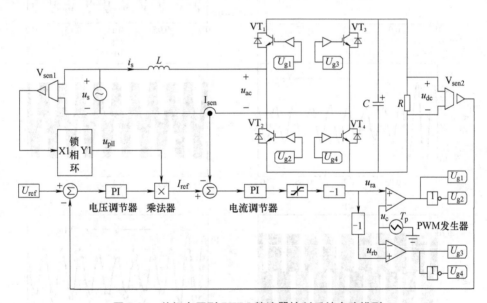

图 7-26 单相电压型 PWM 整流器控制系统电路模型

解 图 7-26 中，单相电压型 PWM 整流器控制系统采用 PI 电流内环、电压外环的双闭环结构，类似于图 7-20，调节整流电压 u_{dc}，使交流电源 u_{s} 的功率因数逼近 1。

1）由于功率二极管和开关 VT 为理想器件，交流电压 u_{s}、交流电流 i_{s}、交流侧电压 u_{ac}、整流电压 u_{dc}、锁相环输出信号 u_{pll} 和 PWM 参考信号 u_{ra} 的波形如图 7-27 所示。其中，图 7-27a 的整流电压 u_{dc} 曲线从初值 350V 开始波动上升发生超调，超调约为 3%；而后趋于平稳，于 90ms 进入周期稳定状态；在参考电压 U_{ref} 的 400V 上下等幅振荡，正弦纹波的频率 100Hz，纹波系数远小于 1%。图 7-27b 中，交流电压 u_{s} 的初始相位为 60°，锁相环的输出单位幅值正弦信号 u_{pll} 曲线于 36.4ms 同步 u_{s} 曲线。图 7-27c 中，交流电流 i_{s} 从起步时间跟踪其参考值 I_{ref}，两条曲线高度重合，它们的相位差余弦值为 0.9997，36.4ms 后以逼近幅值 20A、频率 50Hz 的正弦曲线波动。

图 7-27d 为单极性 PWM 发生器的参考信号 u_{ra}，PI 电流调节器输出，经限幅器和反相器生成，形似单位幅值的梯形波，同步于交流电压 u_{s} 信号。图 7-27e 中，经单极性 PWM 技术调制的整流桥交流输入侧电压 u_{ac} 同步于参考信号 u_{ra}，于 36.4ms 进入周期稳定状态，幅值 400V，频率 50Hz；它形似单极性 SPWM 调制的单相电压型逆变器输出的电压波形，存在正负极性脉冲存在交越部分，原因在于调制的参考信号 u_{ra} 与 u_{rb} 是一条飞边丰富的非理想的正弦波形。图 7-27f 中，交流电流 i_{s} 与交流电压 u_{s} 的初始相位差为 60°，经控制系统调节，快速缩小相位差，于 56.6ms 与 u_{s} 同步，交流电源的功率因数达到 0.995，总畸变率 THD 为 6.50%。

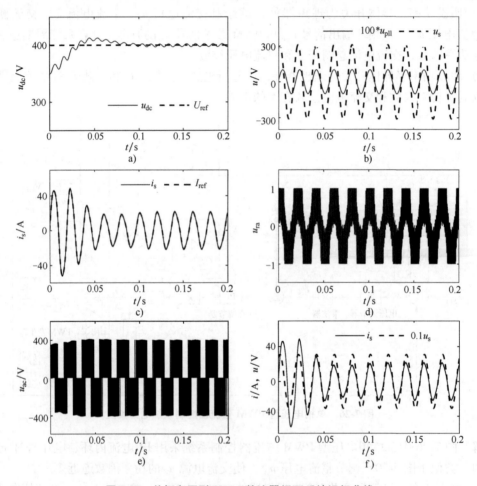

图 7-27 单相电压型 PWM 整流器闭环系统运行曲线

a）整流电压 b）锁相环电压 c）交流电流 d）PWM 参考信号 e）交流侧电压 f）交流电源信号

2）基于理想的功率半导体器件，分别取电感、电容和负载电阻 3 个值，分 7 种情况对比分析电感 L、电容 C 和负载电阻 R 对系统周期稳态的交流电源功率因数 PF 和交流电流总畸变率 THD 的影响，结果见表 7-4。其中，PF 和 THD 对电阻 R 和电容 C 值的变化较敏感，这两个指标随 R 值增大而变差，而随 C 值增大而趋好。尽管电容值从 5000μF 成倍增加，交流电源的功率因数仅从 0.995 抬高了 0.003，但是较小的 C 值也能使交流电流信号发生畸变，恶化交流电源的功率因数。当电感 L 值增大时，THD 减小，而 PF 值未发生变化。但是，轻载的单相电压型 PWM 整流器的电感 L 容易发生断流，导致系统功能性失稳。因此，负载电流较小时，应增大电感 L 值，提高系统稳定性。

表 7-4　单相电压型 PWM 整流器性能的参数影响

序号	R/Ω	$L/\mu H$	$C/\mu F$	PF	THD（%）
1	50	500	5000	0.995	6.50
2	50	500	7500	0.997	4.66
3	50	500	10000	0.998	3.82
4	50	1000	10000	0.998	3.50
5	50	2000	10000	0.998	3.44
6	25	2000	10000	0.999	3.13
7	100	2000	10000	0.997	4.83

7.6　动力电池充电系统

新能源汽车产业链中，新能源汽车充电设施是重要的环节，主要包括交流充电桩、充电站和电池更换站三种类型，还有正在发展中的无线充电技术、V2G（Vehicle to Grid）技术及其装置。

7.6.1　充电设施的类型

车载充电机是纯电动乘用车的标准配置之一，是为车载动力电池提供直流电能的充电装置，而通过新能源汽车动力电池充电电费计价的功能则由交流充电桩来完成。交流充电桩是一种采用传导方式与具有车载充电机的新能源汽车动力电池系统交互电能的专用装置，配置标准的充放电接口和人机操作界面，具有计费、通信、控制和安全防护等功能。交流充电桩体积小，价格便宜，可方便地安装在街道、公路、工作单位、住宅小区等各种公共场所的停车区域。交流充电桩不具有将交流电变换为直流电的功能，它的工作电流由车载充电机决定。

充电站至少由 3 台新能源汽车充电装置组成，其中至少有一台非车载充电机，能够监控充电过程的充电设备和动力电池的状态。非车载充电机是指固定安装在地面的直流充电机。它是一种将电网交流电能变换为直流电能、采用传导方式为新能源汽车动力电池充电的专用装置。充电站可为纯电动汽车、插电式混合动力汽车等的车载动力电池提供充电服务，主要由配电系统、充电系统、监控系统和计量计费系统组成。

电池更换站是指采用更换动力电池的方式为新能源汽车提供电能补给的场所，一个显著的优点是使新能源汽车电能补给的速度快。对更换下来的动力电池箱，可进行集中有序充电，对电网负荷起到良好的削峰填谷作用。而且，电网低谷负荷的电价便宜，能够降低充电成本，提高车辆运行的经济性。另外，集中统一管理和定期保养维护车载动力电池，有利于延长动力电池的全寿命周期，降低电池的使用成本，降低新能源汽车动力电池热失控的风险。

移动充电设施采用了无线充电技术，能够对行驶的新能源汽车的动力电池充电。无线充电属于非接触式充电方式，无机械磨损、无接触损耗、无积尘的绝缘破坏风险、充电时不发生电火花和有线触电的危险、维护简单、能够适应雨雪等恶劣的天气和环境。如果实现了动力电池的移动无线充电，将有利于减少车载动力电池容量、减小整车质量、提高整车的经济性和动力性。

7.6.2　充电方法

车载动力电池常用的充电方法有恒电流限电压充电和恒电压限电流充电。脉冲电流充电方法可以减缓动力电池的极化现象，达到动力电池快速充电的目的。

动力电池不允许过电压工作，因为过电压充电对蓄电池有危害，比如锂离子电池会发生热失控现象。恒电流限电压充电法是指在整个充电过程中始终用恒定的电流对动力电池进行充电，当动力电池的端电压超过上限充电电压时，就终止充电过程。该方法的主要特点是能够任意选择和调整充电电流，小电流长时间对动力电池进行充电，有利于动力电池的容量恢复。

大电流充电时，动力电池的极化现象严重，发热量大，温度快速升高，会加速动力电池的性能衰退，也可能使动力电池发生热失控现象。恒电压限电流充电法是指在整个充电过程中都以某一恒定电压对动力电池进行充电，随着动力电池端电压的升高，充电电流减小。与恒电流限电压充电法相比，恒电压限电流充电方法会使充电过程更接近最佳充电曲线，而且充电时间更短。

脉冲充电是指充电装置对动力电池施以周期性的脉冲充电电流，每个周期包括脉冲充电时间和静置时间。静置时间能够缓解在脉冲充电时间内产生的极化现象，使动力电池能够接受大的充电电流。为了更好地消除电池脉冲充电的极化现象，在每个周期内，对动力电池施加脉冲电流充电，然后再施加窄脉冲电流对动力电池放电，最后静置蓄电池。

7.6.3　接触式充电技术

通过电缆或标准充电接口对车载动力电池充电的传输电能方式称为接触式充电，接触式充电的核心功率变换电路常用两级变换结构，如图7-28所示。

图7-28　接触式充电的功率变换器结构

在图7-28所示的两级式充电结构中，前级变换器是AC/DC变换的整流电路，后级变换器是通过脉冲变压器电气隔离的DC/DC变换的功率电路。前级变换器常由一个整流器和一个有源功率因数校正APFC变换器组成。APFC变换器用来提高充电机的输入功率因数，减小输入电流谐波，为后级变换器提供一个较为稳定的直流电。整流器可用二极管整流电路，

APFC 变换器采用降压或升压 DC/DC 变换电路，其中，多重多相结构能够提高其电源变换的功率。后级变换器将前级变换器输出的直流电变换为动力电池可接受的一个宽电压范围和低纹波等的高质量的直流电，常采用正激式、半桥或全桥隔离式变换器。

为了提高充电机的工作效率，其功率变换器常采用软开关技术。如果要实现新能源汽车动力电池向电网反馈电能，充电机的功率变换器必须能够双向传输电能。双向 DC/DC 变换器和 PWM 整流器及其控制是其中的关键技术。

7.6.4 无线充电基本原理

相对于接触式充电技术，无线充电技术主要利用无线电能传输（Wireless Power Transfer，WPT）技术对动力电池进行充电，属于非接触充电方式技术。感应式和谐振式是能够应用于车载动力电池充电的无线电能传输形式，感应式无线输电采用相当于可分离变压器的松耦合结构，谐振式无线电能传输则采用可实现中距离电能高效传输的近场电磁共振耦合结构。无线充电技术的电能传输效率可超过 90%。

新能源汽车无线充电系统的电路结构如图 7-29 所示。无线充电装置分为地面装置部分和车载装置部分，地面装置的发射系统往往埋在地面以下，而接收线圈则安装在新能源汽车底盘上，发射线圈与接收线圈发生电磁耦合，利用两个线圈之间的高频电磁场进行电能的无线传输。对于感应式无线充电技术而言，发射侧的专用电路网络将逆变器产生的高频交流电高效传输到发射线圈，而接收侧的专用电路网络主要用来将接收线圈的电流高效输送给整流器。谐振式无线充电技术需要专用电路网络使发射和接收线圈的电流同时处于谐振状态，以高效传输电磁能。

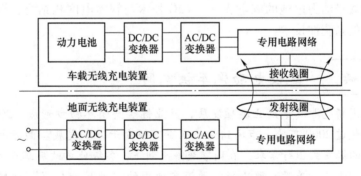

图 7-29　新能源汽车无线充电系统的电路结构

谐振式无线充电技术的电磁能力传输机理：如果两个线圈的自谐振频率相同，那么这两个线圈可以通过电磁场高效传输能量，而谐振电磁场对频率不同的物体几乎没有影响。谐振式无线充电的电能传输距离可达几米，对位置的小范围变化不敏感，传输能量效率高。但是谐振式无线电能传输技术容易受到临近磁性物质的干扰，对电路的电磁兼容性设计要求高，对人体健康的影响尚不明确。

7.6.5 V2G 技术

一方面，当电网功率需求超过其额定负荷时，比如夏季工作日的上午 9 点至下午 3 点，调峰电厂或备用发电设备投入运行，弥补电网峰值负荷需求。当电网用电量低于额定负荷时，比如秋季工作日的晚上 10 点至早上 6 点，发电厂输出的电能容易被浪费掉，电网运行效率低。另一方面，如太阳能、风能等可再生能源具有自然的不连续性，它们会引起光伏发电装置和风力发电装置发电的间歇性。负荷的大范围变化和可再生能源发电装置并网将引起电网电压和频率的波动，迫切需要储能系统进行缓冲与补偿。

新能源汽车配置了大容量动力电池，纯电动乘用车一般配置 20kW·h 以上的动力电池，而纯电动客车可配置纯电动乘用车 10 倍以上的动力电池。当新能源汽车的数量足够大时，车载动力电池的总容量相当巨大，它们可以作为电网的储能系统。然而，需要协调、管理新能源汽车与电网间的充电和放电过程，既保证电网运行，又正常使用汽车，至少不损害电池寿命，这就需要智能化的 V2G 技术。

充放电机是实现 V2G 技术的基础。充放电机具有在车载动力电池和电网之间双向传输电能的功能，既能够利用电网电能对车载动力电池充电，又能够将车载动力电池的电能回馈给电网。充放电机由 PWM 整流器和双向 DC/DC 变换器组成，可以实现以下功能：

1）使车载动力电池作为电网的储能装置，对电网进行调峰、调频、无功补偿等。

2）提高电网稳定性和可靠性，减少新发电设施的投入，降低电力系统运营成本。

3）为车主提供服务于电网的收入，降低新能源汽车运行成本。

V2G 技术的实现有三种基本途径，即集中式、自治式和换电式。集中式 V2G 技术是指将某一区域（比如停车场）的新能源汽车的车载动力电池进行集中式能量管理，按照电网需求，集中调度新能源汽车，由特定的管理策略控制每一台汽车的充放电过程。自治式 V2G 技术是指随机停放的新能源汽车根据电网提供的需求信息和价格自动实现 V2G 运行。换电式 V2G 技术在车载动力电池换电站内实现，其管理策略与集中式 V2G 技术相似，但需要保证站内一定数量动力电池的满电程度。V2G 技术与智能电网相结合，智能调度新能源汽车，是发展中的系统性技术。

🔓 拓展阅读　建设电动汽车快充网

近年来，我国新能源汽车产业迅猛发展，产业链生态闭环初步形成。2024 年，新能源汽车保有量已经超过 2000 万辆，市场销量正从百万级向千万级发展。面对新能源汽车用户充上电和充电快的爆发式出行需求，在国家统筹规划下，各级地方政府正在大力发展快充网络，完善充电基础设施覆盖度，解决新能源汽车使用的"最后一公里"问题。利好政策和市场需求激励下，行业已经创新出众多新能源汽车的快充技术。

锂离子电池快充依赖电池承受大倍率电流充电的能力。鉴于电池的离子运动特性和能量密度，充电的速度比加油慢得多。电池只允许短时间快充，因为电池的快充电流大，充电设备、充电电缆和电池都要快速产生大量的热，物质热积聚容易产生热失控。因此，充电散热技术成为布局快充网络建设需要解决的首要问题。目前，我国企业已经从充电设备、充电电缆和电池三个方面入手研发新产品，例如宁德时代的电池神行 PLUS，充电 10min 行驶 600km，即充电效率最高可实现"一秒一公里"。远东电缆的液冷大功率充电电缆，既能导电又能实现冷却液散热，相较于传统电缆，功率提升超过 3 倍，质量减轻了 50% 以上，具有优异的抗爆破、耐气候、抗 UV 测试、耐低温等特性。该产品获得了 TÜV 莱茵在国内颁发的首张液冷充电桩电缆产品认证证书，处于国际领先水平。华为数字能源推出了全液冷超充设备，采用全液冷、全模块化、融合光储、功率池化等创新架构和技术，系统效率高达 95.5%，使用寿命超 15 年。2024 年 4 月，华为数字能源宣布与国内 11 家车企等成立全国超充联盟，积极配合政府建设新能源汽车快充网络。还有智慧移动充电新技术，例如上海蚕丛机器人公司研制了 L4 级智能水平的闪电宝移动充电小车，能够自动穿梭于停在普通车位上的新能源车辆之间。闪电宝配备了 104kW·h 的大电池包，充电的功率可达 100kW，一般情况下，半小时能为一辆新能源汽车充电 30kW·h，为消除"找桩难"的痛点提供了有效的方案。

业界还在积极探索车网互动 V2G 技术，电动汽车通过社区有序充电、双向互动方式实现与电网的互动，帮助电网削峰填谷，消纳清洁能源。2020 年，国家电网智慧车联网平台完成北京中再中心车网互动示范站建设，它是国内首个实现 V2G 商业化运营的项目，该平台已经接入 420 个 V2G 示范站，实现了规模化车网互动应用。深圳正在打造国内领先的"电力充储放一张网"。2024 年初，深圳福田建成全国首个光储超充与车网互动一体化停车场，包括 1 座"一秒一公里"超级快充站和 3 个车网互动终端。由深圳巴士公司等建设的光伏站、储能站、电动汽车充放电站融为一体的智慧能源系统，多站合一，能够根据实时天气、电价、新能源车电池状态等信息智能调度站内光伏发电、电池储能、汽车充电放电，形成局域微电网、虚拟电厂。预计到 2035 年，我国将建成慢充桩端口超过 1.5 亿端、公共快充端口达到 146 万端，支撑 1.5 亿辆以上的新能源汽车充电运行，加速道路交通行业的低碳绿色转型。

 **习题 7**

7.1　在图 7-30 所示的单相双半波整流电路中，具有中心抽头的变压器的绕组匝比为 1:1，u_s 为 220V、50Hz 的单相交流正弦电源。试叙述电路的工作原理，绘制负载电阻 R 的输出电压波形，并计算整流电压 u_o 的平均值和有效值。

7.2　单相半波可控整流电路如图 7-31 所示，u_s 为单相正弦波电压。

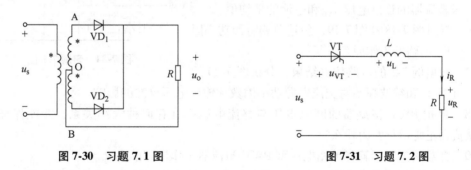

图 7-30　习题 7.1 图　　　　　　　图 7-31　习题 7.2 图

1）试叙述电路的工作原理。

2）当电感量无穷小时，证明晶闸管的触发延迟角为 $0<\alpha<\pi$ 时的输出整流电压平均值为

$$U_{dc}=\frac{\sqrt{2}}{2\pi}U_s(1+\cos\alpha)$$

3）当电感量 $L=10H$，电阻 $R=10\Omega$ 时，交流电源的有效值为 220V，频率为 50Hz，试绘制触发延迟角为 $0<\alpha<\pi$ 时的晶闸管电压 u_{VT} 和负载电流 i_R 的波形。

7.3　带续流二极管的单相半波可控整流电路如图 7-32 所示，大电感负载的内阻 R 为

7.5Ω，正弦交流电源的电压为220V和频率为50Hz。

1）当晶闸管VT的触发延迟角为60°时，试计算晶闸管和二极管的电流平均值和有效值。

2）试问晶闸管的触发延迟角在什么情况下，晶闸管的有效值电流大于二极管的有效值电流？

7.4　单相相控整流器如图7-33所示，在整流器输出侧与大电感的感性负载反并联一只续流二极管。

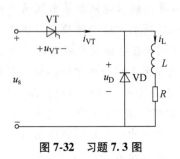

图7-32　习题7.3图

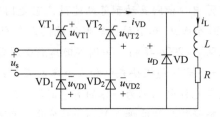

图7-33　习题7.4图

1）试叙述其工作原理，并绘制触发延迟角为30°时的感性负载、续流二极管VD、整流二极管VD_2和晶闸管VT_1的电压和电流波形。

2）当交流电源的电压为220V、频率为50Hz时，如果负载电阻为5Ω，触发延迟角为60°，则试计算流过晶闸管VT_2、续流二极管VD的电流平均值和有效值。

7.5　单相桥式全控整流电路如图7-34所示，50Hz正弦交流电源u_s的有效值为100V，负载R为2Ω，L值极大，反电动势E为64V，触发延迟角为30°。

1）绘制负载电压u_L和电流i_L的波形。

2）求整流器的输出电压u_{VD}和电流的平均值。

7.6　针对图7-18和图7-19，叙述单相有源功率因数校正APFC电路的工作原理。

7.7　根据例7-1的电路仿真结果，分析图7-20的

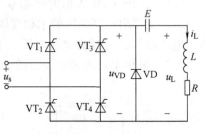

图7-34　习题7.5图

电感L、电容C和载波频率对交流电源功率因数和输出电压纹波的影响。

7.8　单相PWM整流器的网侧电压与整流电压应具有何种大小关系，才能保证单相PWM整流器正常运行？为什么？

7.9　针对图7-24，解释单相电压型PWM整流器工作模态的含义。

7.10　根据例7-2的电路仿真结果，分析图7-26的负载电阻R、电感L和电容C对交流电源功率因数的影响。

7.11　比较单相电压型逆变器和PWM整流器的控制系统，说明单极性调制技术的区别。

7.12　新能源汽车动力电池组的常用充电设施有哪几种？各有什么特点？

7.13　新能源汽车动力电池组的常用充电方法是什么？无线充电技术有什么特点？

7.14　试绘制一种新能源汽车车载充电装置的功率电子电路拓扑，并解释其工作原理。

7.15　试说明新能源汽车V2G技术在智能电网中的作用。

第 **8** 章

交流电驱动控制

功率电子技术对汽车发展的推动作用主要表现在四个方面:

1) 提高汽车行驶效率。

2) 减少甚至消除汽车尾气排放。

3) 改善汽车的操作性。

4) 增强乘员的安全性和舒适性。

其中,汽车的电源架构向高电压化变革是新能源汽车技术发展的关键。汽车电源高电压化和驱动电动化的发展趋势,使得功率电子技术在汽车电驱动控制、高低压电源变换、动力电池组管理和智能电网控制应用中正发挥越来越重要的作用。即使在现今的大量汽车中,交流发电机、电动化附件(电动门窗、电动座椅、电动转向)和电动空调的应用也突显了车载交流电机控制的重要性。驱动电机的高效电动和再生制动能力,极大地推动了汽车的能源系统从化石燃料向太阳能和风能为基础的新能源转型。在新能源汽车的电驱动控制系统中,交流电机的控制是核心内容,因此本章主要阐述三相交流异步电机和永磁同步电机的矢量控制原理。

8.1 新能源汽车电驱动系统

新能源汽车与传统燃油汽车的最大区别在于:电机及其控制器参与或负责新能源汽车的起动、加速、匀速、减速和停止的部分或全部行驶工况,提高了汽车的等效燃油经济性,降低了汽车的尾气排放。电机可布置在不同的车辆位置,相应的电驱动形式有桥驱动、轮毂驱动和轮边驱动,多电机驱动的新能源汽车常采用分布式驱动形式。下面以集中式桥驱动方式来阐述新能源汽车电驱动系统的相关技术。

8.1.1 新能源汽车电驱动的技术要求

新能源汽车对驱动电机及其控制器有车载的技术要求:

1) 转速范围宽,包括低速恒转矩区和高速恒功率区。

2) 低速大转矩,高速大功率。

3) 高效区广,尽可能扩大转速和转矩的高效率区。

4）再生回馈电制动高效且范围宽。

5）高转矩密度和高功率密度。

6）过载能力强。

7）高可靠性和耐久性。

相应的曲线如图 8-1 所示。

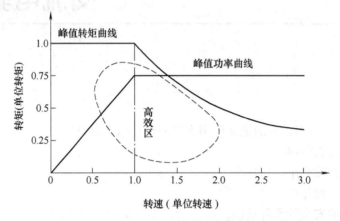

图 8-1　理想的驱动电机系统转速-转矩特性曲线

将驱动电机系统恒转矩区与恒功率区交点的电机转速称为基速。在图 8-1 中，横坐标是电机的转速与其基速之比，纵坐标是驱动电机系统输出转矩与其峰值转矩之比。在电机低速区，应尽可能保持大而恒定的转矩以提高电动汽车的起动、爬坡和加速能力；在高速区，应尽可能保持高而恒定的功率以提高新能源汽车的高速巡航能力。扩大比如≥85％的高效区，可提高新能源汽车的行驶等效燃油经济性，高速比可减小驱动电机的体积。

8.1.2　电驱动装置电路

新能源汽车驱动电机的控制器通常由直流链路、功率电子电路和电子控制单元 3 个部分组成，如图 8-2 所示。该控制器采用一个电压源型逆变器，动力电池组经过一个直流接触器与直流链路连接，直流接触器能够同时切断驱动电机控制器与动力电池组正负极的连接，它可以采用手动控制或自动控制方式，对新能源汽车的安全行驶和日常维护具有保护作用。

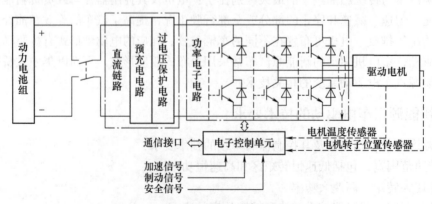

图 8-2　三相交流驱动电机驱动系统的结构

直流链路由电容预充电电路、直流母线过电压保护电路和直流电压电流检测电路组成，如图 8-3 所示。当开关 S_K 断开和 S_C 闭合且功率开关 VT_K 处于截止状态时，动力电池电源 U_{BAT} 通过 S_C 和 R_C 对主电容 C 进行充电，功率电阻 R_C 限制充电电流。当主电容的端电压达到预定值时，可闭合 S_K，切断开关 S_C。电容 C 的预充电电压可由下式计算：

$$u_{PC} = (1 - e^{-t/\tau_{PC}}) U_{BAT}$$

式中，u_{PC} 为主电容端电压（V）；$\tau_{PC} = R_C C$ 为主电容的充电时间常数。

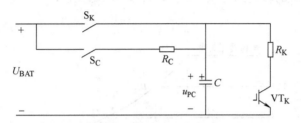

图 8-3　预充电电路和过电压保护电路

对于充电电阻 R_C 的选择，需根据通过充电开关 S_C 允许的电流最大值确定其阻值和功率，并根据电容容量和预充电电压设定值估算充电时间。电容预充电电路具有缓冲驱动电机控制主电容充电电流的作用，保护动力电池组免受主电容大电流冲击，防止主接触器 S_K 触点粘连。

当新能源汽车制动时，驱动电机系统具有电制动功能，其再生制动产生的电能回馈给动力电池组。如果动力电池组不能瞬时吸收电机的再生制动电能，则直流母线的电压能够急剧升高超过其高限值，VT_K 导通，通过电阻 R_K 大电流放电消耗电功率，降低直流母线的电压直至进入安全电压范围。另外，当对新能源汽车进行维护时，主电容亦可通过 R_K 和 VT_K 放电，直至人体的安全电压区。

功率电子电路通常采用智能三相全桥功率模块，由 IGBT 模块、驱动与保护模块、（电流、温度）传感器和散热器组成。功率电子电路的驱动与保护模块是驱动电机电子控制单元与功率电路的接口电路，主要传送、隔离和转换驱动电机电子控制单元的 IGBT PWM 驱动信号，输送传感器信号，对 IGBT 模块进行过电压、过电流、短路和过热保护。

驱动电机系统的电子控制单元接收通过通信接口或踏板模拟量输入等驾驶人的操作命令，还接收驱动电机的转子位置传感器和冷却温度传感器的输出信号，解释驾驶人的操作意图和车辆状态信息，传递给功率电子电路，实现驱动电动机在四象限可控运行，协助驾驶人完成对新能源汽车的自由操控。

按电路功能划分，驱动电机电子控制单元的硬件电路通常包括控制电源、微处理器单元、晶体振荡电路、复位与调试电路、PWM 电路、CAN（CAN_FD）通信电路、（电压、电流、温度等）模拟量输入处理电路、电机转子位置（转速）处理电路和 I/O 电路。PWM 电源控制的电机电磁干扰大，在设计时应特别考虑驱动电机电子控制单元的电磁兼容性。适应汽车运动工况的电机运动控制算法如矢量控制是驱动电机电子控制单元的软件核心，它将交流电机等效为一个直流电机进行励磁和转矩分量的独立控制，具有优秀的电机转矩控制能力，使得驱动电机具有媲美直流电机的动静态性能。

对于纯电动汽车而言，驾驶人给定的加速踏板信号是驱动电机系统的转矩参考量，它与驱动电机系统峰值转矩的关系曲线如图 8-4 所示。电机峰值转矩是转速的一个函数，加速踏板信号的满量程对应驱动电机系统的峰值转矩。因此，纯电动汽车的加速踏板信号须对应电机转速的转矩参考量。由此，加速踏板信号生成的电机转矩参考信号不一定是一个恒定值，峰值转矩曲线是其外围包络线。随着加速踏板量增加，驱动电机系统的恒转矩区缩小；对应于 0.25、0.5、0.75 和 1.0 的加速踏板量，峰值转矩曲线包络线也从 D、C、B 移动至 A 点，驱动电机系统恒转矩区的转速比可从 3.0、2.0、1.38 减小至 1.0。

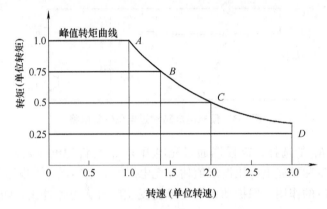

图 8-4　纯电动汽车加速踏板信号与驱动电机系统峰值转矩的关系

8.1.3　交流电机的工作原理

定子磁场与转子磁场的相互作用而产生的电磁转矩，使交流电动机转子旋转，或使交流发电机产生电能。

1. 三相定子绕组圆形旋转磁场

假设交流电机定子的三相绕组 AX、BY 和 CZ 在空间按正弦对称分布（见图 8-5），并且三相定子绕组通入三相对称的正弦电压源。这样，三相绕组可产生式（8-1）的三相对称正弦电流，在各个时刻产生定子绕组磁场。如果以水平右方向为参考相位，则由右手定则可知定子电流在 $\omega t = 0$、$2\pi/3$ 和 $4\pi/3$ 产生的定子磁场相位分别为 0、$2\pi/3$ 和 $4\pi/3$，说明交流电机的三相定子绕组磁场具有旋转性。有文献表明，三相交流电机的定子绕组通入三相对称的交流电，即可产生圆形旋转磁场

$$\begin{cases} i_a = \sqrt{2}\,I_1 \sin(\omega t + \pi/2) \\ i_b = \sqrt{2}\,I_1 \sin(\omega t - \pi/6) \\ i_c = \sqrt{2}\,I_1 \sin(\omega t - 5\pi/6) \end{cases} \tag{8-1}$$

2. 定子绕组感应电动势

假设在三相交流电机定子与转子之间的气隙存在一个转速为 ω（rad/s）的逆时针旋转圆形磁场，磁通密度为 B_g（Wb/m²）。该圆形旋转磁场可由一个两极磁心产生，如图 8-6a 所示。对于一匝定子绕组整距线圈 AX，这个气隙圆形磁场穿过该定子线圈的磁通量为

$$\varPhi_g = B_g l d \tag{8-2}$$

$$\psi_w = \Phi_g \cos\omega t \tag{8-3}$$

式中，l 为定子轴向长度（m）；d 为气隙直径（m）；Φ_g 为每极磁通（Wb）；ψ_w 为垂直于线圈 AX 的磁通（Wb）；t 为时间（s）。

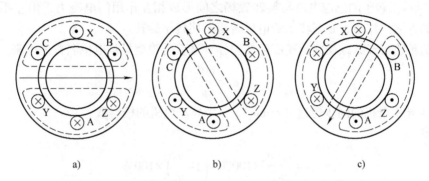

图 8-5　三相交流电动机定子绕组电流生成的旋转磁场

a）$\omega t = 0$　b）$\omega t = 2\pi/3$　c）$\omega t = 4\pi/3$

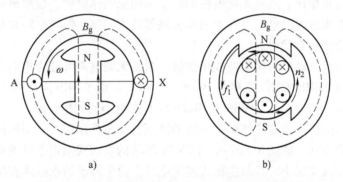

图 8-6　气隙圆形旋转磁场对定转子绕组的电磁作用

a）定子绕组线圈的感应电动势　b）转子绕组线圈的电磁力

定子线圈 AX 通过的磁通量发生周期性变化，由法拉第电磁感应定律和楞次定律可知，线圈 AX 开路的感应电动势为

$$e_w = -\frac{\mathrm{d}\psi_w}{\mathrm{d}t} = 2\pi f \Phi_g \sin\omega t = \sqrt{2} E \sin\omega t \tag{8-4}$$

$$E = 4.44 f \Phi_g \tag{8-5}$$

式中，e_w 为定子线圈 AX 的感应电动势（V）；E 为定子线圈 AX 感应电动势的有效值（V）；$f = \omega/(2\pi)$，单位 Hz。

对于交流电机定子的分布绕组，折算到整距绕组的感应电动势的基波有效值 E_1 可由匝数和绕组系数与整距绕组的感应电动势乘积来表示，即

$$E_1 = 4.44 k_{w1} N_{w1} f_1 \Phi_g \tag{8-6}$$

式中，k_{w1} 为定子绕组的绕组系数；N_{w1} 为定子绕组的匝数；f_1 为气隙磁场基波频率（Hz）。

3. 笼型转子旋转原理

笼型异步电机是新能源汽车上最常用的三相交流电机之一，它由定子和笼型转子组成，

定子包括定子外壳、定子铁心、三相定子绕组和轴承，转子包括轴、转子铁心、笼型转子导条和短路环等。定子绕组接通三相交流电源，在异步电机的气隙中形成圆形旋转磁场，旋转磁场使笼型转子导条因电磁感应而产生感应电动势，在短路的转子导条中形成了感应电流，如图 8-6b 所示。转子的感应电流与旋转磁场之间形成相互作用的电磁力，由左手定则判断该电磁力的方向。作用于笼型转子的电磁转矩，使转子旋转。

转子的转速与气隙磁场旋转速度存在差异，这就是笼型异步电机名称的由来。转速为

$$n_1 = \frac{60f_1}{p} \tag{8-7}$$

式中，n_1 为异步电机的同步转速（r/min）；p 为异步电机的极对数。

转差率为

$$s = \frac{n_1 - n_2}{n_1} \times 100\% = \left(1 - \frac{n_2}{n_1}\right) \times 100\% \tag{8-8}$$

式中，n_2 为异步电机的转子转速（r/min）；s 为异步电机的转差率。

4. 永磁体转子旋转原理

与交流异步电机相比，永磁无刷电机的转子采用永磁体励磁，效率更高，转矩密度和功率密度更大。虽然永磁无刷电机存在永磁体去磁等技术问题，但在空间和车载能源双重有限的新能源汽车上应用具有优势。

根据定子绕组反电动势的梯形波或正弦波，永磁无刷电机可分为矩形定子相电流波的永磁无刷直流电机（PMBLDCM，简称为 BLDCM）和正弦定子相电流波的永磁无刷交流电机（PMBLACM，简称为 PMSM）、PMSM 比 BLDCM 具有更小的转矩纹波。

永磁无刷电机的转子永磁体结构对电机的性能有决定性作用，典型结构有表面式和内嵌式转子永磁体布置方式，如图 8-7 所示。图 8-7a 所示的表面式永磁电机的定子绕组直轴和交轴感抗相等，电枢反应很小，类似隐极式同步电机。由于转子的永磁体直接暴露在定子绕组下，可能出现不可逆的转子永磁体去磁效应。另外，表面式永磁电机的高速弱磁能力有限，一般无法达到 2 倍基速的电机转速，故该电机常工作在恒转矩区。

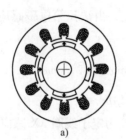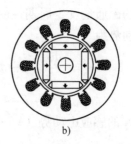

a)   b)

图 8-7 径向磁场永磁无刷电机转子永磁体的常用布置方式

a）表面式转子永磁体   b）内嵌式转子永磁体

内嵌式永磁电机（见图 8-7b）的永磁体被埋入转子铁心，它的漏磁量比表面式永磁体大，定子绕组的直轴感抗小于其交轴感抗，类似凸极式同步电机。内嵌式永磁电机具有优秀的弱磁调速能力，而且在高速弱磁运行时，其转子永磁体不易被电枢效应所去磁。PMSM 常采用内嵌式转子永磁体结构，具有极佳的恒功率区。

永磁无刷电机的转子为永磁铁心，在电机气隙中产生励磁磁场。定子为电枢，如果三相电枢绕组通入对称的三相正弦交流电，形成一种圆形旋转磁场（见图 8-5）。该定子圆形旋转磁场与转子励磁磁场相互作用，能够使转子受到电磁力作用，产生电磁转矩，永磁体转子旋转起动，牵动永磁体转子沿磁场旋转方向运动。

　　对于三相永磁无刷直流电机，当改变每相定子绕组通电次序时，定子绕组的磁场方向将发生变化，受电磁力作用的永磁体转子能够随之旋转。图 8-8 为永磁无刷直流电机定子相绕组的磁场分布和转子的运动位置关系，ψ_s 为电枢相绕组的气隙磁通。

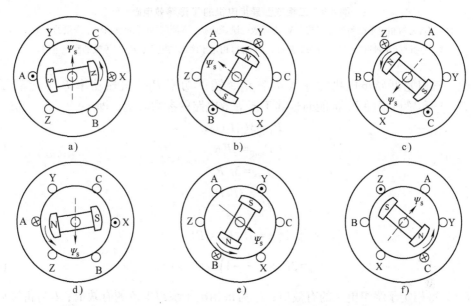

图 8-8　径向磁场永磁无刷直流电机的定子相绕组通电磁场及转子的运动位置
a）a 相　b）b 相　c）c 相　d）a 相反　e）b 相反　f）c 相反

　　永磁体转子的 N 磁极沿定子绕组磁场方向运动，而 S 磁极逆定子绕组磁场方向运动，迫使转子逆时针与定子气隙磁场同步旋转。三相定子绕组每隔 60° 电角度换相，每相绕组的电流隔 180° 电角度换相。经过六次换相，定子绕组磁场和运动的转子位置恢复到初始状态。随着定子绕组按次序不断换相，定子绕组各相在电机气隙内所形成的旋转磁场进行跳跃式变化，永磁无刷电机转子便周而复始地旋转。

三相交流异步电机的控制原理

　　电机的数学模型能够为三相交流异步电机控制提供理论依据，因此通过电机的稳态等效电路和动态数学模型，阐述电机变频变压控制和磁场定向控制的原理。

8.2.1　稳态等效电路

　　保持转子对定子的电磁效应和转子电路的电磁性能不变，折算转子绕组参数到定子侧，三相笼型异步电机的 T 形等效电路如图 8-9 所示。

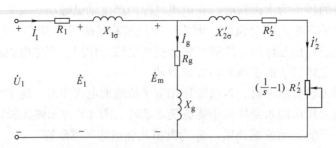

图 8-9　三相笼型异步电机的 T 形等效电路

注：$X_{1\sigma}$ 为每相定子绕组的漏阻抗；X_g 为等效的励磁阻抗；R'_2 为折算后的每相转子绕组的电阻；

$X'_{2\sigma}$ 为折算后的每相定子绕组的漏阻抗；R_1 为每相定子绕组的电阻；R_g 为等效的励磁电阻。

　　由此，三相笼型异步电机的输入功率 P_1、转子功率 P_2、机械功率 P_M、定转子铜耗（P_{Cu1}、P_{Cu2}）和励磁损耗 P_{Fe} 都能通过其 T 形等效电路的参数表达，即

$$P_1 = 3U_1 I_1 \cos\varphi \tag{8-9}$$

$$P_{Cu1} = 3I_1^2 R_1 \tag{8-10}$$

$$P_{Fe} = 3I_g^2 R_g \tag{8-11}$$

$$P_2 = \frac{3I'^2_2 R'_2}{s} \tag{8-12}$$

$$P_{Cu2} = 3I'^2_2 R'_2 = sP_2 \tag{8-13}$$

$$P_M = 3I'^2_2 R'_2 \left(\frac{1}{s} - 1\right) = (1-s)P_2 \tag{8-14}$$

式中，U_1 为每相定子绕组电压的有效值；I_1 为每相定子绕组电流的有效值；I'_2 为折算后的每相转子绕组电流的有效值；I_g 为每极气隙磁场的励磁电流的有效值；φ 为每相定子绕组电流对其电压的滞后角。

8.2.2　变频变压控制

　　三相笼型异步电机定子绕组的每相电动势有效值 E_1 与每极气隙磁通 Φ_g 的函数关系由式（8-6）决定，则

$$\Phi_{g,n} = \frac{E_{1,n}}{K_\Phi f_b} \tag{8-15}$$

式中，K_Φ 为每极气隙磁通常数；$E_{1,n}$ 为每相电动势额定值；$\Phi_{g,n}$ 为每极气隙磁通额定值；f_b 为对应电机额定转速的电源频率。

　　在基频以下，为了保证每极气隙磁通为其额定值，异步电机的定子每相电动势与其电源频率之比应保持为一个常数，即

$$\frac{E_1}{f_1} = \frac{E_{1,n}}{f_b} \tag{8-16}$$

　　当定子绕组的漏磁阻抗可以忽略时，存在

$$E_1 \approx U_1 \tag{8-17}$$

　　将式（8-17）代入式（8-16），得到

$$\frac{U_1}{f_1} = 常数 \tag{8-18}$$

在基频以下，通过按比例同时改变定子电源的电压和频率，即可保证异步电机的每极气隙磁通恒定。

在基频以上，异步电机的定子每相电动势不允许超过其电源电压的额定值。此时，电机每极气隙磁通必须与定子电源频率成反比，异步电机的转速才能超过其额定转速，这就是异步电机的弱磁升速原理，即

$$\Phi_g = \frac{1}{K_\Phi} \frac{U_{1,n}}{f_1} \tag{8-19}$$

在变压变频（Variable Voltage Variable Frequency，VVVF）控制下，异步电机具有低速恒转矩和高速恒功率的特性。在定子频率较低时，定子电压小，定子的漏磁阻抗电压降不能忽略，无法保证异步电机处于每极气隙磁通的恒定。为此，需要加大定子电压，提高异步电机的起动转矩。当异步电机的转速大于额定转速时，每极气隙磁通减小，电机的最大转矩也会随之减小，能够维持高速恒功率的特性。

在软件平台中，对三相笼型异步电机 VVVF 开环控制系统进行建模与仿真分析。此仿真电路主要包括两个部分：逆变器功率电路和 SPWM 信号发生电路，分别如图 8-10 和图 8-11 所示。在图 8-10 中，直流电压源为两电平三相逆变电路供电，异步电机有 2 个极对数，负载转矩的变化范围由方波发生器设置，母线电压测量用于 SPWM 信号调制比的计算，时钟控制设置步长和仿真时间。

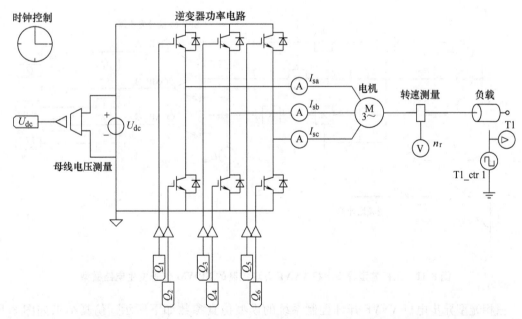

图 8-10　三相笼型异步电机 VVVF 开环控制的逆变器功率电路模型

SPWM 信号发生电路由幅值调制比计算电路、变频比计算电路和 SPWM 信号发生器三部分组成。在图 8-11 中，SPWM 信号的电压调制比是幅值调制比和变频比的乘积，即

$$M_{spwm} = M_a M_f U_{1ref} \tag{8-20}$$

式中，M_a 为三相单极性 SPWM 的线电压幅值调制比；M_f 为三相单极性 SPWM 参考信号的电源频率与额定频率之比；U_{1ref} 为三相单极性 SPWM 的单位参考电压信号（V）。

M_a 的计算由三相单极性正弦波调制方法推导而成，相应的计算公式为

$$M_a = \frac{k_{vdc} k_{vp} U_{1nom}}{U_{dc}}$$

式中，U_{1nom} 为三相线电压额定有效值（V）；U_{dc} 为逆变器的直流母线电压（V）；k_{vdc} 为直流调制系数（1.155）；k_{vp} 为幅值系数（1.414）。

变频比可由式（8-18）生成，M_f 的计算公式为

$$M_f = k_f f_{ref}$$

式中，f_{ref} 为三相单极性 SPWM 参考信号的频率（Hz）；k_f 为三相异步电机正弦电源额定频率的倒数（Hz）。

在三相 SPWM 信号发生器中，一个等腰三角载波和三个参考信号波比较生成三个相电压 SPWM 波信号 Q_1、Q_3 和 Q_5，驱动三个桥臂的上桥臂 IGBT 功率开关，信号 Q_1、Q_3 和 Q_5 的反相信号 Q_2、Q_4 和 Q_6 驱动三个桥臂的下桥臂 IGBT 功率开关。

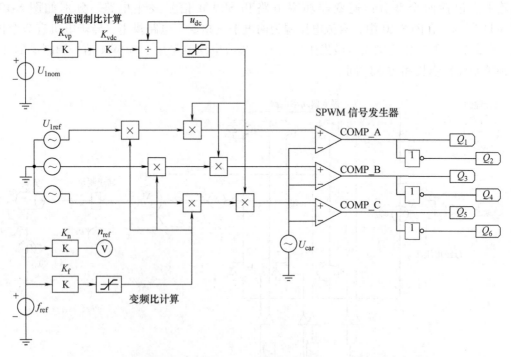

图 8-11　三相笼型异步电机 VVVF 开环控制的 SPWM 信号发生电路模型

三相笼型异步电机 VVVF 开环控制系统的模型仿真参数如下所示，仿真结果如图 8-12 所示。

1. 三相异步电机

1）定子相电阻（R_s）：0.294Ω。

2）转子相电阻（R_r）：0.156Ω。

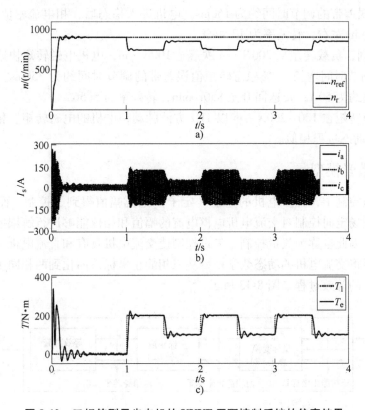

图 8-12 三相笼型异步电机的 VVVF 开环控制系统的仿真结果

3) 定子相漏感 (L_s): 1.39mH。

4) 转子相漏感 (L_r): 0.74mH。

5) 励磁相电感 (L_m): 41mH。

6) 电动机极对数 (p): 2。

7) 额定频率 (f_{nom}): 50Hz。

2. SPWM 信号发生器

1) 三相正弦线电压参考信号 (U_{lref}): 线电压幅值 1V, 频率 30Hz, 初始相位角 0°。

2) 等腰三角载波信号 (U_{car}): 幅值 1V, 频率 5000Hz, 占空比 50%。

3) 三相正弦线电压有效值 (U_{lnom}): 380V。

4) 三相正弦线电压参考频率 (f_{ref}): 30Hz。

5) 直流母线电压: 650V。

3. 时间控制参数

1) 步长: 10μs。

2) 时间: 4s。

在 30Hz 的电压源参考频率和无负载条件下起动时, 相电流的起动峰值超过了 250A, 峰值转矩达到了 320N·m, 电机的转速上升时间约为 0.1s, 转速的超调量为 2.22%。电机进入稳态后, 相电流幅值约为 20A, 电磁转矩在 −6~6N·m 范围内波动。

在 1s 时刻, 负载转矩从 0 上升至 200N·m, 电机电磁转矩急速上升, 超调量约为 12%,

2%稳态转矩值误差带的调节时间约为 160ms。电机进入稳态后，相电流幅值约为 125A；转速稳定在 743r/min 左右，转差率为 17.44%。

在 1.5s 时刻，负载转矩从 200N·m 跌落至 100N·m，电机电磁转矩快速下降，超调量增大至 18%，调节时间增长，2%稳态转矩值误差带的调节时间约为 350ms。电机进入稳态后，相电流幅值约为 50A；转速回升至 850r/min，转差率为 5.56%。

此后，负载转矩在 100~200N·m 以 1Hz 方波脉动，电机的电磁转矩、相电流和转子转速与 1.5~2s 的动态过程相似。

8.2.3　动态数学模型

在变频变压控制中，异步电机的电枢（定子）电流幅值得到了控制，而电枢电流的相位没有控制。磁场定向控制对交流电机电枢电流的幅值和相位能够进行解耦控制，即对电流矢量进行调节，因此也称为矢量控制。矢量控制使交流电机具有和直流电机一样的运动控制性能，为此需要将交流电机的动态数学模型从三相静止坐标系简化到两相同步转速旋转坐标系中建立。简化的等效过程如图 8-13 所示。

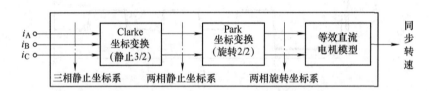

图 8-13　三相异步电机的动态数学模型简化流程

1. Clarke 坐标变换

如果以三相定子绕组的静止位置为参考，观察三相交流异步电机定转子磁动势的相互作用，可建立如图 8-14a 所示的理想的三相对称静止坐标系物理模型。A 相定子绕组磁动势方向定位在水平方向，作为静止坐标系的起始位置，B 相定子绕组磁动势相位比 A 相绕组超前 120°，C 相定子绕组磁动势相位比 A 相绕组超前 240°。将转子等效为一个与定子绕组匝数相同的转子，而且等效转子产生的磁动势及其在电机气隙中的分布与实际转子效果相同。相对于定子，转子以一个转速旋转，且转子 a 相绕组磁动势方向超前定子 A 相绕组磁动势 θ，转子的 b、c 两相绕组磁动势按序对称分布。

建立一个两相静止坐标系，即 α-β 坐标系。其中，α 轴与 A 轴重合，β 轴垂直于 α 轴，相位超前 α 轴 90°。保持磁动势和功率不变，将三相 120°对称静止坐标系变换为两相静止正交坐标系，这种坐标变换关系称为 Clarke 变换，即三相静止坐标系 A-B-C 和两相静止坐标系 α-β 之间的变换。

三相正弦交流系统的电流为 i_A、i_B 和 i_C，两相静止坐标系的电流为 i_α、i_β 和 i_0，由此可以得到三相-两相电流在两相静止坐标系的 Clarke 矢量变换关系式：

$$\begin{bmatrix} i_\alpha \\ i_\beta \\ i_0 \end{bmatrix} = \boldsymbol{C}_{3/2} \begin{bmatrix} i_A \\ i_B \\ i_C \end{bmatrix} \tag{8-21}$$

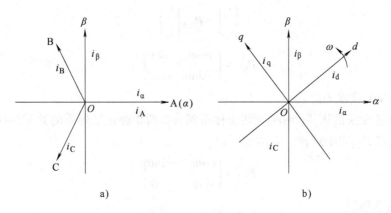

图 8-14　坐标变换

a）Clarke 变换　b）Park 变换

$$C_{3/2} = \sqrt{\frac{2}{3}} \begin{bmatrix} 1 & -\dfrac{1}{2} & -\dfrac{1}{2} \\ 0 & \dfrac{\sqrt{3}}{2} & -\dfrac{\sqrt{3}}{2} \\ \sqrt{\dfrac{1}{2}} & \sqrt{\dfrac{1}{2}} & \sqrt{\dfrac{1}{2}} \end{bmatrix} \qquad (8-22)$$

由于三相星形的对称电流之和为 0，因此式（8-22）可简写为

$$\begin{bmatrix} i_{\alpha} \\ i_{\beta} \end{bmatrix} = \begin{bmatrix} \dfrac{\sqrt{3}}{2} & 0 \\ \sqrt{\dfrac{1}{2}} & \sqrt{2} \end{bmatrix} \begin{bmatrix} i_{A} \\ i_{B} \end{bmatrix} \qquad (8-23)$$

同时，两相静止坐标系至三相静止坐标系的 Clarke 逆变换为

$$\begin{bmatrix} i_{A} \\ i_{B} \end{bmatrix} = \begin{bmatrix} \sqrt{\dfrac{2}{3}} & 0 \\ -\sqrt{\dfrac{1}{6}} & \sqrt{\dfrac{1}{2}} \end{bmatrix} \begin{bmatrix} i_{\alpha} \\ i_{\beta} \end{bmatrix} \qquad (8-24)$$

为此，在实际构建交流电动机的矢量控制系统时，可只检测三相绕组星形联结的两相电流，以降低系统成本，简化实时算法的复杂性，减小内存容量，提高计算速度。

2. Park 坐标变换

如果以三相定子绕组磁动势在气隙产生的以同步转速旋转的圆形磁场为参考，可建立相对于 α-β 两相静止坐标系的 d-q 两相旋转坐标系物理模型，如图 8-14b 所示。这样，一个矢量分别在 α-β 坐标系和 d-q 坐标系各有坐标，这两个坐标系之间的坐标转换存在定量的数学关系。Park 变换指一个矢量从静止的 α-β 两相坐标系到旋转的 d-q 两相坐标系之间的数学变换。

相对于两相静止坐标系，两相旋转坐标系的转速为 ω（rad/s），d 轴超前 α 轴 θ 角度。例如，一个电流矢量的 Park 坐标变换关系为

$$\begin{bmatrix} i_{\mathrm{d}} \\ i_{\mathrm{q}} \end{bmatrix} = P_{2/2} \begin{bmatrix} i_{\alpha} \\ i_{\beta} \end{bmatrix} \tag{8-25}$$

$$P_{2/2} = \begin{bmatrix} \cos\theta & \sin\theta \\ -\sin\theta & \cos\theta \end{bmatrix} \tag{8-26}$$

式中，$P_{2/2}$ 为 Park 变换矩阵。

Park 坐标逆变换指从 d-q 两相旋转坐标系到 α-β 两相静止坐标系的数学变换，Park 坐标逆变换矩阵是对 $P_{2/2}$ 求矩阵逆，表达如下：

$$P_{2/2}^{-1} = \begin{bmatrix} \cos\theta & -\sin\theta \\ \sin\theta & \cos\theta \end{bmatrix} \tag{8-27}$$

3. 动态数学模型

在保持交流电机系统磁动势和功率不变的前提下，通过 Clarke 和 Park 坐标变换方法，能够建立静止的三相交流系统与同步旋转的两相系统之间的对应关系。在 d-q 旋转坐标系中，异步电机的定子和转子的变量都需要转换，从定子绕组观察同步旋转的 d-q 旋转坐标系，d-q 旋转坐标系与三相静止坐标系存在如下的相位关系：

$$\theta_{\mathrm{s}} = \omega t + \theta_{s0} \tag{8-28}$$

式中，θ_{s} 为 d-q 旋转坐标系轴线与定子 A 相绕组轴线间的相位角（rad）；θ_{s0} 为对应的初始相位角（rad）；t 表示时间（s）；ω 为 d-q 旋转坐标系角速度（rad/s）。

同理，从三相转子绕组观察同步旋转的 d-q 旋转坐标系。d-q 旋转坐标系与三相转子旋转坐标系存在如下的相位关系：

$$\theta_{\mathrm{r}} = (\omega - \omega_{\mathrm{r}}) t + \theta_{r0} \tag{8-29}$$

式中，θ_{r} 为 d-q 旋转坐标系轴线与转子 a 相绕组轴线间的相位角（rad）；θ_{r0} 为对应的初始相位角（rad）；ω_{r} 为异步电机转子的转速（rad/s）。

转子电流源自定子圆形气隙磁场的建立，因此在电机电磁关系建立前，认为转子 a 相绕组轴线与定子 A 相绕组轴线重合，对 d-q 旋转坐标系具有相同的初始角。在实际实现中，初始角度误差对异步电机矢量控制系统的影响可不予考虑，将其规定为 0，即

$$\theta_{s0} = \theta_{r0} = 0$$

假设三相定、转子绕组对称，在空间互差 120° 电角度，所产生的磁动势沿气隙周围按正弦规律分布；忽略磁路饱和，各绕组的自感和互感为恒定；忽略铁心损耗，不考虑频率变化和角度变化对绕组电阻的影响。在 d-q 旋转坐标系的异步电机数学模型表达如下。

（1）定子电压方程

$$\begin{cases} u_{\mathrm{ds}} = R_{\mathrm{s}} i_{\mathrm{ds}} + \dfrac{\mathrm{d}}{\mathrm{d}t} \lambda_{\mathrm{ds}} - \omega \lambda_{\mathrm{qs}} \\[2mm] u_{\mathrm{qs}} = R_{\mathrm{s}} i_{\mathrm{qs}} + \dfrac{\mathrm{d}}{\mathrm{d}t} \lambda_{\mathrm{qs}} + \omega \lambda_{\mathrm{ds}} \end{cases} \tag{8-30}$$

式中，R_{s} 为定子相电阻（Ω）；λ_{ds} 和 λ_{qs} 分别为 d-q 旋转坐标系定子 d 轴磁链和定子 q 轴磁链（Wb）；u_{ds} 和 u_{qs} 分别为 d-q 旋转坐标系定子 d 轴电压和定子 q 轴电压（V）；i_{ds} 和 i_{qs} 分别为 d-q 旋转坐标系定子 d 轴电流和定子 q 轴电流（A）。

（2）转子电压方程

$$\begin{cases} u_{dr}=R_r i_{dr}+\dfrac{d}{dt}\lambda_{dr}-(\omega-\omega_r)\lambda_{qr} \\[2mm] u_{qr}=R_r i_{qr}+\dfrac{d}{dt}\lambda_{qr}+(\omega-\omega_r)\lambda_{dr} \end{cases} \tag{8-31}$$

式中，R_r 为转子相电阻（Ω）；λ_{dr} 和 λ_{qr} 分别为 d-q 旋转坐标系转子 d 轴磁链和转子 q 轴磁链（Wb）；u_{dr} 和 u_{qr} 分别为 d-q 旋转坐标系转子 d 轴电压和转子 q 轴电压（V）；i_{dr} 和 i_{qr} 分别为 d-q 旋转坐标系转子 d 轴电流和转子 q 轴电流（A）。

（3）定子磁链方程

$$\begin{cases} \lambda_{ds}=L_s i_{ds}+L_m i_{dr} \\[1mm] \lambda_{qs}=L_s i_{qs}+L_m i_{qr} \end{cases} \tag{8-32}$$

式中，L_s 和 L_m 分别为 d-q 旋转坐标系定子自感和定转子互感（H）。

（4）转子磁链方程

$$\begin{cases} \lambda_{dr}=L_r i_{dr}+L_m i_{ds} \\[1mm] \lambda_{qr}=L_r i_{qr}+L_m i_{qs} \end{cases} \tag{8-33}$$

式中，L_r 为 d-q 旋转坐标系转子自感（H）。

（5）转矩方程

$$T_e=p(\lambda_{ds} i_{qs}-\lambda_{qs} i_{ds}) \tag{8-34}$$

或

$$T_e=p\frac{L_m}{L_r}(\lambda_{dr} i_{qs}-\lambda_{qr} i_{ds}) \tag{8-35}$$

式中，T_e 为异步电机的电磁转矩（N·m）；p 为电机绕组极对数。

8.2.4　矢量控制基本方程

在 d-q 轴两相旋转坐标系中，定、转子绕组的磁动势分别定向在旋转正交的两个坐标轴上，定、转子绕组磁动势及其产生的气隙磁场等价于三相静止坐标系，但两相坐标系的磁动势正交，没有耦合关系。

对于笼型异步电动机，转子绕组短路，即

$$\begin{cases} u_{dr}=0 \\[1mm] u_{qr}=0 \end{cases} \tag{8-36}$$

以电动机气隙磁场同步转速 ω 作为参考转速，形成同步转速旋转的 d-q 旋转坐标系。如果将转子磁链矢量完全定向在 d 轴上，那么转子磁链的 q 轴分量为 0，即

$$\begin{cases} \lambda_{dr}=\lambda_r \\[1mm] \lambda_{qr}=0 \end{cases} \tag{8-37}$$

将式（8-37）代入式（8-32），可得

$$\begin{cases} L_r i_{dr}+L_m i_{ds}=\lambda_r \\[1mm] L_r i_{qr}+L_m i_{qs}=0 \end{cases} \tag{8-38}$$

将式（8-36）代入式（8-31），可得

$$\begin{cases} R_r i_{dr}+\dfrac{d}{dt}\lambda_r=0 \\[2mm] R_r i_{qr}+(\omega-\omega_r)\lambda_r=0 \end{cases} \tag{8-39}$$

将式（8-38）和式（8-39）联立求解，有

$$
\begin{cases}
i_{\mathrm{dr}} = -\dfrac{1}{R_{\mathrm{r}}}\dfrac{\mathrm{d}}{\mathrm{d}t}\lambda_{\mathrm{r}} \\[3mm]
i_{\mathrm{qr}} = -\dfrac{L_{\mathrm{m}}}{L_{\mathrm{r}}}i_{\mathrm{qs}}
\end{cases}
\tag{8-40}
$$

由式（8-39）和式（8-40）联立计算，得到转差频率为

$$
\omega_{\mathrm{sr}} = \frac{L_{\mathrm{m}}}{\tau_{\mathrm{r}}\lambda_{\mathrm{r}}}i_{\mathrm{qs}}
\tag{8-41}
$$

式中，τ_{r} 为转子电路时间常数（s），等于 $L_{\mathrm{r}}/R_{\mathrm{r}}$；$\omega_{\mathrm{sr}}$ 为感应电动机转差频率（rad/s）。

在稳态条件下，转子磁链 λ_{r} 的时间变化量为 0，因此转子电流的 d 轴分量为 0。而转子电流的 q 轴分量与定子电流的 q 轴分量呈比例关系，可以说定子电流 q 轴分量对气隙磁场不产生电枢反应，完全被转子电流 q 轴分量抵消。即使在动态条件下，转子磁链也不受定子电流 q 轴分量影响，仅由转子磁链的初始值和定子电流 d 轴分量决定，它们的关系式为

$$
\tau_{\mathrm{r}}\frac{\mathrm{d}}{\mathrm{d}t}\lambda_{\mathrm{r}} + \lambda_{\mathrm{r}} = L_{\mathrm{m}}i_{\mathrm{ds}}
\tag{8-42}
$$

很明显，磁场定向的转子磁链为定子电流 d 轴分量的一阶低通滤波输出。此时的异步电机转矩由转子磁链和定子电流 q 轴分量决定，由式（8-35）得到转子磁场定向的电机电磁转矩方程：

$$
T_{\mathrm{e}} = p\frac{L_{\mathrm{m}}}{L_{\mathrm{r}}}\lambda_{\mathrm{r}}i_{\mathrm{qs}}
\tag{8-43}
$$

这样，d 轴是沿着转子总磁链矢量的方向，称为 M 轴；而 q 轴垂直于转子总磁链矢量，q 轴定子电流用于控制电机电磁转矩，称为 T 轴。为此，将按转子磁链定向的 d-q 两相同步旋转坐标系称为 M-T 坐标系。

在矢量控制下，转子磁链可完全解耦，由定子电流的 M 轴分量（励磁分量）控制。在转子磁链稳定时，异步电机的电磁转矩由其 T 轴分量（转矩分量）控制。这种交流电机的转矩控制方式完全与直流电机相同。

8.2.5　间接矢量控制

如果保持电机转子磁场不变，那么式（8-42）可简写为

$$
\lambda_{\mathrm{r}} = L_{\mathrm{m}}i_{\mathrm{ds}}
\tag{8-44}
$$

将式（8-44）代入式（8-43），得到

$$
T_{\mathrm{e}} = p\frac{L_{\mathrm{m}}^{2}}{L_{\mathrm{r}}}i_{\mathrm{ds}}i_{\mathrm{qs}}
\tag{8-45}
$$

假设给定电机的励磁磁链，由式（8-44）得到定子电流的励磁分量给定值：

$$
i_{\mathrm{Ms}} = \lambda_{\mathrm{r}}/L_{\mathrm{m}}
\tag{8-46}
$$

式中，i_{Ms} 为 M-T 坐标系的定子电流励磁分量，等价于 d-q 坐标系的 d 轴电流分量 i_{ds}。

将式（8-46）代入式（8-45），得到定子电流的转矩分量给定值：

$$
i_{\mathrm{Ts}} = \frac{L_{\mathrm{r}}T_{\mathrm{e}}}{pL_{\mathrm{m}}^{2}i_{\mathrm{Ms}}}
\tag{8-47}
$$

式中，i_{Ts} 为 *M-T* 坐标系的定子电流转矩分量，等价于 *d-q* 坐标系的 *q* 轴电流分量 i_{qs}。

将式（8-46）代入式（8-41），得到转差频率的简化方程为

$$\omega_{sr} = \frac{i_{Ts}}{\tau_r i_{Ms}} \tag{8-48}$$

通过转子磁链和转矩的设定值计算定子电流的励磁分量和转矩分量，由式（8-46）~式（8-48）形成了间接转子磁链定向的三相 IM 矢量控制方法。在转速闭环控制系统中，定子电流的转矩分量由转速调节器生成，其原理如图 8-15 所示。它包括转速调节器、磁链运算器、励磁电流调节器、转矩电流调节器、电压 Park 逆变换、PWM 信号发生器、电流 Clarke 变换、电流 Park 变换、转差计算器和转速反馈 FBS。

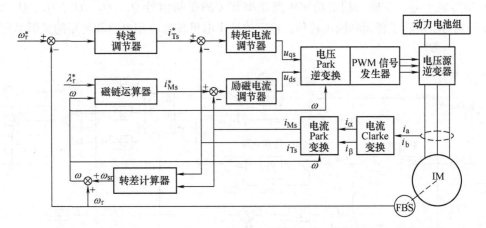

图 8-15　基于同步转速的间接转子磁链定向的三相 IM 矢量控制系统原理框图

转差计算器的作用是通过定子电流的 *d-q* 轴分量计算异步电机的转差 ω_{sr}，与实测的电机转速 ω_r 相加，得到同步转速 ω。这是建立异步电机矢量控制系统的基础，从而可以对定子电流、电压进行 Clarke 和 Park 变换。磁链运算器在 *d* 轴定子电流作用下，产生动态的转子磁链 λ_r。磁链运算器由一个给定的转速与磁链的关系，输出一个磁链目标值，以保证基速以下恒磁通，基速以上弱磁，并且产生定子的励磁电流分量参考 i_{Ms}^*。励磁电流调节器则通过定子电流误差产生一个 *d* 轴定子电压分量。

由转速调节器生成定子的转矩电流分量参考 i_{Ts}^*，与反馈转矩电流之差输入至转矩电流调节器，产生一个 *q* 轴定子电压分量。经过 Park 逆变换，两相同步旋转坐标系电压分量转换成两相静止坐标系的定子电压分量，或通过 Clarke 逆变换生成三相定子电压，再通过 PWM 信号发生器，产生三相全桥功率模块的 PWM 驱动信号，将动力电池组的直流电压源转变为可控的交流电源，使三相异步电机处于高效可控的运动状态。

图 8-15 中，该矢量控制系统的磁场定向是由给定信号确定并依靠转子磁链稳态的矢量控制基本方程保证的，没有在系统运行过程中实时检测转子总磁链的方向角，转子磁链采用开环控制，简称为间接矢量控制。然而，由于电动机磁饱和情况和绕组温度变化对转子时间常数的影响，以及电机动态过程中实际的定子电流幅值和相位与其给定值之间难免会存在偏差，这些因素将使转子磁链相位角的准确估算变得困难，导致这种矢量控制系统很难实现准确的磁场定向控制，从而影响系统的动态性能。

　　这类矢量控制系统的转子磁链采用开环控制，在动态过程中必然存在偏差，这样转子磁链在动态过程中不能保证恒定，也就使交流电机的间接转子磁场定向矢量控制系统难以具有和直流调速系统一样的动态性能。尽管如此，这类系统也具有结构简单、实现容易等优点，因此目前仍然得到了普通应用。

　　在专业软件仿真中，逆变功率电路的母线直流电压为 500V，三相笼型异步电机的间接矢量控制系统与 VVVF 调速的主要区别在于 d-q 轴的电压分量生成，如图 8-16 所示。该异步电机的间接矢量控制系统设计简单，直接给定定子励磁电流参考分量 I_{dref}，由 PI 转速调节器产生定子转矩电流参考分量 I_{qref}。而后，分别通过 PI 励磁电流调节器和转矩电流调节器输出 d-q 坐标系的电压分量 U_d 和 U_q，转差计算依赖式（8-48）。通过 2/3 变换和三相单极性 SPWM 信号发生器，生成三相主功率电路功率开关的驱动信号 Q_1、Q_2、Q_3、Q_4、Q_5 和 Q_6，n_m、θ 分别为电机转子转速和同步转角，相应的异步电机转速、相电流和转矩的波形如图 8-17 所示。

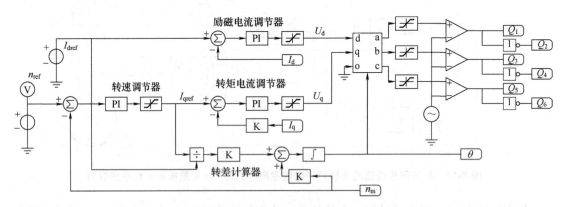

图 8-16　三相 IM 间接矢量控制系统的控制模型

　　在仿真参数中，异步电机的参考速度 n_{ref} 为 1500r/min，该间接矢量控制系统无负载条件下起动，相电流的起动峰值 40A，峰值转矩超过了 100N·m，电机的转速上升时间约为 0.5s，转速的超调量为 2.46%。电机进入稳态后，相电流幅值约为 16A，电机电磁转矩能够稳定在 0N·m。

　　在 1s 时刻，电机的负载转矩从 0 上升至 20N·m，相电流幅值上升至 24A，转速跌落小于 1%，稳定在 1500r/min 左右。在 1.5s 时刻，负载转矩从 20N·m 跌落至 10N·m，电机电磁转矩快速下降，相电流幅值约为 18A，转速超调小于 0.5%。此后，负载转矩在 10~20N·m 范围内以 1Hz 方波脉动，电机的电磁转矩、相电流和转子转速与 1.5~2s 动态过程相似。

8.2.6　直接矢量控制

　　为了提高转子磁链的控制准确性，拟采用转子磁链闭环控制，目的是实时获取实际转子磁链的幅值和相位角。该类型矢量控制系统简称为直接矢量控制。

　　直接矢量控制可采用转子磁链直接检测法和间接观测法。在电机槽内埋设磁场探测线圈，或利用贴在定子内表面的霍尔片或其他磁敏元件，从理论上可直接检测准确的转子磁链。实际上，由于电机齿槽的影响，转子磁链检测信号受污染，其中含有较大的脉动分量，

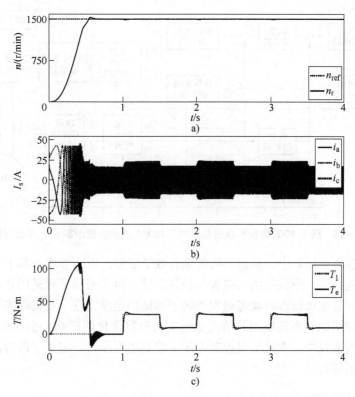

图 8-17 三相 IM 间接矢量控制系统的仿真波形

尤其在低速时干扰更严重，直接检测转子磁链的方法难以奏效。因此，现在实际工程系统中，多采用间接观测转子磁链的方法，测量电压、电流或转速等易测物理量，借助转子磁链观测模型，实时计算磁链的幅值及相位。

直接矢量控制常采用电流模型和电压模型进行转子磁链的观测。在 M-T 坐标系中，通过式（8-42）即可获得基于电流模型的转子磁链观测方程

$$\lambda_r = \frac{L_m}{\tau_r \dfrac{\mathrm{d}}{\mathrm{d}t}+1} i_{Ms} \tag{8-49}$$

将式（8-49）估计的转子磁链，代入式（8-41），估计转差频率得

$$\omega_{sr} = \frac{L_m}{\tau_r \lambda_r} i_{Ts} \tag{8-50}$$

由式（8-43）得到定子电流转矩分量

$$i_{Ts} = \frac{T_e L_r}{p L_m \lambda_r} \tag{8-51}$$

通过 M-T 坐标系电流模型观测转子磁链，由磁链调节器和转矩运算器分别计算定子电流的励磁分量和转矩分量，式（8-49）～式（8-51）形成了直接矢量控制方法，其原理如图 8-18 所示。与图 8-15 的间接矢量控制方法相比，直接矢量控制增加了转子磁链观测器和转子磁链调节器。

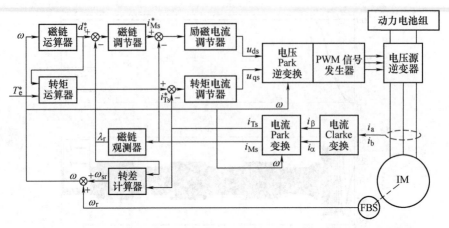

图 8-18　基于 *M-T* 坐标系电流模型的三相 IM 直接矢量控制系统原理框图

　　在两相 $\alpha\text{-}\beta$ 静止坐标系中，根据电机的动态数学模型，也能够建立基于定子电流和定子电压的转子磁链观测器，形成新的直接矢量控制系统。由于采用了磁链闭环控制，从理论上讲，直接矢量控制系统可以改善动态过程的转子磁链恒定性，进一步提高矢量控制系统的动态性能。但是，如果磁链观测模型的精度受到电机参数变化的影响，会导致反馈信号失真。因此，在实际工程实践中，直接矢量控制系统的控制精度是否一定优于磁链前馈型的间接矢量控制系统，尚需探讨。

8.2.7　直接转矩控制

　　相对异步电机的矢量控制方法，直接转矩控制的思想来源于电机电磁转矩的发生机理，即定子磁场与转子磁场的相互作用。在两相静止坐标系，直接调节定子电流，能够直接控制电机的定子磁场和电磁转矩，从而形成了异步电机的直接转矩控制方法。它的控制系统原理框图如图 8-19 所示。

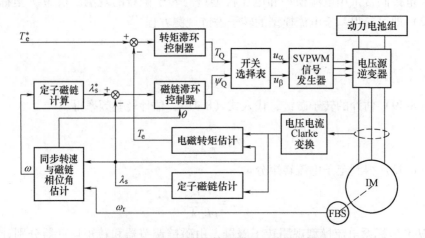

图 8-19　三相 IM 直接转矩控制系统原理框图

　　由图 8-19 可知，在 $\alpha\text{-}\beta$ 两相静止坐标系中，定子磁链和电磁转矩的估计是直接转矩控制系统的核心内容之一，它们的计算依赖 $\alpha\text{-}\beta$ 坐标系的异步电机动态数学模型。当 $\omega = 0$ 时，可将式（8-30）~式（8-35）从 d-q 坐标系变为 α-β 坐标系的电机动态数学模型。与直接转矩控制相关的模型方程，主要是 α-β 坐标系的定子电压方程和电磁转矩方程。

（1）定子电压方程

$$
\begin{cases}
u_{\alpha s} = R_s i_{\alpha s} + \dfrac{\mathrm{d}}{\mathrm{d}t}\lambda_{\alpha s} \\[2mm]
u_{\beta s} = R_s i_{\beta s} + \dfrac{\mathrm{d}}{\mathrm{d}t}\lambda_{\beta s}
\end{cases}
\tag{8-52}
$$

式中，$\lambda_{\alpha s}$ 和 $\lambda_{\beta s}$ 分别为 α-β 两相静止坐标系定子 α 轴磁链和定子 β 轴磁链（Wb）；$u_{\alpha s}$ 和 $u_{\beta s}$ 分别为 α-β 坐标系定子 α 轴电压和定子 β 轴电压（V）；$i_{\alpha s}$ 和 $i_{\beta s}$ 分别为 α-β 坐标系定子 α 轴电流和定子 β 轴电流（A）。

（2）电磁转矩方程

$$
T_e = p(\lambda_{\alpha s} i_{\beta s} - \lambda_{\beta s} i_{\alpha s})
\tag{8-53}
$$

直接转矩控制的首要目标是估计定子磁链。由式（8-52），可得到 α-β 坐标系定子磁链的估计方程：

$$
\begin{cases}
\lambda_{\alpha s} = \displaystyle\int (u_{\alpha s} - R_s i_{\alpha s})\,\mathrm{d}t \\[2mm]
\lambda_{\beta s} = \displaystyle\int (u_{\beta s} - R_s i_{\beta s})\,\mathrm{d}t
\end{cases}
\tag{8-54}
$$

定子磁链旋转速度和相位角可通过式（8-54）的 α-β 坐标系定子磁链分量计算得到：

$$
\theta = \arctan\left(\frac{\lambda_{\beta s}}{\lambda_{\alpha s}}\right)
\tag{8-55}
$$

$$
\omega = \frac{\mathrm{d}\theta}{\mathrm{d}t}
\tag{8-56}
$$

式中，θ 为 α-β 坐标系定子磁链相位角。

对于用于新能源汽车的驱动电机控制算法，矢量控制采用电流调节器生成 d-q 两相旋转坐标系的电压分量，而直接转矩控制使用滞环控制器产生 α-β 两相静止坐标系电压分量的开关选择表，最后通过 SVPWM 信号驱动电压源逆变电路运行，给三相异步电机供电。

区别于 PID 调节器，滞环控制器采用"砰砰控制方式"，将输出信号控制在输入参考信号的误差带内，即

$$
E|\lambda_s| = |\lambda_s^*| - |\lambda_s|
\tag{8-57}
$$

$$
-\Delta|\lambda_s| \leqslant E|\lambda_s| \leqslant \Delta|\lambda_s|
\tag{8-58}
$$

式中，$|\lambda_s^*|$ 为定子磁链幅值参考量（Wb）；$E|\lambda_s|$ 为定子磁链幅值误差（Wb）；$\Delta|\lambda_s|$ 为定子磁链幅值误差带（Wb）。

定子磁链滞环控制器用来生成逼近圆形磁链轨迹的定子磁链开关选择信号 ψ_Q，如图 8-20a 所示。

在图 8-20a 中，定子磁链幅值被其滞环带 $\Delta|\lambda_s|$ 控制。当 $E|\lambda_s|$ 保持在滞环内时，滞环输出信号 ψ_Q 保持不变；当 $E|\lambda_s| > \Delta|\lambda_s|$ 时，ψ_Q 可由负跳变为正，要求系统增加定子磁链；当 $E|\lambda_s| < -\Delta|\lambda_s|$ 时，ψ_Q 可由正跳变为负，要求系统减小定子磁链。

在图 8-20b 中，电磁转矩的滞环控制器输出信号 T_Q。该转矩开关选择信号可有三个值，即负、0 和正。相应的滞环控制器描述如下：

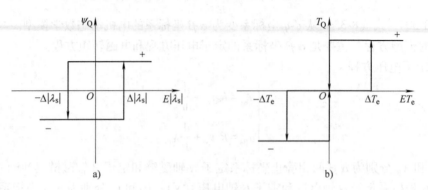

图 8-20　直接转矩滞环控制器

a）定子磁链　b）电磁转矩

$$ET_e = T_e^* - T_e \qquad (8\text{-}59)$$

$$-\Delta T_e \leqslant ET_e \leqslant 0 \qquad (8\text{-}60)$$

$$0 \leqslant ET_e \leqslant \Delta T_e \qquad (8\text{-}61)$$

式中，T_e^* 为电磁转矩参考量（N·m）；ET_e 为电磁转矩误差（N·m）；ΔT_e 为电磁转矩误差带（N·m）。

对于电磁转矩滞环控制器，当 ET_e 保持在滞环内时，滞环输出信号 T_Q 保持不变；当 $ET_e > \Delta T_e$ 时，T_Q 可由 0 跳变为正，要求系统增大电磁转矩；当 $ET_e < -\Delta T_e$ 时，T_Q 可由 0 跳变为负，要求系统减小电磁转矩。当 $ET_e > 0$ 且 $< \Delta T_e$ 时，T_Q 由负跳变为 0，要求系统保持电磁转矩恒定；当 $ET_e < 0$ 且 $> -\Delta T_e$ 时，T_Q 可由正跳变为 0，要求系统保持电磁转矩不变。

用于调节定子磁链和电磁转矩大小的开关选择信号应与三相电压源逆变桥的空间电压矢量一一对应，从而生成 SVPWM。在 SVPWM 的扇区分割及其空间电压矢量的选择方面，直接转矩控制与矢量控制有所不同，如图 8-21 所示。用于矢量控制的扇区分配如图 8-21a 所示，而用于直接转矩控制的扇区分配如图 8-21b 所示。对于逆时针旋转的电机同步转速，直接转矩控制与矢量控制的扇区虽然都由 6 个 60°扇区组成，前者扇区超前后者 30°。就第一扇区 $\theta(1)$ 的角度区间而言，矢量控制为 0°~60°，直接转矩控制为 -30°~30°。相应扇区的空间电压矢量也有不同的分配，矢量控制为 u_4 和 u_6，直接转矩控制为 u_2、u_6、u_1 和 u_5。

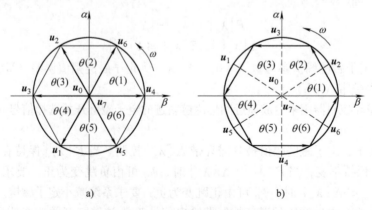

图 8-21　SVPWM 的空间电压矢量扇区

a）矢量控制　b）直接转矩控制

由式（8-54）可知，通过选择某扇区的不同空间电压矢量作用，即可改变定子磁链的幅值和相位。例如，在图 8-21b 所示的第二扇区 $\theta(2)$ 中，选择 u_2 增大定子磁链幅值和相位，电磁转矩增加；选择 u_3 可大幅度增大定子磁链相位，而幅值减小，电磁转矩相应增加。选择 u_5 减小定子磁链幅值和相位，电磁转矩减小；选择 u_4 可大幅度减小定子磁链相位，而幅值增大，电磁转矩相应减小。选择 u_0 或 u_7，保持磁链不变，而电磁转矩略微减小。在各扇区中，三相异步电机的直接转矩控制的空间电压矢量选择见表 8-1。

表 8-1　直接转矩控制的空间电压矢量选择

ψ_Q	T_Q	$\theta(1)$	$\theta(2)$	$\theta(3)$	$\theta(4)$	$\theta(5)$	$\theta(6)$
+	+	u_6	u_2	u_3	u_1	u_5	u_4
0	0	u_7	u_0	u_7	u_0	u_7	u_0
+	−	u_5	u_4	u_6	u_2	u_3	u_1
−	+	u_2	u_3	u_1	u_5	u_4	u_6
0	0	u_0	u_7	u_0	u_7	u_0	u_7
−	−	u_1	u_5	u_4	u_6	u_2	u_3

矢量控制系统强调电磁转矩与转子磁链的解耦，以分别设计转矩与磁链调节器，实行连续控制，获得较宽的调速范围。但按转子磁链定向受电机转子参数变化的影响，降低了系统的鲁棒性。直接转矩控制则采用电磁转矩与定子磁链的"砰砰滞环控制"，避开了旋转坐标变换，简化了控制结构；定子磁链的控制不受转子参数变化的影响，但不可避免地产生转矩脉动，低速性能较差，调速范围受到限制。

8.3　永磁同步电机的控制原理

与交流异步电机相比，永磁同步电机（PMSM）的转子采用永磁体励磁，效率更高，转矩密度和功率密度更大，在空间和车载能源双重有限的新能源汽车上应用具有优势。

8.3.1　动态数学模型

三相交流异步电机的转子气隙磁场由转子绕组感应电流产生，能够通过定子电流调节其磁链的幅值和相位。而三相永磁同步电机的转子气隙磁场由转子永磁体产生，其空间磁链不能通过定子电流调节。对于结构一定的永磁同步电机，精确定位转子永磁体的磁极位置，控制定子电流，能够有效调节电机合成的气隙磁链的幅值和相位，达到宽调速范围的永磁同步电机的电磁转矩自由调节的目的。

由于永磁同步电机具有圆形的合成气隙磁场，因此完全可以用磁场定向原理实现永磁同步电机的矢量控制。与交流异步电动机相同，建立 d-q 两相同步旋转坐标系的永磁同步电动机数学模型是其矢量控制方法构建的基础。

假设永磁同步电动机铁心不饱和，忽略涡流和磁滞损耗，且定子绕组为三相对称的正弦分布。为此，在已知转子永磁体磁极位置的条件下，将永磁体磁链 λ_f 定向在 d 轴上，与定子绕组磁链的 d 轴分量 λ_{ds} 有耦合作用，而 q 轴只有定子绕组的 q 轴分量 λ_{qs}，如图 8-22 所示。

在 $d\text{-}q$ 两相同步旋转坐标系中，永磁同步电机区别于异步电机的数学模型，主要体现在定子磁链方程和电磁转矩方程上。

（1）定子电压方程

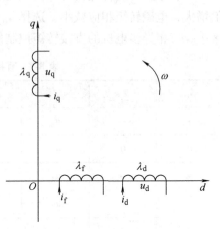

$$\begin{cases} u_d = R_s i_d + \dfrac{\mathrm{d}}{\mathrm{d}t}\lambda_d - \omega\lambda_q \\[2mm] u_q = R_s i_q + \dfrac{\mathrm{d}}{\mathrm{d}t}\lambda_q + \omega\lambda_d \end{cases} \tag{8-62}$$

式中，λ_d 和 λ_q 分别为定子 d 轴和 q 轴的磁链（Wb）；u_d 和 u_q 分别为定子 d 轴和 q 轴的电压（V）；i_d 和 i_q 分别为定子 d 轴和 q 轴的电流（A）。

图 8-22　正弦波永磁同步电机的两相同步旋转坐标系物理模型

（2）定子磁链方程

$$\begin{cases} \lambda_d = L_d i_d + \lambda_f \\ \lambda_q = L_q i_q \\ \lambda_f = L_{md} i_f \end{cases} \tag{8-63}$$

式中，L_d 和 L_q 分别为定子 d 轴和 q 轴的电感（H）；L_{md} 为 d 轴转子等效励磁电感（H），i_f 为永磁转子等效励磁电流（A）；λ_f 为 d 轴转子磁链（Wb）。

（3）电磁转矩方程

将式（8-63）代入式（8-34）和式（8-35），可得到下面的永磁同步电机转矩方程：

$$T_e = p\lambda_f i_q + p(L_d - L_q) i_d i_q \tag{8-64}$$

或

$$T_e = p\left[L_{md} i_f i_q + (L_d - L_q) i_d i_q\right] \tag{8-65}$$

在式（8-64）中，第一项称为永磁转矩；第二项称为磁阻转矩。对于隐极式永磁同步电机，直轴和交轴的同步电感几乎相同，磁阻转矩表现为 0。而凸极式永磁同步电机，直轴和交轴的同步电感不等，存在磁阻转矩。

8.3.2　矢量控制

在 $d\text{-}q$ 两相同步旋转坐标系中，转子励磁磁链在 d 轴上的定向方程式（8-63）是正弦波永磁同步电机矢量控制的基本方程。然而，转矩方程式（8-64）表明，正弦波永磁同步电机的电磁转矩是永磁转矩和磁阻转矩之和，即使在转子励磁磁链定向在 d 轴上，其电磁转矩还受到定子 d 轴电流的影响。因此，在 $d\text{-}q$ 两相同步旋转坐标系中，正弦波永磁同步电机的矢量控制应同时满足两个条件：

① 转子励磁电流 i_f 与定子 q 轴电流 i_q 相互垂直。

② 电磁转矩最大化。

转子磁链 λ_f 与定子 q 轴磁链 λ_d 相互垂直由式（8-63）保证，而电磁转矩的最大化需要由式（8-64）和定子电流控制来实现。在式（8-64）中，当定子的 d 轴与 q 轴电感相等时，式（8-63）自然保证了正弦波永磁同步电机电磁转矩的最大化，这适用于隐极式永磁同步电机的矢量控制。当定子的 d 轴电感与 q 轴电感存在较大差异时，必须调节定子电流才能保证正弦波永磁同步电机电磁转矩的最大化，这适用于凸极式永磁同步电机的矢量控制。

就 d-q 轴定子电流控制方法而言，有两种基本的矢量控制策略实现正弦波永磁同步电机电磁转矩的最大化，即

① 定子 d 轴电流为 0。

② 电磁转矩定子电流比最大。

（1）$i_d=0$ 控制策略

将式（8-63）和式（8-64）的定子 d 轴电流设为 0，可得到如下方程：

$$\begin{cases} \lambda_d = \lambda_f \\ \lambda_q = L_q i_q \end{cases} \tag{8-66}$$

$$T_e = p\lambda_f i_q = pL_{md}i_f i_q \tag{8-67}$$

由式（8-66）和式（8-67）可知，在 d-q 两相同步旋转坐标系中仅调节定子 q 轴电流 i_q，就能够控制正弦波永磁同步电机电磁转矩的大小，其关系式为

$$i_q = \frac{T_e}{p\lambda_f} \tag{8-68}$$

（2）转矩电流比最大控制策略

当正弦波永磁同步电机稳定运行在恒转矩状态下时，其恒转矩曲线上任意一点对应着一对 d 轴电流和 q 轴电流。这样，由多个 d 轴电流和 q 轴电流对构成的定子电流矢量，能够产生相同大小的电磁转矩。其中，在产生相同大小的电磁转矩中，存在一个幅值最小的定子电流矢量，有利于减小电机运行中的铜耗，降低整个电机驱动系统的能量损耗，这就是转矩电流比最大控制策略（Maximum Torque Per Amper, MTPA）的控制目标，这对新能源汽车的电驱动系统而言十分重要。

为了寻找定子电流矢量的最小幅值，通过拉格朗日极值条件和乘数法构造一个含定子电流矢量幅值和电磁转矩的目标函数，即

$$f_L(i_d, i_q) = \sqrt{i_d^2 + i_q^2} + L_\lambda \{ T_e - p[\lambda_f i_q + (L_d - L_q)i_d i_q] \} \tag{8-69}$$

式中，f_L 为构造的目标函数；L_λ 为拉格朗日乘数。

分别求 i_d、i_q 和 L_λ 对构造函数 f_L 的偏导数，并使它们等于 0，得到定子电流矢量的极值条件为

$$i_d = \frac{\lambda_f}{2(L_q - L_d)} - \sqrt{\left[\frac{\lambda_f}{2(L_q - L_d)}\right]^2 + i_q^2} \tag{8-70}$$

由式（8-64）计算得到的 q 轴参考电流为

$$i_q = \frac{T_e}{p[\lambda_f + (L_d - L_q)i_d]} \tag{8-71}$$

根据式（8-70）和式（8-71）求解 d-q 轴定子参考电流，在已知转子磁链与定子磁链相对位置的条件下，通过励磁电流和转矩电流两个调节器，生成 d-q 轴定子电压，由 Park 逆变换产生空间电压矢量，由 PWM 信号控制电压源逆变器的功率半导体开关动作，相应的原

理如图 8-23 所示。在凸极式永磁同步电机的恒转矩区，MTPA 策略优化的 d-q 轴定子电流工作在第 II 象限。其原因在于：永磁同步电机的凸极率大于 1，$i_d<0$、$i_q>0$，使得电机的磁阻转矩为正，提高了电机的电磁转矩输出能力。

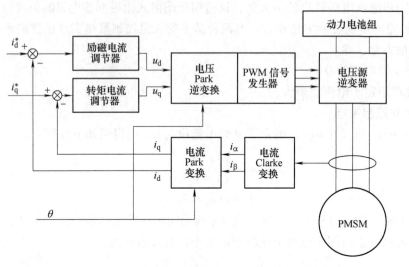

图 8-23 正弦波永磁同步电机的矢量控制原理框图

在专业软件仿真中，三相永磁同步电动机的定子相电阻（R_s）为 0.215Ω，定子直轴电感（L_d）为 7.75mH，定子交轴电感（L_q）为 17.75mH，线电压反电动势为 $98\text{V}/(\text{k}\cdot\text{r/min})$，电机极对数（$p$）为 2。永磁同步电机矢量控制系统的控制模型如图 8-24 所示，θ 为转子转角，除了励磁电流调节器、转矩电流调节器、SPWM 信号发生器，模型还包括直轴旋转电动势补偿和交轴旋转电动势补偿。

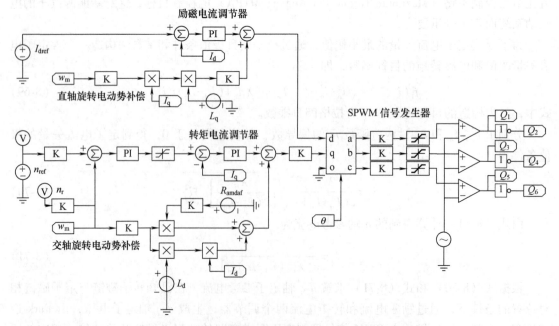

图 8-24 正弦波永磁同步电机矢量控制系统的控制模型

在图 8-25 所示的仿真波形中，电机的参考速度 n_{ref} 为 1500r/min。该电机矢量控制系统无负载条件下起动，相电流的起动峰值超过 50A，峰值转矩超过了 50N·m。由于电机的转动惯量只有 0.00179J/kg·m^2，电机的转速上升时间约为 0.012s，转速的超调量为 17.9%。电机进入稳态后，相电流幅值约为 1A，电机电磁转矩能够稳定在 0N·m。

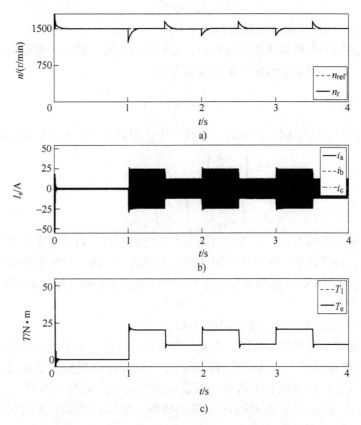

图 8-25 正弦波永磁同步电机矢量控制系统的仿真波形

在 1s 时刻，电机的负载转矩从 0 上升至 20N·m，相电流幅值上升至 24A，转速跌落小于 19%，稳定在 1500r/min 左右。在 1.5s 时刻，负载转矩从 20N·m 跌落至 10N·m，电机电磁转矩快速下降，相电流幅值约为 12.8A，转速超调约为 9.46%，进入 1% 转速误差带的调节时间约为 0.6s。此后，负载转矩在 10~20N·m 范围内以 1Hz 方波脉动，电机的电磁转矩、相电流和转子转速与 1.5~2s 动态过程相似。

8.3.3 电压电流极限及弱磁运行

如果一辆纯电动汽车由永磁同步电机驱动，当车辆下坡或驱动负载突降时，高速旋转的永磁同步电机可能出现超速导致的过电压问题，其原因是定子绕组切割转子永磁体磁场产生的超高反电动势。永磁同步电机的安全工作区域由其定子电压、定子电流、温度、机械强度等因素决定。为保证电机的可靠运行，电机控制器应使电机工作在设计的安全区域内。

（1）定子电压与电流的极限约束方程 当正弦波永磁同步电机处于稳定状态工作时，式（8-62）可简化为如下的定子电压稳态模型：

$$\begin{cases} u_d = R_s i_d - \omega\lambda_q \\ u_q = R_s i_q + \omega\lambda_d \end{cases} \tag{8-72}$$

在系统电安全和可靠性工作条件下，永磁同步电机的空间电压矢量幅值被限制在某一最大值下，即

$$u_d^2 + u_q^2 \leqslant U_{max}^2 \tag{8-73}$$

式中，U_{max} 为定子空间电压矢量的最大幅值（V）。

在正弦波永磁同步电机高速稳态运行时，忽略式（8-72）的定子电阻电压降，并将其代入式（8-73）中，可得到如下的定子磁链极限方程：

$$\lambda_d^2 + \lambda_q^2 \leqslant \left(\frac{U_{max}}{\omega}\right)^2 \tag{8-74}$$

将式（8-63）中的定子磁链代入式（8-74）中，得到定子电流与极限电压的关系式：

$$\frac{\left(i_d + \dfrac{\lambda_f}{L_d}\right)^2}{\left(\dfrac{U_{max}}{\omega L_d}\right)^2} + \frac{i_q^2}{\left(\dfrac{U_{max}}{\omega L_q}\right)^2} \leqslant 1 \tag{8-75}$$

式（8-75）是一个椭圆方程，可称为椭圆电流约束方程。对于一个正弦波永磁同步电机而言，转速越高，椭圆越小，该电压极限椭圆是相应的 d-q 轴定子电流坐标的边界。

同时，在 d-q 轴两相同步旋转坐标系下，定子电流的 d-q 轴分量还必须满足下面的方程：

$$i_d^2 + i_q^2 \leqslant I_{max}^2 \tag{8-76}$$

式中，I_{max} 为定子空间电流矢量的最大幅值（A）。

式（8-76）是定子电流的一个圆形电流约束方程，代表一个半径一定的电流极限圆。在 d-q 两相同步旋转坐标系下，矢量控制的正弦波永磁同步电动机的定子电流 d-q 坐标必须坐落在椭圆电流约束方程和圆形电流约束方程表示的交集中，如图 8-26 所示。图中，电流极限圆的半径为 I_{max}，表示定子电流的许用最大幅值。电压极限椭圆的中心点 D 的坐标为 $(-\lambda_f/L_d,\ 0)$，$\lambda_f/L_d > I_{max}$。

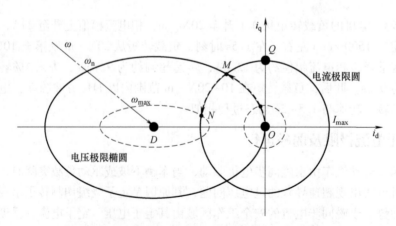

图 8-26　正弦波永磁同步电机矢量控制定子电流的极限

对于弱磁运行，正弦波永磁同步电机与异步电机的矢量控制概念相同：电机的转速超过

基速后，其励磁磁链矢量幅值随着转速上升而减小，保证其反电动势小于最大允许工作电压。由式（8-74）可知，定子磁链幅值的最大允许值为

$$\lambda_{\max} = \frac{U_{\max}}{\omega} \tag{8-77}$$

式中，$\lambda_{\max}$ 为定子空间磁链矢量的最大幅值（Wb）。

当转速小于基速时，电机的电压与转速比保持不变，即可使电机处于恒磁通状态，允许它输出最大转矩。当转速在基速以上时，电机的磁链幅值与转速成反比关系。在永磁同步电机的矢量控制中，使定子 d 轴励磁电流与转子磁链方向相反，调节定子 d 轴电流大小，由式（8-63）弱化转子励磁磁链，改变定子 d 轴磁链大小，即可控制定子磁链幅值，达到电机的弱磁效果。

（2）转矩电压比最大控制策略　当正弦波永磁同步电机稳定运行在恒功率状态下时，其转矩曲线上任意一点对应着一对 d 轴电流和 q 轴电流，受限于一对 d 轴电压和 q 轴电压，它们的幅值应不超过允许的最大电压值 $U_{\max}$。这样，有多个 d 轴电压和 q 轴电压对应构成的定子电压矢量，能够产生相同大小的电磁转矩。其中，在产生相同大小的电磁转矩中，存在有利于产生最大电磁转矩的定子电压矢量，这就是转矩电压比最大控制策略（Maximum Torque Per Voltage，MTPV）的控制目标，能够提高新能源汽车的高速行驶效率。

为了寻找弱磁控制的 MTPV 策略的定子电流矢量，通过拉格朗日极值条件和乘数法构造一个含定子电压矢量幅值和电磁转矩的目标函数，即

$$f_L(i_d, i_q) = \sqrt{u_d^2 + u_q^2} + L_\lambda \left\{ T_e - p \left[\lambda_f i_q + (L_d - L_q) i_d i_q \right] \right\} \tag{8-78}$$

式中，f_L 为构造的目标函数；L_λ 为拉格朗日乘数。

式（8-78）中，d 轴电压和 q 轴电压通过忽略定子电阻压降的式（8-72）和定子磁链的式（8-63）建立与 d 轴电流、q 轴电流的函数关系，即

$$\begin{cases} u_d \approx -\omega L_q i_q \\ u_q \approx \omega (L_d i_d + \lambda_f) \end{cases} \tag{8-79}$$

分别求 i_d、i_q 对构造函数 f_L 的偏导数，并使它们等于 0，得到定子电流矢量的极值条件为

$$i_d = -\frac{(2L_d - L_q) \lambda_f}{2(L_d - L_q) L_d} + \frac{L_q}{L_d} \sqrt{\left[\frac{\lambda_f}{2(L_q - L_d)} \right]^2 + i_q^2} \tag{8-80}$$

利用式（8-64）计算得到的 q 轴参考电流由式（8-71）表达。根据式（8-71）和式（8-80）求解 d-q 轴定子参考电流。

8.3.4　电流运行轨迹

如果采用 MTPA 和 MTPV 策略矢量控制一台凸极式三相交流永磁同步电机的电磁转矩，那么该电机能够在第 Ⅱ、Ⅲ 象限分别处于电动运行状态和发电运行状态，电动和发电两个运行状态的静态工作点可以表现为对称形式。

图 8-26 中，假设了电压极限椭圆的中心点 D 至原点之间的距离等于 λ_f / L_d。并且，认为该永磁同步电机在恒转矩区的定子电压幅值与转速之比保持恒定，即

$$\frac{U_s}{\omega} = \frac{U_{\max}}{\omega_n} \tag{8-81}$$

式中，U_s 表示三相交流永磁同步电机的定子电压矢量幅值。

这样，将式（8-81）代入式（8-75），使得式（8-75）可表示恒转矩区运行的三相交流永磁同步电机的定子电流矢量轨迹的电压椭圆约束方程。恒转矩区电动运行时，随着电机定子电流逐渐增大，电流圆半径也随之放大，定子电流矢量能够从图 8-26 坐标原点出发，沿着电流圆与电压极限椭圆的交点前行至电流极限圆与电压极限椭圆的交点 M。恒功率区弱磁电动运行时，定子电压矢量幅值保持不变，随着电机转子速度的升高，电压极限椭圆的长半短轴与转速成反比例缩小，电机的定子电流矢量能够从 M 点出发，沿着电流极限圆与各电压极限椭圆的交点前行至 N 点，其中，点 N 是电机转子最高速度 $\omega_{\max}$ 的电压极限椭圆与电流极限圆的交点。应该注意，即使假设条件满足，实际的定子绕组电阻压降也会影响 MTPA 和 MTPV 策略优化的电机定子电流矢量的轨迹。

8.4　永磁无刷直流电机的控制原理

由于定子绕组反电动势的梯形波，永磁无刷直流电机（BLDCM）的定子相电流为矩形波。永磁无刷直流电机控制简单，因此它在电动摩托车或低速电动汽车中已大批量应用。

永磁无刷直流电机具有非正弦分布的气隙磁场，不能按三相交流异步电机的 d-q 轴理论建立其数学模型。为此，根据交流电机的电路和磁路原理，可建立如下的数学模型。

（1）定子电压方程

$$\begin{cases} u_a = R_s i_a + (L-M)\dfrac{\mathrm{d}}{\mathrm{d}t}i_a + e_a \\[2mm] u_b = R_s i_b + (L-M)\dfrac{\mathrm{d}}{\mathrm{d}t}i_b + e_b \\[2mm] u_c = R_s i_c + (L-M)\dfrac{\mathrm{d}}{\mathrm{d}t}i_c + e_c \end{cases} \tag{8-82}$$

式中，L 为定子自感（H）；M 为定子绕组互感（H）；u_a、u_b、u_c 分别为定子各相相电压（V）；e_a、e_b、e_c 分别为定子各相绕组感应电动势（V）；i_a、i_b、i_c 分别为定子各相相电流（A）。

（2）电磁转矩方程

$$T_e = \eta_r \frac{e_a i_a + e_b i_b + e_c i_c}{\omega_r} \tag{8-83}$$

式中，η_r 为电动机转子效率（%）；ω_r 为电机转速（r/min）。

（3）负载方程

$$T_e - T_L = J\frac{\mathrm{d}}{\mathrm{d}t}\omega_r + f_b \omega_r \tag{8-84}$$

式中，T_L 为负载转矩（N·m）；J 为折算到电动机轴的转动惯量（kg·m²）；f_b 为转动摩擦系数。

调节定子电流及其换相周期，即可控制永磁无刷直流电机的转子转速和电磁转矩。在基速以下，要求定子电流与其感应电动势严格同相位；这样，调节定子电流的幅值能够控制电动机的电磁转矩。在基速以上，控制定子电流与其感应电动势的超前角，并且调节定子电流的幅值，在一定速度范围内可以实现永磁无刷直流电机的弱磁恒功率特性。

三相永磁无刷直流电机的转速控制系统原理框图如图 8-27 所示。它包括电压源逆变器、转子位置传感器、电量传感器、换相逻辑处理器、电流反馈处理器、电流调节器、转速调节器和 PWM 信号发生器。换相逻辑处理器是电机控制系统的关键部分，将电机转子永磁体磁极位置信息转换成电信号，输入至电流反馈处理器、电流调节器和 PWM 信号发生器。同时，换相逻辑处理器还产生电机的转速信号。

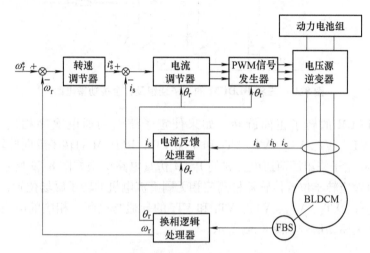

图 8-27 三相永磁无刷直流电机的转速控制系统原理框图

该永磁无刷直流电机控制转速系统是一个典型的双闭环负反馈控制系统，包括一个电流内环和一个速度外环。给定速度值 ω_r^*，根据实测的电机转速 ω_r，获得转速误差信号，转速误差信号经过转速调节器后产生作为电机的定子电流参考值 i_s^*。通过电流检测电路实时检测出定子绕组的相电流值 i_a、i_b 和 i_c，根据转子位置信号计算定子电流误差信号。由电流调节器产生所需的 PWM 参考电压信号，输入 PWM 发生器确定电压源逆变器各个功率半导体开关的占空比。经电压源逆变器将动力电池组的直流电转换成所需的交流电，使电机运行。采用 PI 电流调节器产生相电压，作为 PWM 发生器的参考电压，也可采用电流滞环直接产生 PWM 信号。

三相 BLDCM 的定子绕组及其全桥功率电路如图 8-28 所示，其定子绕组的定子换相方式通常有两种，即两两通电方式和三三通电方式。

对于定子绕组的两两通电方式，只需要保证不同桥臂的上桥臂和下桥臂各一个功率半导体开关导通，使永磁无刷直流电机在每一个瞬间有两相定子绕组通电，余下一相绕组不通电，各相绕组对应的功率半导体开关的导通顺序与时间由转子位置信号决定。每隔 60°电角度，定子绕组换一次相，每次切换一个功率半导体开关，每个功率管导通 120°电角度。

与转子位置信号对应，可决定电机正向旋转的功率半导体开关的导通顺序，VT_1、VT_6 同时开通，作为起始的 0°电角度，A 相和 B 相绕组通电，产生一个合成的定子气隙磁场。经过 60°电角度，保持 VT_1 继续导通，关断 VT_6，开通 VT_2，此时 A 相和 C 相绕组通电。经过 120°电角度，保持 VT_2 继续导通，关断 VT_1，开通 VT_3，此时 C 相和 B 相绕组通电。当功率半导体开关的两两导通次序为 VT_1/VT_6、VT_1/VT_2、VT_2/VT_3、VT_3/VT_4、VT_4/VT_5 和

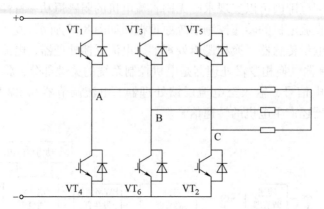

图 8-28　三相 BLDCM 的定子绕组及其全桥功率电路

VT$_5$/VT$_6$ 时，BLDCM 的转子正向旋转。如果使定子绕组的通电次序相反，即 VT$_3$/VT$_4$、VT$_4$/VT$_5$、VT$_5$/VT$_6$、VT$_1$/VT$_6$、VT$_1$/VT$_2$ 和 VT$_2$/VT$_3$，BLDCM 的转子反向旋转。

　　三相 BLDCM 定子绕组两两通电方式的 PSIM 仿真电路模型如图 8-29 所示。其中，通过一个六脉冲霍尔效应转子位置传感器检测三相无刷直流电机的转子磁场位置，反馈信号自动控制功率开关 VT$_1$、VT$_2$、VT$_3$、VT$_4$、VT$_5$ 和 VT$_6$ 的导通与关断，相应的电机转子速度、定子电流和功率开关驱动信号如图 8-30 所示。

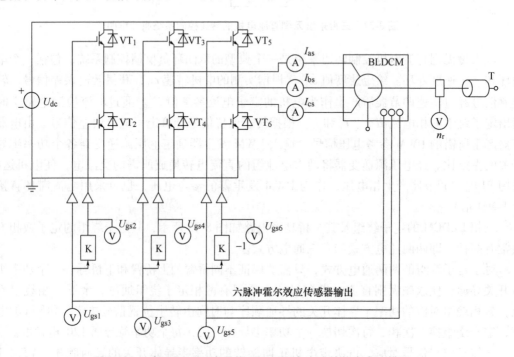

图 8-29　三相 BLDCM 定子绕组两两通电方式的仿真电路模型

　　在电机起动后，转速稳定在 1500r/min 左右，如图 8-30a 所示。在 3.97~4s 范围内，能够观察到功率开关与电机定子相电流的相位关系。图 8-30c 的上桥臂功率半导体开关 VT$_1$、VT$_3$ 和 VT$_5$ 的触发时序分别对应于图 8-30b 的定子相电流 a 相、b 相和 c 相，正相电流产生正驱动信号，零相电流产生关断信号，负相电流产生负驱动信号。其中，负驱动信号生成下桥臂功率半导体开关 VT$_2$、VT$_4$ 和 VT$_6$ 的触发信号。从相电流和驱动信号的仿真波形可验证三相 BLDCM 定子绕组两两通电方式的时序，每个功率开关导通 120°，上下桥臂的功率半导体开关导通间隔 60°。

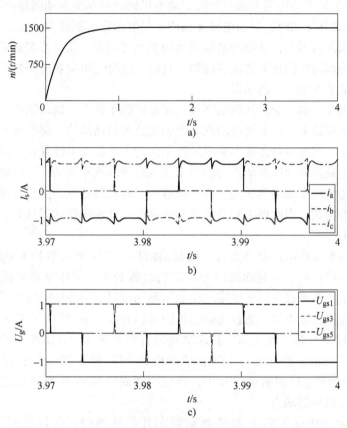

图 8-30　三相 BLDCM 定子绕组两两通电方式的模型仿真波形

三三通电方式是指每一个时刻每个功率半导体桥臂仅有一只功率半导体开关导通，使 BLDCM 的三相定子绕组同时通电，每隔 60° 电角度换相一次，每个功率半导体开关导通 180°。定子绕组在这种方式下通电的优点是电机的转矩脉动减小，但容易导致功率电路的上下桥臂开关直通。它的工作原理与三相电压源逆变器空间矢量开关方法相同，只是功率开关的导通顺序由转子位置决定，迫使转子转速与定子磁场的旋转速度严格同步。

8.5 电机的馈电控制

汽车制动装置有两个作用：一是使行驶的汽车减速或停车；二是使停止的汽车保持不动。新能源汽车的驱动电机的发电工况能够将行驶汽车的动能和势能转变为电能，产生汽车制动力，并在制动时可产生电能向动力电池组等车载储能装置充电，这就是新能源汽车电机的馈电控制，即再生制动功能。因此新能源汽车的制动装置是提高汽车行驶效率的可行技术之一。有试验表明，在闹市区拥堵路段，汽车起停频繁，纯电动汽车的再生制动功能可使续驶里程提高约25%。然而，仅凭驱动电机的能量再生控制技术，并不一定能够将汽车的制动能量全部回收利用。其原因在于：

1）汽车行驶速度较低时，驱动电机很难回收汽车的制动能量。

2）车载储能装置不一定完全瞬时吸收驱动电机回收汽车的制动能量产生的电能。

3）在汽车制动强度大时，驱动电机无法产生足够的汽车制动力。

因此，在新能源汽车上，常规的机械制动功能不可缺少，需要兼有常规油压或气压制动器与电制动器可协调动作的再生协调制动器。目前，已有上市的新能源汽车采用了油压制动和电制动联合制动的再生协调制动器。

对于内燃机汽车，油压配管从制动踏板直接连接到车轮上，制动踏板的踩踏力所产生的油压将直接传导到车轮上。如果纯电动汽车也采用这种制动结构，那么就不能以减去电制动力后的压力来工作，否则容易造成不确定的汽车制动力使制动系统存在风险。为此，再生协调制动器匹配电制动器和油压制动器的输出来达到想要的汽车制动力，电制动器和油压制动器协调控制时与传统汽车制动器功能一样，没有级差起动的感觉。由于电制动器存在着制动力难以保持稳定等问题，因此再生制动协调制动器必须使油压制动器具有弥补电制动器作用范围以外的制动力。

再生协调制动器采用电控制动方式，由制动踏板、油压单元和ECU构成。制动踏板配备了行程传感器，将驾驶人的制动意图传递给制动器ECU。蓄压室和永磁无刷直流电机组成油压单元，它是一个通过专用蓄压室产生油压制动所需全部油压的独特系统。在蓄压室的旁边配置了永磁无刷直流电机，通过无刷电机的运转使蓄压室的油压保持稳定。产生油压的再生协调制动器ECU根据驾驶人踩下制动踏板的行程等条件计算出所需的制动力，并且将该数值以通信方式发送给驱动电机ECU。驱动电机ECU将电制动器能够实现的电制动力（负加速度）发送给再生协调制动器ECU，再生协调制动器ECU通过其蓄压室来实现油压制动器输出的所需机械制动力。

当一个车速为100km/h的B级纯电动轿车开始减速时，假设它所需的负加速度为$0.35g$，考虑动力电池组的电能吸收能力，它的再生协调制动器能够使油压制动和电制动产生图8-31所示的汽车制动力曲线。

① 制动起动：电制动比油压制动响应速度快，因此电制动优先作用产生汽车制动力，其制动负加速度约为$0.1g$；而油压制动延迟后开始与电制动联合产生汽车制动力，油压制动负加速度约为$0.25g$。

② 联合制动：电制动力的负加速度曲线上升至最大值$0.35g$，油压制动力的负加速度曲线下降至0。

③ 纯电制动：当动力电池组能够完全吸收驱动电机再生制动回馈的电能时，油压制动力为0。

④ 油压制动：在汽车速度较低时，电制动效果差，几乎不能产生稳定的汽车制动力，此时需切换为油压制动，提高汽车的制动有效性。在汽车停止时，汽车的制动力完全由油压制动器提供静止制动力。

当电气系统被切断时，阻止油压的电磁阀会打开，再生协调制动器自动连接上油压系统。油压进入各个车轮，通过驾驶人对踏板的踩踏力产生制动力。这样确保再生协调制动器

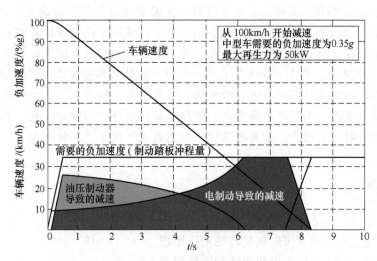

图 8-31　再生协调制动器工作特性

输出的汽车制动负加速度的可靠工作，即使因故障等造成电力供给停止，制动系统也能进入可确保安全的故障保护状态。油压系统从制动踏板直接连接到各个车轮上。

🔒 拓展阅读　集成创新多合一电驱装置

　　新能源汽车技术的集成创新主要表现在整车架构、电驱系统和能源系统三个方面，电驱系统是保障新能源汽车展现高水平动力性和经济性指标的关键核心部件，它的多合一集成化程度随着新能源汽车市场的爆发而快速迭代。其中，三合一方案颠覆了分立式电驱系统设计，是一种机、电、热一体化耦合设计的革命性集成创新。该方案由整车厂发起，将驱动电机、电机控制器、减速器三类不同的零部件在物理结构上实现机械电气集成，通过共用壳体、散热组件、连接件等减小系统体积和总质量，节省线束，减少电磁干扰，大幅提升可靠性，易于整车布置，显著降低了成本。例如，一汽自主研发的 140kW 三合一系统的功率密度近 1.8kW/kg，最高效率达 93%，成本比分立系统降低了 33.5%。2023 年，三合一电驱系统的新能源汽车搭载率近 2/3，同比上涨 51%，进一步提升电驱系统的功率密度。该技术主要取决于电机及其控制技术的创新。目前，业内将扁线绕组（替代圆线绕组）开发油冷驱动电机，它的最高效率可达 97.5%，持续功率提升 40% 以上。电机控制器则采用 SiC 器件，提高控制器直流母线电压，例如 800V 以上高压平台，相对 IGBT 控制器体积可缩小 60%，开关损耗能降低 70%，电控系统最高效率可达 99.7%，驱动电机的最高转速超过 20000r/min。

　　2024 年，多合一电驱系统已从六合一发展至十二合一。其中，六合一是在三合一基础上集成低压电源 DC/DC 变换器、车载充电机（OBC）和功率分配单元（PDU），是电驱动与充配电两大系统的一体化工艺，不仅有共用电路、接插件等部件的优势，而且能增强部件"三防"性能。例如，比亚迪 e 平台 2.0 采用六合一技术工艺，系统质量减小了 20%，成本降低达 10%。此后，进一步发展为"6+X"多合一集成工艺，6 指六合一基础功能，X 主要指一体化集成整车控制器、电池管理系统、热管理单元等电子控制功能部件。针对机、电、磁、热、声多物理场耦合程度加深导致"6+X"技术设计复杂度显著增加，多合一系统面临热管理、电磁干扰、NVH、高研发成本等问题，我国企业撸起袖子加油干，快速迭代工艺，推出各种适应新能源汽车平台的多合一电驱集成产品，这些集成创新技术有跨域自适应温度调节、智能能量管理、平台电压自适应快充、端云智能协同和底盘防滑控制等，系统功率密度进一步提升。2024 年，新型"6+X"多合一电驱系统的功率密度已超过 2.0kW/kg。

面向新能源汽车动力性、安全性、续航性、可靠耐久性的需求，多合一电驱系统正朝着高集成度、高功率密度、高能效、高安全、环境友好和个性化的方向发展，不断涌现出的创新科技正推动电驱技术的进步，这将持续增强我国新能源汽车产业链优势。

习题 8

8.1　试绘制汽车电驱动系统的电路结构。

8.2　试叙述三相交流异步电机旋转的工作原理。

8.3　试叙述三相永磁同步电机旋转的工作原理。

8.4　试分析三相异步电机的 VVVF 控制算法与矢量控制算法的区别。

8.5　试绘制三相异步电机的间接矢量控制系统的结构框图。

8.6　试叙述三相异步电机的直接转矩控制方法。

8.7　试叙述三相交流永磁同步电机的零电流和 MTPA 控制策略

8.8　试说明三相永磁同步电机与无刷直流电机的控制方法的区别。

8.9　试说明三相正弦波永磁同步电机的弱磁运行方法。

8.10　试叙述再生协调制动器在新能源汽车中的作用。

综合实践实验项目

综合运用新能源汽车功率电子技术，提出一辆纯电动汽车动力系统的设计方案

（1）目的：本实践项目，可以帮助学生进一步理解功率电子技术的原理和在新能源汽车中的应用，锻炼学生的动手能力和知识综合能力，掌握纯电动汽车方案设计方法，培养分析和解决问题的能力。

（2）说明：功率电子课程是一门实践性很强的知识，系统掌握依赖学生课后的系统性实践活动。因此，安排一个综合知识训练项目，帮助学生进行自主设计项目，对学生掌握新能源功率电子技术具有重要意义。

（3）要求：①学生需要利用指定的专业软件开展仿真设计；②练习本书各章节的仿真案例，掌握新能源汽车功率电子电路基本原理；③选一辆某品牌纯电动乘用车，记录车辆配置参数和整车性能指标，形成目标纯电动汽车设计参数；④面向目标纯电动汽车的动力系统设计，评估整车动力性、经济性和续驶里程；⑤学生需要分组进行实践，每组 5 人，其中 1 人负责总体设计，分别负责包括整车负载及驾驶员控制模型、高低压电池及功率分配模型、低压 DC/DC 变换器、驱动电机系统模型、交直流充电机模型；⑥学生需要根据实践项目的要求撰写实践报告，包括实践目的、背景、原理与方法、对象与工况、结果分析和讨论等。方案报告要求条理清晰、数据可靠、分析合理，结论应包括动力性、经济性、续驶里程的影响因素分析。

参 考 文 献

[1] JACOB J M. 功率电子学原理与应用 [M]. 蒋晓颖, 译. 北京: 清华大学出版社, 2005.

[2] 陈坚. 电力电子学 [M]. 北京: 高等教育出版社, 2004.

[3] 王兆安, 刘进军. 电力电子技术 [M]. 北京: 机械工业出版社, 2009.

[4] 陈伯时. 电力拖动自动控制系统: 运动控制系统 [M]. 3 版. 北京: 机械工业出版社, 2010.

[5] 程夕明. 车辆电传动控制系统研究 [D]. 北京: 北京理工大学, 2001.

[6] 程夕明. 辅助功率单元 (APU) 技术系统 [R]. 中国汽车工程学会学术年会, 2003.

[7] 日本电气学会. 电力电子电路 [M]. 陈国呈, 译. 北京: 科学出版社, 2003.

[8] 堀孝正. 电力电子学 [M]. 李世兴, 程君实, 译. 北京: 科学出版社, 2001.

[9] BENDA V, GOWAR J, GRANT D A. 功率半导体器件: 理论及应用 [M]. 吴郁, 译. 北京: 化学工业出版社, 2005.

[10] Mohan, Undeland, Robbins. 电力电子学: 变换器、应用和设计 [M]. 北京: 高等教育出版社, 2004.

[11] 刘树林, 张华曹, 柴常春. 半导体器件物理 [M]. 北京: 电子工业出版社, 2005.

[12] RASHID M H. 电力电子技术手册 [M]. 陈建业, 译. 北京: 机械工业出版社, 2004.

[13] 莫正康. 半导体变流技术 [M]. 2 版. 北京: 机械工业出版社, 2007.

[14] CHAN C C. The State of the Art of Electric, Hybrid, and Fuel Cell Vehicles [J]. Proceedings of the IEEE, 2007, 95 (4): 704-718.

[15] 孙逢春, 程夕明. 电动汽车动力系统现状及发展 [J]. 汽车工程, 2000, 22 (4): 220-224.

[16] 程夕明, 孙逢春. 电动汽车能量存储技术概况 [J]. 电源技术, 2001, 25 (1): 47-49.

[17] 程夕明, 欧阳明高, 孙逢春. 基于铅酸动力电池组供电的电压源型逆变器: 牵引感应电机传动系统的稳定性研究 [J]. 中国电机工程学报, 2003, 23 (10): 136-141.

[18] 阮新波, 严仰光. 脉宽调制 DC/DC 全桥变换器的软开关技术 [M]. 北京: 科学出版社, 1999.

[19] 胡宗波, 张波. 同步整流器中 MOSFET 的双向导电特性和整流损耗研究 [J]. 中国电机工程学报, 2001, 22 (3): 88-93.

[20] 任光, 苗建龙. 同步整流器自驱动方式及其典型整流电路分析 [J]. 电子设计应用, 2003 (9): 68-71.

[21] 荒井宏. 汽车电子系统 [M]. 北京: 科学出版社, 2008.

[22] JURGEN R K. 汽车电子手册 [M]. 鲁植雄, 等译. 北京: 电子工业出版社, 2009.

[23] 仇斌, 陈全世. 北京市区电动轻型客车制动能量回收潜力 [J]. 机械工程学报, 2005, 41 (12): 87-91.

[24] ZHU Z Q, DAVID H. Electrical Machines and Drives for Electric, Hybrid, and Fuel Cell Vehicles [J]. Proceedings of the IEEE, 2007, 95 (4): 746-765.

[25] 唐任远. 现代永磁电机理论与设计 [M]. 北京: 机械工业出版社, 1997.

[26] FITZGERALD A E. 电机学 [M]. 刘新正, 译. 6 版. 北京: 电子工业出版社, 2004.

[27] BOSE B K. 电力电子学与变频传动技术和应用 [M]. 姜建国, 译. 徐州: 中国矿业大学出版社, 1999.

[28] 郭庆鼎, 赵希梅. 直流无刷电动机原理与应用技术 [M]. 北京: 中国电力出版社, 2009.

[29] 夏长亮. 无刷直流电机控制系统 [M]. 北京: 科学出版社, 2010.

[30] 日本电气学会. 汽车电源的 42V 化技术 [M]. 贾要勤, 译. 北京: 科学出版社, 2008.

[31] 李江勇. 基于 DSP 的无刷直流电机系统及其弱磁控制策略研究 [D]. 镇江: 江苏大学, 2010.

[32] 松本廉平. 汽车环保新技术 [M]. 曹秉刚, 译. 西安: 西安交通大学出版社, 2005.

[33] 田铭兴. 交流电机坐标变换理论的研究 [J]. 西安交通大学学报, 2001, 36 (6): 567-571.

［34］梁艳，李永东. 无传感器永磁同步电机矢量控制系统概述［J］. 电气传动，2003（4）：4-9.

［35］王慧波，陶志军，窦汝振. 一款电动汽车用的永磁同步电机控制系统的设计［J］. 微电机，2011，43（11）：55-57.

［36］LAI J S（Jason），NELSON D J. Energy Management Power Converters in Hybrid Electric and Fuel Cell Vehicles［J］. Proceedings of the IEEE，2007，95（4）：766-776.

［37］SHEN Z J，OMURA I. Power Semiconductor Devices for Hybrid，Electric，and Fuel Cell Vehicles［J］. Proceedings of the IEEE，2007，95（4）：778-788.

［38］程夕明. 功率电子学原理及其应用［M］. 北京：电子工业出版社，2011.

［39］徐德鸿. 现代电力电子器件原理与应用技术［M］. 北京：机械工业出版社，2009.

［40］徐德鸿. 电力电子系统建模及控制［M］. 北京：机械工业出版社，2006.

［41］周志敏. IGBT 和 IPM 及其应用［M］. 北京：人民邮电出版社，2006.

［42］张兴. PWM 整流器及其控制策略的研究［D］. 合肥：合肥工业大学，2003.

［43］贺博. 单相 PWM 整流器的研究［D］. 武汉：华中科技大学，2012.

［44］苏东奇. 单相车载充放电机前级可逆整流器研究［D］. 重庆：重庆大学，2014.

［45］罗豪. 异步电机矢量控制系统设计及其 PI 控制器参数优化研究［D］. 长沙：湖南大学，2009.

［46］REZA C M F S，ISALAM M D，MEKHILEF S. A review of reliable and energy efficient direct torque controlled induction motor drives［J］. Renewable and Sustainable Energy Reviews，2014，37：919-932.

［47］廖永衡. 电力牵引传动系统直接转矩控制若干关键问题研究［D］. 重庆：西南交通大学，2013.

［48］那日沙. 混合动力电动汽车永磁同步电动机弱磁控制的研究［D］. 哈尔滨：哈尔滨理工大学，2013.

［49］Powersim Inc. PSIM user manual［Z］. 2017.

［50］程夕明. 新能源汽车电力电子技术仿真［M］. 北京：机械工业出版社，2022.

［51］关清心. 基于微分环节的单相锁相环方法［J］. 电机工程学报，2016，36（19）：5318-5325.

［52］赖力. 数字式单相功率因数校正控制方法研究［D］. 成都：电子科技大学，2016.

［53］张波. 电力电子学亟待解决的若干基础问题探讨［J］. 电工技术学报，2006，21（3）：24-35.

［54］赵争鸣. 高压大容量电力电子混杂系统控制技术综述［J］. 高电压技术，2019，45（7）：2017-2027.

［55］刘宾礼. 适用于器件级到系统级热仿真的 IGBT 传热模型［J］. 电工技术学报，2017，32（13）：1-13.

［56］《数学手册》编写组. 数学手册［M］. 北京：高等教育出版社，2013.

［57］程夕明，张承宁. 新能源汽车功率电子基础［M］. 北京：机械工业出版社，2018.